国网北京市电力公司年鉴

2014年

《国网北京市电力公司年鉴》编委会

中国电力出版社
CHINA ELECTRIC POWER PRESS

图书在版编目（CIP）数据

国网北京市电力公司年鉴. 2014年/《国网北京市电力公司年鉴》编委会组编. —北京：中国电力出版社，2014. 12

ISBN 978-7-5123-6745-6

Ⅰ. ①国… Ⅱ. ①国… Ⅲ. ①电力工业-工业企业-北京市-2014-年鉴 Ⅳ. ①F426. 61-54

中国版本图书馆CIP数据核字（2014）第256104号

中国电力出版社出版、发行

（北京市东城区北京站西街19号 100005 http://www.cepp.sgcc.com.cn）

北京盛通印刷股份有限公司印刷

各地新华书店经售

*

2014年12月第一版 2014年12月北京第一次印刷

889毫米×1194毫米 16开本 16.75印张 475千字

印数0001—2000册 定价**158.00**元

特约撰稿人

李兴华　国网北京市电力公司办公室

张　晶　国网北京市电力公司发展策划部

张淑国　国网北京市电力公司人事董事部

王希菁　国网北京市电力公司人力资源部（社保中心）

李林琳　国网北京市电力公司财务资产部

宗晓茜　国网北京市电力公司安全监察质量部（保卫部）

江　阳　国网北京市电力公司运维检修部（政治供电办公室）

苏　丽　国网北京市电力公司建设部

耿　涛　国网北京市电力公司营销部（农电工作部）

徐绍军　国网北京市电力公司科技信通部（智能电网办公室）

白晓东　国网北京市电力公司物资部（招投标管理中心）

张瑞芳　国网北京市电力公司审计部

门吉光　国网北京市电力公司监察部（纪委办公室）

王　岚　国网北京市电力公司思想政治工作部（党委办公室、机关党委、团委）

张文旭　国网北京市电力公司离退休工作部

任聪颖　国网北京市电力公司经济法律部（体改办）

张晨曦　国网北京市电力公司对外联络部（品牌建设中心）

张晓青　国网北京市电力公司后勤工作部

赵　飞　国网北京市电力公司运营监（测）控中心

赵　钢　国网北京市电力公司电力调度控制中心

李冬梅　国网北京市电力公司电力交易中心

范晓辉　国网北京市电力公司工会

刘圆圆　国网企业管理协会北京市电力公司分会

贾红杉　国网北京城区供电公司

欧阳昕倩　国网北京朝阳供电公司

王新欣　国网北京海淀供电公司

黄　佳　国网北京丰台供电公司

赵　飞　　国网北京石景山供电公司

徐建泓　　国网北京亦庄供电公司

张　运　　国网北京通州供电公司

党　剑　　国网北京昌平供电公司

王颖超　　国网北京门头沟供电公司

李　刚　　国网北京房山供电公司

高　骞　　国网北京大兴供电公司

武子超　　国网北京平谷供电公司

钟玉娟　　国网北京怀柔供电公司

丁亚娟　　国网北京密云供电公司

蔡溪源　　国网北京顺义供电公司

韩戈奇　　国网北京延庆供电公司

张　健　　国网北京电力经济技术研究院

杨慧萍　史迪新　国网北京电力科学研究院

张　塞　　国网北京电力工程公司

刘　丛　　国网北京市电力公司检修分公司

王　辉　　国网北京市电力公司信息通信分公司

娄　强　　国网北京市电力公司培训中心

武　鹏　　国网北京市电力公司物资供应分公司

居　然　　国网北京市电力公司综合服务中心

胡晨同　　国网北京市电力公司客户服务中心

姚　莉　　国网北京电动汽车服务有限公司

金　建　　北京市供用电建设承发包公司

李树森　　国网北京电力物业管理公司

赵小菲　　北京市城市照明管理中心

编 辑 说 明

1 《国网北京市电力公司年鉴》是国网北京市电力公司的企业年鉴，是一部集史实性和资料性为一体的综合性工具书。本年鉴每年一期，按年度记载公司的重大事项。本期是第十期，记载年度为2013年度。

2 本年鉴的编纂宗旨是：全面、系统、真实地反映公司在北京地区电网规划与建设中取得的成绩，总结公司生产经营工作的经验，弘扬公司干部职工的奉献精神，展示公司服务首都经济社会发展的企业风采。

3 本年鉴用文章和条目两种载体，以条目体为主，用规范的记述文体，直陈其事，文字力求言简意赅。同时，文中选配具有一定史料价值的图片，力求做到图文并茂。

4 本年鉴的框架结构由篇目、栏目、条目3个层次组成。设有15个篇目：要事特辑，公司概况，电网发展，企业管理，安全生产，电网运行与电力市场，科技信息，党的建设与精神文明建设，学、协会工作，供电公司，业务支撑机构及其他单位，公司荣誉，大事记，重要文献，统计资料。

5 本年鉴的编辑工作是在公司直接领导下进行的。稿件由公司各部门、各单位确定的专人负责撰写，经部门、单位领导审核后，由年鉴编辑部编辑，并由年鉴编辑专家组审核定稿。

6 从2005年公司编纂年鉴以来，年鉴编纂已经走过十年，十册年鉴的出版发行得到了公司各部门、各单位的高度重视和大力支持，倾注了参与者的辛勤劳动，形成了承载北京电力发展历史的重要载体。在此谨致谢意，并欢迎提出改进意见，推动北京市电力公司年鉴质量和内容再上新台阶。

篇　　目

目　　录

安全生产

电网运行与电力市场

科技信息

党的建设与精神文明建设

学、协会工作

供电公司

业务支撑机构及其他单位

要事特辑

【二届三次职代会】1月14日，公司召开第二届职工代表大会第三次会议暨2013年工作会议。本次会议共有来自全公司的231名职工代表、列席代表参加。特邀代表、总经理联络员以及受表彰人员参加了上午的大会。公司副总经理、工会主席李百顺做了《关于北京市电力公司第二届职工代表大会第二次会议暨2012年工作会议以来工作情况和第二届职工代表大会第三次会议暨2013年工作会议筹备工作情况的报告》。会议审议通过了《北京市电力公司2013年工作报告》《北京市电力公司2012年综合计划执行情况和2013年综合计划安排的报告》《北京市电力公司2012年预算执行情况和2013年预算安排的报告》《北京市电力公司二届二次职代会提案处理情况及二届三次职代会提案征集情况的报告》4项决议。

公司二届三次职代会共收到职工代表提案46件，经公司提案工作委员会审查，通过职代会决议，确定合并立案9项（包括10件提案），另有36件提案列为"意见"。截至10月底，公司对所有提案都给予了处理和答复。

（范晓辉）

【"三集五大"体系建设】1月18日，公司印发《关于"三集五大"体系建设磨合提升工作安排的通知》（京电人资〔2013〕2号），部署公司2013年"三集五大"体系建设工作；1月，遴选77个最佳实践案例报送国家电网公司；3月25日，公司运营监测（控）中心投入运行；3月28～29日，开展2013年"三集五大"专业知识调考，各单位领导班子成员、"三集五大"专业管理及生产一线人员共600余人参加；5月，按照国家电网公司全面建设"三集五大"体系调研工作要求，组织开展两个阶段的调研工作；11月4日，全面建设"三集五大"体系的总体方案和19个专业建设方案获国家电网公司正式批复；11月14日，举办全面建设"三集五大"体系方案培训研讨班；12月，按照国家电网公司"三集五大"体系建设方案的要求，对公司16家供电公司和10个业务支撑实施单位机构设置及岗位编制方案进行批复。

（邵晓明　冀　强　李　蓉　刘昱阳　杜长军）

【服务首都发展白皮书】1月23日，公司举行新闻发布会，面向社会发布《服务首都发展白皮书》，是中央在京企业首份以服务首都发展为主题的白皮书。

白皮书由"电力成就辉煌""北京电力、电靓京城""携手共创光明未来"三个篇章组成，回顾了北京电力的百年发展历程，阐述了公司服务首都发展的履责承诺，体现了公司高质量履责的信心和决心。根据白皮书公布的内容，公司致力推进具有首都特色的高可靠城市智能电网建设。"十二五"期间，首都电网将新建35kV及以上线路3507km，35kV及以上变电站224座，能够满足1300亿kWh的年用电需求。同时，公司承诺打造具有首都品质的电力服务体系。坚持依法从严治企，稳步提高经济效益，充分发挥"责任央企"表率作用。"十二五"末，力争服务满意度在首都公共服务行业持续保持领先地位，持续保持全国文明单位称号。

（张晨曦）

【光伏发电并网】2013年，公司制定《北京市电力公司分布式电源项目并网服务管理细则（暂行）》，明确工作内容及业务流程；针对分布式电源并网工作初期政策不明朗、业务待磨合等现状，明确并网服务工作按照"两端属地、核心集约"的原则，规定所有接入系统的方案编制统一由公司经济技术研究院负责；确定客户服务中心集中负责全市分布式电源具体业务跟踪、管控、督办，以及低压分布式电源接入系统方案审核等工作。通过周报、表格形式，按周汇总分布式电源受理及并网情况，按集约化管理方式进行管控，确保政策、业务流程、服务措施及对外服务口径的高度一致。1月25日，北京市第一个个人申请的分布式晶硅+薄膜、屋顶与建筑一体化光伏发电工程的发电并网工作完成。截至年底，北京地区共受理并网申请项目166项，累计报装容量10.13万kW，其中并网发电项目38项，共20 148.77kW。其中，14项居民工程90.25kW，20项阳光校园金太阳工程19 047.52kW，4项企业工程1011kW。并网项目中，采用"全部上网"模式的有2项33kW，"全部自用"模式有21项18 890.32kW，"自发自用余电上网"模式有15项1225.45kW。累计发电量752.74万kWh，累计上网电量12.20万kWh。

（王洪彪）

【智能电能表换装】全年共换装智能电能表170万具，超额完成140万具的计划任务，开通短信服务业务80万户。制定智能电能表换装标准化作业流程及质量监督考核管理办法，在大兴公司组织召开标准化流程现场演示会。组织6600名施工人员进行上岗培训取证。

加强监督检查，开展明察暗访，全年抽查施工现场435次，回访95598热线反馈问题185次，下发督查整改单32份，提升现场作业质量。推出免费短信告知、电卡免激活、约时换表“两免一约”的服务举措，严格执行标准化作业流程，取得较好的社会反响。先后组织智能电能表换装新闻发布会、计量开放日等宣传活动，邀请《人民日报》、新华社、北京电视台等媒体，宣传智能电能表换装服务举措。

（李　冀）

公司概况

【公司简介】北京市电力公司（简称公司）是国家电网公司的子公司，前身是1905年创建的京师华商电灯股份有限公司。公司作为首都最大的公用事业单位，负责北京地区1.64万km^2范围内的电网规划建设、运行管理、电力销售和717万客户的供电服务工作。截至年底，公司下设16个区县供电公司、10个专业化生产单位以及5个全资子公司。

2013年，公司完成售电量824.85亿kWh，同比增长4.14%；营业收入530.97亿元，同比提高5.10%；利润总额15.31亿元，超额完成预定目标；固定资产投资（全口径）84.39亿元，资产总额761.22亿元，同比增长5.60%；资产负债率54.67%，同比下降2.13个百分点；全员劳动生产率168.51万元/（人·年），同比增长7.2%；城市供电可靠率99.985%；当年电费回收率100%。获国家电网公司综合标杆及业绩和管理标杆，安全、人力资源和规划管理进入专业管理标杆。

（李兴华）

【安全生产】以安全管理提升活动为主线，开展安全大检查和隐患大排查，完成93项重点任务。开展安全生产风险指数管理，发布数据33期，执行管控措施6000余条。加强电网运行与管理，开展城市电网安全稳定分析。开展架空线路综合整治百日行动，强化电缆及管道缺陷隐患管理。完成迎峰度夏和防汛任务，成功经受1776万kW历史最大负荷考验。拓展应用状态检测技术，深化设备状态评价，提高状态检修工作质量。加强电网停电计划刚性管理，设备停电次数和平均停电时间同比分别下降2.07%和6.32%。建设配电网抢修指挥平台，实现抢修业务和客户报修平稳对接。加强应急体系建设，健全应急指挥系统，完善装备配备和物资储备体系建设，提升应急作战能力。全年未发生大面积停电事故，未发生五级及以上安全事件。完成十八届三中全会和嫦娥三号发射等政治保电任务186项、322天，实现政治供电“零闪动”和安全生产“零死亡”目标。

（李兴华）

【电网发展】滚动修编“十二五”主网规划，北京电网中长期发展规划和空间布局规划通过专家论证并纳入审批程序。创新开展“网格化”配电网规划，完成与政府对接发布。在门头沟等地区推广配电网统一规划建设模式，在丽泽商务区、环渤海总部基地试点建设高可靠性配电网。健全与政府常态沟通机制，岳各庄变电站等难点项目取得突破性进展，借助“煤改电”等重点工程落实城市中心区站址10处。在部分地区创新实施政府承担拆迁补偿和电网共建工作模式。加大重点工程建设力度，海青落110kV变电站等新一代智能变电站按期投产，海淀500kV架空线路和电缆隧道全面贯通，菜市口国网科技馆项目顺利推进，国网管理学院三期项目规划前期工作圆满完成，东北、西北热电中心和怀柔雁栖湖APEC会议配套电力工程进入建设高峰，全年新增35kV及以上变电容量422.3万kVA、线路（含电缆）340.86km。开展基建安全管理提升和队伍建设年活动，多措并举规范分包管理。助力首都空气清洁计划，完成城区4.4万户“煤改电”任务，完成4514户农村电采暖改造。

（李兴华）

【经营管理】制定并实施“二十四节气表”，加强综合计划管控。深化财务集约化管理，全面建成一级账户体系，银行账户总量压降46%，电费资金到账速度提高3倍。物资集中采购范围进一步扩大，优化仓储网络，开展盘活利库，清理利用积压物资1.17亿元。完成土地确权117宗78.39万m^2。推动政府合理核定新增燃气机组电价，供电延伸服务收费标准获得批复，落实电动汽车补助资金4041万元。运营监测（控）中心投入运行，建成1133项运营监测指标体系，指标、流程和专题监测工作逐步深化。第一批通用制度顺利落地，初步建成内部控制体系和法律风险防范体系，公司普法工作入选国家“六五”普法典型经验。深化依法治企综合检查，整改落实各类问题721个，完善管控措施62项。突出重点领域监督检查，开展施工企业转分包等专项审计96项。规范车辆使用管理，完成主业车辆加装GPS工作，集体企业、乡镇供电所车辆压减工作基本到位。开展主多分开“回头看”，组织集体企业规范管理专项检查，整改问题202项。集体企业重组整合压缩10%，进一步优化产业布局。4项典型经验入选国家电网公司典型经验库，省市级电网调控一体化安全管理被评为国家管理创新成果二等奖。

（李兴华）

【优质服务】开展供电服务提升工程，解决问题136项，消除服务风险和短板。推进民生工程建设，59项保障性住房、3条轨道交通如期送电，完成21项老旧小区改造。城近郊和部分远郊区县630kVA及以上业扩报装实行集约管理，推广客户外电源典型设计，实行重大项目“五优先”举措，平均报装时长缩短7天。开展老旧小区、重要客户用电安全服务和隐患排查治理，提升供电保障能力。全年建成电动汽车充换电站16座、充电桩877个，增加4036车次的充电能力。累计受理分布式能源并网申请166项10.13万kW，实现并网38项2.01万kW。开展节能变压器租赁业务22项，实施客户节能改造77项。

（李兴华）

【人力资源】推进“三集五大”体系建设，完成机构和人员调整，优化本部管理职责21项，供电公司内设班组数量由591个减少到552个，降低6.6%。开展体系建设专题宣贯培训，实现全员覆盖。制定业务委托管理办法，明确部分专业委托范围并试点推行。完善干部评价考核体系，突出业绩评价，增加干部行为反向测评环节，在“四好”领导班子考核和干部测评中加大群众参与比例。制定实施员工奖惩规定。建立公司内部人力资源市场，开展跨单位交流267人次。加强市场化用工管理，实施八级工评价。举办8期干部培训班，完成各类培训9万余人次，选拔产生90名优秀专家，新能源、信息专业分别获得国家电网公司调考团体第一、第三名。

（李兴华）

【营销工作】换装智能电能表170万具，推出“两免一约”服务举措，提升换表现场服务水平。开通网上银行、支付宝、充值卡等缴费方式，拓展邮政网点代收业务，全市售电网点达到20 760个，城镇地区建成“十分钟缴费圈”。推出95598互动网站、智能电能表远程应急送电等服务新举措。95598五项业务平稳集约上划。出台《营业窗口管理十条禁令》，开展明察暗访，提升窗口服务质量。

（李兴华）

【科技环保与信息化】开展科技方向培育和项目顶层设计，形成电网仿真、状态检测、配用电、电动汽车等领域持续研究方向。开展信息化建设任务95项。完成一体化平台、业务应用与集成、运营监测（控）信息支撑系统等重点建设任务。完成人资、财务协同办公等7大类系统150余份调研问卷的分析工作。完成“三集五大”专业体系建设。开发GIS管道断面功能，开展低压GIS试点应用和配电变压器台区采集信息深化集成工作。强化对互联网出口和重要信息系统的管控力度，抵御对公司的互联网出口攻击。完成部分地区光传输网改造、数据网二期二阶段、山区供电所视频会议系统等项目的建设。形成以光纤为主，微波、电力载波为辅，兼有会议电视电话系统、应急通信装备等通信业务的通信网。主动配电网关键技术研究获得国家863计划重大项目立项。成立公司首个国家级实验室和院士工作站，荣获省部级科技进步奖10项，科技创新能力明显增强。

（徐绍军）

【党的建设与精神文明建设】学习贯彻党的十八大和十八届三中全会精神。推进共产党员服务队“三化”建设，建立社区客户经理制和“菜单式”服务模式，在341个社区挂牌服务，开展“六进三送”[1]活动3263次，惠及居民50余万户，城区分队荣获国家电网“十佳共产党员服务队”称号。落实“八项规定”实施细则，开展明察暗访和“三公”消费专项审计，业务招待费、会议费、车辆使用费同比大幅下降。推进协同监督工作，促进跨部门、跨专业问题的整改落实。深化“七廉”活动，建成公司廉洁教育基地，率先出台廉洁从业重点岗位监督办法，集中轮训2000人、轮岗交流760人。提升“电靓京城”品牌影响力，树立良好社会形象。开展“高举团旗跟党走、立足岗位靓青春”主题教育活动。举办员工健康系列讲座，落实离退休人员政策待遇。连续6年获得全国“安康杯”竞赛优胜企业，大兴公司获得全国职工职业道德建设标兵单位和全国五一劳动奖状。

（李兴华）

【公司领导班子】

总经理、党委副书记	尹昌新（2013年11月任）
党委书记、副总经理	杨新法（2013年11月任）
副总经理、党委常委、工会主席	李百顺
副总经理、党委常委	刘润生
副总经理、党委常委	安建强

[1] 服务队进社区、进机关、进企业、进学校、进医院、进乡村，送亲情服务、送阳光服务、送增值服务。

副总经理、党委常委　　杜小波（2013 年 12 月任）
副总经理、党委常委　　唐屹峰（2013 年 12 月任）
总会计师、党委常委　　李　路
党委常委、纪委书记　　张铁恒（2013 年 12 月任）
总工程师　　王少毅
副局级调研员　　李国华
原总经理、党委副书记　　朱长林（2013 年 11 月离任）
原副总经理、党委常委　　郑　林（2013 年 11 月离任）
原副总经理、党委常委　　蒋　斌（2013 年 12 月离任）

（朱博智　张　鹏）

【组织机构】

国网北京市电力公司

- 本部职能部门
  - 办公室
  - 发展策划部
  - 人事董事部
  - 人力资源部（社保中心）
  - 财务资产部
  - 安全监察质量部（保卫部）
  - 运维检修部（政治供电办公室）
  - 建设部
  - 营销部（农电工作部）
  - 科技信通部（智能电网办公室）
  - 物资部（招投标管理中心）
  - 审计部
- 本部职能部门
  - 监察部（纪委办公室）
  - 思想政治工作部（党委办公室、机关党委、团委）
  - 离退休工作部
  - 经济法律部（体改办）
  - 对外联络部（品牌建设中心）
  - 后勤工作部
  - 运营监测（控）中心
  - 电力调度控制中心
  - 电力交易中心
  - 工会
  - 企协分会
- 供电公司
  - 城区供电公司
  - 朝阳供电公司
  - 海淀供电公司
  - 丰台供电公司
  - 石景山供电公司
  - 亦庄供电公司
  - 通州供电公司
  - 昌平供电公司
  - 门头沟供电公司
  - 房山供电公司
  - 大兴供电公司
  - 平谷供电公司
  - 怀柔供电公司
  - 密云供电公司
  - 顺义供电公司
  - 延庆供电公司
- 业务支撑机构
  - 经济技术研究院（北京电力经济技术研究院）
  - 北京电力科学研究院
  - 北京电力工程公司
  - 检修分公司
  - 信息通信分公司
  - 物资分公司[国网京电（北京）招标有限公司]
  - 培训中心
  - 综合服务中心
  - 客户服务中心
  - 国网北京电动汽车服务有限公司
- 其他单位
  - 北京市供用电建设承发包公司
  - 物业管理公司
  - 北京市城市照明管理中心

公司 2013 年组织机构图

电网发展

规划与发展

【北京电网“十二五”规划】完成北京电网“十二五”规划滚动修编工作，修编内容针对220kV及以上主网部分，滚动规划水平年为2014~2018年，并对2020年电网网架建设进行展望。修编工作立足北京电网实际发展、结合城市发展需求和建设节奏，共调整电网项目19项，新增6项。根据规划，2014~2020年，北京电网将新增500kV外受电通道3条，线路7回，500kV受电通道将达到12个，线路共计26回，满足2020年2650万kW负荷的外受电需要；新建500kV变电站5座，增容2座，新建线路工程3项，特高压配套工程2项，新增变电容量1294.7万kVA，500kV线路长度587km；新建220kV变电站30座，扩建变电站9座，新增变电容量1854万kVA，220kV线路1393km。到2020年，北京500kV双环网结构初具雏形，由北京东—顺义—昌平—张南—门头沟—房山—新航城—南蔡组成“C”型北京500kV外部双环网，接受来自特高压电网和华北电网的电力支持；内部电网形成9个供电分区。

完成修编北京“十二五”配电网滚动规划工作，规划由1个总报告和8个专项规划报告（配电网现状分析、供电区域划分、配电网负荷预测、分布式电源与电动汽车接入影响分析、配电网目标网架研究、配电网自动化、配电网供电可靠性分析、配电网规划技术经济比较）组成。规划电压等级为35kV及以下各级电网，延伸至110kV上级网架；滚动规划水平年为2013~2017年，并对2020年配网建设进行展望。根据规划，2013~2020年，规划新建110kV及以下变电站200座，实施37座变电站的增容扩建工程，新增主变压器539台，变电容量2728.6万kVA，新建10kV配电变压器60 053台，新增配电变压器容量3021.4万kVA；新建110kV线路687条，长2636.5km，新建35kV线路19条，长171km；新建10kV线路1899条，长19 135km。至2020年，北京电网10kV联络率将达到97%，10kV线路$N-1$通过率达到95%，供电可靠率达到99.995%，满足世界城市建设发展的需求。

创新性开展“网格化”配电网规划，完善规划方法和管理体系，编制《配电网规划指导意见和工作手册》；按照“自下而上”的方式，基于城市控规将北京地区细分为4.4万个基本规划单元，完成14类用地、44类客户负荷指标测算，差异化开展配电网网架、配电自动化、通信网、电力管道规划；延伸优化110kV变电站空间布局，规划10kV变电站20 121座、配电线路19 136km；与区县政府对接发布规划成果，初步建立项目联合审批机制。

（张　晶）

【电网协调发展】推进落实特高压外受电通道规划。与市政府沟通北京东、北京西特高压外受电通道规划建设，将特高压外受电通道建设纳入《大气污染防治能源保障方案》和《大气污染防治行动计划电网实施方案》。

持续推进网架结构优化。促请市政府推进CBD、丽泽500kV变电站前期工作，为中心城区提供电源支撑；结合城市发展规划，研究220kV变电站布点加密，将永定路、玉渊潭等4座规划110kV变电站调整为220kV变电站，进一步优化网架结构并满足高负荷密度区域负荷接入需求。

提高增量配电网发展质量。落实“网格化”配电网规划成果，完成166项管线综合会签、213km管道规划，完成重点地区270个开发项目接入系统方案。与门头沟区政府签订配电网统一规划建设合作协议，促进客户用电工程集中建设政策由项目试点向区域试点过渡；推进未来科技城、丽泽商务区及环渤海总部基地配电网建设；随路建设电力隧道22km、电力管井33km。

加快存量配电网升级改造。实施配电网互倒互带能力提升、电缆网增加联络、高损变压器及油断路器改造等81项工程，10kV架空线路联络率达到96.7%，同比提升2.5个百分点；更换高损变压器921台、油断路器128台，高损变压器和油断路器比率分别由13.9%、1.6%下降到12.5%、1.3%。

（张　晶）

【“大规划”体系建设】开展“大规划”体系建设调研工作，梳理5类16项建设问题并及时完成整改。以职责、流程、界面优化为重点，开展“大规划”体系全面建设工作，完善体系操作方案并组织全员培训，完成省、区两级发展部的职责调整和内部人员、岗位编制的梳理和配置，110~220kV项目可研评审和110kV项目可研批复权限由国家电网公司调整至公司发展部。自从体系建设运行以来，累计完成电网规划和专题研究 94 项、电源接入系统设计 135 项、工程可研评审 1151 项；电网规划编制效率提高 30%，可研、电源及客户接入系统方案评审效率提高 50%。

（张　晶）

【规划前期工作】完成电网空间布局规划和清洁空气行动计划。与市发改委、规委联合完成《北京电网中长期发展规划》和《北京电网空间布局规划》编制工作，通过专家论证并启动审批程序，将 186 座变电站和 44 个输电走廊资源纳入城市控规；配合市政府制定并启动“2013～2017 年清洁空气电力行动计划”，开展以电代煤、以电代油、电从远方来、新能源并网四类工作任务，涉及外受电通道、四大热电中心、轨道交通、“煤改电”等重点电网建设项目。

加快办理项目前期手续。取得 110kV 及以上输变电工程立项核准 50 项，核准容量同比提升 93%；取得环评批复 33 项，取得规划意见书 46 项，落实规划用地 12.9 万 m^2、电力隧道 47km、架空线路 59km。开展保护性圈地 23 处，落实用地 12 万 m^2；完成 110kV 及以上电网项目规划选址报告 24 项。

推进重点工程建设。500kV 蔚县电厂—门头沟外受电通道选线路径获得批复，昌平 500kV 主变压器增容、岳各庄 220kV 变电站取得立项核准。借助“煤改电”契机，办理完成 4 座配套变电站全部前期手续；超导电缆试验段、东北及西北热电中心、雁栖湖生态示范区等重点配套工程均按期完成前期手续。

多渠道争取前期工作支持，推进“零前期”模式❶和“未来城”模式❷。无偿获得建设用地约 9 万 m^2，折合 2.7 亿元。促成 36 项输变电工程纳入市政府重大项目审批绿色通道，将串行审批改为并行审批；突破线路走廊环评拆迁范围 20m 的惯例，将利用现有走廊的改扩建工程环评拆迁范围降低到 5m。

（王亚峰）

【课题研究】开展“网格化”配网相关课题研究，针对短路水平上升、多向复杂潮流等问题开展保护配置、智能调控、通信网络等专题研究，“网格化”配电网规划方法入选国家电网公司典型经验库，并获得国家电网公司管理创新二等奖。围绕新能源和可再生能源与电网协调发展、分布式电源接入、PM2.5 治理等内容开展技术创新研究，形成多项研究成果。其中，《高可靠性配网建设研究》获得公司 2013 年度政策研究论文一等奖，《联合政府开展“两个空间布局规划”》和《北京电网发展投入计划专项稽查及调研工作》分别获得公司管理创新二等奖和三等奖。

（张　晶）

工程建设与管理

【综述】完成电网建设各项工作任务。突出工程关键节点管控，编制执行基建工程物资管控清册。落实属地前期协调职责，推广“零前期”工作模式，固化与铁路、河湖、首发等单位的沟通机制。应用业主项目部管理信息系统，落实业主项目部标准化管理要求。执行分包合同范本和分包专项检查卡，加强基建工程分包管控力度。应用工程质量过程控制数码照片采集软件，开展标准工艺应用竞赛，落实标准工艺和创优措施。试点应用节能导线，启动海淀 500kV 电缆 $1.7U_0$ 试验工作，《大型城市电力隧道“两控一优”工法选择》入选国家电网公司基建技术类典型经验库。推进初步设计策划和施工图会检，组织设计竞赛，扩展优质设计资源，加强设计过程管理。优化基建工程设计变更流程，按期合规开展工程结算，工程技经管理进一步规范。开展建设队伍内外部调研，健全建设队伍专业管理制度体系，实施专业培训、竞赛和调考，“基建队伍建设年”活动取得成效。公司建设管理对标排名上升至第 6 名，并荣获国家电网公司基建基础管理、技术管理专业先进单位和基建管理先进单位称号。

（苏　丽）

【基建工程完成情况】公司投产输变电工程 28 项，新增 35kV 及以上变电容量 388.60 万 kVA、线路 264.98km，

❶ “零前期”模式：是指征地、拆迁等前期工作以及前期赔偿费用全部由政府或用电主体承担的建设模式。该模式已在远郊区县全面实行，有效规避前期受阻问题，加快工程建设进度、降低工程建设成本。

❷ “未来城”模式：是指配套电力设施随主体项目同步落实变电站选址和线路路由，同步组织征地拆迁，同步办理建设手续的建设模式。该模式由园区出资建设管沟工程，并负责变电站站址拆迁。

建成35kV及以上电力隧道28km；完成19项电力设施迁改工程，6项充电站工程，4项架空线入地工程，5项配迁工程。完成城区范围4.4万户以及农村地区4514户“煤改电”工程。220kV桃园输变电等度夏重点工程，海青落、未来城两座国网新一代智能变电站均按期投产。贯通海淀500kV电缆隧道，启动电缆敷设及220kV线路切改；推进东北、西北热电中心配套电力工程；怀柔雁栖湖APEC会议配套电力工程全部开工。

2013年竣工投产工程统计表

建设单位	工程名称	新增主变压器（万kVA）	新增线路（km）	投产日期
经研院	220kV西马输变电工程*	36.00	20.00	2013-03-25
	220kV望京变电站主变扩建工程*	36.00	—	2013-06-26
	220kV桃园输变电工程*	54.00	27.40	2013-06-28
	220kV霍营输变电工程	36.00	1.60	2013-09-27
	220kV未来城输变电工程	36.00	12.94	2013-12-24
	220kV霍营变电站110kV线路切改工程	—	2.10	2013-12-26
城区	110kV白云桥扩建工程*	10.00	—	2013-06-26
	110kV万明路变电站扩建工程*	10.00	—	2013-06-26
朝阳	110kV黄杉木店扩建及第二方向电源工程*	10.00	3.60	2013-06-06
	110kV小红门扩建工程	5.00	—	2013-12-24
海淀	110kV西二旗输变电工程	20.00	5.94	2013-11-10
	110kV五路居输变电工程*	10.00	2.66	2013-06-27
丰台	110kV园博园输变电工程*	10.00	5.20	2013-03-27
通州	110kV周易扩建工程*	5.00	—	2013-06-26
	110kV商务园输变电工程	36.00	8.60	2013-11-25
	110kV大杜社输变电工程	6.30	17.42	2013-12-27
昌平	110kV海青落输变电工程	10.00	0.60	2013-10-31
门头沟	110kV鲁家山送电工程	—	19.75	2013-09-18
	220kV门城输变电配套110kV切改工程	—	6.80	2013-07-30
房山	110kV梅花庄输变电工程*	10.00	12.60	2013-03-22
大兴	220kV团河变电站110kV切改工程*	—	8.96	2013-01-18
	110kV同心庄输变电工程	10.00	13.51	2013-09-27
	110kV庞各庄输变电工程	10.00	11.10	2013-10-11
	110kV堡上输变电工程*	10.00	12.02	2013-06-27
密云	35kV司马台输变电工程	2.00	20.70	2013-10-10
	110kV太北输变电工程	6.30	33.00	2013-10-15
顺义	220kV西马输变电配套110kV切改工程*	—	13.26	2013-04-21
	110kV董各庄输变电工程	10.00	5.22	2013-12-10
合计	28	388.60	264.98	

* 度夏输变电工程。

（周晓梅）

【重点工程建设】海青落110kV变电站为我国首座新一代智能变电站，位于未来科技城南区，新装主变压器10万kVA，新建电缆线路0.2km，项目总投资7634万元，工程由昌平公司承建。该站通过智能组件面向间隔就地布置，应用小型充气式开关柜以及多合一保护测控装置等，实现设备小型化、建筑面积最优化、建设成本经济化，较上一代智能变电站平均节省占地约20%。

■ 11月1日，北京海青落110kV新一代智能变电站竣工投运。

未来城220kV变电站位于未来城科技园区北区，新装主变压器36万kVA，双破孙河—西马线路并转为电缆引入未来城变电站。新建架空线路1.92km，新建电缆线路10.98km，项目总投资38 779万元。工程由北京经研院项目管理中心组织建设，2013年12月投运。

桃园变电站建于西城区桃园危改小区内，南临西直门内大街，总用地面积4844m²。变电站为地下四层、地上一层的全户内全地下变电站，总建筑面积10 074m²，地上建有6层附属设施，整体总建筑面积20 585.47m²。变电站按照国家电网智能变电站建设。进出线4回，分别引自八里庄和地安门220kV变电站；安装220kV 18万kVA变压器3台，110kV出线12回，10kV出线42回。工程于2013年6月投运。桃园220kV变电站的建设可有效缓解西直门220kV变电站的供电压力，提高金融街地区的供电可靠性，解决地区“煤改电”负荷的接入。

园博园110kV变电站位于丰台区东河沿村大灰厂路东侧，是110/10kV两级电压地区负荷变电站，为无人值班有人值守智能全户内变电站，采用国家电网公司2011版典型设计110-A2-5方案。变电站总用地面积4320m²，总建筑面积2970m²，主要服务对象为中关村科技园西区、园博会、长辛店生态城项目等。园博园变电站终期安装110kV 50MVA变压器4台；110kV进线2回，出线2回；10kV出线56回；本期安装110kV 50MVA有载调压变压器2台（2号、3号变压器）；110kV进线2回；10kV出线28回。工程由丰台公司承建，3月投运。

（谷　宏）

【基建工程管理】开展“安全管理提升”活动，完成53项活动内容、2次年度策划调整和24项重点工作。开展安全大检查活动，全年共排查在建工程378项，预判防灾避险项目61项，发现并整改各类问题1198项。落实挂牌督查要求，针对异常气候、节假期、重大活动期等施工风险，开展重点施工风险预控108项。组织开展分包专项检查6次，发现并整改各类问题94项；印发分包合同范本和分包专项检查卡，将基建工程分包管理纳入公司各级纪检监察部门监督和纪委书记定期报告的重点内容，构建全方位监管体系。开展基建安全质量两级巡检，公司巡检组全年累计检查343项工程384个工地397次，发出通知单364张，消除隐患问题796项；公司二级巡检组累计检查799项工程850个工地1027次，消除隐患问题719项。推进安全防护设施统一配置机制建设，研制并应用数码锁孔洞盖板，加强施工预留孔洞的安全管理。220kV未来城变电站获得华北区域安全管理流动红旗。组织开展“变电站直流系统安装典型施工方法”“电缆线路工艺设计图集”等工法研究并通过专家审核。完成《2013年版公司输变电工程工艺标准图册》的编制及应用工作。完成对北京玉泉营220kV变电站工程等18个工程的质量回访。针对工程基础阶段、主体结构基本完成阶段和投运前3个不同阶段，全年共完成6项220kV输变电工程和15项110kV输变电工程的现场质量监督检查。通过开发统一、规范的工程质量过程控制数码照片采集软件，有效提升数码照片采集工作的及时性、规范性。成立基建安全质量专家库，共组织对24项工程进行过程质量监督，解决过程质量管理问题67项。开展标准工艺应用竞赛活动，落实标准工艺和创优措施。全年对西北旺等21个项目开展国家电网优质工程自查、督查工作。全年实现110kV及以上输变电工程100%达标投产。组织参加国家电网基建质量知识竞赛并获得优秀组织奖。

（杨宝杰）

加强计划管理，提高基建项目管理水平。下发《关于进一步加强基建里程碑计划管控与执行的要求》，提高工程关键节点的管控能力。通过梳理和基建流程关键节点，每月定期工程协调会，重点工程专题调度并形成周报或日报机制，建立计划工作销项制度，保证工程计划可控、能控、在控。建立分析预警机制，每月对工程的整体情况进行分析预控，对重点环节和短板节点进行专题协调，对可能出现的影响工程建设关键问题提前制定解决措施。强化工程物资管控工作，编制并下发《基建工程物资管控清册》，明确工程物资的各个阶段各相关单位的职责，确保基建工程物资全过程可控在控。

推进业主项目部标准化建设。组织业主项目部全员培训，参加国家电网公司的业主项目部经理调考工作，并取得220kV业主项目部经理调考个人第3名。组织开展3个项目部的检查，加深业主项目部对国家电网公司标准化项目部建设的理解。为有效解决目前业主项目部人员配置不足、水平参差不齐、管理意识不足等问题，组织开发业主项目部标准化管理系统。

强化建设协调职责，营造良好的建设环境。建立统一协调机制，在公司层面与规委、建委、路政局、土地局等政府委办局建立统一协调机制，加快相关许可手续的办理流程，提高工作效率。建立专业协调机制，与铁路、地铁、公联、首发、河湖等专业单位建立协调机制，对相关专业进行接口划分，解决了赔偿标准不统一、工作难度大等问题，2013年已与首发公司、南水北调公司签署相关支持纪要。建立横向沟通机制，在公司层面统一建立公司建设部与发展部、物资部、运维部、调控中心、营销部的横向沟通机制，减少沟通环节，提高工作效率。建立信息共享机制，在部门内部形成良好的信息共享和沟通机制，确保项目的各个环节顺畅衔接。

（张　瑜）

落实公司关于ERP系统竣工决算工程项目关闭工作督办任务要求，排定项目关闭计划，关闭48项应关闭项目。参加2013年公司依法治企综合专项检查“回头看”工作，组织各单位积极开展检查问题整改，完成各类报告、意见和周报的信息报送。配合国家电网公司2013年度依法治企基建专业综合检查，在12月完成整改工作。配合迎接国家审计署对国家电网公司西电东送审计检查，督促工程公司完成整改工作。

（张　波）

确立“营造氛围、夯实基础、提升能力、培养骨干”的活动总体思路，对“基建队伍建设年”活动进行策划，制定并印发《北京市电力公司“基建队伍建设年”活动实施方案》（京电基〔2013〕94号），布置建设队伍制度体系建设、基础信息管理、专业管理培训等8个方面的重点活动内容和实施计划，同步发布公司三年建设队伍培训规划计划和2013年基建专业培训计划；完善制度体系，以贯彻落实《国家电网公司电网建设队伍专业管理办法（试行）》（国家电网基建〔2012〕98号）为要求，结合自身实际制定并印发《北京市电力公司电网建设队伍专业管理实施细则》，通过明确管理职责、建设要求、评价标准，强化建设队伍关键环节的管理，推动建设队伍管理更加专业化、规范化，建立起所属建设队伍的制度管理基础；以基建项目、安全、质量、设计、造价等各专业为不同条线，以国家电网公司、北京公司、各属地公司为不同层面，参与并开展竞赛、培训和调考活动；落实“扎下去”和“走出去”的建设队伍专业管理调研模式，分别开展针对所属设计、施工、监理队伍的基层调研和上下半年各一次建设队伍专题研讨；组织赴国网山东公司、江苏公司调研建设队伍专业管理和专业机构对标，学习兄弟单位先进管理经验和理念，搭建队伍常态化交流的平台。

总结公司2012年基建管理综合评价工作经验，对2012版《北京公司基建管理综合评价办法》进行修编，持续深化基建综合评价工作。逐一研究制定内部对标指标月度发布机制，落实指标责任人，深入开展对标指标季度、半年专项分析，研讨指标改进提升措施。针对系统应用水平不稳定、管理人员责任不落实等问题，从加大考核结果应用力度、强化专责人管理和规范技术支持与服务3个方面，制定了12项有针对性的管理提升措施，提升基建信息化应用水平。

（刘守亮）

【“大建设”体系建设】按照国家电网公司和公司统一部署，以“集约化、扁平化、专业化”为要求，以职责、流程、界面优化为重点，开展调研梳理、方案制定、建设准备及组织实施等各阶段建设工作。实施建设部以及专业机构人员岗位优化调整，分层开展“大建设”体系操作方案宣贯，系统评审并批复各单位建设方案，提炼建设管理21项最佳实践案例。

（刘守亮）

【基建技术管理】推广应用国家电网公司基建新技术，依托五路居10kV切改工程开展10kV通用金具设计；依托未来城（南区）随路沟道开展可调节活动支架研究。在220kV变电工程中推荐应用17项新技术，在220kV架空送电工程中推荐应用8项新技术，在电缆工程中推荐应用4项新技术，在110kV站中推荐应用15项新技术，在110kV架空送电工程中推荐应用6项新技术，在沟道工程应用4项新技术。完成海淀500kV电缆耐压试验方案研究，完成电缆试验方案招标，确定了1.7U_0耐压试验方案。公司《大型城市电力隧道“两控一优”工法选择典型经验》入选国家电网公司典型经验库。

针对“7·21”特大暴雨自然灾害，对3年来已投运的输变电工程进行“7·21”汛情自查分析，总结北京电网在防汛、防洪、防涝方面的经验和教训，形成《北京市电力公司关于进一步提高输变电工程防汛、防洪、防涝能力的设计指导意见》。开展节能导线试点应用工作，将2013年开工的10项工程列入节能导线扩大试点工程，组织设计单位做好节能导线选型，按照节能导线应用技术原则，结合北京区域特点，确定导线型号。

（朱占巍）

【技经管理】进一步加强初步设计过程管理，推进初步设计策划环节和施工图会检管理，建立设计工作协调会机制，推进工程初步设计管理。全年共计完成西北热电中心至温泉送出等14项220kV输变电工程的初步设计评审工作，完成兴华110kV输变电等52输变电工程的初步设计评审、收口工作，完成充电站等其他类工程初步设计评审87项。以动漫城110kV变电站为试点，开展“户内变电站电气设备和建筑寿命匹配研究”工作。组织经研院参加国家电网公司设计竞赛，其中湖南丛塘—浏阳南220kV线路工程设计获得一等奖、山东中化220kV站设计获得三等奖。依托望君疃、动漫城、马连道等工程完成2次110kV输变电工程设计竞赛活动，通过营造公平设计竞争环境，为公司引入新的设计资源。参加国家电网公司优秀工程设计评选活动，西北旺220kV变电工程、西北旺—上庄220kV电缆线路工程分别获得变电工程、送电工程优秀设计三等奖。组织参加国家电网公司设计调考，获得变电专业个人第十名成绩。

推进造价系统功能完善升级工作，适应2011年版清单计价规范。制定2013年度招标工作计划，完成公司8批次基建工程非物资类招标工作，将工程细化为变电站建筑工程、电气安装工程、送电线路工程、送电电缆工程、消防工程等8类，突出招标管理精益化，确保工程合法开工。组织开展技经管理人员培训，对《2011版清单计价规范》《20kV清单计价规范》《2013版建筑工程清单计价规范》进行系统讲解，在公司范围内宣贯新清单规范内容及编制要求。加强设计变更管理，修改设计变更管理实施细则，明确设计变更管理职责和权限，规范设计变更管理流程。开展输变电工程结算复核工作，组织北京经研院技经中心完成基建工程结算复核16项。

（张 波）

【“煤改电”工程】2013年，城区“煤改电”工程共涵盖东城2.7万户、西城1.7万户非文保区居民，涉及白纸坊、椿树、什刹海、大栅栏、龙潭湖、天坛、建国门等29个地区的市区道路300余条，主要工程包括新立线杆992基，安装地箱2700台、墙箱5574台，敷设高、低压电缆及架空线640km，安装开闭器、箱式变压器及柱上变压器704台。

■ 10月25日，西城区小六部口胡同“煤改电”工程施工现场。

（陈 伟）

农 电 发 展

【农村电网改造升级】梳理完成35kV电网规划，明确远郊40座35kV变电站增容改造或增加联络规划；首次获得北京市节能补贴60万元，更换高损变压器921台、油断路器128台，全网高损变压器和油断路器比率分别由13.9%、1.6%下降为12.5%、1.3%；依托农村电采暖工程，实施农村配电网分倒路12条，加装配电变压器137台，13个村4514户的户均用电容量由3kW提升至9kW。

（张 晶）

【农电管理】全年公司农电系统未发生电网事故，未发生农村地区村民人身触电伤亡事故，农网供电可靠率达到99.926%，农网综合供电电压合格率累计完成99.778%，10个远郊区（县）110kV及以下综合线损率累计完成6.57%，累计电费回收率100%。

实施农电人员薪酬调整工作。完成1520人劳动合同续签工作，其中签订无固定期限劳动合同661人。完成农村供电所2520人的全员培训；组织1200多名农电人员专业技术资格（职称）的社会评定工作。

调整补充农村供电所运营费用预算，保证农村供电所的基本运营成本需求。强化农村供电所安保管理，为132个农村供电所及30个营业网点配备保安人员。制定农村供电所房屋维修管理办法和实施标准，投入3000多万元资金，改善111个农村供电所和营业网点的房屋等基础设施。

（王　诜）

【农电标准化建设】完成农村供电所定员测算工作。制定“以岗定薪，以能定薪，按绩取酬”的效能薪点工资制度，配合薪点工资制，根据农村供电所工作特点，建立以工作积分制为主的绩效考核体系。编制下发《农村供电所人力资源管理暂行办法》，对农村供电所机构岗位设置、岗位任职条件、人员晋升调动、重点岗位轮换、员工信息变更、重大事件上报等六个方面进行规范。

开展县供电企业管理提升工程。根据《国家电网公司关于实施县供电企业管理提升工程的意见》文件要求，开展县供电企业管理提升工作，以解决远郊区（县）供电企业管理中存在的突出问题和薄弱环节为重点，开展诊断分析和综合治理，建立管理提升长效机制，公司成立远郊区（县）供电企业管理提升工程领导小组，负责管理提升工程的整体组织协调工作。

开展乡镇供电所管理提升及同业对标工作。根据《国网农电部关于开展乡镇供电所同业对标工作的通知》，开展乡镇供电所同业对标工作，并将“三集五大”体系集约化、扁平化、专业化管理与供电所管理相融合，通过开展乡镇供电所管理提升工程查找不足，及时整改，推动农电管理与公司全面接轨，提升农电管理水平。

（王　诜）

企业管理

计划与投资管理

【计划管理】固定资产投资完成78.71亿元，新开工110kV及以上线路642km，110kV及以上变电容量656万kVA，售电量完成824.85亿kWh，线损率累计完成6.77%。

健全综合计划管控体系，优化成本类项目纳入综合计划体系的管控流程，分解下达综合计划指标4类23项。合理安排发电量计划，结合地区电厂投运时序，严格把控上网电价较高的燃气机组发电量计划，进一步压降购电成本0.7亿元。持续深化经济活动分析，安排月度专题分析32项，针对报装结存等50项问题，完善有关措施及制度流程。

（佘　妍）

【投资管理】持续完善投资管控机制。坚持项目统一编码、统一建项，分解里程碑计划及季度资金计划，定期调度、分析并通报项目进度，推进投资计划首次实现“时间过半、任务过半”，完成全年目标。依托电网联合共建机制，主动对接各级政府及客户，通过把控投资项目节奏，落实外部渠道资金17.11亿元。

提前谋划2014年投资计划。开展电网发展分析，确定投资方向和重点，履行储备管理流程，对接电网规划，完成涵盖各专业的全口径项目储备7961项，储备率达306%。提前梳理2014年度夏、防汛重点项目，10月、12月两次预安排投资计划248项23.96亿元，同比提前一个月。

强化计划执行规范性。探索引入独立第三方评审稽查机制，对34项重大投资项目的合规性、合理性和经济性开展专项评审，节约项目投资8911万元。

（邱吉多）

【统计管理】组织开展跨部门重复统计指标梳理，完成生产、营销、调控等专业系统与统计系统数据整合144项，统一数据来源和口径。强化项目和指标两条主线，加强阶段分析和专项分析，开展投资、新能源等专项统计特点研究，增加统计报表41张，统计专业人员全部通过从业资格考试。推进规划计划管理系统和规划设计一体化平台的应用率达到100%，梳理各业务模块的流程关系，实现规划、前期、综合计划等9个功能模块应用。

（林立新）

人　力　资　源

【综述】完成“三集五大”体系全面建设方案制定、准备阶段的牵头组织工作，实施机构、职责和人员的优化调整，推进集约化管理，组织体系不断完善，人才素质持续提高，劳动效率稳步提升。人力资源同业对标在国家电网公司排名第三位，获得人力资源专业管理标杆。人才引进指数达到1.2564，在国家电网系统省公司中排名第一；人才当量密度达到1.034、人事费用率实现4.54%，在国家电网系统省公司中排名第三。

截至年底，共有全民职工8466人，其中研究生及以上学历955人，本科学历3511人，专科学历2059人；高级职称952人，中级职称1621人；技师及以上职业资格3083人，高级工2959人，中级工416人。

加大干部交流力度，拓展选人用人形式，加强干部梯队建设。落实全国组织工作会议精神，把握“好干部”标准，突出考核重点、改进考核方式、强化结果运用，丰富和完善考核评价体系。分层分类有针对性地开展干部培训，建设干部培训网络课堂，提升培训效率。加强干部监督与管理，落实“八项规定”，严格要求领导干部，重申领导干部报告个人有关事项纪律，强化报告的及时性和准确性。加强二线干部管理，严格开展干部离任交接。加强干部人事工作指导和监督，提升基层选人用人工作水平。开展本部人力资源专业各项常态工作。

（马晓艳　王希菁）

【领导班子和干部队伍建设】领导班子和领导干部考核评价。突出考核重点，强化“德”的考核，在现有正向测评的基础上增加干部行为反向测评，针对群众反映意见集中的问题设置反向测评指标，通过正反两方面考察干部德行；强化业绩导向，开展领导干部主要业绩网上公示，接受群众评价，同时按照分工，将同业对标完成情况及名次变化情况分解到干部个人，开展横向和纵向分析。改进考核方式，落实党的群众路线教育实践活动要求，增加群众在干部考核测评和评价谈话中的参与比例。强化结果运用，完善考核结果反馈机制，有针对性地开展干部个人考核结果反馈，帮助干部更加清晰地认识本人的业绩表现和问题不足。

干部培养与锻炼。举办干部培训班 8 期，覆盖处级干部 294 人、本部处长 95 人及中青年干部 45 人，处级干部培训率 100%。开展基层与本部之间的双向挂职培养锻炼，进一步完善本部空缺岗位挂职培养人员的选拔模式，持续扩大人才选拔渠道。建设干部培训网络课堂，缓解工学矛盾，提高培训效率。

干部选拔任用。树立正确的选人用人导向，不断拓宽选人用人渠道，用好各年龄段干部，结合岗位实际和工作需要，统筹运用组织选拔和竞争性选拔等方式选拔干部。适应“五大”体系深化建设需要，开展本部和基层之间、各专业之间、相关单位之间的干部交流任职，不断丰富干部阅历和经验。加强干部梯队建设，注重后备干部培养，持续优化干部梯次结构。

干部监督与管理。从严管理和监督干部，重申领导干部报告个人有关事项纪律，完善报告事项，强化报告的及时性和准确性；落实“八项规定”，明确交流干部周转住房的相关管理要求；强化责任落实和追究，严格执行干部问责相关规定；强化干部经济责任审计，开展干部离任交接相关工作。加强二线干部管理，开展二线干部工作表现年度考评，引导和鼓励二线干部充分发挥管理经验和专业优势。

干部人事工作指导和监督。印发公司《干部人事制度汇编》，首次开展基层单位干部人事专业培训，加强对基层干部人事工作的指导。畅通基层单位干部人才发展通道，将职员职级序列拓展到所属单位。提升基层单位选人用人工作规范性，出台《干部人事专业评价实施细则》，开展对所属单位干部选拔任用工作的定量评价和集中检查，提升基层选人用人工作水平。

机关人事管理。按季度开展本部全员绩效考核。多维度评价部门工作表现，由副总师及以上领导评价部门的日常工作和亮点工作完成情况，各部门互评责任意识、工作效率、沟通协作、团队建设情况，基层单位评价部门的责任意识、服务基层、工作指导、廉洁从业情况。开展员工绩效评价，按照国家电网公司要求，依据考核结果进行强制分布和奖励兑现。加强本部人事管理，严格入（离）职管控，规范办理程序，执行试用期满考核相关规定。

夯实干部工作基础。干部管理信息系统上线。落实中组部有关干部人事档案的最新标准，印发《干部档案审核及接收工作的通知》，加强二级单位中层干部任免档案审核把关，完成全部 525 册干部档案的换版工作。

（朱博智　毕春勇　马晓艳）

【人才队伍建设】专家人才队伍建设。开展 2013 年度优秀专家人才遴选工作，分专业管理、工程技术及生产技能三大类别，按照“统一标准、统一评审、统一考试、择优聘用”的原则，采取“业绩评价+选拔笔试”的方式，面向基层和生产一线选拔青年人才，共遴选产生 35 名省公司级专家、55 名地市公司级专家，其中 18 人当选国家电网公司优秀专家人才。

开展人才评价工作。修订在职学历教育管理办法。新编修编 12 个工种的技能鉴定题库。完成 262 人职称评定、456 人后续学历认证，开展 27 个工种、4041 人次职业技能鉴定考核。实施市场化用工八级工评价，33 个岗位类别的 1379 人参加。

（仝瑞锋）

【全员教育培训】完成全员培训方案。分层次、分专业实现培训全覆盖，完成各类培训项目 865 项，89 800 人次参加。参加国家电网公司组织开展的培训项目 168 项，近 500 人次参加。完成农村供电所长培训，13 个供电公司的农村供电所长、副所长及班组负责人共 363 人参加培训。

开展岗位业务竞赛活动。举办 25 项竞赛及普调考。组队参加国家电网公司 15 项调考竞赛。其中，新能源专业调考荣获团体第一名，信息化架构调考荣获团体第三名，财务调考荣获团体第六名。

（仝瑞锋）

【劳动用工管理】完善用工管理机制。构建内部人力资源市场，完成跨单位人员交流配置 267 人，完成重点岗位人员交流 760 人，完成各单位内部人员岗位调整 2700 余人次。2013 年新进高校毕业生电工类专业占比达到 89.4%，硕士及以上学历占比达到 60.5%，全部配置到郊区供电公司和缺员严重的业务支撑机构。贯彻落实《国家电网公司员工奖惩规定》，制定员工奖惩实施细则，全面加强员工队伍管理。

（段鹏飞）

【薪酬管理】规范薪酬管理。完成国家四部委工资内外收入情况专项审计迎检工作。理顺收入分配关系，依据业绩情况、人才结构适度拉开薪酬水平差距。规范福利保障管理。规范福利管理流程，细化分项考核标准，提升福利管理水平。

（冯爱玲）

【绩效管理】加强全员绩效管理。印发《全员绩效管理工作考核评价细则》，明确本部、各单位、部门、岗位四个层级绩效管理评价标准，推进职能部门目标任务制和一线员工工作积分制建设。建立企业负责人业绩考核季度看板，加强绩效评价的过程管控。

（戴　泓）

【社会保险】依法参加北京市6个社会强制保险和住房公积金及住房补贴。企业自办保险包括企业年金、补充医疗保险、重大疾病医疗保险、意外伤害保险4个险种。修订企业年金方案，根据企业年金机构管理运营情况，结合投资业绩评估结果，实行末位淘汰，引入业优绩强的新机构，提升管理服务和投资收益水平。

（李　宝）

【信息化建设】开展人力资源基础信息库建设工作。按照“规范统一、协调推进”的建设原则，以“一级部署、优化提升、业务融合、专业平台、全面覆盖”为主线，以ERP人资模块一级部署、人资管控一级部署、网络大学、内部人才市场为建设重点，建立全口径用工基础数据库。开展ERP人力资源信息系统数据专项治理工作，规范组织信息、人事信息、教育培训信息等数据。

（段鹏飞）

财　务　管　理

【财务集约化管理】完成年度任务和考评目标，年度排名国家电网公司第五名。制定财力集约化工作方案，作为财务工作的纲领性文件，确保工作有序推进。加强集约化工作过程督导，促进集约化单项指标有效提升，确保工作进度和效果。推进集约化宣传工作，多措并举宣传工作成效显著。加强管理创新，开展财务集约化各领域管理创新研究，展现财务集约化工作亮点。

（杨　泳）

【预算管理】强化资源统筹调控。推进经营诊断整改，深化内部模拟市场管理，实行预算值与目标值的“双值”评价，管理模式延伸到供电所层面，调动各单位提升经营业绩和管理水平的积极性，强化盈利能力保障。推进业务与财务深度融合。进一步明晰预算与业务计划间的职责界面和管理流程，确保经营目标有序实现。强化预算执行管控。规范应用项目企业级编码器，统一预算信息发布和流转流程，开发预算管理平台，实现对各类预算项目动态监控，确保预算执行到位。项目预算全过程管控工作得到国家电网公司通报表扬。推进标准成本应用。推动完善和应用作业成本，增补电动汽车维护费和开办费标准，提升公司成本管理标准化水平。完善预算执行分析制度。将定期分析与专题分析有效结合，结合重点工作组织各部门、各单位针对性开展专题分析，将财务分析延伸至业务前端，同时将分析质量纳入各单位绩效考核评价体系，提高分析水平。

（杨　泳）

【会计管理】进一步统一会计政策。制定印发《原始凭证管理规范与财务核算手册》《加强报销管理规定通知》，规范业务管理与财务核算标准；出台解析规则，加强递延收益、专项应付款、坏账准备、科技项目核算管理。进一步提升财务信息质量。实现集团对账率99.99%以上；配合“三集五大”体系建设，完成29家变更、新设单位基础数据变更；推动数据质量治理，清理核对供应商、客户15 516个，数据一致率提升至96%以上；建成并运转运营监控财务指标体系，设立指标400多个，持续改进数据质量。进一步优化系统功能。完成项目预算发布及调整信息、项目编码信息等17项国家电网统推功能本地实施；自主开发资金支付二级秘钥管理、电费充值卡业务等10项个性化接口，保障公司财力集约化核心业务运转。

（李克强）

【资金管理】实现资金一级管理，荣获国家电网公司资产经营对标最佳实践单位。通过提前还贷、全额集中支付、电费一级账户等集约管理举措，全年实现资金效益3.62亿元。门收电费全部实现一级账户收款。5家银行、16家供电公司上线，资金到账速度提高3

倍，撤销全部基层电费账户，银行账户较年初减少42个。提升电费资金管理水平。规范电费代收协议，统一15家代收机构手续费标准；支持营销服务创新，拓展支付宝、充值卡、手机客户端缴费和邮政代收等电费收款合作。夯实资金基础管理。部署内部购电费封闭结算功能和自用电转账结算功能，应用管控系统电子支付两级密钥审核流程；协调人民银行下发专项通知，确保公司更名期间电费收费及资金结算业务平稳过渡。保障资金供给。滚动预测收支缺口，合理安排融资节奏，争取低成本资金，通过内部委贷、国家电网资金、银行借款等方式融资45.5亿元。

（张　晔）

【**资产与工程管理**】深化工程全过程管理，提升投资效益，防范工程财务风险；优化资本布局和产权结构，提高电网资产标准化、精益化水平。关注公司可持续发展能力，以企业可持续发展为切入点，以投资能力测算结果严控投资规模，追求有效益、可持续的电网投资安排。统一各类资本性支出项目竣工决算编制原则、方法、流程和格式，达到决算编制规范化。进一步规范工程其他费用，明确开支范围，实行重点费用限额控制，强化报销管理要求。完成物资公司历史遗留挂账数据清理，消除公司重复付款、资金流失、资产负债虚增等风险隐患。推动三吉利股权对外转让挂牌，完成京电房地产公司工商登记变更。落实国家电网公司资本运作部署，新设成立全资子公司招标公司、追加投资参股单位英大人寿。推进土地确权工作，推动业务部门与北京市国土局进行深入交流，建立双方长效沟通机制，完成公司年度土地确权任务。

（杨　莉）

【**电价管理**】完成电价调整工作。疏导脱销、除尘环保电价矛盾，解决可再生能源资金来源，通过提高脱销、除尘机组比例，取得调价收益0.48亿元，降低未来垫付风险。争取合理核定新增燃气机组电价。争取到比2012年平均购电价低2.15分/kWh的燃气机组临时结算价，2013年节约购电费约1.7亿元，四大热电中心全部投产后每年可节约购电费约5.87亿元。争取收费政策。公司供电服务收费取得合法依据；在门头沟区试点收取居民住宅小区配套费；争取到市财政延长城市附加费返还政策，专项用于架空线入地建设。

（杨艳玲）

【**内控体系建设**】坚持“全员参与、全面覆盖、全程管控”，初步建成公司本部、地市公司、集体企业三套内控标准流程体系，完成业务流程梳理957个，识别差异1129个。打通流程脉络，突破条块化管理惯性。优化端到端的全流程管控，提升全公司管理合力。识别管控经营风险，提升管理效益。推动公司完善经营管控，消除风险管理的薄弱环节。统一优化管理标准，提高管理效率。整合“三集五大”体系等成果，实现与“五位一体”岗位责任体系、通用制度体系建设有机结合，初步形成内部控制标准规范体系。

（张娜娜）

审　计　管　理

【**综述**】通过依法治企检查、重点领域审计监督、经济责任审计评价、审计方式方法创新及审计管理基础五个方面的强化工作，促进审计服务保障能力提升。公司全年共完成各类审计项目142项，提出审计建议1098条，审计建议采纳率98.5%。

北京公司、城区公司分别荣获国家电网公司审计工作先进单位；审计部、城区公司、房山公司、怀柔公司组织实施的5个项目荣获国家电网公司2013年度优秀审计项目；公司《依法治企检查成果转化运用机制建设》入选国家电网公司审计专业同业对标典型经验；10家单位荣获公司2013年度审计工作先进单位，26名员工荣获公司2013年度审计工作先进个人，20个项目获评公司2013年优秀审计项目。

（张瑞芳）

【**依法治企综合检查**】8~10月，按照国家电网公司统一部署，抽调各专业35人组成依法治企综合检查第7组，完成对甘肃公司、国网经研院的依法治企检查工作。检查组围绕重大决策、工程管理、营销管理等9方面内容，对21家地市级二级单位、2家省公司层面集体企业实施检查，并对135家地市公司层面集体企业进行延伸抽查，撰写工作记录单近千份，归纳提炼形成2万余字的检查报告。

迎接吉林公司检查组代表国家电网公司对北京公

司开展的依法治企综合检查。为确保迎审工作高效务实，建立健全重大事项报告、信息沟通传递、专业审核把关、查改同步等多项工作机制，发布迎审信息13期，撰写重大事项报告5份，促进工程转分包等重要事项得以及时掌控、风险隐患得到化解。

（张瑞芳）

【领导干部任期经济责任审计】按照“谁任命、谁审计”的原则，完成18家主业单位、8家公司层面集体企业共计26位领导干部的离任审计。按照领导干部所在单位性质、经济活动规模、资金流量等方面特点，优化经济责任审计评价体系，客观评价领导干部履职情况，使审计成果与干部管理部门的监督需求有效融合。进一步拓展经济责任审计范围，二级审计对地市所属13家供电所、产业单位离任领导干部开展经济责任审计，将基层单位中层干部纳入公司两级审计监督体系，拓展领导干部监督范围，缩小审计盲区。

（张瑞芳）

【工程项目管理审计】开展工程竣工决算审计，对19家单位2012年度电网竣工决算项目进行审计，涉及新建、生产改造、营销投入、小型基建等类别项目471项，进一步扩大电网投资审计监督范围。联合专业部门，对17家单位194项运维检修项目进行检查。前移工程审计关口，针对电力迁改、“煤改电”等重点工程实施全过程跟踪审计，增强审计时效性。开展废旧物资、施工企业转分包、营销工程项目审计，拓展工程审计领域。

（张瑞芳）

【其他专项审计】落实“八项规定”监督要求，以广受关注、容易引发舆情风险的“三公”消费为重点，组织120余人对公司31家主业单位及83家集体企业开展“三公”消费专项审计。面对面约谈“一把手”，强化督导落实，编发“三公”消费“十条禁令”，推动“三公”消费内控机制的健全完善；围绕管理领域、业务环节、内部控制等方面，有针对性开展专项审计或审计调查81项，专业涵盖社保资金、工会基金、工程管理、物资管理、科技项目、供电所管理、集体企业管理等多个重点业务领域，推动建立完善相关防范措施155项。

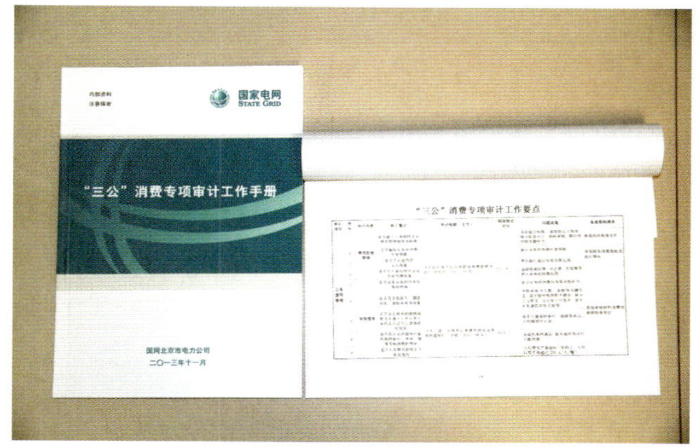

■ 公司“三公”消费专项审计工作手册。

（张瑞芳）

【审计成果运用】建立分级负责与签字背书的整改责任制，突出重点难点事项及历史遗留问题的专题研究与协调解决，问题整改率达到92%。围绕小型基建、工程结算、福利保险、劳动用工、公务活动等管理事项，健全完善规章制度64项，促进公司规范化管理。

（张瑞芳）

【审计“三化”[1]建设】发挥集约化管理优势，两级审计工作统一立项、统一标准、上下联动、集约调配。加大审计与公司各业务部门的衔接配合，突出专业督导在依法治企整改落实工作中的主导作用，在公司“三公”消费专项审计中，成功尝试多种审计组织方式。深入运用信息化手段技术，印发《审计信息化系统应用实施方案》，进一步明确工作任务、操作方法和考评标准。初步建立以信息化手段为支撑的审计作业在线管理、审计质量过程管控、审计动态实时展示的信息交互平台，实现审计监督的范围拓展、深度加强、质量提升。推进标准化体系建设。对照国家电网公司通用制度，梳理现行审计专业管理制度及流程标准，制定制度标准完善计划。构建制度标准、操作流程、实务指南“三位一体”的审计监督制度体系，实现上下两级审计组织管理、项目运转、工作要求的“三个明晰”。

（张瑞芳）

[1] 审计工作标准化，审计手段信息化，审计资源集约化。

物　资　管　理

【计划管理】统筹安排年度物资采购计划安排，全年共完成采购计划84个批次。重点完成公司海淀500kV输变电工程、东北、西北热电中心建设、新一代智能变电站以及配电网协议库存的主要物资采购工作。

（申　博）

【招投标管理】物资类及服务类采购范围进一步扩大，提升集中采购效率效益。通过合理运用协议库存、超市化、竞争性谈判、单一来源、同配同价等多种采购方式，提高集中采购效率。深化电子商务平台应用，全年共完成集中采购金额74.94亿元，其中物资采购金额41.696亿元，非物资采购金额33.24亿元，电子商务平台应用率100%，公开招标率达到97%以上。

（陈　巍　高彦龙）

【采购合同管理】加强合同及结算管理，通过减免进口货物关税、就历史存量物资与供应商进行降价谈判、率先在国家电网系统内实施价格联动等方式，为公司节约大量资金。搭建项目物资预控计算模型，解决资金支付瓶颈问题，该模型入选国家电网物资专业典型经验。集中清理大量项目历史遗留的采购申请，避免已完工项目仍为“敞口”状态可能造成的资金风险。

（陈　晨）

【供应商管理】完成供应商资质业绩核实工作，全年共完成10~35kV主要设备及装置性材料类供应商资质业绩现场核实7批次127家供应商，组织考察39家供应商。开展供应商绩效评价，利用改造原有物资管理信息系统，开发专家远程评价打分模块，提高供应商的评价效率和各专业参与度。完成供应商服务大厅各项业务，全年共完成供应商接待日10次，到场咨询供应商653家，完成现场业务咨询876次，电话咨询1061次，签订合同2268份，其他业务办理225次。开展供应商接待日活动，采用整体答疑和专题答疑相结合的方式，提升对供应商投诉、意见及建议的协调解决能力。

（刘静斐）

【物资信息化建设】清理信息系统权限，对电子商务平台及ERP系统物资管理权限进行清理，取消部分过期权限。开展“国网物资仓储及现场作业移动实施项目”上线工作，对仓储及项目现场移动功能试点应用情况进行调研检查。针对指标完成情况，系统开发监控指标功能。

（刘静斐）

【设备抽检及监造管理】健全质量管控工作体系，全年监造发现质量问题153起。抽检发现产品质量问题14起，对于发现的质量问题，均要求供应商进行闭环整改。

（李　静）

【各类物资管理】确保重点工程物资按时到货，年内保证了6项220kV及以上输变电工程、19项110kV输变电工程以及煤改电等1140余项其他工程的物资按期到货，涉及物资8545条，总金额约29.9亿元。开展清查利库工作，实现库存物资“零积压”，制定科学合理的仓储定额，加快库存周转。启动仓储网络优化工作，完成北京公司仓储网络规划方案。

根据应急工作要求和北京地区特点，补充水陆两用车、三角翼飞机、雪地摩托车、沙滩摩托车、单元移动板房等应急物资，并将应急物资与公司应急中心演练结合起来，形成整体应急体系。

进一步规范报废物资的处置模式，组织协调相关部门为各二级单位提供一站式服务，集中办理报废物资审批手续，缩减审批时间。

（高国中）

【物资监察管理】构建公司物资督察工作体系，抽调各单位物资管理业务骨干，组建57人的物资督察员队伍，制定物资督察管理办法及相关规章制度，组织督察员对招投标及物资管理开展常态化督察工作。推进公司评标基地建设，改造开评标场所，配备安检设备，结合对专家工作、住宿、用餐场所的规范管控，实现了技术、商务专家之间以及专家与外界的有效隔离。加强评标专家管理，优化调整专家库，扩充合格的专家人数，优化专业分布。通过对专家出勤情况、工作表现及评标质量等方面进行评价打分，实现对专家的动态考核。开展廉洁从业教育，印发规章制度、签订廉洁从业承诺书、业务培训。

■ 1月10日，园博园110kV输变电工程所需的46面10kV低压开关柜运抵施工现场。（李俊　摄）

■ 9月3日，物资公司对收货物资按要求进行摆放、保养。（邸亚娟　摄）

■ 7月24日，物资公司开展清产核资、盘活利库工作。（于良　摄）

（白晓东）

运营监测（控）

【运营监测（控）中心建设】完成321m²的运营监测大厅建设。监测大厅拥有监测展示、决策会商、独立监测、互动体验、设备控制及设备部署5大功能分区，于1月5日完成场地装修，1月10日完成设备安装及调试，1月20日全面竣工。信息支撑系统于3月30日上线试运行，完成工作台、数据资源管理工具、可视化系统部署，实现323个场景、315个指标数据项的监测功能，实现25屏、315个指标数据项的监测展示，以满分成绩通过国家电网公司验收。申请承担国家电网公司运营监测（控）二期6项试点建设任务，牵头组织电能质量专题监测、地市指标体系建立等重点项目。

（李　蕴　杜爱霞　王　雷　高　鑫　姚晓明　赵　飞）

【全面监测业务】规范监测值班管理工作，编制《值班人员工作手册及岗位规范》，编制监测日报183份，周报26份，值班日志366份；建立异动“分类管理、分级处理”的工作机制，编制《异动处理工作规范和标准化流程》，梳理指标阈值规则，设置指标阈值282项，累计排除异动10 994条，启动处理流程异动信息299条；拓展监测领域，探索开展供电所资金管理、业扩报装结存容量专题监测工作。

（王　雷　姚晓明　赵　飞）

【运营分析业务】常态化地开展综合分析工作，编制完成月度《运营动态》模拟分析6期、正式分析报告8期、月度（季度）经济综合分析5期；开展专题分析工作，完成上半年运营外部环境分析、公司运营风险管理分析研究等8项专题分析；开展即时分析工作，围绕监测发现的物资、营销等专业管理问题，开展根因分析，协助专业部门持续提升管理水平；结合公司运营管理需要，开展电力成本、售电量分析、线损分析等特色运营分析工作；参与国家电网公司专题研究工作，承担重点工作任务8项。

（高　鑫　姚晓明　赵　飞）

【协调控制业务】利用本部部门联系人制度，建立横向协同机制，针对数据质量、营销服务、物资周转等方面发现的异动和问题，累计向公司11个业务部门发出协调控制工作单60份；不断优化协调控制工作流程，探索建立跟踪、协调、反馈和消除的全过程闭环管理机制；参与国家电网公司协调控制报告模板编制工作，共编制完成《协调控制报告》7期。

（姚晓明　赵　飞）

【全景展示业务】围绕公司决策部署和年度重点工作，创新展示形式及内容，完成公司“二十四节气表”、同业对标及企业负责人业绩考核、政治供电等特色展示场景5屏；梳理展示数据逻辑关系，调整优化数据展示图元56个，更新数据展示指标127项；搭建公司展示工作平台，将展示业务融入到公司对外参观接待中，累计接待各类参观、视察团队15批次，人员数量达到200人次。

（王　雷　姚晓明　赵　飞）

【数据资产管理】建立模板内容、填写情况、入库数据的“三重审核”机制与“双向校验”机制；组织业务部门开展业务系统数据真实性、准确性、完整性核查，协调业务部门从源头上开展数据质量根因分析和数据治理；开展“日、周、月”数据质量实时统计，发现问题即时协调解决。截至年底，接入指标1409项（含二期新增指标），涵盖公司14个业务职能部门，总计接入指标数据14 157 279条，明细数据56 598 496条。

（王　雷　姚晓明　赵　飞）

体制机制创新

【本部机构和职能优化】10月22日，上报《国网北京市电力公司关于报审“三集五大”体系建设方案的请示》，经国家电网公司批复后全面开展本部机构和职能优化工作，于12月底前完成本部机构、岗位和职责调整工作。本部设置23个职能部门，共有7个部门名称发生变化，17个部门的内设处室发生变化；本部岗位编制由518人减为470人；共计21项职责进行了相应调整。

（李　蓉　刘昱阳　杜长军　王希菁）

【政策研究】完成《公司“两个一流”对标研究》《城镇化发展与农村配电网规划研究》等10项战略课题、25项专项课题和154项基层课题。落实完善战略课题月度调度会制度。分类组织开展战略课题发布评审，扩大交流范围。

（楚济祥）

【农电管理体制机制创新】深入开展农电业务委托工作。农村供电所业务委托工作实施方案经公司党政联席会审议通过。公司开展农村供电所调查摸底，建立内部模拟利润考核机制，开发建设集中核算信息系统，实现委托收入模拟到所和成本支出核算到所。组织开展农村供电所同业对标管理系统开发建设。

稳步推进工程业务实施。印发《农村供电所工程业务实施指导意见》，编制16kW以下小报装工程管理规定、小报装工程合同示范文本。完善工程财务管控体系，开发建设工程单项核算系统、工程资金对账系统和工程信息反馈系统。建立工程施工安全管理体系，制定18项安全管理制度。

（王　诜）

【标准化建设】组织到河北公司及天津公司调研，汲取标准化工作先进经验。建立标准化常态工作机制，印发《公司标准制修（订）计划》，公司全年共发布管理标准8项、技术标准7项。建立标准化工作评价机制，制定并发布《北京市电力公司标准化工作评价办法》，按照评价办法中的打分规则对各单位标准化工作开展情况进行评价排名，每月公布排名情况及同业对标指标完成情况。培育建设标准化专家队伍，通过组织召开现场会、外出学习交流等活动提升标准化人员队伍的水平，2013年，公司员工共计70余人参与编写各级别标准120个。

（张　娜）

【管理创新】以解决发展中的问题为导向，从135项申报计划中评审出20项重点课题并纳入公司年度重点工作任务。其中，《基于重要客户供用电保障常态化服务模式　打造电网需求侧管理特色用电服务品牌》《城市微电网并网运营管理》《高可靠性配网建设管理创新》《工程项目一体化管理创新与实践》等4个项目入选国家电网公司“重大管理创新示范工程”。组织项目实施单位编制项目任务书和实施方案，制订关键节点时间计划表。

建立项目全过程管控机制，提升工作成效。针对重点示范项目，建立月度调度和专家现场指导机制，将管理创新成效指数纳入公司内部各单位对标考核，强化实践、指导、总结、验收、评审、深化应用全过程管控机制。以创新性、实践性、推广性、规范性四个维度为重点，通过多角度项目实践数据与实证材料的积累与比对，做到管理创新工作效益分析数据化、效果分析公评化、服务提升制度化。

健全创新成果评估推广机制，促进先进管理方法应用。明确管理创新成果评估和转化的流程、方法与应用途径，引导部门和单位持续将优秀的管理创新成果应用于实践。从历年创新成果中精选48项优秀成果，并加以提炼和加工，形成易于推广应用的方法和项目，发布在公司网页上供学习借鉴。

汲取行业内外先进经验，为管理创新注入活力。组织实施135项管理创新项目。公司21项管理创新成果分别在国家电网公司系统内外部评审中获奖，并实现国家级奖项“零突破”，填补了管理创新专业空白。其中，《省市级电网调控一体化的安全管理》获得全国企业管理现代化创新成果二等奖；《职工创新工作室建设的探索与实践》《综合绩效考核积分法的实践应用》《生产班组日运行规范》《应对恶劣天气应急工作探索与实践》等4项成果获得北京市企业管理现代化创新成果一等奖；《以状态检测为技术核心的电网企业生产管理创新模式》获得全国电力行业设备管理创新成果一等奖；《电动汽车智能充换电服务网络运营管理》获得电力行业企业管理创新成果一等奖；《基于重要客户供用电保障常态化服务模式　打造电网需求侧管理特色用电服务品牌》获得国家电网公司管理创新成果一等奖。公司被评为北京市管理创新工作优秀组织单位。开展与北京管理先进企业的交流学习，汲取先进管理理念和创新实践经验。

（刘园园）

【同业对标管理】构建公司对标管理体系，促进公司对标工作系统化、规范化运行，强化过程管控，推动公司重点指标管理提升，引导各单位围绕“一强三优”发展目标和“三集五大”体系建设，抓管理、促发展，不断推进公司业绩和管理水平提升。公司获得国家电网公司综合标杆、业绩标杆、管理标杆，以及安全管理、人力资源管理、规划管理专业标杆；获得华北区域管理标杆、安全管理专业标杆；《全面推行一级银行账户管控，提升资金集约化管理》《业务融合，动态优化，实现采购计划和资金计划协调匹配》《基于“网格化”的配电网规划》《大型城市电力隧道“两控一优”工法选择建设管理模式》4项典型经验入选国家电网公司典型经验库；《贯彻〈劳动合同法〉修正案，规范劳务派遣用工管理》《夯基础、建机制、重引导，全面构建投资决策集约调控体系》《加强业主项目部标准化建设，工程建设过程管控水平》《建立监控信息分析及会商工作机制实现“大运行”与“大检修”无缝衔接》《构建智能充换电服务网络　发展首都电动汽车产业》《供电服务质量提升工程典型经验》《开展信息系统状态检修，提高系统运维水平》《打造“五位一体”长效机制　促进依法治企检查成果深化运用》8项典型经验获得专业推荐。

以责任状形式明确对标目标，强化对标过程管控。以公司年度对标目标为导向，制定考核细则，组织签订对标责任状，制订重点管理改进提升计划，强化指标月度发布率、分解率和目标完成率管控，不断完善公司上下联动和对标与专业业务融合的工作机制。

优化公司内部指标体系设计，强化对标导向作用。深入研究国家电网2013版指标体系，优化公司内部指标体系至163项，其中业绩对标42项，管理对标121项。

开展对标管理体系建设和试运行，强化对标平台作用。构建公司对标管理体系，通过试点运行，持续优化完善，形成《对标管理指引》《对标工作手册》《对标工具方法集》《对标工作实例》等成果。

推动公司专业机构对标，强化专业支撑力量。2013年，国家电网公司试运行开展各省公司专业机构对标，公司按照早动手、规范化、高标准的原则，制订相应工作方案，开展对标培训及诊断分析交流，初步建成专业机构对标工作机制。

指导基层单位开展对标工作，突出专业管理支撑作用，推动公司提升对标业绩。通过开展指标体系和对标管理体系培训，引导各单位规范化开展对标工作；强化对标过程管控，指导各单位制定本单位对标年度目标值和指标提升措施计划、按月开展对标指标诊断分析和典型经验推广应用等系列工作，引导基层单位建立健全强有力的对标组织保障体系和工作体系。

（陈毛昌）

【全面质量管理QC小组活动】印发2013年全面质量管理QC小组活动课题计划及实施方案，明确QC小组开展各阶段活动的时间及内容要求；编制《北京市电力公司2013年QC小组活动推进意见》，明确年度QC小组活动设立重点示范课题项目；组织开展成果评估及深化应用工作，对历年QC成果进行评估和遴选，建立QC深化应用成果库。

组织各单位开展QC小组活动，共注册课题207项，年终申报QC成果97项，组织QC成果初步评审，入围成果40项。

组织基层单位QC管理人员参加QC基础知识和业务流程等方面的培训，提高业务管理水平；组织公司QC小组活动骨干参加北京市质量协会诊断师培训，截至2013年底，公司共有北京市及以上的QC诊断师250余人，其中国家级诊断师25人。

（张　娜）

依 法 治 企

【重大决策法律论证】出台重大经营决策法律论证管理制度，建立决策论证工作机制，参与业务委托、集体企业整合、147 试点等决策事项和重大投资项目的法律论证。创办《法律风险专报》，共印发 7 期，从法律上对典型案件和风险事件进行剖析，对新出台法律法规进行解读，为公司领导依法决策提供重要参考。共完成 11 期《能源政策动态》和 6 期《政法研究参考》的编制，并以它们为载体，分析宏观经济形势和重要政策，为科学决策提供支撑。

（任聪颖）

【法律风险防范体系建设】完成国家电网公司法律风险防范体系建设试点任务，在供电公司领域，制定并落实风险防范措施 178 项，在供用电关系领域，编制完成业扩报装等 6 个模块法律风险防范手册。组织开展基层单位法律风险排查，对 28 项突出问题逐一研究并制定防控措施。建立法律部门与专业部门风险防控的联动机制，开展电力设施隐患治理等专项风险防控工作。

（徐厚华）

【合同管理】开展合同管理专项提升活动，检查发现问题 8 类 182 项，印发强化合同管理十项措施，督促各单位对薄弱环节逐一落实整改。组织合同承办人资格培训考试，赴 10 个单位开展规范合同管理座谈交流。公司系统签署经济合同 18 536 件，法律审核率达 100%。完善招标法律保障工作机制，全过程参与批次物资招标保障，为招标工作依法合规开展提供有力保障。

（刘　颖）

■ 11 月 21 日，在城区公司召开合同法律风险防范培训会。

【诉讼管理】强化诉讼案件全过程管理，形成闭环管理机制。建立公司周例会通报案件和风险反馈机制。深入开展典型案例分析，研判系统性法律风险并提出建议，发挥诉讼案件在风险防控中的重要作用。共处理新发案件 55 起，其中起诉案件 10 起，应诉案件 45 起。对于部分欠费用户应用法律手段催收，降低电费回收风险。

（任聪颖）

【普法工作】推进分层次普法工作，赴 5 个单位开展“走进中心组”法律服务专项行动，与各单位领导班子进行专题交流。举办“法治电网”（营销服务）依法治企知识竞赛，提升专业人员法律素质。完成“法治电网”普法网站改版，打造集“信息共享，工作交流、咨询服务”于一体的普法宣传平台。公司普法典型经验入选国家《“六五”普法简报》，并被推荐为全国“六五”普法中期先进单位。

■ 9 月 13 日，“走进中心组”法律服务专项行动在顺义公司开讲。

（刘　颖）

【调研管理】建立统一管理、分级分类实施的调研管理模式，将调研管理融入公司整体工作。围绕公司重点任务，在征求各部门需求的基础上，制定有针对性的调研计划并及时调整。加强调研方案审核，严格费用预算管控，实行分级审批制度。严肃调研纪律，强化实施主体和牵头部门责任。建立调研项目档案，做好资料留存。以调研报告为抓手，加强成果转化应用，组织优秀成果评审交流。全年开展配网自动化建设、重要城市电网发展等调研18项，形成调研报告30篇，提出建议120项。

（郑　磊）

综　合　管　理

【规章制度管理】健全规章制度管理机制，成立公司规章制度管理委员会，细化制度设立、审核、宣贯、检查、评估和动态调整等关键环节要求。推进与国家电网公司通用制度对接，开展通用制度建设的宣贯，组织征求通用制度体系框架和前三批通用制度意见，汇总相关拟废止公司现有制度名录。组织做好通用制度解读、执行和信息反馈，完成第一批通用制度落地实施。

■ 8月28日，公司召开经法工作会暨通用制度建设启动会。

（楚济祥）

【值班室工作】体系建设方面，进一步完善公司行政值班、请假管理等相关制度和流程，建立汛期市政府汛情通报快速反应和应急发布机制；就行政值班一体化建设工作与兄弟单位开展交流研讨，参与国家电网公司行政值班管理有关办法章节的讨论起草；建立周信息收集汇总新机制，开展公司《值班周报》改版工作，进一步明确周报定位与内容；协调推进与市公安局消防局应急协作机制建设。

深入推进“一流三化”值班应急体系建设工作，开展公司系统各基层单位值班一体化工作书面调研，梳理各单位实际情况，分类统计问题和建议；与16家基层单位进行面对面调研交流，针对共性问题研究提出答复意见，并在《办公室行政办公“百问百答”手册》中整理发布书面意见；开展公司系统各单位办公室人员及承担业务情况梳理；开展“一流三化”值班应急自评价工作，编制各阶段重点工作任务；修订完成《行政办公值班标准化手册》，编制《行政值班工作题库》。

信息管理方面，刊发《值班快报（普刊）》200期、《值班快报（专刊）》9期、《值班周报》47期，《月度通报》12期；向国家电网公司报送《值班报告》26期，反馈工作任务30项。

值班运行方面，完成党的十八届三中全会、全国“两会”等重大政治活动及重要节假日期间的行政值班保障工作。加强公司重大事项请示报告管理，接收和协调处置重大事项报告86件。处理来文来电1835件，受理外出请假手续315件。

政务保障方面，完成国家电监会吴新雄主席全国“两会”保电督导检查、国务院监事会李东序主席调研、北京市王安顺市长视察国庆供电保障、国家电网公司舒印彪总经理群众路线实践调研、公司年初“三会”、年中工作会等重要公务活动服务保障共计60次。公司办公室获得国家电网公司综合服务工作先进集体。

（崔　征）

【外事管理】推进国际合作。结合公司重点工作内容，拓展国际交流工作的广度和深度，全年自行组团7个，其中交流团组1个，经贸团组5个，参加国际会议1个；参团6个。全年公司因公出国（境）共计47人次；接待来自法国、德国、美国、新加坡、俄罗斯等各国电力同行及有关代表团来访交流及站点参观，共计19个团组83人次。夯实外事基础管理。加强制度建设。修订公司涉外突发事件应急处置预案；加强因公护照的分类管理及统计工作；制定因公出国（境）服务手册模板，细化交流考察方案，周密组织实施，进一步提高外事服务水平。开展国际信息工作。以国际大型电力企业动态及新能源、智能电网等热点技术为重点，开展国际信息编译工作，全年共向国家电网公司上报各类国际信息38条。加强国际商务人才培养。加强专业人才队伍建设，成立公司国际商务专业后备人才库。组织开展为期3天的集中培训，涉及国家电网公司国际化战略、跨文化交流、跨国企业并购及商务英语学习等方面内容，进一步提高了公司国际商务后备人才的英语水平及专业素质。

（王　茜）

【档案管理】公司档案馆全年接收变电站工程、电力隧道工程、架空线路及电缆档案等科技档案共1555卷；接收公司收发文件、部室文件、传真及授权委托经济合同等文书档案共11 588件；会计档案1901卷。提供科技档案借阅47人次，1100卷；文书档案借阅172人次，548卷；会计档案借阅65人次，710卷。34项工程使用国家电网档案管理系统客户离线端收集上传电子档案，全年预验收工程档案接待183人次。

继续推行科技档案集中归档工作；参加公司110kV输变电工程达标投产档案检查工作；参与220kV变电站工程创国家电网公司优质工程档案检查工作；编制《北京市重点建设项目档案指导手册》；完成2012年组织机构编研工作；组织基层单位档案员进行档案业务培训；接收城北500kV变电站及架空线路档案；配合公司“依法治企”迎检工作，提供了30余个项目约800卷的工程档案查阅，以及会计档案1324卷查阅；完成国家电网公司档案馆开展的档案征集工作。

（张辛荣）

【信访工作】全年接待处置来信来访204件。各部门、各单位均能高度重视信访工作，落实信访责任制，采取有效措施排查化解矛盾，确保公司职工队伍总体稳定。全年未发生到政府及有关部门的集体访；未发生到国家电网公司及重点区域的非正常访。

（崔　征）

机　关　管　理

【本部建设】以“转作风、强执行、做表率”为主题，以“八个带头”为重点，以“八项提升”为目标，提升本部的领导力、管控力和影响力。

学习型本部建设。学习贯彻中央改进作风的“八项规定”，促进本部作风建设常态化、长效化。开展以“转作风、强执行、做表率”为主题的大讨论，引导各部门将本部作风建设提升的成果落实到制度建设中。开展好书共读活动，分3期主推精品新作20本。

协同型本部建设。深化“三集五大”体系建设，建立业务间相互协调与融合机制，实现岗位、工作流程和绩效指标间的相互匹配。深化本部全员监督考核，开展“协同工作考核”和“年度作风测评”，促进本部各部门思想作风、工作作风、领导作风的建设。

服务型本部建设。深化党支部结对子共建活动。组织一线职工开展专业培训450人次，印发《北京市电力公司本部综合管理手册》。

深化自律型本部建设。定期开展本部文明行为检查，建立部门文明行为积分制，将员工文明行为纳入部门和个人绩效考核。开展“一书一片”廉洁从业学习教育活动，组织开展专题学习日活动。

实干型本部建设。发挥职能作用，推进“三集五大”体系建设，通过国家电网公司检查验收。推进依法治企，动态完善公司各项制度，规范业务流程操作标准。签订《精神文明与党风廉政建设绩效考核责任书》，各部门制定风险防控措施并得到了有效落实。

（滕　龙　张晓青）

【党务管理】开展本部作风提升年活动，以加强本部作风建设为重点，开展“三型”党组织建设。深化创先争优。在2012～2013年度创先争优活动中，共有27人、8个党支部获公司级先进表彰，27人、8个党支部获机关级先进荣誉。全年发展新党员11名，预备党员转正13名。开展“迎七一，学先进、做表率”系列活动，开展“重温一次党章、表彰一批先进典型、参与一次教育活动、组织一次观摩学习、阅读一本经典好书、开展一次主题讨论”活动。制定本部系列健身活动方案，组织开展乒乓球、跳绳等活动，组建机关队参加公司羽毛球、乒乓球比赛。开展“高举团旗跟党走，立足岗位靓青春”主题教育活动，深化“青春基层行”“青年歌友会”等机关团青特色活动。

（滕　龙　张晓青）

后勤管理

【行政后勤制度建设】加快大后勤体系建设。按照公司"三集五大"建设工作总体部署，推进后勤保障体系建设工作，坚持一体化、集约化、专业化方向，完善本部与所属单位两级后勤职能管理体系，明确管理职能，强化后勤资源管理和后勤服务保障能力。按照公司总体部署，自上而下完成机构、职责和人员优化调整工作，并加快推进后勤保障体系由集中建设向常态运行平稳过渡。推动后勤制度标准建设。修订《非生产性工程项目管理办法》，加强可研评审、造价管理、施工管理等重要节点的标准化和流程化；出台《公司典型化装修造价标准》，按照不同层级和功能需求统一办公室、会议室等20个类别的单位造价标准、工艺做法标准，推进各单位办公条件、装修风格、工程质量水平和单位投资水平基本平衡合理，并同步统一规范集体企业办公楼装修标准；编制《本部办公楼管理办法》《北京市电力公司本部综合管理手册》，按照公司办公用房调整方案，完成相关部门用房调整及办公家具的标准配置。加强后勤信息化建设。按照"公车公用、集中管理、凭单派车、文明驾驶、规范停放"的原则，强化车辆使用管理，开展车辆监控系统建设工作，加快建设调度、监控和管理"三位一体"的车辆管控平台，实现对主业车辆的实时在线监控；按照国家电网公司部署，稳步推进后勤信息系统在线应用。

（李继东）

【房屋、土地资产清理】全年完成土地确权任务81宗，实现确权总量的92.91%。推动公司后勤资源由拥有型向效益型转变，完成城区公司机关、西交民巷70号等4宗办公类用地的土地取证工作。开展非生产性房屋清理整顿工作，对790多条非生产性房屋基础数据进行审核，印发《关于规范公司办公场所建设和使用的通知》，梳理自查公司办公用房的使用、装修改造以及管理情况，对房屋抵押、违规租赁和38个严重超标办公用房进行清理分析和全面整改。

（李继东　滕　龙）

【非生产性工程和小型基建工程项目建设】结合公司内控体系建设工作部署，制定公司小型基建、非生产性工程项目管理规范流程56项，完成312步差异化和风险分析。开展亦庄第二办公区续建、大雁楼物资评审中心和八里庄公租房建设项目。全年在施小型基建项目共10项，完成计划投资54 327万元。非生产性技改完成投资3100万元。非生产性修理项目和物业管理等成本项目完成1.5亿元。

（李继东　郭长旺）

【车辆与交通安全管理】开展车辆清理整顿、加强车辆管控。完成公司集体企业和农村供电所车辆清理整顿。完成主业和产业公司公务用车和生产服务用车的定编工作。落实"十条禁令"要求，强化交通安全管理。全年公司交通违法率与上年同期相比下降2%，十项严重违法行为同比下降45.2%，未发生负同等及以上责任的重大交通事故，连续10年获得北京市"交通安全管理优秀系统"荣誉称号。

（李继东　宋安鄂）

【职工后勤服务工作】开展四期"关爱健康、关爱生命"大型健康主题系列讲座，参与员工9000人次；组织完成健康体检，实现主业员工健康档案建档率100%，员工健康体检上检率92%；完成本部纯净直饮水改造工程，更新B/C座无负压给水设备。加强后勤服务管理人员和食堂从业人员的培训和交流。为员工提供绿色放心蔬菜11.6万斤。聘请专家指导鉴定员工食堂菜谱，督促食堂科学配置膳食营养。推进八里庄项目，完成项目前期手续。加强青年公寓管理，组织完成翠林公寓装修改造项目，合理调配青年职工住宿房源，总住宿床位达到1088张。

（李继东）

安 全 生 产

安 全 监 察

【“安全管理提升”活动】 公司印发《“安全管理提升”活动实施方案的通知》，围绕“梳理流程、防控风险、夯实基础、推进创新”的主题，细化制定并完成93项重点工作。成立“安全管理提升”活动领导小组及其办公室，同时成立活动督查工作组，领导班子成员分别带队分组定期开展督导检查，及时召开推进会，强化安全过程管控，落实各级人员安全生产职责。完成全国“两会”、十八届三中全会等供电保障任务。

（宗晓茜）

【作业现场安全监督】 强化作业现场的安全监督检查力度。应用现场巡检3G单兵系统和工业电视系统等信息化手段，远程监控各单位现场安全管理，督促各级巡检到位、现场把关到位；加大配网作业现场、外协人员工作现场的监督检查力度，将巡检工作重心向中、小型作业现场倾斜；加强一线班组的检查力度，迎峰度夏期间，公司将各单位生产班组的安全日、班前会、班后会等活动情况纳入公司监督检查内容；定期梳理各单位现场巡检情况，对巡检到位率低、发现问题少的单位，有针对性地加强检查；改进现有违章通知书形式，将原有的统一模板改为“红、黄、蓝”模板形式。全年，全公司生产作业现场共计12 950个，其中一级人员风险现场120个，二级人员风险现场562个；两级巡检组共检查工作现场9099个，巡检覆盖率70.26%；共计发现违章及不安全作业现象497项，发现问题比率7.40%。

（宗晓茜）

【安全生产风险指数管理】 印发《北京市电力公司安全生产风险指数管理办法》，从安全管理、电网风险、设备风险、环境风险四个方面，对全公司生产单位的安全生产工作进行风险分析，形成量化指标，明确工作流程、计算方法和模型，并制定风险管控措施。连续发布安全生产风险指数28期，结合风险指数建立隐患重点排查工作机制，以安全管理、电网、设备和环境风险分指数月风险因素开展重点排查。

（宗晓茜）

【安全技能等级评价考试】 春检预试开始前，组织18个单位的调控、变电、线路和配电四大生产专业13个子专业共计4685名生产员工进行集中考评，取消不达标人员的相应资格，下发安全技能等级信息卡，将生产员工的持证上岗情况作为现场监督检查的重点。秋季检查预试开始前，开展预试关键岗位人员《安规》考试，组织公司3233名关键岗位生产人员和1795名外协施工人员分片进行《安规》普考。

■ 3月，公司举行员工安全技能等级评价考试。

（宗晓茜）

【安全审计工作】 连续第四年开展安全审计工作。对海淀、石景山、昌平、房山、怀柔、密云供电公司，检修分公司、电力工程公司、信息通信分公司、华商电灯有限公司共计10家单位开展全面审计，对其他14家单位进行审计问题复查评。对照公司有关安全管理制度和安全审计标准，坚持“审计、整改、提高”相结合的原则，促进各级、各类人员履行本岗位安全生产职责，2013年度安全审计新发现问题209项，严重问题为16项，一般问题为193项。

（宗晓茜）

【承（分）包业务安全质量管理】 制定《承（分）包企业安全质量评估2013年工作方案》，开展安全质量自评估，公司安全质量评估专家组开展专家评估，并对2012年集体企业整改措施落实情况进行专项监督检查；根据安全质量评估中的不足，修订完善了安全质量评估标准。修编下发了《公司工程承发包安全管理规定》，制定了公司业务外包安全管理规定和业务委托安全管理规定，严格执行工程承发包、业务外包和业务委托安全管理工作，确保人身、电网和设备安全。

（宗晓茜）

【安全隐患排查治理】印发公司《安全隐患排查治理实施细则》，明确公司各专业、所属单位各专业及班组层面的工作职责，规范各级隐患评估、审核、通报及隐患档案规范等要求。

结合安全生产风险指数发布，建立排查责任及工作流程，全年各单位结合风险指数开展重点排查 57 次，下发班组重点排查任务单 69 张，排查重点隐患 23 项，实现隐患风险的提前防控。

结合全国“两会”、园博会、十八届三中会议、嫦娥三号等政治保电任务开展隐患专项排查，排查隐患 210 项；组织开展电网安全专项隐患排查，排查隐患 38 项；各专业组织开展防误闭锁、电力井盖、消防等专项隐患排查工作，实施针对性治理和差异化管控。

建立日常排查职责落实情况、重点排查工作开展情况等 12 项隐患排查过程评价标准，规范评价依据、评价方式、评价方法、评价手段 4 项要求，对 19 个单位开展 8 次月度评价，实现过程管理的量化考核。

结合春、秋季安全生产大检查，组织开展 14 次隐患差异化管控措施督查；组织开展三、四季度隐患交叉互查，发现问题 67 项，涉及隐患管理 17 个方面，督促各单位开展整改工作。

编制 728 项安全隐患标准条款，明确隐患分级、排查责任部门及对应的安全生产风险指数因素名称，将《国家电网公司十八项电网重大反事故措施》、安全性评价等要求纳入标准内容，提高标准针对性。

结合实施细则修订、安全隐患排查标准使用、重点隐患排查流程，对 16 个供电公司和检修公司开展隐患信息系统上线使用培训。

（宗晓茜）

【全面质量监督管控】编制印发《全面质量监督指标管理细则》，进行指标月度统计分析，月度通报指标完成情况。14 项质量关键指标中，“优质工程率”“客户接电期限兑现率”等 6 项指标完成率均为 100%；“城市用户供电可靠率”“城市综合电压合格率”等 5 项电网运行质量指标完成了年度目标值要求；“资产全寿命周期管理综合绩效”为 2.206，完成年度目标值的 83.6%；“主要设备账卡物对应率”完成值为 98.2%，完成业绩考核 90% 的要求。

督查 16 个供电公司和检修公司质量监督体系建立、管理制度印发情况，督促相关单位完善制度建立。参与国家电网公司《物资采购质量管理评价标准》编制任务，明确 36 个质量管理关键点和 93 项评价内容，促进物资质量管理评价标准化。

组建质量调查专家组，开展质量事件的调查分析。规范《质量调查任务单》、调查流程、报告深度等事件调查工作要求。专题分析公司全年各质量事件，并下发质量事件通报，为开展专业质量监督提供参考。

组织开展配电变压器及电力电缆质量督查，检测配电变压器 153 台，发现问题 1 起，检测合格率达到 99.35%，同比提高 2.2 个百分点。抽检电力电缆 173 根，电缆总长 52.366km，未发现质量问题，检测合格率 100%，同比提高 0.32 个百分点。开展供电服务及电能质量专项督查，发现问题 60 项，清理问题数据 1156 条，针对发现问题，印发专项督查情况通报，督促各单位开展整改。

（宗晓茜）

【资产全寿命周期管理】以 500kV 主网规划和丰台配电网规划推进“电网规划方案比选”业务试点；以动漫城 110kV 变电站工程建设推进“工程设计方案比选”业务试点；以“设备检修策略优化”和“设备退出处置优化”业务试点，优化电网设备技改大修项目及设备资产退出处置方式的辅助决策。

编制评估决策系统数据清查方案，累计核查 110kV 及以上 13 类设备数据 20 320 条，累计整改数据 6299 条；整改“一卡多物”问题数据 201 条；公司设备资产对应率由 69% 上升至 98.2%。

推进资产评估决策系统 110kV 数据集成，处理解决 PMS、ERP、SGCIM 与评估决策系统数据集成问题 4220 条，开发系统数据接口，并对相关系统集成数据接口进行联调测试，完成向国家电网公司上传各项数据的工作。

【应急体系建设】公司在《应急工作管理规定》《预警应急响应工作细则》和《突发事件处置工作细则》的基础上，下发《关于规范应急值守到岗到位相关工作的通知》，完善细化应急值守到岗到位、现场指挥等工作内容。制定《应急救援队伍管理办法》，明确应急救援队伍构成、工作职责和调用流程，规范和加强公司应急救援队伍建设与管理。制定《应急指挥中心管理办法》，明确应急指挥中心的启用模式和日常管理工作，规范公司应急指挥中心管理。

公司制定《应急救援队伍管理办法》，构建公司综合应急救援队伍、专业和供电应急救援队伍、故障抢修队伍三个层级的应急队伍体系。其中综合应急救援队伍30人，专职从事应急抢险救援工作；专业和供电应急救援队伍215人，兼职从事应急抢险救援工作；故障抢修队280支3000人，负责电网设备抢修工作。建设西集应急培训基地，全年组织应急理论培训4次，技能培训8次，组织开展应急联合演练2次，专项演练80余次，举办应急技能大赛和应急救援故障抢修联合演练，参加国家电网公司组织的应急技能大赛，提高应急队伍的技能水平和实战能力。

7月，公司在西集应急培训基地开展应急技能竞赛暨应急救援故障抢修联合演练。

公司完善应急指挥系统功能，整合内外部信息资源，集中显示电网实时信息、生产信息、客户服务信息、交通路况信息、气象实时信息、800M定位信息，为应急决策指挥提供技术支持。完善应急通信系统，改造卫星通信车，通过动中通、3G、800M、超短波、短波等通信技术，建立全方位覆盖的应急通信网络，实现各种应急环境下的现场信息及时回传，便于指挥部全面掌握现场信息。建立人工气象观测制度，在预警阶段启动人工气象观测，掌握重点站、线、地区的气象变化情况，为应急队伍、应急物资、应急装备的调动提供参考依据。

公司组织开展对四川、湖南、江苏等单位的应急调研工作，结合首都城市特点，制定应急装备配备。空中通过无人机实现应急现场的实时侦察；水上通过水陆两栖车、冲锋舟实现积水地段的人员物资运输；陆地上通过雪地摩托、全地形摩托实现各种复杂路况的快速通行。制定《应急装备管理办法》，规范应急装备的日常管理和应急调用。明确应急物资储备标准，制定《应急物资管理实施细则》和《应急物资保障预案》，成立物资调配中心，采用24小时值班的方式，集中调配应急物资。实现应急物资的“科学分布、集中管理、统一调配”。

修订26项应急专项预案，完善应急预案体系。制定《重点供电保障任务应急预案》《灾害天气处置应急预案》，细化应急工作流程，健全公司预警预控、评价监督和综合联动应急机制，加强与政府部门的信息沟通和协调联动。制定《社会人员攀爬铁塔突发事件处置方案》和防汛类现场处置方案编制模板，规范现场处置方案编制内容。

6月26日，与国网天津电力签订应急救援协调联动协议。6月28日，与国网冀北电力签订应急救援协调联动协议。与北京市公安局消防局构建应急协作互助关系。

（宗晓茜）

生产管理

【综述】提升电网智能化水平。推广和深化应用配网自动化，实现重要客户关联线路、五环路内架空网及开闭站全面覆盖。拓展电缆网监测系统覆盖范围，提高电缆网及管道运维监控实效，推进“大检修”体系高效运行。强化全过程技术监督，发挥状态评价中心作用，扩大设备工厂化、专业化、轮换式检修范围，推动运维一体化，提升运维精益化水平。深化以带电监测为核心的状态检修工作，提升设备状态评价质量和应用水平。加快“工厂化”检修基地建设。梳理电缆网及管沟资产情况和安全隐患，强化基础管理，规范管道建设标准，加快老旧管沟隐患治理，严控1-N风险，提升电缆网建设和运维水平。深化政治供电核心区建设，及时了解客户内部用电信息，设立专门应急保障队伍，提升核心区供电保障和差异化服务水平。掌握敏感负荷和设备用电特性。保障“两会”供电“零闪动”。

（江　阳）

【“大检修”体系建设】开展“大检修”体系建设，完成“大检修”体系建设操作方案，优化、压缩检修分公司管理层级，简化管理流程，提升扁平化管理力度和运作水平；试点通过计划统筹管理，实现运检部对班组工作的全面掌控和精细管理，并报送国家电网公司批复。依据国家电网公司批复的“大检修”体系建设操作方案，组织基层单位修订完善公司实施操作方案，并培训宣贯。在上半年试点基础上，完善供电公司生产运维管理模式，建立工作界面和责任分工清晰的运维检修管理流程，实现运检部对班组工作的全面掌控和精细管理。强化设备全过程技术监督，健全技术监督组织体系和工作网，统一技术标准，强化新建、改扩建工程的交接验收。

强化检修专业化和运维一体化建设。发挥设备制造企业的装备和技术优势，扩大电网设备工厂化、专业化、轮换式检修的范围和数量，提高检修质量和效率。加快培养“一专多能、一岗多能”的运维检修人员，促进运行维护岗位的高度融合，扩大作业范围，规范作业流程，提升设备运维效率。

做实状态评价中心。将评价中心作为技术监督主要实施单位纳入生产管理流程之中，发挥状态评价中心的技术和装备优势，加快实现“两个一体化”运作，加快技术服务从任务型向计划型和项目型转变，形成主动的日常工作。

（江　阳）

【规章制度建设】完善运维检修现行规章制度体系。在公司现行53项运维检修规章制度基础上，编制《智能变电站设备（施）分工分界管理规定》《电网设备状态评价管理办法（修订）》等13项规章制度，基本建立了适应“大检修”体系运行需要的生产运维检修制度体系。组织“大检修”体系规章制度汇编。编制下发《大检修体系规章制度汇编》，促进基层单位对各项运维检修制度的培训和贯彻。开展通用制度差异化分析。深化“三集五大”体系建设的总体要求，结合国网北京电力实际，对下发的48项运维检修通用制度征求意见稿进行了差异化分析和修改意见上报；宣贯执行国家电网公司发布的《技术监督管理规定》《生产技术改造工作管理规定》《生产设备大修工作管理规定》3项通用制度。

（江　阳）

【设备管理】健全设备隐患排查工作常态化机制，修订输变配电设备事故隐患排查标准，建立以生产专业人员为主导的设备隐患整改效果评价机制。推进电网设备隐患排查治理，完成绝缘子绝缘校核、防误闭锁装置、平高110kV SF_6 断路器等径复合绝缘子、交叉跨越、地线缺失、98条1-N隧道等隐患排查工作，确保设备安全运行。

跟踪缺陷发展趋势，加强设备状态管理。全年累计消除输电设备缺陷2622件，其中危急缺陷36件、严重缺陷393件、一般缺陷2193件；消除变电设备缺陷2450件，其中危急缺陷459件、严重缺陷594件、一般缺陷1397件。定期做缺陷分析，发现、认定并发布家族性缺陷，检查、指导和督促缺陷消除工作，确保设备完好率，提高运行设备的健康水平。

安排检修试验计划，全年完成66kV以上设备检修试验工作累计1295台次，其中变压器222台、断路器298台、隔离开关182组、GIS设备元件177个及其他设备416台；完成120条110kV及以上线路停电检修工作，测试杆塔接地电阻23 720基、接头测温14 721处、零值检测2824处、交叉跨越及对地距离测量1445处、绝缘子灰盐密621处。

■ 变电检修现场。

组织配电网架空线路综合整治百日行动。编制行动实施方案，完成缺陷排查1402路，排查出缺陷4976处；故障原因不清线路排查144路，排查出故障点74处；树木修剪954路、30 383棵；排查线路周边环境隐患1116处，发送通知798处，向政府部门报送425处；拆除鸟窝1492路、6946棵电杆、10 898个。

■ 开展去树工作。

（江　阳）

【状态检修工作】状态评价工作。利用 PDA 巡检及时获取设备状态信息，提升状态评价质量。开展输变电设备的专项评价，在专业管理、运维检修等方面落实非正常状态设备的差异化管控措施，形成综合检修策略。

配网状态检修达标。开展地市供电公司配网状态检修达标验收，各供电公司成立配网状态检修组织体系，制订工作方案，开展培训宣贯，在典型站线评价的基础上对全部配网设备开展状态评价和检修策略制订。

带电检测专业拓展。加强带电检测仪器配备，推广应用配网架空线路超声波检测等检测和监测仪器装备，全年共完成设备检测 100 712 件，涵盖主变压器等电容型设备 3292 台、GIS 间隔 3772 个、开关柜 59 397 面；配网中开关柜 32 604 面、配电电缆 1146 路。累计发现各类潜在缺陷 56 条，消除设备隐患。

全过程技术监督。优化技术监督网络，在设备安装调试和验收阶段，随班验收隐蔽工程，执行电气设备交接试验规程和验收规范，将特高频等带电检测技术应用向前延伸至工程验收阶段，发现潜在设备隐患，确保新设备“零缺陷”投产。组织状态检测骨干力量前往赴青海省 750kV 柴达木、海西和官亭变电站开展专项带电检测工作。

（江　阳　李　洋）

【生产运行管理】推进变电站无人值守工作。制定变电站无人值守管理规定，推进变电站无人值守改造项目，无人值守率、撤人率均 100%。加强变电站文明生产和辅助设施管理。修订完善标准规范和工作要求，督促各单位落实整改措施。开展变电站标准化管理提升工作。修订发布《变电站标准化手册》和《变电站标准化管理评价规定》，量化考核管理；组织检修分公司完成兴都 500kV 变电站标准化建设，并通过国家电网公司精益化管理验收。

推进检修专业化和变电运维一体化。编制实施工厂化检修工作方案。编制变电运维一体化工作推进方案，根据变电运维业务复杂程度、安全风险、人员技能、工器具配置水平，分三个阶段推进变电运维一体化工作。修编《输电专业精益化管理提升方案》等 8 项规章制度，依托信息平台管理手段，提升运维管理水平。

加强电缆及管道建设运维管理。制定《电力管道建设技术规范》，规范用户投资电力管道的建设标准及竣工质量；推进电缆带电检测及停电 OWTS 试验，强化电缆及管道缺陷、隐患的管理，提高设备的运维质量。

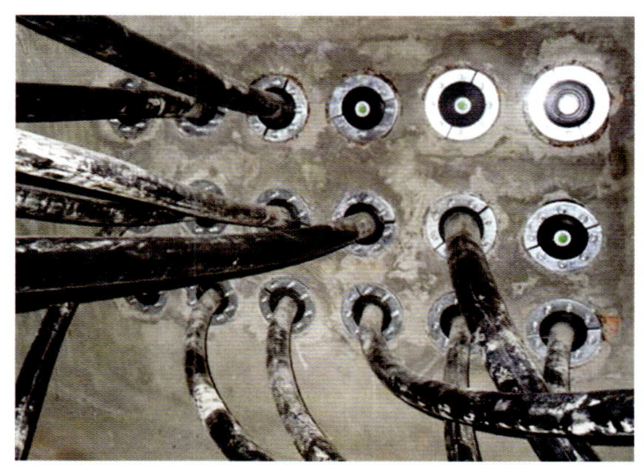

■ 10kV 电缆管孔进行标准化封堵。

配电室防灾管理。集中采取安装溢水报警系统、加砌防水台、夹层管孔柔性封堵等措施，强化低洼地区配电室抵御暴雨等自然灾害能力。推广应用新装备、新技术。开展直升机巡线、新一代雷电监测系统、变电站智能机器人巡检等试点工作。

■ 变电站巡视机器人。

（江　阳）

【技术监督管理】 调整两级技术监督体系。成立公司及33个所属单位技术监督领导小组及办公室，完善《优秀专家人才管理实施细则》，组织技术专家参加公司技术监督工作，组织梳理十八项反措和设备通用订货技术标准差异，上报国家电网公司技术监督办公室。组织公司各部门梳理主要电网设备技术标准（含《国家电网公司十八项电网重大反事故措施》）。

全过程技术监督工作。技术监督工作覆盖电网规划、工程可研、工程设计、设备采购、设备制造、设备验收、设备储运、安装调试、运维检修九个阶段，共完成65项重点工作，其中技术监督基础工作11项，全过程技术监督33项，专业技术监督21项。

十八项反措贯彻落实工作。组织开展十八项反措与电网技术标准差异化分析，发现的5类设备11条差异；对涉及规划设计、设备采购、工程建设、运行检修、利旧报废五方面共计68项标准进行详细比对分析，发现差异69项，形成《技术标准差异分析报告》。组织开展十八项反措执行情况专项监督检查，发现并整改119项十八项隐患问题。组织生产人员参加《国家电网公司十八项电网重大反事故措施》宣贯培训，共1200多人参加公司集中培训，900多人参加公司普考，并组织选手参加了国家电网公司调考。

（江　阳　李　红）

【技术改造与大修管理】 下达生产大修项目753项，完成项目753项，项目完工率100%。完成修理35kV及以上输电线路（含电缆）1969km、变压器836.2万kVA、断路器（含GIS间隔）1093台、塔基3834基、四小器（含互感器、避雷器等）816台；完成修理10（20）kV及以下线路（含电缆）130km、配电变压器0.1万kVA、断路器（含开关柜、柱上断路器、环网柜等断路器设备）6164台；改造继电保护及安全自动装置60套、调度系统175套、通信设备499套、自动化装置396套。

下达生产技改项目462项。完成项目442项，项目完工率96%。改造35kV及以上输电线路（含电缆）9.1km、变压器54.7万kVA、断路器（含GIS间隔）19台、四小器（含互感器、避雷器等）56台；完成改造10（20）kV及以下线路（含电缆）173.55km、配电变压器6.6万kVA、断路器（含开关柜、柱上断路器、环网柜等断路器设备）272台；改造继电保护及安全自动装置4套、调度系统3套、通信设备2套、自动化装置45套、光缆8.24km。

新建扩建扩展性改造项目359项（续建159项，新建200项，分三批下达。第一批137项，第二批度夏53项，第三批更换高损耗变压器、油断路器10项），截至11月25日，扩展性改造项目已经完成159项，完成率44.28%。

（皮伟才　江　阳）

【配网管理】 完成公司配网状态检修达标验收工作，实现状态检修全覆盖。并综合利用红外、超声、暂态地电压、OWTS试验等成熟状态检测技术手段，累计完成1452条配网架空线路、4152座配网站室、32 604面开关柜和1319条电缆检测工作，发现并处置设备接头虚接发热、绝缘不良局部放电等缺陷，其中10kV电缆发现并处置24个电缆接头局放超标缺陷。

全年，10kV城市配网开展不停电作业5290次，减少停电时户数约40.28万h·户，带电作业率71.93%，同比提高6.25%。配合抢修作业211次；配合配电工程作业1601次；配合用户工程作业2923次；带电消缺555次，其中危急缺陷23次、严重缺陷232次、一般缺陷300次。组织检修分公司带电作业工区成立核查工作组，从7月12日开始检查各供电公司和检修分公司配网不停电作业情况，完成全部17个单位的数据核查和11个单位的现场督查。

■ 开展带电作业工作。

推动配电自动化建设应用提升工作。8月，组织完成朝阳、海淀、丰台、亦庄、昌平5家公司配电自动化工程验收工作，组织主站系统、配电终端消缺并投入试运行；推进城区供电公司配电自动化实用化工作，12月，103条10kV线路实现故障“自愈”功能；加快配电自动化工程建设，组织完成城区配电自动化完善项目可研编制，以及朝阳、海淀、丰台、亦庄、昌平5家公司配电自动化二期和通州、门头沟、大兴、怀柔、顺义5家公司配电自动化一期建设项目可行性研究报告编制工作。

（崔　征　江　阳）

【防汛工作】编制修订《北京市电力公司防汛工作评估实施细则》等5项制度，从组织落实到责任追究等各环节提升防汛精益化管理水平。修订22项防汛专项应急处置预案，编制1120项防汛现场处置方案，并组织演练；优化部署247支4539人电网抢修队伍，明确保障责任，细化工作要求；补充配备6台大功率排水泵、1台抽水车组，提高地下管道及站房抽排水能力；与国网天津电力公司建立应急救援协调联动机制，组织汛期灾害天气应急救援联动演练，提升特大城市间协同处置自然灾害、事故灾难等突发事件的能力。累计编制《防汛一点一案》1343项；汛前集中整治438项新增防汛隐患，汛期内排查并全部消除61项严重防汛隐患。汛期内组织17次专项督导，重点检查5个单位防汛物资差异化储备及调用情况，现场查验90个防汛隐患整改效果，其中站房防汛隐患42个、线路防汛隐患37个、管孔封堵隐患6个、夹层及沟道积水隐患2个、配电箱式变压器隐患3个。将防汛重点部位及物资储备情况完全纳入公司指挥系统中，实时掌握抢修队伍响应部署情况。配合排水集团推进城市核心区22座雨水泵站增容和外电源改造工程；针对199个防汛重要用户，开展供用电安全专项检查，主动为客户开展供电安全培训，提高防汛重要客户安全用电技能和突发事件的处置能力。

（江　阳）

【政治供电】完成了全国“两会”、十八届三中全会、园博会、神州十号、嫦娥三号等特、一级保电任务。全年完成政治供电任务186项，其中特级政治供电任务2项、一级政治供电任务38项、二级政治供电任务50项、三级政治供电任务96项，累计保电天数322天。

制定90项重点工作任务。公司共投入保障人员10 522人，梳理了31个“两会”主会场和驻地、23个“两会”重要城市运行保电客户的内外部电源和用电安全状况，开展130座变电（开闭）站、574条主配网线路的状态检测工作，组织汇编37个分册近800万字的13 001任务供电保障工作手册。期间，北京地区电力供需平衡有序，未出现重点设备及线路重负荷、过负荷和限负荷情况，未发生造成保电客户供电影响的电网故障。

公司成立三中全会供电保障领导小组，制定《十八届三中全会供电保障筹备工作方案》，应用先进技术对三中全会保电涉及的54座变电（开闭）站、165条主配网线路开展状态评价、会诊巡视、专项带电检测等工作。实现任务期间供电保障万无一失的目标。

园博会供电保障工作历时185天，期间经历了公司防汛度夏的严峻考验。公司针对园博会保电周期长、局部电网供电可靠性低的特点，制定了40项工作任务，从5月18日园博会开幕到11月18日园博会结束，园博园经历4次高温大负荷、5次强降雨灾害和假期大客流的考验。公司以园博园为核心按照工作标准部署保障力量，吕村220kV变电站、园博园110kV变电站安排运维人员24小时站内值守；110kV直供架空输电线路每日巡视一次；安排人员对14处输电架空线下施工隐患进行24小时看护；在园博园现场指挥部每日安排12人驻守，加强对园区内供电设施的巡视检查和用电服务工作；配合丰台区政府做好夜场活动等35场次重要活动的供电保障工作；公司荣获“第九届中国（北京）国际园林博览会先进单位”荣誉称号。

（原宗辉）

保　卫　工　作

【电力设施保护】为防控电网外力故障，开展环境隐患排查治理专项活动，外力故障同比下降7.6%。调配563名护线员，加强电网反外力差异化管控。建立外力破坏事件的通报机制。开展电力设施保护宣传活动。

（宗晓茜）

【消防安全管理】强化消防技防设施，建立月度自评价机制，将自评价结果应用到2014年技改大修项目储备中。对389座变电站消防设施和359座变电站技防设施进行专业化“第三方”检测评估，累计检测消防设施779套、技防设施504套，共发现缺陷问题2141项。强化消防技防设施经济性管理，审核通过《变电站消防技防设施典型设计及其技术经济研究》科技项目。强化户外消防设施管理，将传统消防器材箱更换为非金属材质的消防设施箱体。开展冬春季火灾防控专项活动，防控火灾事故。

（宗晓茜）

【武装民兵工作】配合西城区防化团完善侦测连部建设，组织参加预备役防化团军事训练。开展“八一”建军节庆祝活动，组织公司范围内部分退伍军人召开座谈会、游览革命圣地等。完成西城“双拥办”布置的爱心献功臣地区优抚对象帮扶工作和中央警卫团新兵训练基地慰问工作。完成西城区武装部下达的“两会”期间重点治安防范部位民兵执勤任务。

（宗晓茜）

电网运行与电力市场

电力供需形势

【2013 年电力供需形势分析】电力需求情况。2013 年全社会用电量 913.11 亿 kWh，比 2012 年增长 4.44%。其中，第一产业用电量为 18.57 亿 kWh，同比增长 2.40%；第二产业用电量为 334.59 亿 kWh，同比降低 4.26%；第三产业用电量为 402.91 亿 kWh，同比增长 7.90%；居民生活用电量为 157.04 亿 kWh，同比下降 2.96%。

2013 年，北京电网最大瞬时负荷达 1776.0 万 kW，比 2012 年最大负荷 1581.5 万 kW 增长 12.30%。高峰负荷期间，北京电网统调发电出力约 572.6 万 kW，约有 1203.4 万 kW 的地区负荷依靠外网送入电力予以平衡，受电比例为 67.76%。

电力供应情况。北京地区期末发电设备容量 792.23 万 kW，供热设备容量为 618.4 万 kW，发电量累计 336.32 亿 kWh，设备平均利用小时 4260h。

电力供需形势。北京电网外受电量比例为 65.10%，但由于北京电网作为华北电网重要的组成部分之一，有着来自华北电网的能源支持，因此在 2013 年未出现拉限电情况和电力电量损失情况。

（张　晶）

【2014 年电力供需形势预测】全社会用电量预测。2014 年，大气污染治理仍将是政府的重点工作。地区经济将在调结构、稳增长的前提下保持平稳增长，经济结构日趋合理，但存在众多不确定因素，同时考虑用户自发自用电量的影响，预测全年全社会用电量为 967 亿 kWh，同比增长 5.90%。

电力负荷预测。根据近年来统调最大负荷的增长规律，并综合考虑影响负荷增长的各种主要因素，预计 2014 年统调最大负荷为 1900 万 kW，同比增长为 6.98%。

电力供需形势。2014 年，西北热电中心、东北热电中心及未来城三联供燃气电厂将陆续投产，同时高井煤机和石景山煤机电厂将退运，预计 2014 年北京电网新增发电能力达到 326 万 kW，总装机容量达到 1118 万 kW。2014 年北京电网仍将通过 500kV 层面的 10 通道 20 回线路与外网联络，高峰期受电量约 1200 万 kW。按照京津唐电网统一平衡模式，北京电网将根据网内负荷变化情况，合理安排机组开机方式，做好电力平衡工作。

（张　晶）

电网调控运行

【电网概况】截至年底，北京地区共有发电厂 23 座，发电机组 172 台，总装机容量 7683.9MW，其中：火电厂 10（含燃气）座，发电机组 38 台，装机容量 6446.4MW；水电厂（含抽水蓄能）6 座，发电机组 18 台，装机容量 1013MW；风电厂 1 座，发电机组 100 台，装机容量 150MW；垃圾、沼气及核电厂 6 座，发电机组 16 台，装机容量 74.6MW。110kV 及以上变电站 436 座，变压器 1081 台，变电容量 98 384.4MVA。110kV 及以上架空线路 516 条，共 6369.2km；110kV 及以上电缆线路 849 条，共 1515.7km。

华北 500kV 主网七横三纵通道中，西电东送七横中四个通道、三纵中一纵为北京电网外受电通道，北京电网 500kV 层面由 9 座变电站形成扩大双环网结构，西北部和南部分别外扩至张家口和河北地区，通过 500kV 10 个通道 20 回线路与外网联络，为北京电网 3/4 的负荷提供外送电源支撑；220kV 层面由 7 座 500kV 变电站的 220kV 母联断路器作为分区点，形成昌城、城顺朝、朝顺通、通安兴、兴房门、门昌六个相对独立的供电分区，各分区之间通过联络线互为备用；110kV 及以下电网除并网线路外，全部开环运行，形成辐射状电网覆盖全市。

（王　卫）

【“大运行”体系建设】1～6 月，制定深化“三集五大”体系建设问题整改措施及完善提升计划，整改问题 16 项，包括专业评估中专家组提出的具体问题 11 项、“回头看”自查中发现问题 5 项；完善智能电网调度技术支持系统各项应用功能，完成综合智能告警故障判断逻辑更新、在线安全稳定分析离线研究态和报表自动生成功能的部署、日内滚动计划编制功能部署等工作，调度一体化核心应用功能进入实用化阶段。1~8 月，配合国调中心以及华北分中心开展“三集五大”体系建设调研工作，编写《总部分部一体化运作专题调研报告》《华北调控分中心大运行体系建设调研报告》《公司“三集五大”体系建设专项调研报告》《公司大运行体系建设及运转情况书面调研报告》《“三集五大”体系建设第二阶段调研报告》及《大运行体系建设第二阶段调研报告》等调研材料。

10 月底，编制完成“大运行”体系全面建设方案。11 月底，编制完成《国网北京市电力公司“大运行”体系全面建设操作方案》《国网北京市电力公司配网抢修指挥业务纳入调控机构实施方案》。12 月 10 日前，组织并指导各单位编制完成“大运行”全面建设操作方案。12 月底，完成两级调控中心机构、职责和人员优化调整工作；配网抢修指挥业务交接工作，配网抢修指挥平台上线运行，建设地调配网抢修指挥中心，开展系统应用运行分析，实现配网故障抢修和 95598 报修工单在运行、运检、营销专业间在线流转。

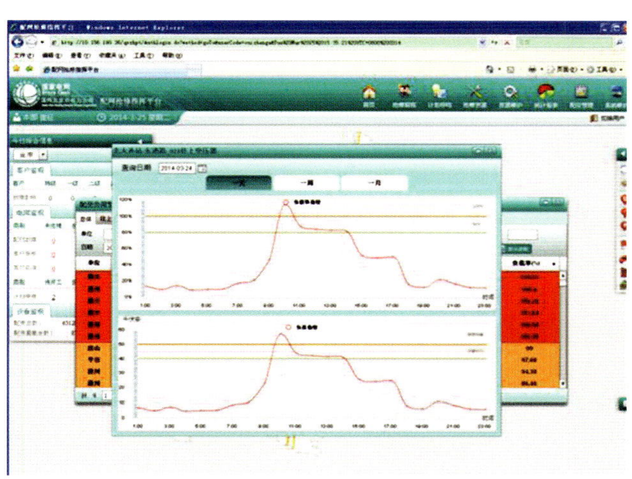

■ 配网抢修指挥平台显示的配电变压器负荷情况。

公司《“六方位”管控实现立体式“大运行”安全管理创新》入围国家电网公司“三集五大”最佳实践库，《省市级电网公司调控一体化的安全管理》获国家级企业现代化创新成果二等奖。

（胡学英）

【调控运行管理】全年共执行调度指令票 2612 张，操作步骤 12 478 步，执行正确率为 100%；执行计划检修票 1996 张，完成率 100%；处理电网事故 81 起，正确率为 100%。

完善管理措施。完成北京电网涵盖 220kV 主网直至 10kV 配网的互倒互带能力分析研究工作，提出电网规划建设、技术改造、运行管理相关措施建议。完善政治供电常态化管理，梳理完善调控中心政治供电工作标准及流程。赴北京地铁公司进行城市轨道交通运行现场调研，结合轨道交通运行情况开展城市轨道交通安全专项分析，建立常态化监视和沟通机制，确保轨道交通客户可靠供电。规范北京电网新能源管理，编制《北京电网分布式电源并网调度实施细则》，汇编现行水电及新能源调度运行规范性文件。与清华大学联合开展《分布式电源并网对电网运行管理的影响及策略研究》，研究分布式电源对配网运行的影响，形成北京电网分布式电源规划建设及并网管理策略。

断路器状态操作工作，完成南苑、荣华 220kV 变电站断路器远方拉合操作，组织朝阳、丰台、昌平地调分别在 3 座 110kV 变电站开展状态操作试点工作，共发现操动机构、操作软件版本、防误系统等问题 5 项，编制《公司设备状态操作管理规定》。

在线安全稳定分析系统应用。将在线安全稳定计算功能应用与日常调控运行业务相结合，在各种业务开展流程中嵌入功能应用的环节，利用在线安全分析与预警等功能模块，对重大检修操作和方式变化进行安全校核 50 次，利用综合智能告警功能模块完成 176 故障的信息核对，准确率为 100%。定期与华北调控分中心开展 PSASP 联合计算，形成专题报告 4 份，完成离线预想方式分析计算 285 份。推进 SOP 核心功能建设，开展 SOP 调度操作功能模块建设，相关功能于 11 月 1 日实现上线运行。

调控一体化工作。完成聂各庄等 6 座 220kV 变电站接入工作。完成桃园、未来城智能化变电站接入工作，并组织完成未来城变电站监控细则的编写、培训。截至年底，北京市调监控接入变电站 67 座，其中 500kV 变电站 3 座，220kV 变电站 64 座，监控范围遍及北京市城区、郊区。地调层面，将具备远方监控的 110kV 及以下变电站全部纳入地区调控中心运行监控。

迎峰度夏及应急管理。市调层面正确处置电网故障 81 起。度夏期间，北京电网最高负荷达到 1775.95 万 kW（8 月 15 日 11 时 35 分），较 2013 年同期 1581.4 万 kW 增长 12.30%，创北京电网历史最大负荷。电网各电压等级和线路出现了不同程度的重负荷情况，市调安排倒负荷方案，保障度夏工程的实施。全年市调组织两级调控机构规范风险工作专项预案、工程改造专项预案编制、审核、签字和演练工作，规范周前、日前事故推演机制。加强调度预案管理工作，按照《北京电网调度预案编制规范》的要求，编制各项调度预案，对调度预案的质量进行管控，开展周前、日前电网一级风险工作的反事故推演工作，确保风险预控措施落实到位。

配网抢修工作。配网抢修指挥业务调控运行实施方案，完成各地调配网抢修指挥中心建设。配网抢修平台于12月正式上线，组织公司重大事项请示报告规定等重要文件专题培训6次，电力指挥系统培训4次，气象知识培训1次，使调度员全部掌握应急事件处置相关流程。

生产值班工作。编制下发《北京市电力公司生产值班工作规范》，建立生产值班日报、周报、月报，专项汇报机制，记录值班工作中存在的问题，并在周例会上通报。将公司生产值班工作作为培训重点内容，对安全生产主管领导进行培训。

人员培训。全员通过市调人员持证上岗轮岗考试工作。年内共组织地调运行人员培训2次，直调电厂运行人员培训2次，直调变电站运行人员培训1次，典型故障处置培训1次。下半年，调控中心和清华大学合作，讲授电力系统规划、稳定、改革相关内容。开展调控运行人员基础知识专项培训，利用安全日开展对“一张操作票、一段调度录音、一个故障处理、一个调度行为”的集中学习讨论。编制《调度控制中心实习调度员培训手册》《电网调控运行实用教材》。

（王兴存　王　卫）

【调度计划管理】全年审核通过停电及带电作业风险工作13 282项，其中110kV及以上设备涉及电网三级以上风险的风险管控单845张，电网维度一级风险302项、二级风险503项、三级风险40项；35kV及以下设备涉及电网三级以上风险的风险管控单1029张，其中电网维度一级风险49项、二级风险564项、三级风险416项。全年北京电网未发生人为责任的电网或人员事故，未对重要客户造成故障停电影响。

修编印发《北京电网停电计划管理规定（修订）》。北京电网110kV及以上设备停电计划执行1443项，35kV及以下设备停电计划执行11 839项。智能电网调度技术支持系统中“三华”电网联合校核功能模块正式上线运行，调度计划与安全校核类应用其他功能通过工厂测试，具备上线试运行条件。

北京电网统调电厂共计完成发电量306.69亿kWh，地方电厂完成发电量19.19亿kWh，合计完成发电量325.88亿kWh。统调和地方电厂发电量分别占总发电量的94.11%和5.89%。燃煤发电占总发电量的47.95%，燃气发电占总发电量的49.91%，火力发电合计占总发电量的97.86%；风力发电占总发电量的1.06%，水力发电仅占总发电量的0.06%，以垃圾焚烧为主的生物质能发电占总发电量的1.02%。1月16日0时0分，京桥电厂2号燃气机组通过220kV京玉一线并入电网。各发电厂年度实际发电量与计划电量的偏差率均在3%以内，完成率最高的为华能燃煤电厂101.58%，完成率最低的为一热电厂99.61%，平均值为100.40%。

北京地区最大负荷为1775.95万kW，发生在8月15日11时35分，同比增长12.30%。当日整点最大负荷发生于12时，最大负荷1759.9万kW，北京区内电厂出力576.1万kW，联络线净受电1183.8万kW，区内电厂出力占总电力需求比例为32.73%，外网受电占电力需求比例为67.27%。电网负荷需求纳入京津唐电网统一平衡，保证了对首都用户的可靠供电。

（薛建杰　张　迪　吴雁南　王　凌）

【设备监控管理】完善设备监控专业管理体系。完成制度修编3项、标准修编1项。编制印发《北京市电力公司设备监控信息分析管理规定（试行）》《北京市电力公司变电站集中监控许可管理规定（试行）》《国网北京市电力公司设备监控信息管理规定（试行）》《设备监控信息分析及处理规定（试行）》。

监控信息分析工作。两级调控中心及检修公司对公司监控系统361万余条监控信息进行全面覆盖分析，编制监控分析周报697份、专项分析报告132分，分析发现一次设备缺陷及异常637项、二次设备缺陷及异常2650项、告警信息频繁上送问题189项，做到监控信息分析全覆盖、无死角。通过监控信息分析和缺陷及异常督促处置，公司集中监控变电站每日站均告警信息数量降至20条，降幅46.8%，提高了调控运行的质量和效率；公司集中监控发现缺陷2347项，增幅195%，提升了发现设备健康水平恶化趋势的能力。

监控信息会商工作。促进集中监控缺陷及告警信息的规范化管理。通过独立建设的Lync视频会议系统开展日会商78次、周会商26次，共会商集中监控缺陷和异常项，提出会商意见条。通过会商实现多部门、多专业间的协同联动，使严重、一般集中监控缺陷的平均处理时长分别下降55.7%、33.1%，提高了集中监控缺陷的处理效率；按照《日、周分析异常信息分级标准及标准处理措施》完成852项异常信息的处置，提前发现设备健康恶化趋势，避免了设备损坏和停电事故的发生。

规范变电站集中监控许可管理。4月，下发《北京市电力公司变电站集中监控许可管理规定（试行）》，建立集中监控许可工作流程。两级调控中心分别组织对桃园、西直门、聂各庄、霍南220kV变电站，五路居、京福、安宁庄、庞各庄110kV变电站等新（改）建变电站开展集中监控试运行评估，现场评估共发现不满足集中监控技术条件问题21项，发现并处理严重及以上缺陷14项，促进变电站集中监控技术条件的落实，从技术上降低集中监控运行风险。

（全广厚）

【继电保护管理】截至12月，公司继电保护及安全自动装置共32 509套（不包含故障录波器），同比增长7.9%。其中数字式保护装置共计31 989套，数字化率98.40%，同比增加0.66%。继电保护及安全自动装置动作13 762次，正确动作13 761次，正确动作率达99.99%。其中，220kV及以上系统继电保护及安全自动装置按照功能统计共动作335次，正确动作率100%，连续8年保持100%；110kV及以上系统继电保护装置按照功能统计共动作747次，正确动作率100%。全年故障录波完好率100%，故障快速切除率100%。

开展继电保护专业检查工作，重点检查整定计算规范化管理情况、变电站内继电保护装置功能投退及运行情况、户外端子箱防雨防潮措施执行情况、继电保护各类缺陷处理情况等，提出整改要求，并监督各单位整改。

细化公司110kV及以下线路、变压器整定方案评价标准，并根据电网负荷增长趋势以及节假日负荷增长特点，将定值躲负荷能力纳入评价重点。组织各供电公司完成110kV及以下线路、变压器整定方案评价以及轨道交通外电源线路定值校核工作，制定落实10kV线路定值优化、运行方式调整等措施40项。

故障录波器联网系统二期工程建设。截至年底，72座220kV及以上变电站及电厂、18座110kV变电站内的故障录波器接入系统运行，220kV及以上变电站接入率达到100%。

编制《智能变电站继电保护设备运行管理规程》，指导智能变电站继电保护运行管理工作。规范现场运行人员巡视职责、操作规范，完善智能变电站继电保护状态检修工作要求等。

组织公司继电保护检修维护人员及整定计算人员开展智能变电站继电保护技术培训和110kV及以下电网继电保护整定计算培训。对继电保护配置原则进行全面梳理、细化和讲解，重点说明低压配电的整定计算配合和定值设置的细化和实施。

（孙伯龙　李　静）

【自动化管理】截至年底，北京电网自动化系统及设备数量为34 870套（台），较2012年增加6551套（台），同比增长23.13%。其中，各类自动化系统912套、自动化设备33 958台，较2012年分别增长10.28%和23.52%。增加的自动化系统主要为地区备调EMS系统、配网自动化系统与厂站自动化系统，增加的自动化设备主要为调度数据网、配网自动化与变电站视频设备。

自动化专业实施市调智能电网调度控制系统建设。开展基于SG-OSS平台的北京市调变电站集中监控、自动发电控制等稳态监控应用功能的建设。开展公司35kV及110kV变电站信息接入市调智能电网调度控制系统工作，实现10~500kV自动化信息的纵向贯通。实现综合智能告警实用化，220kV及以上故障告警正确率90%以上，500kV以上故障告警信息向上级调度推送率95%以上。

市地一体的调度管理系统（OMS）及标准操作程序（SOP）建设。新OMS系统上线，完善核心业务流程安全内控机制。完成第一批7项核心业务流程及SOP的深化应用，依托一体化OMS技术平台将新设备启动、日前停电计划审批、调度倒闸操作、继电保护定值整定等管理流程向地调延伸。

提升基础自动化装备水平。开展自动化设备隐患排查整改，推进昌平、平谷等供电公司基础自动化改造工程。完成了11座220kV变电站29台变压器主进断路器联跳接地变压器遥控功能改造。制定北京公司时间同步装置整改实施计划，并列入了2014年自动化专业技改储备项目。开展变电站同步相量测量装置（PMU）安装及动态监测系统（WAMS）建设工程。完成城区等供电公司四级调度数据网建设任务，110kV及以上变电站调度数据网覆盖率70%以上。

基础数据质量综合整治。采集“事故总信号”、站端智能告警信息、PMU数据、故障录波数据和保护动作信号。梳理及整改变电站及发电厂设备参数及量测质量。主网状态估计遥测合格率99%以上。

建设市地一体的备用调度体系。完成市调新备用调度系统建设，具备变电站集中监控、自动发电控制等稳态监控功能及基本调度管理功能。开展市调主备调“双48小时”切换演练。完成顺义、亦庄等5个地调备用调度系统建设，完善市地一体的备用调度体系。

完善二次系统安全防护技术体系。开展年度二次系统安全防护自查、互查及专业安全评估、等级保护测评工作，加强安全防护动态管理。部署纵向加密认证装置，将纵向安全防护延伸到35kV变电站。完成十六个地调调度数字证书的升级，全面部署内网安全监控平台、安全审计及入侵检测系统，完善北京公司二次系统安全防护技术体系。

（董　宁　许章波）

电力市场交易

【电力市场建设】全年共签订23份购电协议，其中签订了1份跨区跨省协议；签订了2份发电权交易协议，签订了20份年度购售电合同。合同、协议全部送交电力监管机构备案，合同签订率100%，合同备案率100%。

公司全口径购电量878.88亿kWh，同比增长4.44%。其中：购电厂电量306.74亿kWh（含发电权交易电量2.98亿kWh），同比增长18.07%；购华北电网电量572.14亿kWh，同比下降1.65%。购电厂和华北电网电量占比分别为34.90%和65.10%。

表1　公司2013年购电厂电量电费情况统计表

电厂名称	购电量（万kWh）	购电费（万元）
购电厂电量合计	3 067 390.04	1 548 914.46
其中：火电	3 001 752.42	1 512 149.09
水电	2847.32	6958.20
风电	33 073.92	16 394.29
其他	29 716.38	13 412.89
大唐国际发电股份有限公司	298 957.40	139 217.46
北京京能热电股份有限公司石景山热电厂	472 637.84	220 153.37
神华国华国际电力股份有限公司北京热电分公司	209 198.11	104 911.45
华能北京热电有限责任公司（1~4号机组）	405 134.72	209 273.88
华能北京热电有限责任公司（后置机）	28 220.06	10 427.31
华能北京热电有限责任公司（6~8号机组）	388 827.88	182 749.10
北京京丰燃气发电有限责任公司	143 841.06	82 420.93
华电（北京）热电有限公司	223 406.15	128 011.72
北京太阳宫燃气热电有限公司	341 044.00	195 418.21
北京京桥热电有限公司	370 019.16	170 607.19
北京科利源热电有限公司	365.18	140.67
华润协鑫（北京）热电有限公司	64 747.98	37 100.59
北京正东电子动力集团有限公司	55 352.88	31 717.20
北京华电水电有限公司	120.93	2664.82
北京京西发电有限责任公司	866.62	3735.45
地方小水电	1859.78	557.93
北京京能清洁能源电力股份有限公司	33 073.92	16 394.29
威立雅资源利用（北京）有限公司	3241.34	1284.90
北京高安屯垃圾焚烧有限公司	21 212.40	10 039.52
北京德青源农业科技股份有限公司	803.21	318.41
北京绿赛克环保科技开发有限公司	101.22	40.41
北京华泰润达节能科技有限公司	4334.10	1720.11
光伏发电	24.11	9.54

（李冬梅）

【电力市场研究】在国家新农村建设规划和北京市空气质量治理需求的双重背景下，采暖季推行农村居民以电取代燃煤采暖成为北京市电力公司承担社会责任必须面对的工作。由于农村电采暖推广工作对北京公司经营管理带来的重要影响，公司开展了农村电采暖电量采购电厂低谷电量交易方案课题研究，围绕农村电采暖用电时段与电网夜间低谷时段相对应的特性，主要从北京地区农村电采暖现状及需求、北京地区购电结构现状及网厂峰谷供需平衡情况两方面分析，参照现有交易模式，从购电、交易角度提出利用电厂峰谷发电特性支持农村电采暖推广项目的对策和建议。

（李冬梅）

【电力市场服务】购售电合同管理。在政府下发年度发电量计划后，组织开展购售电合同签订工作，制定购售电合同签订工作方案，及时向各电厂、公司相关部门征询购售电合同文本意见，保证在规定时间内完成各电厂购售电合同的签订，合同签订率100%，备案率

100%。针对新建并网机组购售电合同签订工作程序不熟悉的情况，修订《购售电合同签订工作指南》，使签订流程更加清晰，提高购售电合同签订工作效率。

月度计划管理。在年度发电量计划框架下，以“谁主张、谁承担”为原则，综合考虑地区电力供需形势，结合北京地区购电交易季节性变化的规律和特点，依托月度计划会商及信息反馈机制，编制月度电能交易计划。

电力市场服务管理。在电力市场交易信息发布网站发布月度电力交易信息；组织季度电力市场交易信息发布会，搭建政府、电厂、电网三方沟通平台；向电厂征询意见，做好市场主体的问询与答复工作，设立问询、传真电话和电子邮箱，将答复意见反馈给问询人，并登记、存档等。

新能源项目管理。北京地区分布式光伏发电并网项目发展迅速，公司调研了解客户服务需求，结合公司购电业务情况，出台《北京地区分布式光伏发电购电管理指导意见》，保障分布式光伏发电新能源项目购电管理环节运转。

完成148台配电变压器提前更换CDM任务。2月5日，国家电网公司对公司配电变压器提前更换CDM项目进行预核查；3月25日，世界银行环境检查小组对公司配电变压器提前更换CDM项目的执行情况进行专项检查，并对公司CDM项目整体组织、配电变压器更换及环保安全等方面表示满意。

（李冬梅）

电力市场营销

【综述】完成全口径售电量824.85亿kWh，同比增长4.14%，公司电力销售情况见表1，实现当年电费回收率100%。应收电费余额完成4130.93万元，同比减少2563.67万元。新增客户346 915户，同比增长5.10%，公司客户发展情况表见表2。共受理客户申请报装容量1478.8万kVA，同比增加48.64%；共完成接电容量879.08万kVA，同比增加8.57%，公司市场发展情况见表3。

表1　公司2013年电力销售情况统计表

单　位	售电量（万kWh）	增长率（%）
城区供电公司	984 368.90	1.85
朝阳供电公司	1 533 200.08	1.63
海淀供电公司	1 239 062.11	5.17
丰台供电公司	699 333.90	3.38
石景山供电公司	154 929.32	-1.61
亦庄供电公司	389 488.43	13.36
通州供电公司	472 189.82	2.37
昌平供电公司	533 777.05	5.05
门头沟供电公司	93 673.22	4.21
房山供电公司	533 821.25	-0.49
大兴供电公司	468 693.38	9.09
平谷供电公司	123 833.49	5.97
怀柔供电公司	157 800.38	5.97
密云供电公司	147 505.49	5.74
顺义供电公司	581 943.60	8.80

续表

单　位	售电量（万kWh）	增长率（%）
延庆供电公司	74 167.18	4.75
合计	8 248 497.71	4.14

表2　公司2013年客户发展情况统计表

单　位	2013年营业户数	2012年营业户数	2013年新增户数	增长率（%）
城区供电公司	919 501	878 155	41 346	4.71
朝阳供电公司	1 462 358	1 402 751	59 607	4.25
海淀供电公司	734 399	710 922	23 477	3.30
丰台供电公司	759 614	720 462	39 152	5.43
石景山供电公司	186 843	172 877	13 966	8.08
亦庄供电公司	76 457	69 456	7001	10.08
通州供电公司	507 819	484 044	23 775	4.91
昌平供电公司	477 331	461 384	15 947	3.46
门头沟供电公司	123 792	110 247	13 545	12.29
房山供电公司	386 306	361 752	24 554	6.79
大兴供电公司	430 591	401 204	29 387	7.32
平谷供电公司	189 308	186 545	2763	1.48
怀柔供电公司	154 517	143 426	11 091	7.73
密云供电公司	231 350	221 517	9833	4.44
顺义供电公司	361 497	340 490	21 007	6.17
延庆供电公司	146 153	135 689	10 464	7.71
合计	7 147 836	6 800 921	346 915	5.10

表 3　　公司 2013 年市场发展情况统计表

单位	申请报装		完成接电	
	容量（kVA）	比例（%）	容量（kVA）	比例（%）
城区供电公司	179.57	12.14	110.76	12.60
朝阳供电公司	207.47	14.03	144.84	16.48
海淀供电公司	186.96	12.64	70.50	8.02
丰台供电公司	144.27	9.76	92.11	10.48
石景山供电公司	36.76	2.49	17.86	2.03
亦庄供电公司	93.89	6.35	55.24	6.28
通州供电公司	102.18	6.91	58.26	6.63
昌平供电公司	140.70	9.51	76.78	8.73
门头沟供电公司	47.23	3.19	28.74	3.27
房山供电公司	69.24	4.68	42.17	4.80
大兴供电公司	119.50	8.08	68.21	7.76
平谷供电公司	18.84	1.27	11.58	1.32
怀柔供电公司	33.46	2.26	21.82	2.48
密云供电公司	20.82	1.41	12.88	1.47
顺义供电公司	64.49	4.36	56.52	6.43
延庆供电公司	13.43	0.91	10.82	1.23
合计	1478.80	100.00	879.08	100.00

（林　华）

【“大营销”体系建设】主要目标：以市场为导向、以客户为中心，以提升市场应变和客户服务能力为目标，搭建公司“一部两中心”、区（县）公司“一中心”的营销组织架构，建成“客户导向型、业务集约化、管理专业化、机构扁平化、服务一体化、市县协同化”的“一型五化”、24 小时面向客户的大营销体系，推进“一口对外”的高效协同服务机制建设。

体系建设：11 月中旬，公司的“大营销”体系建设方案获得国家电网公司批复，开展建设方案的宣贯培训工作；11 月下旬，编制下发“大营销”建设指导意见和供电公司营销部管理岗位典型设置，组织各供电公司和两个中心编制实施方案；12 月下旬，各供电公司和两个中心上报实施方案，并通过公司审批。

业务优化：3 月 1 日，实现业扩管理的“两端属地、中间集约”。全年完成集约业务 531 项供电方案制定、328 项客户工程设计图纸审核；制定公司 95598 五项业务办理管理办法，实施日分析、周通报、月评价制度，发布 95598 热线日报 365 期。11 月 23 日，95598 五项业务上划至国家电网公司客服中心，全年受理客户投诉 584 起，全部按时限要求处置。与中国工商银行、中国银行等 5 家银行合作开展电费一级账户业务，7 月 31 日，实现公司全部自有网点收费资金的一级账户管理，电费资金归集时间大幅缩短，平均到账时间由 6.1 天缩短至 2.6 天，发挥资金的集约化效益。

（耿　涛）

【市场拓展】2013 年，按照国家电网公司“以电代煤、以电代油、电从远方来”的战略部署，以印发市场开拓指导意见、同业对标、业务实绩综合排序、工作指导督查等多种管理手段推进市场开拓和电能替代工作。推广热泵项目应用 242 项，应用面积 667.5 万 m^2；推广电采暖应用，增加用电量 4.86 亿 kWh；开拓电动汽车充电市场，增加用电量 0.89 亿 kWh；完成电能替代及 2013 年电力销售市场“百日攻坚”活动。

（崔晓丹）

【业扩管理】3 月 1 日起，将城近郊和 3 个远郊区县 630kVA 及以上的 10kV 客户报装部分业务集约至公司层面办理，制定集约业务技术标准、工作标准、岗位标准，构建业扩集约标准化体系。建设业扩报装辅助支持系统，推动电网信息集约共享，支撑供电方案集约编制工作。

（王洪彪）

【电动汽车充换电】建设 75 座充换电站、2870 个充电桩，基本形成覆盖北京全部区域、服务公用行业和私人需求的充电服务网络。已投运的充换电站服务电动汽车 3796 辆，累计提供充换电服务 47.44 万次，充电量 1644.55 万 kWh，服务里程 3181.60 万 km，实现 CO_2 终端减排 11 742t。累计签订电池租赁合同 72 项、充换电服务合同 14 项。建成投运北京最大的电动公交车充换电站——四惠充换电站；建成投运全国规模最大、首个实现“快充+慢充”的纯电动出租车充电站——通州小圣庙出租车充电站，北京地区电动出租车覆盖了除门头沟区和顺义区以外的 8 个远郊区县。

申报“北京市电动汽车电能供给智能服务网络研发与建设”科技成果，获得 2013 年国家电网公司科技进步三等奖；参与申报“北京市电动汽车电能供给智能服务网络建设”和“电动汽车充电设施设计理论、方法和标准研究及应用”两个科技成果，入围 2013 年北京市科技进步奖；承担的北京市战略新兴产业重大科技项目“北京市电动汽车智能充换电网络管理服务平台”上线，客户可通过该平台的 PC 网页版和手机 APP 客户端实现查询、预约、导航、充电业务办理等一体化互动服务，增强综合性服务体验。建设的电动汽车实验室被国家能源局认证并授牌为“国家能源主动电网技术研发中心”。负责完成11家中央直属机关的充电桩安装和充电桩使用培训工作。11月14日，全国政协副主席、科技部部长万钢在北京市副市长张工和公司副总经理蒋斌的陪同下，到清华科技园电动汽车租赁点考察和调研北京地区电动汽车分时租赁配套充电设施建设工作。全年共接待各级政府部门、中外企业和媒体参观调研48批次、725人次。

为推广北京地区新能源汽车，公司配合北京市政府编写《北京市示范应用新能源小客车管理办法》和《北京市示范应用新能源小客车充换电设施建设和管理指导意见》，起草《北京市示范应用新能源小客车自用充电设施建设管理细则》；公司内部梳理新能源汽车用户充电桩安装条件和业扩报装流程，制定《新能源小客车自用充电设施供电服务指导意见》，推进私人领域充电桩建设。

（黄　宇）

【分布式电源并网】 2013年，公司制定并下发《北京市电力公司分布式电源项目并网服务管理细则（暂行）》。截至年底，北京地区共受理并网申请项目166项，累计报装容量10.13万kW，其中并网发电项目38项，共20 148.77kW。并网发电项目中，14项居民工程，90.25kW；20项阳光校园金太阳工程，19 047.52kW；4项企业工程，1011kW。并网项目中采用“全部上网”模式的有2项，33kW；“全部自用”模式21项，18 890.32kW；“自发自用余电上网”模式15项，1225.45kW。累计发电量752.74万kWh，累计上网电量12.20万kWh。

（王洪彪）

【电价管理】 为确保居民阶梯电价政策平稳实施，公司针对智能电能表客户对超阶用电需补购电费的疑惑，结合地区居民用电习惯及负荷特性，编制家庭用电常识案例，借助智能电能表更换、新闻媒介宣传等途径，开展阶梯电价政策宣传及超阶用电免费短信定制服务，引导客户合理节约用电。

为确保电价政策落实到位，开展销售电价构成调整功能的测试发布工作，农村安全饮水工程用电客户补充认定及历史年度差额电费政策性退还工作，和宗教场所、监狱监房及城乡居民住宅小区公共附属设施用电拟执行居民生活电价政策宣传工作。为规范销售电价执行管理，依法维护供用电双方的合法利益，培养业务骨干，启动电费专业轮训及电价专项稽查工作，挖掘电价政策理解薄弱点，编制说明材料。

（黄　宇）

【电费回收】 加强电费回收管控，当年电费回收率、应收用户电费余额占当年月均应收用户电费比例等同业对标指标保持在国家电网公司A段水平。开展高压客户分次划拨电费、分次抄表结算电费及电费担保等协议的签订工作，降低电费回收风险。推进电费回收风险法律防范与救济体系运用。

（蒋　旭）

【电能计量管理】 推进智能电能表换装工作，建立智能电能表换装工作质量管控体系，全面提升智能电能表换装服务水平，开展智能电能表换装宣传工作。

按照国家电网公司统一部署，在通州公司开展微功率无线互联互通及新型插接式计量箱研究试点，形成国家电网公司企业标准。加强计量设备运维管理，构建计量装置巡视检查体系，完成163万卡表客户巡视检查，发现计量故障隐患18.6万户，追补电费约0.65亿元。完善采集运维体系，统一采集运维工作流程和技术标准，引入专业运行维护单位，采集抄通率、购电下发成功率分别达到99.58%、99.75%，较2012年提升了1.45、0.42个百分点。深化采集主站系统功能应用，实现智能防窃电、台区负荷及电压合格率监测等功能，实现监测数据与手机短信实时互动。

推进省级计量中心建设，提升表计检定和配送能力，推广应用国网新技术标准，推进检测检定技术升级及新标准智能电能表的试点应用，提升计量专业技术水平。推广微功率无线互联互通技术，率先应用于新装、换装智能电能表业务，开展在运智能电能表采集互通技术升级。加强计量运行维护管理体系建设，开展在运计量设备巡视检查，提升计量设备运行管理水平；完善采集运行维护体系，提升采集运维水平。

（李　冀）

【线损管理】 500kV及以下线损率累计完成6.77%，同比上升0.28个百分点。下发线损供售同期分析指导意见，修订线损分析模板，开展供售同期线路计算1813条，台区线损自动计算较2012年增加14 023个。梳理台区计量采集装置安装情况两次，全年补装完成台区计量采集装置13 136套。开展低压用户电源关系梳理专项活动，梳理3083个台区电源信息。

（丁　冬）

【营业普查】 开展营业普查和打击窃电专项工作，通过营销信息、稽查监控等信息化管理系统，对客户用电情况进行远程监控和深入分析，建立窃电嫌疑客户数据库，锁定嫌疑目标，提高打击的针对性、准确性。针对线损数据异常、窃电行为高发等敏感地区，结合用电负荷特点以及营销日常业务开展情况，定期对小餐馆、小网吧、小歌厅、小洗浴、小发廊等“五小商业”开展突击检查、组织开展警企联合专项打击窃电活动等查处窃电行为。全年追补电量1574.95万kWh，超额完成营业普查年度指标。

（李立刚）

【稽查监控管理】建成“横向到边、纵向到底”的“大营销”业务质量管理体系，开展营销业务质量管理。重点稽查监控主题95个，常态监控281项数据质量问题，日均监控数据量高达101 000万条，营销基础数据可用率保持100%，全年累计整改问题数据479.50万条。异常问题数由1月的25.93万条下降到12月的1.91万条，异常率由1月的2.41%下降到12月的0.27%。规范分时电价及功率因数执行，分时电价执行异常问题12月较1月减少3.52万条，功率因数执行异常问题12月较1月减少1.54万条。

（袁学重）

【营销信息化建设】3月，电力充值卡系统上线运行，拓展了用电客户的缴费模式，满足了用电客户个性化缴费需求；7月，开通95598互动服务网站，实现客户用电查询、信息订阅、故障报修、投诉举报等业务的网上办理，丰富服务渠道，拓展服务内涵，提升服务效率。

（姚　斌）

优　质　服　务

【供电服务提升工程】研究制定《北京市电力公司供电服务提升工程实施方案》，细化分解国家电网公司供电服务提升工程工作重点，制定阶段工作目标，明确责任部门和时间安排，提出具体的工作要求。结合公司在供电服务方面的实际工作，研究制定加强电网规划建设、规范供电服务行为、加强服务队伍建设等8个方面的推进计划。针对供电服务方面存在的突出问题开展问题排查和整改工作，加强服务能力、服务质量和服务品牌建设。定期召开供电服务提升工程调度会，对工作完成情况和存在的问题进行专项研究，编制《供电服务提升工程工作简报》，宣传推广各供电公司工作动态和典型经验。

（李立刚）

【重要客户服务】按照公司关于政治保电和重要活动用电安全服务工作部署，研究制定客户保障工作方案和实施计划，带领和组织各级用电安全服务人员对相关重要客户全面开展安全评估和隐患排查，对客户电工组织开展安全用电技术培训，制定电气事故应急预案和发电车接入方案、组织开展应急演练等服务保障工作，并且与政府和行业主管部门建立沟通联系机制，履行服务、通知、报告、督导“四到位”工作要求，落实安全保障措施，提高重要客户的供用电安全基础和应急保障能力。完成“十八届三中全会”“神州十号航天飞船发射”等各类重要活动用电安全服务保障任务，保障期间实现电气设备“零故障”、供电服务“零投诉”、供用电安全100%可靠、客户100%满意。

（李立刚）

【供电窗口服务】强化营业窗口服务管理。制定颁发《国网北京市电力公司营业窗口服务十条禁止》《营业厅服务自查评分表》等规章制度，组织各公司按照量化标准开展营业厅客户服务自查自纠工作，深化监督检查，采取视频监控、明察暗访、客户回访、现场检查等多种方式对各单位服务工作进行监督检查，解决服务方面存在的突出问题。

95598五项业务管理。根据国家电网公司95598业务集约工作安排，研究制定公司95598五项业务办理管理办法，实施日分析、周通报、月评价制度，发布95598热线日报365期。建立95598与公司各部门、各单位的联动处置机制，明确客户诉求处置的职责分工、处置流程、业务时限、监督考核等事项。按照国家电网公司统一部署，11月23日，95598五项业务集约上划至国家电网公司客服中心，全年受理客户投诉584起，全部按时限要求及时处置。

开展便民服务。加强共产党员服务队“三化”建设。完成18支共产党员服务分队“三化”建设和达标验收，制定服务队“菜单式”服务内容和工作指导书，开展“六进三送”活动780次。建立“社区客户经理”服务模式，在300个社区实现社区经理挂牌服务，构建居民用电社区服务新平台。创新便民服务举措，推出95598互动服务网站、智能电能表远程应急送电、电费短信提醒、电子缴费地图等服务新举措，提升服务品质，农村地区交费服务水平提升。

（王　峥）

【履行社会责任】缴费渠道建设。推进收费电子化工作，提升优质服务水平。在公司已有网点、银行机构缴费方式的基础上，开通支付宝购电业务，满足了智能电能表、网络电能表客户足不出户、实时购电的需求。面向社会发行电费充值卡，并与市邮政公司合作，代理销售电费充值卡，推行社会化销售方式。截至年底，全市售电网点达到20 760个，包括供电营业厅，中国银行、中国工商银行等12家开通电费代收业务的银行网点及邮政代收网点、公共交费联盟自助交费终端等，城镇地区基本建成“十分钟缴费圈”。

老旧小区改造。分别与城区、海淀、石景山、昌平、大兴、平谷、密云7个供电公司签订了58项老旧小区改造立项协议，涉及居民2.9万户。在城区、丰台、石景山、昌平、平谷、怀柔、密云、顺义、延庆9个供电公司解决41个老旧小区供电设备容量小、设备陈旧老化、经常出现停电事故等现象，惠及居民4.4万户。

保障性住房用电报装服务。全年北京市保障性住房项目共计59项，编制供电方案232份，全部项目送电，惠及8.55万户居民，完成北京市住户保障办公室2013年保障性住房竣工入住计划，确保老百姓按期入住，安全用电。

轨道交通用电报装服务。全年北京市轨道交通用电报装涉及地铁6号线、7号线、8号线等6条线路，完成送电8项，送电容量14.3万kVA，完成北京市2013年轨道交通用电需求。

南水北调用电报装服务。全年北京市南水北调工程建设项目22项，报装容量5.55万kVA，涉及国网海淀、昌平、房山、怀柔、密云、顺义供电公司，编制供电方案22份，完成送电项目1项。

（蒋　旭　王洪彪）

科技信息

科技工作

【科技项目管理】开展科技方向培育和项目顶层设计，组织成立电网技术、输变电技术、配用电技术等5个领域专家组，开展9个专题技术研讨，编制发布《2014年科技项目立项申报指南》，形成电网仿真、状态检测、配用电、电动汽车等领域持续研究方向。组织重大项目技术攻关，开展电网仿真、配电网及微网、电动汽车等领域研究。专利申请695项，其中发明专利申请317项；专利授权314项，其中发明专利授权34项；海外专利申请6项。获得中国电力科学技术奖三等奖3项，获得北京市科委科技进步奖二等奖1项、三等奖4项，获得国家电网公司科学技术进步特等奖、一等奖和二等奖各1项、三等奖3项。

（徐绍军）

【北京市电动汽车电能供给智能服务网络研发与建设】该项目主要研究充电设施网络规划、电动汽车电能供给及商业模式、充换电站集成创新技术，充换电设施网络化运营管理技术、核心装备及系统的研发、标准化及检测平台等技术。该项目提出乘用车充电设施在北京市的规划方案、以电池租赁为主的电动汽车电能供给商业模式、立体式充换电站布局设计和封闭式电池充电及存储系统方案，开发了电动汽车及充电设施分层式多级监控网络，实现充换电站和车辆的运行监控、智能调度、有序引导和负荷调节；形成具有自主知识产权的乘用车全自动电池换装系统、多种商用车电池更换系统和经济简约型交流充电桩；形成充电站及其核心装备技术标准，建立关键设备和电池系统的检测平台。

该成果经中国电机工程学会鉴定，项目研究成果总体技术达到国际先进水平，其中商用车动力电池快速自动更换技术和充换电设施网络化运营管理水平达到国际领先水平。项目成果获国家电网公司科技进步三等奖。促进了电动公交客车、环卫车和出租车的规模化应用。已正式投运充电站26座，服务电动汽车1728辆，向用户提供充换电服务累计15.6万次，服务里程累计933.86万km。

（徐绍军）

【室内变电站气体绝缘封闭金属开关设备气垫运输研究与应用】该项目围绕室内变电站气体绝缘封闭金属开关设备安装的特殊要求，研究限制空间内重型装置的特殊运输技术，提出室内变电站气体绝缘封闭金属开关设备气垫运输的技术方案。主要创新点如下：完成气垫载重系统和连续平滑临时地面系统的集成应用，实现施工环境下室内变电站组合电器的安全、高效运输及精准就位；研发气垫载重系统，解决原有运输方法施工工效低、安全风险大、无法精准就位等难题；提出了连续平滑临时地面系统，满足气垫载重系统对工作地面的要求，并保护土建成品；提出变电站土建施工图设计变更方案，从站内地面工艺设计层面为推广应用气体绝缘封闭金属开关设备气垫运输技术提供了技术支持。项目成果获国家电网公司工人技术创新成果三等奖。该成果已应用于75座变电站，约1200个气体绝缘封闭金属开关设备间隔的运输过程中，最大间隔重约18t。国家电网公司施工科技创新成果汇编、2012年度国家电网公司依托工程基建新技术推广应用实施目录中推广应用。

（徐绍军）

【新技术推广应用】按照《国家电网公司新技术推广纲要》和《国家电网公司重点应用新技术目录》，推广应用城市电网新技术和新设备。推广新一代智能变电站技术，建成投运未来科技城220kV新一代智能变电站和海青落110kV新一代智能变电站；推广智能电网调度技术、北斗授时电网时间同步技术、配电自动化技术；推广节能配电变压器非晶合金配电变压器应用；推广用电信息采集系统技术，建设用电信息采集系统；推广电动汽车智能充换电服务网络建设和电力光纤到户技术；推广节能环保技术，建设公司六氟化硫回收处理中心。

（孔　玮）

【环境保护工作】推进全面环境管理、环保全过程监督管理。110kV及以上电网建设项目环评率和竣工环保验收率都为100%，做到“环境友好，公众接受，程序合法，监测达标”。利用“6·5”世界环境日开展环保主题宣传，传播公司环保理念、环保行动和环保成效；围绕清洁能源、绿色电力、节能减排以及输变电电磁环境等话题，开展形式多样的日常宣传。举办“输变电系统电磁环境”和“绿色能源与我们的生活”

专题研讨会，邀请环保、卫生等领域专家召开输变电设施电磁环境研讨会，建立专家、媒体、大众的交流渠道。开展变电站噪声和电磁环境普测，加强电网环保和技术监督培训，开展电网环保科研，引领公司环保工作发展。2013年公司电科院获得“国家电网公司电网环保先进集体”荣誉称号。

（孔　玮）

信息化建设

【信息化建设】开展信息化建设任务95项。完成一体化平台、业务应用与集成、运营监测（控）信息支撑系统等重点建设任务，完成150余台信息主设备、所有国家电网公司统推系统迁移至亦庄容灾中心。

（李　新）

开展信息系统深化应用提升工作，组织开展系统应用情况调研，分析人资、财务协同办公等7大类系统150余份调研问卷，编制信息系统简明使用手册。助推班组减负工作，开展涵盖16家供电公司及10家业务支撑单位的34类不同班组的深化应用调研工作，实施基层班组信息系统减负，推进重复录入专项治理工作，促进系统性能优化。加强系统应用指标管控，横向分解指标到15个业务部门，纵向分解评价指标到各二级单位，发布《北京市电力公司业务信息系统使用情况通报》月报11份，组织召开信息系统深化应用推进会、指标联系人月度例会、波动指标专项分析会，加强各业务部门间横向沟通协调，提升系统数据质量。开展数据综合治理、用户体验调研与测试，促进信息系统性能优化和数据质量提升。开展信通、城区、朝阳、丰台、通州、门头沟、密云公司的用户体验监测试点工作。主动发现、治理5类47项问题。延庆公司荣获“国家电网公司2013年度地（市）县单位信息系统深化应用示范单位”称号。

（张　涵）

【“三集五大”体系建设信息化支撑保障】建设“三集五大”专业体系。实现科技环保、智能电网和信息通信专业的机构、人员设置标准规范、职责明确，为专业发展奠定基础。推进配网信息化工作。服务公司业扩集约化管理，业扩报装辅助系统的开发和应用工作取得成效。开发GIS系统管道断面功能，开展低压GIS试点应用和配电变压器台区采集信息深化集成工作。

（赵　蔚）

【信息安全】推进信息安全治理提升活动。编制、评审和落实新上线系统、自建信息系统安全防护方案。发挥督查队伍“查、督、防”作用，全年开展信息安全专项督查10余次，督办、治理问题76个。强化隐患排查治理，修订信息通信隐患排查标准，累计发现并整改隐患80余个。宣贯普及员工信息安全“八不准”守则及典型案例、《信息安全反违章手册》等，实现全年信息内网终端违规外联零发生、弱口令零通报。制定、执行保障方案，开展外网终端、调控大厅、重要外网信息系统专项检查。强化对互联网出口和重要信息系统的管控力度，抵御对公司的互联网出口攻击。保障全国“两会”“三中全会”及“神州十号”等政治供电信息通信安全。

（张　涵）

【运行维护管理】深化调运检体系，建立一级、二级部署系统服务目录，理顺一级检修工作流程，年度、月度运行方式准确执行，全年累计执行一级检修243次，检修执行合格率、调度管理规范性、信息设备自动监控率、信息网络运行率均为100%，信息系统运行率99.82%，同比提高2%，获“国家电网公司首批四星级信息调度”称号。完成重要信息系统排查治理，承担国家电网公司信息系统状态检修试点工作，研究设定监测指标84项，对营销、生产等重要信息系统进行评估，主动开展状态检修6次，提高设备及系统健康水平。形成快速联动的应急处置机制，两轮修编57个信息专业应急预案，开展专项演练12次，通过系统数据级灾备演练，将数据库恢复时间由4h缩短至30min。“规范化、优质化”信息服务体系初步建立，开展信息系统用户体验监测，累计主动发现治理5类47项问题，编制宣贯《21186服务坐席服务用语、服务手册》，累计接听解答工单9万余个，及时接听率、服务满意率均100%。开展自建信息系统清理暨设备腾退再利用工作，完成自建系统下线50%的年度目标，组织开展3批设备鉴定，累计盘活信息主设备52台。组织完成信息网络及基础设施治理优化，迁移数据中心，实施网改三期工程，提高基层单位网管系统运行性能和监测细度，消除核心机房空调及安防隐患，开展信息设备台账专项治理，设备台账准确率、完成率达100%，同比提高2%。荣获“国家电网公司首批四星级信通调度”称号和第三期信通调度运行流动红旗。

（张　涵）

电　力　通　信

【电力通信网建设】 完成部分地区光传输网改造、数据网二期二阶段、山区供电所视频会议系统等项目建设。北京电力通信网传输网主要通信方式为光纤通信，通信网光缆主要以OPGW、普通光缆为主，并采用ADSS等电力系统特有的方式，纤芯类型采用G.652，纤芯数量以48芯和24芯为主；光传输设备采用SDH体制，容量主要以10G和2.5G为主、622M为辅；数据网设备采用MPLS VPN技术，链路带宽主要以万兆和千兆为主；行政交换系统和调度交换系统以程控交换技术及软交换技术相结合；电视电话会议设备以标清为主，向高清系统的推进；机动应急通信系统在原有车载及便携卫星通信系统基础上，发展动中通、海事卫星电话、短波、超短波、800M数字集群通信、3G单兵视频通信等构成的综合应急通信保障系统。2013年，公司形成以光纤为主，微波、电力载波为辅，兼有会议电视电话系统、应急通信装备等通信业务的通信网。

2013年公司所管辖通信站点1306个，同比增加129个；各类通信主设备4543台套，同比增加352台套；光缆总里程9532.821km，同比增加462.581km。110kV及以上站点光缆覆盖率达到100%，35kV站点光缆覆盖率约100%，覆盖全部公司二级生产单位，部分运行工区、供电所。

（李俊芹）

【通信网运行管理】 2013年，公司调度范围内220kV及以上厂站及相关调度实时数据通信通道零中断；通信投资完成率、通信建设任务完成率、通信业务保障率、通信设备自动监控率均为100%。通信技改、大修项目完成率100%；通信业务通道可用率100%，未发生八级以上通信事件。

建设公司应急抢修中心动中通等卫星通信系统，补充完善3G单兵、超短波电台、800M集群电话、卫星电话等应急通信装备，形成“纵向联动、横向协同”一体化的应急通信保障模式，满足全天候、多区域、各种复杂场景的应急通信支撑需求。补充完善公司通信系统突发事件应急预案，制定专项应急预案，组织各单位对各业务系统及各类型通信设备修编完善现场处置方案，确保“一系统一案、一设备一案”。开展政治供电保障专项演练、度夏度冬专项演练、通信网重要系统事故应急演练、多专业联合演练。

（王萍萍）

党的建设与精神文明建设

党组织建设

【基层党组织建设】结合公司“三集五大”体系建设实际，公司党组织调整与公司改革同步进行，确保公司党组织全覆盖；组织庆祝建党92周年创先争优表彰活动，表彰11个先进基层党组织、34个先进党支部；开展党支部创新实践活动，公司所属30个党委共有48项优秀成果；开展“共产党员献爱心”捐献活动，共收到捐款381 159余元。

（曲　虹）

【党员教育管理】开展“带头学习、带头宣传、带头行动、带头做贡献，争做政治素质优、岗位技能优、工作业绩优、群众评价优的优秀共产党员”主题教育活动，强化理想信念教育、党性教育和道德教育，提升党员队伍综合素质。落实党员发展和党务公开工作，按照“坚持标准，保证质量，改善结构，慎重发展”的方针，对224名入党积极分子进行集中培训，全年按照计划共发展党员199名，预备党员转正224名。开展创先争优表彰活动，对9名优秀党委书记、33名优秀党务工作者、34名优秀党支部书记、153名优秀共产党员予以表彰。

（王　岚）

【共产党员服务队建设】加共产党员服务队标准化、专业化、常态化建设，开展“六进三送”活动，评出服务队优秀示范点10个、优秀服务队员标兵18名。开展共产党员服务队竞赛活动，城区公司分队荣获“国家电网十佳共产党员服务队”称号，大兴公司分队荣获“国家电网优秀共产党员服务队”称号；公司层面共评选出4支最佳服务队、5支优秀服务队。全年，服务队在全市341个社区、单位实现挂牌服务，开展活动3263次，惠及居民50万余户。

（王　岚）

思想政治工作

【主题教育活动】开展“强作风、塑文化、靓形象”主题实践活动。开展优良作风大讨论，在公司报刊开专栏，刊载30篇讨论成果。开办网上系列谈，设置“安全在你我手中”“强化作风建设我参与”“阳光心态、快乐生活”“我是企业文化推动者”四个栏目，每月评选并公示优秀发帖和回帖，共有174篇作品获奖，18个单位获优秀组织奖。举办“企业因我更靓丽”征文，结合“讲述‘国网故事’”活动，发动公司员工讲述自己或身边的感人故事。参加市国资委“我的梦·中国梦”百姓宣讲活动，组织先进事迹报告团，以“中国梦·国网情”为主题，遴选23个公司各个领域的先进典型，在所属30个单位进行宣讲。组织年度“双十”评选，挖掘和宣传身边典型及感人故事，展现员工品格和精神风貌。

（李　萍）

【精神文明建设】参加北京市“学雷锋、树新风”系列活动，开展“身边雷锋”的挖掘和宣传工作，公司共有3个团队和8名个人荣获“身边雷锋”称号，其事迹在中华世纪坛“身边的雷锋”大型主题展览上宣传展示。开展“道德讲堂”和“党员服务队”建设工作，规范开展“道德讲堂”建设，分别以“爱岗敬业，无私奉献”“赠人玫瑰，手存余香”“生态文明，美丽中国”“传统儒家文化与当代职业素养”等为主题，共举办“道德讲堂”35次。以“六进三送”（进社区、机关、企业、学校、医院、乡村，送亲情服务、阳光服务、增值服务）和“三化”（标准化、专业化、常态化）建设为内容和目标，建设国家电网首都电力共产党员服务队，丰富文明创建载体及内容。创建文明行业和文明单位。开展行风纠建工作，并纳入精神文明绩效考核，每季度考核认定。开展文明单位、文明处室、文明班组创建和地方文明共建工作，年底组织公司文明单位考核评选。公司全年与北京市42个村镇、街道建立文明共建对子。发布企业社会责任报告，明示并承担企业社会责任。配合首都文明办编制《首都文明行业测评体系》和《首都文明单位测评体系》，开展试测评，并提出修改建议。

（李　萍）

【思想政治工作体系同业对标】调整同业对标专项指标，集中检查各党委实证材料，并组织相关职能部门进行复核认定，在分析各党委（不含机关党委、直属产业党委、承发包公司党委）对标结果基础上，指导各单位查找不足，并落实评价反馈。经过系统的综合认定，确定城区供电公司党委、丰台供电公司党委、大兴供电公司党委、密云供电公司党委、顺义供电公司党委、检修分公司党委、信息通信分公司党委为综合评价标杆单位。

（王　岚）

【企业文化建设】加强企业文化管理，编制并实施公司企业文化建设方案，按季度开展企业文化建设业绩考核。实施企业文化重点项目建设，组织公司所属单位参与项目建设和成果申报。开展公司精神文明创新暨企业文化优秀成果评选表彰工作，加强前期策划和过程管理，提炼出一批围绕首都发展大局和企业中心工作开展创新实践和文化融入的优秀成果，有 40 项成果分获一、二、三等奖。强化企业文化培训，面向公司企业文化骨干和农电所班组长普及企业文化知识，组织企业文化暨形势任务知识调考，30 个基层党委 134 名员工参加。

（李　萍）

纪检监察工作

【综述】贯彻落实国家电网公司党风廉政建设和反腐败工作决策部署，以构建科学的管控和惩防体系为目标，以践行“两个责任”（党委主体责任、纪委监督责任）、深化落实“三转”（转职能、转方式、转作风）工作为核心，以推进规范化执行为抓手，强化廉政教育、提升监督质量、规范经营管理、化解潜在风险，确保“八项规定”实施细则等重要决策部署落实到位，完成年度反腐倡廉各项指标任务。并首次以落实“两个责任”和深化“三转”工作为重点，对各单位党风廉政建设情况进行检查考评。全年未发生处级及以上领导干部和本部员工腐败违法案件或严重违规违纪问题，未发生瞒案不报、压案不查或责任追究不到位情况，未发生影响和损害公司形象的重大行风事件。荣获国家电网公司 2013 年度党风廉政建设优秀单位，海淀供电公司监审部、公司监察部李汉成及大兴供电公司监审部邢红军等分别获得国家电网公司纪检监察工作先进集体和个人。公司惩防体系建设成果入选北京市国资委典型经验库，廉政风险防控的经验做法在《是与非》杂志刊载；公司连续 3 年获得北京市行风民意测评公共服务行业桂冠并被列为免测评单位；公司以及昌平供电公司、电科院、城区供电公司、工程公司 5 个效能监察项目分别获得国家电网公司 2013 年度优秀效能监察项目一等奖、三等奖和单项奖。《廉洁从业重点岗位人员监督防控》管理创新项目获得国家电网公司管理创新成果三等奖。

（门吉光）

【落实“八项规定”】印发《加强八项规定实施细则落实情况监督检查工作意见》，以职务消费、公车私用等为重点，制定明察暗访工作计划，定期开展联合检查，督促问题整改落实，范围涉及公司主业、集体企业和供电公司等各层面，检查覆盖面 100%。对公司系统业务招待费、会议费、差旅费、车辆使用费、出国（境）费、培训费、通信费 7 项费用进行专项核查和压降，推动主业、集体企业健全完善相关监管制度。落实上级要求，在规范处置主业超编车辆基础上，制定集体企业、乡镇供电公司车辆清理整顿工作方案，全面开展 670 部车辆压减工作；以信息化手段强化车辆监管，公司主业 2476 辆公车加装 GPS。在国家电网公司 2013 年纪检监察年中工作会上，公司做《坚决贯彻、强化监督，确保八项规定实施细则有效执行》专题发言。

（门吉光）

【重点岗位廉洁监督管理】结合“三集五大”体系改革，以廉政风险事件库为依据，以监督渠道反馈人员廉洁问题为重点，经过基层梳理、职能反馈、专家座谈、部门研讨、逐岗核实、征求意见、审核把关、考量认定 8 个环节，逐一筛查从事人事、财务、物资、工程等具有“职低权实”特点的 16 类重点业务领域岗位廉政责任，并向集体企业和供电公司延伸。公司系统共梳理重点岗位 1061 个，涉及人员 1924 人，其中，主业 1205 人、集体企业 483 人、供电公司 236 人。印发《廉洁从业重点岗位人员监督管理若干规定》，明确集中轮训、日常监督、交流轮岗、考核追究等要求，实施学廉考廉、诺廉守廉、述廉评廉、交流轮岗4项监督举措，强调在同一岗位满6年的，必须交流轮岗，公司系统重点岗位共交流760人。10月，依托公司廉洁教育基地，分专业开展10期廉洁从业重点岗位人员集中轮训，人员参与率和考试合格率为100%。全年，公司各级针对重点岗位人员开展廉洁教育369场次，人员覆盖面达到100%。

（门吉光）

【协同监督机制建设】梳理上级和公司年度重要监督事项，统筹年度常态和季度专项议题计划，明确重要决策部署等3大类17项监督重点任务，将监督职责拓展到各业务职能部门。结合日常工作，细化界定监督主体责任、工作标准和管控要求，规范会议操作模式。加大跨部门、跨专业监督力度，整合资源，协同开展主多分开“回头看”、八项规定执行落实、“三公”消费专项审计、工程转分包管理等专项监督工作，并将监督范围从主业向集体企业延伸，堵塞漏洞，化解难题。三级考核促进重点监督问题整改。全年，公司两级共召开协同监督联席会议95次，研究监督议题635项，开展监督检查160次，收到协同监督情况报告478份，下发整改意见书168份，研究解决突出问题238个，推进制度健全完善341项。公司纪委派员参加基层单位的联席会议10次，现场考量指导工作。

（门吉光）

【反腐倡廉工作】开展领导干部“七廉”活动（学廉、讲廉、研廉、促廉、守廉、述廉、评廉）。强化领导干部廉洁从业、履行廉政风险防控等，落实“一岗双责”。两级党委中心组围绕八项规定、依法治企、“一书一片”（《领导干部从政道德启示录》《失德之害——领导干部从政道德警示录》）等进行不少于6次的廉政专题学习。公司两级党政主要负责人、分管领导带头讲廉课233场次；对提职人员、新入企人员、重点岗位人员廉政教育覆盖面100%。各级领导班子开展5次及以上的廉政风险专题研究工作，重点化解57项防控风险，推动防控标准要求融入管理、嵌入业务流程。分析公司系统近年来的典型案例，开展微电影倡廉和故事话廉等活动，播放25部由公司员工自导自演的廉政微电影。筛查界定人财物、工程、营销、后勤等16类重点业务领域的岗位风险及防控措施，制作播放廉洁从业风险辨识FLASH。建成廉洁教育基地，设置“首善印象、廉听则明、忆廉崇德、拒腐警心、践行见廉和廉洁之路”6大功能区，受教育者达2358人次。全年，公司各级开展警示教育137场次、1.6万人次。

（门吉光）

【效能监察及招投标监督】印发《2013年效能监察工作指导意见》，成立两级以行政主要负责人为组长，纪委书记为副组长，相关部门负责人为成员的工作领导小组，明确领导层级及各级工作职责、监察内容和工作方法。公司两级共开展八项规定执行落实、重点岗位廉政风险防控、供电服务、库存资源盘活利库等效能监察项目87个。按季度组织开展落实八项规定明察暗访工作，重点对40家基层单位的会议费、业务招待费等费用的支出情况开展明察，对公司车辆在非工作时段的集中停放情况开展暗访。按照“明确方法、把握重点、现场检查、以查代培”的工作方式，组织基层单位监察人员分批次开展4次交叉互查工作，并组织现场经验交流会，基层单位的参与率达到100%。修订《有偿供电服务实施细则（试行）》《业扩报装管理标准》《会议费管理办法》等规章制度。全年，公司两级共提出监察建议647条，促进制度完善232项，实现经济效益5589万元；组织理论研讨184次，撰写相关理论文章39篇。强化招投标监督管理工作，将各单位参与招标监督的情况纳入责任制考核，完善物资开评标监督报告模板，开展评标专家和监督人员的专题培训班。现场随机抽取评标专家，监察部和物资部相关负责人在线监督，保证专家抽取的严肃性和保密性。招标监督库共计211人次参与国家电网公司和公司层面的招投标监督、供应商考察监督等工作。

（门吉光）

【纠风及行风建设】印发《关于开展2013年纠风和行风建设工作的指导意见》，明确监督检查、过程管控、内外监督等重点工作。强化监督检查，针对政风行风热线反映的问题，公司两级结合八项规定专项检查及供电服务效能监察工作，开展自查自纠，形成明察暗访报告，并整改问题。加强投诉分析，各单位监察部门针对95598热线及来信、来电中反映的问题进行月度分析，重点关注和查找容易引发行风事件和人员违规违纪的问题，以及业扩报装工作中的投诉建议，对投诉信件和电话进行100%客户回访。加强投诉核查，公司通过现场调查，了解问题，督促基层单位整改，抽查回访客户。基层各单位自行开展投诉举报的核查，限期回复。开展行风对标，量化分解投诉处理、故障报修、媒体曝光等20项关键指标，将行风指标评价工作列为年度党风廉政建设责任制考核的重要内容，对所属区县供电公司开展评比。全年召开纠风和行风建

■ 7月11日，公司副总经理蒋斌带队参加北京市政风行风热线走进直播间节目。(程伟　摄)

设领导小组会议83次；对所有供电营业窗口明察暗访监督检查352次，发现问题133个，提出工作建议148条，落实整改措施148条；聘请行风监督员379人，召开行风监督员会议22次；针对投诉信件和电话，客户回访率100%。参加北京市政风行风热线走进直播间节目，宣传公司优质服务的多项举措。举办计量开放日、供电所开放日等活动。

(门吉光)

【信访案件查办】加大信访案件查办力度，落实信访举报三级排查工作规定要求，突出信访案件查办重点，强化领导督办、上级直查和基层核查，鼓励基层单位自查自办案件，提高信访初核的及时性和准确性。执行“一案两报告”制度，健全案件预警机制，加强信访案件综合分析、专题分析和典型案例剖析，开展警示教育活动。公司纪委全年受理信访举报26件，均进行核查，已全部完结。3名违纪员工被行政警告处分和经济处罚。

(门吉光)

品牌建设工作

【品牌传播】12月，对外联络部（新闻中心）更名为对外联络部（品牌建设中心），内设三个处室。原品牌处更名为信息管理处、原联络处更名为品牌处，新闻处保持不变。

以“电靓京城　美丽生活”为主题，通过光明篇、和谐篇、贴心篇、感动篇四个系列，策划并组织实施16项专题传播活动。加强与中央级权威媒体合作，在人民网、新华网搭建公司形象展示平台。通过新华社《国内动态清样》《内部参考》等内参渠道，主动输出首都电力共产党员服务队、窦珍志愿服务、电力设施反外力保护等重要议题。全年共组织集中发布和现场采访32次，发布新闻通稿54篇，自主输出传播议题比例超过80%，媒体覆盖率100%，各类媒体累计发稿7868篇，中央电视台播出新闻25条，北京电视台播出新闻95条，公司的对外报道量平均每天22篇。

贯彻落实《国家电网公司新闻发布工作管理办法》，建立新闻发言人管理体系，调整公司新闻发言人，组建二级单位新闻发言人体系。创新大众传播新手段，向全市500万电力客户发送电力拜年短信，增强公司品牌在社会公众中的情感价值。编制公司《国家电网公司品牌统计月报》，编发《北京市电力公司品牌月报》。组织开展公司品牌建设信息系统开发。举办2013年品牌建设与新闻宣传培训班。

(陶志军)

【品牌塑造】1月23日，发布公司年度《社会责任实践报告》和《服务首都发展白皮书》。编制公司《2013清洁首都空气电力行动》白皮书，公开作出推进“电靓蓝天”行动承诺。

社会责任试点扩大到4家所属单位，社会责任议题覆盖五大专业。在国家电网公司系统内率先提出社会责任项目制管理的方法，在公司范围内实施了33个社会责任管理项目，建立社会责任典型案例库。建成社会责任专题网页，形成“实践—提炼—推广”的成果分享平台。将供电所全面社会责任管理研究纳入公司战略课题，编制《供电公司全面社会责任工作手册》《供电所社会责任操作手册》，形成具有首都特色的“332”社会责任管理模式。

开展社会责任推广月活动。5月，组织50余次公众开放日，邀请政府部门、重要客户、媒体记者等1000余人次到公司参观。编制《责任之光靓京城》推广月活动宣传册。《国家电网》杂志传播了大兴供电公司实施全面社会责任试点的做法。打造公益事业品牌化，与中国青少年基金会合作，在延庆第四中学捐建首个“电力爱心教室”。

组织“北京市电力公司”更名为“国网北京市电力公司”规范后的标识整改工作，落实国家电网标识管理新标准，清理拆除楼顶标识牌、户外大型广告等共199项超范围应用标识。

（张晨曦）

【内宣管理】出版《北京电力报》94期376版、《北京电力》杂志10期、公司年度工作回顾画册1本。加强对基层一线的宣传报道，推出76个基层专版。《北京电力报》每期发行10 000份、《北京电力》杂志每期发行4500册。“电靓京城”等栏目和版面在中国电力报刊协会评比中获5个奖项。创办北京电力手机报，累计发行53期。首次利用采访报告形式，为公司科学决策提供依据。

内外网站共编发信息8009篇，向行业网站发稿2528篇。制作并发布视频新闻1076条、专题片10部。在国家电网电视周刊播发148条、中国电力网络电视播发125条视频新闻，共有27部电视作品在“中国电力新闻奖”“中电传媒杯”全国电力行业优秀电视片展评等行业媒体评比中获奖，《走基层——广场内外话保电》等5部作品获得一等奖。

公司记者站荣获英大传媒集团“十佳记者站”、中国电力传媒集团“优秀记者站”称号。

（宣丽娜　赵　一　李春华　王莹彬）

工　会　工　作

【民主管理】公司二届三次职代会收到职工代表提案46件，确定合并立案9项（包括10件提案），另有36件提案列为“意见”。截至10月底，公司对所有提案给予处理和答复。4月24日，举办第二届总经理联络员培训班。10月，制定印发《国网北京市电力公司总经理联络员工作制度》，建立总经理联络员调研机制、总经理联络员座谈沟通机制。7月17~19日，组织公司职工代表、总经理联络员开展职工代表巡视检查，推进公司重点任务完成。贯彻落实《国家电网公司厂务公开管理办法》，修订《北京市电力公司厂务公开工作检查考核标准》，规范公开内容及层级划分，明确工作流程。组织厂务公开民主管理先进申报工作，经申报、检查、考评，海淀公司等10个单位被评为厂务公开民主管理先进单位。修订《集体合同》《劳动安全卫生专项合同》《女职工特殊权益保护专项合同》，制定《工资协商专项合同》。

（李　建）

【劳动保护与竞赛】承办2013年北京市职业技能竞赛装表接电工和变电站值班员比赛，参赛职工2051名，243名职工获得职业资格晋升，131名无证书职工获得各等级证书，涌现出方文军、任轶等优秀技能人才。举办10期“周末学校”和技师强化培训班，三千余人次参加培训。组织2013年应急技能竞赛暨应急救援故障抢修联合演练，20个单位参与。落实公司“安全管理提升”和“安全生产月”活动部署，开展“安康杯”竞赛及劳动保护知识培训、劳动保护监督检查、职工劳动安全卫生宣传教育系列活动。公司连续六年获得全国“安康杯”竞赛优胜企业及竞赛优秀组织单位称号。开展“我为企业献一策”合理化建议征集活动，采纳优秀合理化建议127条，评选表彰42条，其中5条建议受到国家电网公司表彰。

■ 10月25日，公司举办2013年北京市职业技能大赛装表接电工技能竞赛决赛现场。

（高春雷）

【先进、劳模评选工作】建立先进典型选树机制，印发《北京市电力公司先进人物选树管理办法》，重点在一线生产岗位和专业技术岗位选拔优秀人才，明确选拔标准，规范选拔流程，完善考核机制，建立近50人的先进人物储备。加强对劳模的人文关怀，开展体检、休养、慰问、座谈等活动。推进“平凡孕育伟大、劳动奉献光荣”主题宣教活动，利用内外部宣传载体宣传劳模的优秀品质，用劳模精神引领职工敬业爱岗、助推企业稳步前行。

（高春雷）

【女工工作】3月，开展以“闻书香·品幸福”为主题的女职工读书征文活动，收到读书体会84篇，评选出一等奖5篇、二等奖10篇、三等奖15篇。公司荣获全国首届书香“三八”活动优秀组织奖和“书香国网·牵手幸福”女职工主题读书征文活动优秀组织奖。5月，开展以“我自豪，我是最美女职工”为主题的“最美女职工”评选活动，评选出最美女职工3名；热心公益最美奖、爱岗敬业最美奖、家庭和谐最美奖、追求时尚最美奖各3名；美丽女职工22名；优秀组织奖5个。9月，召开女职工委员会工作会暨女职工活动表彰会。开展争当“巾帼岗位标兵”“巾帼岗位能手”，创建“巾帼标兵岗”活动。评选出10个“巾帼标兵岗”、10名“巾帼岗位标兵”和48名“巾帼岗位能手”。

■ 7月13日，公司荣获全国首届书香“三八”活动优秀组织奖。

（陈　莹）

【文体活动】开展职工文体建设系列活动，组织第四届职工羽毛球联赛、第三届职工乒乓球比赛等体育竞赛，参加北京市职工羽毛球联赛并实现“四连冠”。组织公司“两会”职工文艺演出，公司职工获得“国网好声音”职工歌手大赛一等奖及“十大歌唱家”称号，原创小品获得北京市总工会职工文化艺术节一等奖。

（于　磊）

【班组建设】修订《班组建设管理标准》，年度班组标准化建设达标率100%。推进国家电网公司班组建设信息化管理系统上线应用，主要生产班组、供电公司系统上线率100%。加大应用培训力度，建立考评通报机制，将班组信息管理系统建设成为规范班组管理、展示班组风采、强化班组考核、相互交流学习的良好平台。公司被国家电网公司系统应用考评评为达标单位。开展安全管理型、学习进步型、创新创效型、文明和谐型、民主建设型红旗班组创建活动，形成一批班组建设特色成果。开展一线班组减负工作调研，组织各职能部门针对调研反馈问题制定涵盖9个专业25项内容的减负方案，明确具体措施、完成时间和责任部门。开展“创建先进班组、争当工人先锋号”主题活动，一批优秀班组获得北京市和国家电网公司工人先锋号称号。

（高春雷）

【职工创新工作室】按照国家电网公司“出人才、强素质、出成果、增效益”职工经济技术创新活动总体要求，制定《深化职工创新工作室建设实施方案》，加强成果立项、实施、评选、表彰、转化应用的协调和管理。全方位组织开展创新工作室交流展示和骨干培训活动，举办2010~2012年职工创新工作室成果展。公司共建立职工创新工作室31个，基本实现基层单位全覆盖。全年取得科技成果95项、群众性创新成果83项，申请专利239项，发表论文133篇，新型防鸟害横担等成果转化为实际应用。《职工创新工作室建设的探索和实践》获得北京市企业管理现代化创新成果一等奖。张文新创新工作室等3个工作室被评为国家电网公司首批劳模创新工作室示范点，陈保华创新工作室等3个工作室被评为华北电力工委劳模创新工作室示范点。1项职工技术创新成果获得北京市职工自主创新成果一等奖，3项成果获得三等奖。职工创新工作室管理系统上线运行，提升创新工作室日常管理、交流展示、成果发布的信息化水平。

（高春雷）

■ 3月19日，党委书记尹昌新参观公司创新工作室成果展。

共青团工作

【主题教育活动】实施“靓青春旗帜”思想引领行动、“靓青春风尚”作风改进行动、“靓青春责任”岗位建功行动、“靓青春榜样”典型培育行动。以“靓青春旗帜”为主题，开展“精品团课、团日”、优良作风大讨论、“漂流瓶接力”、微语倾听日等活动。以片区为单元创立基层团干部轮训机制，公司各级团干部年度培训率100%。完善“e点通讲师团”网上BBS交流论坛，拓展青年技术交流平台。

（左芳芳）

【“五四青年月”活动】举办第七届“五四青年月”，召开“五四”表彰大会暨“立足岗位靓青春”青春故事会电视电话会，表彰青年先进典型。各级团组织结合自身实际，开展读书、参观、论坛、文体、竞技等学习实践活动。

（左芳芳）

【青年志愿者活动】招募选拔公司第三批青年志愿讲解员48名，27名录用为品牌讲解员。6名青年志愿讲解员承担廉洁从业重点岗位人员集中轮训和公司廉洁基地参观讲解任务。

（左芳芳）

离退休工作

【落实离退休职工待遇】2013年，退休职工增加343人、去世111人，离休干部去世7人。截至年底，在册离休干部为44人，退休职工为5116人。各单位按照公司职代会暨工会“关心离退休老同志，做好服务工作，发挥老同志的传帮带作用”的总体要求，全面落实离退休职工的政治和生活待遇。

1月上旬，离退休职工代表分别参加了国家电网公司和公司职代会暨工作会。全年，以“中国梦　国网情　夕阳红”为主题，指导全公司离退休系统落实老干部的政治待遇，组织开展相关主题活动。春节前夕，在长安大戏院举办慰问离退休人员京剧、昆曲专场演出，1600余人观看。“五一”劳动节和“八一”建军节期间，慰问离退休老劳模和老军人。为退休职工发放了节日补贴和月度生活补贴，并且在全公司范围内增加为离退休职工订购生日蛋糕服务项目。春节、重阳节期间，各级领导和离退休工作部负责人分别以慰问和座谈会等形式看望离退休老干部和退休职工。

编印《离退休职工书画摄影作品集》《我的离退休生活征文集》《离退休职工老有所为典型事迹集》《学习窦珍同志服务企业奉献社会专辑》。40名退休职工到平谷金海湖退休人员活动站参加北京市社保系统举办的退休人员休养活动。组织100余名退休职工到延庆龙庆峡休养。各单位举办离退休职工新春联欢会，重阳节秋游以及慰问病困离退休职工等活动；组织开展离退休职工年度体检工作，并举办老年健康养生讲座。组织老年台球队、门球队、乒乓球队定期训练和外出比赛活动。

■ 9月，机关退休职工重阳节游览园博园。

（张文旭）

【离退休管理和服务】修订了《北京市电力公司离退休工作管理办法》《北京市电力公司离退休职工来信来访管理办法》，梳理完善离退休工作相关专业管理标准和工作流程。做好为离退休职工办理医药费报销、慰问重病及住院离退休职工、接待并处理老职工来信来访、为去世老职工办理丧事等帮扶送温暖工作。定期组织离退休工作研讨会及离退休职工座谈会，了解老职工的所思和所需。举办两期离退休工作人员培训班，对离退休工作专责人员进行管理知识和服务技能培训。

（张文旭）

【“扫桥爷爷”窦珍】11月25日，87岁的公司退休职工窦珍去世。中央电视台、北京电视台及国内各大媒体对他十几年如一日在北京丰台翠林三里社区前的“连心桥”上义务扫桥的事迹进行宣传报道。29日，公司成立窦珍志愿者服务队，传承和发扬“扫桥爷爷”志愿服务的精神。公司党委下发文件，在公司范围内开展向窦珍学习的活动。

■ 11月29日，在“扫桥爷爷”窦珍生前守候的“连心桥”下，老人的儿子窦孟显——共产党员服务队海淀分队的成员，接过“国网北京市电力公司窦珍志愿服务队”的队旗。（赵一　摄）

（张文旭）

学、协会工作

【北京市电力公司科学技术协会】北京市电力公司科学技术协会（简称科学技术协会）成立于1988年，是公司科技工作者的群众组织，是中国科协的基层组织，也是企业领导联系科技工作者的桥梁和纽带。科学技术协会的主要任务是：围绕企业重点、难点技术问题，开展学术、技术交流活动，增强企业核心竞争力；开展科学技术普及活动，提高员工科学素质；开展技术创新、技术培训和科技咨询活动；接受委托参与、协调专业技术职称评定工作，推荐、表彰、奖励优秀企业科技工作者；反映企业科技工作者的建议，意见和诉求，维护企业科技工作者的合法权益；加强自律管理，促进职业道德建设；发挥团体优势，利用社会的智力资源，为促进企业科学发展服务。

完成“庆祝北京市科协成立50周年”北京电力行业优秀QC成果巡展工作；向北京市科协申报《电动汽车动力电池梯次利用技术研究与示范》《城市微电网接入应用研究及其可视化展示》《两吨电动环卫车用新型快速更换设备示范应用》等项目，申请《国网北京电力科学研究院北京市金桥工程》组织奖；完成北京市企业技术开发研究会第五届理事推荐；开展2013年企业科协组织建设现状调查。

（李嫚莉）

【北京电力行业协会】截至年底，北京电力行业协会（简称电力行协）有正式员工9人，其中有各类高级专业职称的3人，公司党委管理的干部1人。电力行协设置为综合部、业务部、会员部、财务部四个部门。

协会管理工作。① 社团组织管理。对公司各部门、各单位成立、参加、挂靠的社团组织进行现状调查和统计，对社团组织会费实现统一预算、统一上缴管理。② 信用评价。受中电联科技开发服务中心委托，在会员单位中开展信用评价工作，已审核三家申报企业的资料。③ 行协会员工作。对原有的226家会员单位进行重新审核，确定会员单位155家（包括2013年新入会的三家企业）。④ 行业信息工作。改版《电力行业信息》双月刊的出版，全年共出版了6期。⑤ 专业技术资格申报工作。成立北京电力行业协会工作站，在会员单位中开展专业技术资格申报和认定工作。截至2013年底，共申报1800多人，复审合格并认定中级和初级职称1400多人，上报国网人才评价中心评审中级职称16人、副高级职称10人。⑥ QC工作。举办电力行协QC成果评审会、发布会。向中国水电质协推荐QC成果7个、QC活动优秀企业3个、QC卓越领导者3人、QC活动优秀推进者3人。

（李嫚莉）

【中国电机工程学会农电分会】农电学会担负着中国电机工程学会农村电气化分会和中国电力企业联合会农电分会秘书处的职能。中国电机工程学会农村电气化分会成立于1978年，现下设电网专委会、自动化专委会、科技与教育专委会、电气设备专委会及科普工作委员会、编辑工作委员会。中国电力企业联合会农电分会成立于1998年，现下设县级供电企业研究会、队伍建设与人力资源研究会和企业文化建设研究会。农电学会还承担着中国科协主管、中国电机工程学会主办的国家级期刊《农村电气化》和《农电管理》月刊（简称两刊）的编辑出版工作，并负责中国农村电气化网的编辑、管理职能。农电学会设有综合部、编辑部、学会部和发行部。

召开“农电学会年度工作会暨农村电气化期刊社第30次通讯编辑工作会”，表彰了年度学会先进工作者和优秀联络员，总结和部署农村电气化期刊社的工作。向国家电网公司上报换届工作方案，参与《构建适应城乡统筹发展的农电发展新机制研究》课题研究，并荣获国家电网公司2012年度管理咨询优秀成果一等奖。完成《电力普遍服务研究》报告。编辑出版《2013农网百佳工程》。两刊全年发行量97万册，刊登各类文章约700余篇。“农村电气化网”大力宣传农电企业，日点击量达到4万次，通讯员300余名。

（李嫚莉）

【中国电力企业联合会供电分会】中国电力企业联合会供电分会（简称供电分会）是中国电力企业联合会（简称中电联）的分支机构，在中电联领导下开展工作，接受中电联有关部门和公司的业务指导。现有会员单位企业236家。供电分会设会员代表大会、理事会、会长办公会、秘书处及8个专业委员会等组织机构。在京日常工作人员10人，业务范围包括行业管理、信息交流、业务培训、专业展览、书刊编辑、国际合作、调研咨询、反映诉求。

完成供电分会月、季、年度的工作情况汇报、年鉴编写、有关财务报表和相关材料的报送工作，参加中电联组织的各类相关会议。利用《供电企业管理》和信息网平台传播行业文化，全年编辑出版发行《供电企业管理》杂志六期。

（李嫚莉）

供 电 公 司

城区供电公司

【概况】国网北京城区供电公司（简称城区公司）成立于1987年2月25日，是公司直属供电企业，负责首都核心区东城、西城两个行政地区93km^{2}范围内的电网规划建设、运行管理、电力销售和244万客户的供电服务工作，肩负着为国家党政军机关、重大政治活动和城市运行安全供电的任务。共设置9个职能部门、2个业务支撑与实施机构，下设51个班组、5个供电营业所。

共负责110kV变电站28座，主变压器89台，容量4602MVA；35kV变电站1座，主变压器2台，容量40MVA；10kV架空线路268条，长度387km；10kV电缆线路9404条，长度3206km。实现全年安全生产无事故目标，累计安全生产长周期1482天。

全年完成售电量98.44亿kWh，同比增长1.85%；完成线损率5.93%；电费回收率99.99%，供电可靠率99.981 8%，电压合格率为99.961%。最大负荷224.7万kW。

城区公司荣获年度首都文明单位标兵，全国电力行业质量管理小组活动优秀企业，北京市质量管理小组活动优秀企业，北京市电力公司先进单位，北京市电力公司同业对标综合标杆单位，北京市电力公司安全生产先进单位，北京市电力公司优质服务先进单位，北京市电力公司品牌建设先进单位，北京市电力公司最佳共产党员服务队、优秀服务队示范点等荣誉称号。

地址：北京市西城区西直门南小街174号
邮编：100034
电话：63128718

（贾红杉）

【人力资源】截至年底，城区公司共有全民职工534人。其中：研究生及以上学历42人，本科学历167人，专科学历189人；高级职称26人，中级职称85人；技师及以上职业资格337人，高级工114人，中级工20人。

深化“三集五大”体系建设，完成机构和人员调整。全员开展体系建设专题宣贯培训，探索业务委托操作模式。制定“三集五大”体系建设工作操作方案，通过关于机构设置和人员调整操作方案以及各专业的操作方案，将主业及集体企业各类用工全部纳入人力资源计划。加强人工成本总额管控，分层分类培养技能人才、专家型人才和管理型人才。根据业务委托进度，将转型后的富余人员补充到缺员严重的专业和单位。2013年提拔任用中层干部8人，干部交流轮岗7人。首批7名青年干部交流锻炼，提拔任用2名。组织开设技师培训班，培养技师及高级技师131人、“双师”人才33人。

（王　昕　贾红杉）

【电网规划与建设】遵循“统一规划、分类分步实施、滚动修编”的原则开展配电网梳理工作，落实第一批19个可靠性提升工程项目，17路重载线路纳入“煤改电”工程一并实施。完成东、西城“网格化”配网规划报告，并与东、西城政府对接发布。结合“煤改电”工程建设，落实220kV变电站站址1座、110kV变电站站址5座，其中“十一五”规划的菜市口220kV变电站完成主变压器安装，西四110kV变电站完成站址调整；“十二五”规划的龙潭湖220kV变电站和报国寺、法华寺110kV变电站进场施工；同时落实景山、育德等10kV开闭站3座。白云桥、万明路110kV变电站扩建项目度夏前投运，新增变电容量20万kVA；落实礼士路110kV变电站，完成木樨园110kV变电站前期手续。规范基建分包管理，做好制度宣贯和培训工作，强化分包合同范本和检查作业卡的落地执行。助力首都空气清洁计划，完成4.4万户“煤改电”居民改造任务，完成南、北长街，西黄城根南街等中南海周边架空线入地工程，根据西城区政

■ 1月6日，菜市口220kV输变电（电力科技馆）项目工程土建施工现场。（逄建　摄）

府需求，配合完成东、西琉璃厂、杨梅竹斜街等架空线入地工程。

（张　宇　贾红杉）

【经营管理】加强财务管控力度，制定可控成本费用支付里程碑计划。完成土地确权8宗20 000m²。深化内部控制体系和法律风险防范体系建设，开展普法宣传，在公司“法治电网”依法治企（营销服务）知识竞赛中获得第一名。完成国家电网公司依法治企综合检查和“三公”消费专项审计等5个审计迎检工作，开展“煤改电”过程跟踪审计、营销抄核收业务专项审计等7个审计项目。严控车辆使用管理，做到节假日期间全部车辆封存。推进集体企业重组整合工作，物资经销部、城泰公司进入清算关闭环节；成立自动化运维队伍，拓展试验业务，扩大集体企业服务主营业务的范畴。

蝉联公司“综合管理”“业绩对标”“管理对标”标杆，特别是“管理对标”获得第一名的好成绩。在10项专业管理对标工作中，安全管理、财务管理、物资管理、规划管理、建设管理、运行管理、检修管理、配套保障8个专业获得专业管理标杆。两篇典型经验入选公司典型经验库。

（贾红杉）

【安全生产】完成全国“两会”“十八届三中全会”“防汛度夏”“煤改电”等78项政治供电保障任务，确保首都核心区电网安全运行，累计保电228天。以安全管理提升为主线，完成86项重点提升工作，突出制度防控、现场把控，做到安全管理“全要素、全过程、全时段”。开展安全生产大检查和隐患大排查工作，领导带头全年坚持下班组、到一线“一人一队，一周一天”，建立现场安全监督区域化责任体系，形成七专业分区域监督。

按照“一户一案”“一站一案”要求编制保障预案，共修编预案变电站65份、开关站38份、架空线路137份、用户105份。城区公司各级人员检查作业现场597个，查处违章106件。开展安全生产风险指数管理，执行安全风险控制单361份，涉及安全风险天数221天。组织城区反事故演习9次，其中与市调进行的联合反事故演习3次。加强变电站监控管理，全年监控运行人员执行倒闸操作任务394个，完成操作步骤1302步。监控运行人员执行常规（断路器保护、检修传动）传动165项，传动信息点1608点；完成白云桥、万明路站扩建大型传动工作2项，传动信息点1939点，监控运行人员在设备监控中发现并消除异常、缺陷351项。在查明配电自动化终端软硬件家族性缺陷5项，扩展及升级主站功能17项，集中处理终端缺陷580台次，终端在线率整体提升6%，编制配电自动化作业指导书、各类规章制度二十余份。

2月26日，配电专业员工在食品街开闭站进行全国两会保电演练特巡工作。（逄建　摄）

针对年新增4.4万户“煤改电”客户在1个半月内集中送电的情况，累计安排“煤改电”工程停电计划255项，编制“煤改电”工程送电批准书220份，涉及架混线路150余路。深入分析新增“煤改电”负荷接入情况，全面排查电网存在的薄弱环节和安全隐患。完成东四路、安外路等17条线路整治工作。提前开展隐患排查治理，完成迎峰度夏和防汛任务。开展10kV架空线路综合普查工作，完成82条10kV线路、119个低压台区的普查工作，处理各类缺陷465件。开展配电自动化“百日攻坚”专项活动，各类自动化终端接入运行4315个，完成配电自动化自诊断系统建设，建立指标评价体系，实现对在线率等关键指标的实时运行监测。推进状态检测技术常态化应用，纳入变电专业日常巡视工作范围。针对重要及有特殊需求的客户，提前沟通确定停电时

1月5日，施工人员正在小六部口胡同敷设电缆。（逄建　摄）

间，按需安排计划检修工作。加强低压报修处理过程管控，平均处理时长由81.47min降至24.73min。完善应急专项预案和现场处置方案，优化应急响应和突发事件处理流程，加强社会联动机制建设。面向“煤改电”施工单位开展全过程量化评价，从4个维度10个方面进行测评打分及通报，实现内外部安全管控一体化。全年未发生大面积停电事故，未发生五级及以上安全事件，实现了政治供电“零闪动”和安全生产“零死亡”的目标。

（贾红杉）

【营销与优质服务】全面梳理“临时带永久”、“单电源”、高压自管和物业弃管等问题小区，重点对18处“临时带永久”小区、18处“单电源”小区逐户现场核实并提出解决方案。促请西城区政府出资6000万元进行老旧小区改造，完成地铁16号线、14号线施工用电、地铁8号线美术馆站接电工作，完成国家广电总局、北京市人民政府参事室等重点工程接电工作。坚持“一元化”指挥，换装智能电能表17.7万具。完成138座开闭站采集器换装工作，推进台区采集建设工程，完成916具台区表安装工作。配合完成95598五项业务集约，规范营业窗口服务行为。首批聘请两区政府机关、重要客户负责人等社会各界人士84人担任行风监督员；改善营业窗口服务环境，新建西单营业厅投入运营，东城、宣武营业厅完成改造；制定《答复客户投诉举报指导书》，提升处置规范性和客户满意度。加大对重要客户用电设备的检查力度，实现重要客户“一户一册”“一户一案”管理模式。与街道对接，现场办公20余次，主动服务基层需求；组织“公众开放日”活动，与国家博物馆、故宫博物院、金宝商会等企事业单位建立共建合作关系；梳理低压重要客户78户、重要小区26个，建立应急抢修绿色通道，保证服务优质高效。完成香河园环卫车充电站建设工作，受理并推进光伏项目15项。

（贾红杉）

■ 6月17日，共产党员服务队为永安路社区安装太阳能路灯，并进行夜间巡查。（逄建　摄）

【科技与信息化】开展科技及群创项目10项，其中公司立项的科技项目2项（“基于电网空间信息系统的低压用户管理技术研究”“可移动式快速接线配电箱研究与应用”）、群创项目1项（“现场安全作业音视频监控指挥与防护系统”），“可移动式快速接线配电箱研究与应用”获国家电网公司职工技术创新成果三等奖，北京市职工优秀技术创新成果三等奖，其他两项分别获公司科技、群创成果三等奖。城区公司年内共申报专利53项。（发明专利28项，实用新型和外观专利25项）于年底全部获得申请号，获得专利授权14项（含去年8项，今年6项）；并获得公司专利指标第一。

目前城区公司采用了最新的TD-LTE230系统，安装了1套EPC、1套OMC、1套eNodeb和部分终端设备并进行挂网运行验证。部署配电自动化综合网管平台，对配电自动化系统接入的终端进行远方维护管理。开展低压实时信息的接入工作，规范柱上变压器台TTU和低压箱式变压器的接入配电自动化系统的标准，全部采用101规约实现实时通信，与10kV自动化终端按同一标准管理。组织在配电自动化系统中开发低压信息的实时监视画面和建设标准。部署无线公网的硬加密方案，解决了无线公网安全性问题。对主站系统下发的遥控报文增加“调度指令认证”。基于TISec技术构建了配网通信网络层安全系统，通过在系统侧部署安全服务器，配网终端侧GPRS通信模块内嵌安全组件的方式实现信息传输通道的加密，建立与城区电网重要地位相匹配的配电自动化安全通信网络。科技管理对标指标取得了3项指标综合第一的好成绩。

（杨　霖　贾红杉）

【党的建设与精神文明建设】建立以共产党员服务队为纽带的志愿服务网络，设立服务站30个，对重要客户开展“六进三送”活动740余次，受益群众4.5万余人次，荣获国家电网公司工人先锋号、“十佳共产党员服务队”“百佳客户满意服务窗口”称号，服务队队长陈牧云被评为国家电网公司优秀班组长。落实“八项规定”实施细则，业务招待费、会议费大幅下降。推进《干部手册》实用化应用，深化“电靓京城”品牌传播，在中央电视台、《人民日报》等社会媒体上稿245篇；城区公司团委荣获公司“五四”红旗团委称号。收集各类问题83项，解决74项。建设并启用“职工之家”康体健身房，组织开办健康讲座、儿童教育讲座；小马厂第三办公区、西单营业厅投入运营，人大北站现场指挥中心初步建成；开展青年员工座谈会和离退休员工座谈会，组织开展“中国梦·国网情”先进典型事迹报告及青年先进集体事迹宣讲活动，开展“强作风、塑文化、靓形象”主题实践活动，强化形势政策宣传教育，开展“道德讲堂”“三集五大”知识答题等活动。开展优良作风大讨论，树立先进典型27人，制作宣传展板和画册，在城区公司范围内进行宣传展示。

（李　利　贾红杉）

朝阳供电公司

【概况】国网北京市电力公司朝阳供电公司（简称朝阳公司）成立于1987年，是公司直属供电企业，负责朝阳地区470.8km^{2}范围内的电网规划建设、运行管理、电力销售和146.24万客户的供电服务工作，肩负着为约占全市2/3的星级饭店、外交驻华使馆区、奥运中心区、中央商务区、大型商业区、工业、农业、涉外企业及居民生活和重大政治活动和城市运行安全供电的任务。共设置11个职能部门、3个业务支撑与实施机构，下设54个班组、4个供电营业所、6个农村供电所。

共负责110kV变电站41座，主变压器122台，容量5909.5MVA；35kV变电站3座，主变压器7台，容量126.3MVA；10kV架空线路279条，长度2181.22km；10kV电缆线路10 000条，长度5087.94km。实现全年安全生产无事故目标，累计安全生产长周期1205天。

全年完成售电量153.32亿kWh，同比增长1.63%；完成线损率8.35%；完成业扩报装接电容量144.83万kVA；电费回收率99.97%。供电可靠率达到99.985 3%，电压合格率为99.976%。最大负荷346.5万kW。

荣获首都劳动奖状、首都文明单位标兵、华北电监局居民用电服务质量监管专项行动先进企业、朝阳区精神文明建设委员会优秀服务志愿服务组织等荣誉称号。

地址：北京市朝阳区关东店24号
邮编：100020
电话：63661136

【人力资源】截至年底，共有全民职工493人。其中：研究生及以上学历19人，本科学历211人，专科学历136人；副高级职称38人，中级职称96人；技师及以上职业资格254人，高级工183人，中级工23人。

制订《朝阳供电公司“三集五大”体系建设实施方案》，完成机构设置与人员配置、管理人员竞聘、生产岗位梳理、工作交接等工作。114名管理岗位人员和班组长合格上岗。制定并发布《朝阳供电公司全员绩效管理实施方案》，实行目标任务制及一线员工工作积分制量化考核。建立部门间考核指标体系与通用指标体系，强化部门间协同配合。按生产管理实际、一线员工的工作任务类别以及绩效管理导向不同，将一线员工积分制分为“工作数量导向型”工作积分制与“岗位职责导向型”工作积分制两种类别。

采用计划量身定做、培养动态实施、师徒相互评估、效果阶段汇报的培养及评估考核模式，推进一线技能人才培养。在能源调度运行专业调考、“三集五大”知识调考、十八项反措调考、人力资源专业普考中均取得良好成绩。组织开展“走近员工身边，提升服务品质之人力资源系列大讲堂活动”，对广大职工关心的薪酬福利、社会保险缴费、医疗生育报销手续办理等事项进行了详细讲解。提高培训效率，进一步提升人力资源服务工作水平和服务质量。

【电网规划与建设】开展“网格化”配网规划工作，结合城市控制性详细规划将朝阳区全区域划分成6645个网格单元并对其进行用地性质、开发规模、电力负荷预测的研究；将若干网格单元按照街道、园区、功能区归纳为44个小区，进行现状电网分析、负荷特性分析和10kV电网空间布局规划研究；将44个小区的研究成果落实到六大功能区和整个朝阳区范围；进行规划成果校核并对上一级电网需求进行分析，形成“模块化配网网架、系统化负荷预测和多元化规划成果”。同时在区发改委的大力支持下完成了对六大功能区，43个街乡的成果发布工作。

推进豆各庄、黑庄户110kV与三营门220kV输变电工程规划选址，东南部地区电源点规划取得新进展。落实东北热电中心并网工程前期工作，完成北辰和团结湖220kV变电站规划。金盏、电子城、石门、东小井等110kV输变电工程均按里程碑计划开工。小红门变电站扩建工程竣工，黄杉木店变电站扩建及第二方向外电源、保护改造工程竣工投产。完成立水桥

110kV 变电站建设及其 42 路 10kV 线路切改工程，以及南花园村 550 户居民“煤改电”工程。

【经营管理】制定落实“二十四节气表”，持续推进“管理提升行动”。制定《朝阳供电公司指标综合管理办法》，提升对标水平。深化全员绩效管理，全面完成组织、制度、指标、评价、过程监控及结果应用“六个体系”建设。完成电费一级账户上线，资金管理更加集约。内控体系建设取得新成效。推进房产土地清查，累计完成土地确权 24 宗，清理外租到期开闭站 17 座。严格落实“八项规定”，大幅压减业务招待与会议活动费用，完成“依法治企”、“三公”消费专项审计迎检。

落实主多分开“回头看”工作要求，清算关闭北京朝阳电力工程公司，完成朝方供用电安装中心工商减资变更手续并备案。深化集体企业管理，完成部门机构设置及 30 个管理岗位的竞聘上岗。明确经营目标和业务定位，加强人、财、物管控，支撑服务主业能力持续提升。

在公司业绩考核中，朝阳公司得分 115.217 分，排名第三；在同业对标评价中，获得综合、业绩、管理 3 个综合标杆以及人力资源管理、规划管理、运行管理、营销管理 4 个专业标杆，绩效管理和标准化实践 2 项成果分获北京市企业管理创新二、三等奖；配电专业绩效管理 1 项成果获北京公司管理创新一等奖；科技信息和标准化 2 项典型经验入选公司典型经验库，配电网规划 1 项成果获公司政策研究三等奖。

【安全生产】开展安全大检查和隐患大排查，完成 214 项问题和隐患的整改落实。运用安全生产风险指数管理，建立通报考核机制。加强电网运行管理，首批实现异地调度自动化系统备用，率先完成设备状态试点操作。推进配网抢修指挥平台建设，实现抢修业务和客户报修的平滑对接。

开展架空线路综合整治百日行动，消除 10kV 配电网缺陷 1210 件，去树 4.7 万余棵。完成迎峰度夏和防汛任务，电网成功经受 346.5 万 kW 的最高历史负荷考验。组织实施运维工程 134 项，实现对 4 座变电站 6 台重载主变压器、8 条过载架空线路的降载工作。加强生产营销专业联动，统筹安排 34 路架空线路清扫与用电信息采集系统建设工程。

加强应急体系建设，启动预警 45 次、组织演练 9 次。全年未发生大面积停电事故，未发生七级及以上安全事件，完成全国两会、十八届三中全会、“嫦娥三号”发射等 37 项政治保电任务。

■ 5 月 20 日，朝阳公司开展线路综合整治工作。（罗文德　摄）

全年未发生电力生产人身伤亡事故，未发生电力生产以外的其他人身伤亡事故，未发生电网、设备、火灾事故，未发生恶性误操作、误调度、继电保护“三误”或性质严重的 5 级安全（质量）事件。

【营销与优质服务】截至年底，共管理营业客户 146.24 万户。全区共有重要客户 245 户。打造居民、社区、电力三位一体的新用电服务平台。做好 95598 五项业务集约管理相关工作。将 245 户二级以上重要客户的差异化服务转变为常态服务。全力推进民生工程，完成建筑木材厂、和平里等 4 个老旧小区改造，惠及居民 2100 余户。完成轨道交通、保障性住房以及南水北调等重点业扩工程 63 项。

加大电费催缴力度，实施多维催收方式，回收欠费 1400 余万元。线损“四分”管理逐步深入，实现了 1045 户直配用户、300 余个台区的线损分析。积极开展打窃工作，追补电量 242 万 kWh，完成违约使用电费 828.48 万元。推进用电信息采集系统建设，完成 234 座开闭站 3660 具表计更换及采集调试；改造台区

■ 5 月 30 日，朝阳公司开展智能电能表换装现场宣传咨询工作。（罗文德　摄）

关口计量装置2066台，采集覆盖率达到20%；换装智能电能表19.8万具，累计51.27万具，地区智能电能表覆盖率达到37.14%。

加大增供扩销力度，累计完成接电容量144.83万kVA；结存94万kVA。受理光伏并网报装项目28户，宝马电动汽车充电桩项目7户，完成市场开拓电量5.28亿kWh。制定《朝阳供电公司农村供电所总体建设方案》，供电所建设稳步推进。

【科技与信息化】“抄表器支架的制作”参加北京公司2013年科技成果发布；“新型防鸟害横担”科技成果被《科技日报》、《北京日报》、凤凰网等国内外一流媒体广泛宣传报道。“电动汽车动力电池梯次利用技术研究与示范”“2吨电动环卫车用新型快速更换设备示范应用”科技项目分别获得北京公司科学技术进步二等奖和三等奖；“架空线路电杆预制防撞墩的设计制作”获得群众性技术创新成果二等奖，“线路维护防坠物网”获得三等奖。申请专利38项，17项专利获得授权；《两起主变差动保护误动原因分析》《变电站时钟同步技术的应用与发展》两篇论文获得公司优秀科技论文三等奖。《混合变换域数字水印在电力系统信息安全中的应用》获得2013年电力行业信息化年会优秀论文。

推进信息安全治理提升活动。组织开展外围驻地信息网络、信息资产和桌面安全的巡检和隐患排查工作，计算机终端安全管控效果明显。完成科技环保、智能电网和信息通信专业的机构、人员设置。《实现信息资产闭环管理的典型经验》入选公司同业对标典型经验库。完成一体化电视电话会议系统的安装部署。完成朝阳公司第二路由光缆建设工程，消除了单路由的通信隐患，通道稳定性得到提高。开展10kV配电通信网建设，完成朝阳地区配网自动化改造项目的通信配套建设。

■ 10月10日，线路专业安装新型防鸟害横担。（罗文德　摄）

【党的建设与精神文明建设】落实党委中心组学习制度，全年组织集中学习28次，班子成员在公司及以上媒体发表论文、体会8篇。认真召开专题民主生活会，落实“三重一大”决策制度，“四好”领导班子测评在公司总分第一。运用网络、宣传栏等形式落实党务公开工作要求。推进“四带头四争做”党员教育活动。以“五个一”为抓手，推进党员服务队“三化”建设，积极开展“六进三送”活动，全力打造“五个平台”。开展“红色摇篮”活动，为不同专业的员工搭建参加服务实践的平台。

■ 8月19日，朝阳公司党员服务队开展暑期系列安全用电讲座。（罗文德　摄）

推进党风廉政建设工作。持续“一岗双责”，开展“七廉”活动，以“一书一片”教育活动为途径，开展廉洁文化宣教工作。突出重点岗位人员的监督管理，组织156人开展“阳光干事、廉洁从业”反腐倡廉警示教育，86人签订廉洁从业承诺书，42人进行岗位轮换调整。开展日常监督46次，协同监督联席会议4次，完成16项议题汇报，提出防范措施9个。

组织参加“我是企业文化推动者”等网上大家谈活动476人次。落实“中国梦·国网情”主题教育活动要求，刊登稿件37篇，累计共1096人参与知识竞赛。开展“双十评选”工作，爱心共绘“中国梦”被评为北京公司“十大真情故事”。修订《先进典型选树工作管理办法》，建立典型培养储备库。党员服务队事迹广受社会关注，在《人民日报》《北京日报》等13家报纸以及新华网、凤凰网等12家网站共计进行了500余次报道，队长王小宁被评为国家电网公司特等劳动模范、朝阳区“孝亲敬老之星”。加强管理、技术、技能三支队伍建设，落实职工素质提升工程，培养技术过硬的“双师型”人才11人。

以“电靓京城 美丽生活”为主题，围绕配电网架空线路综合整治、智能电能表换装等工作，开展专题策划与宣传；完善预警信息内部流转和舆情风险联合防控机制，形成“领导高度重视、专业部门协同配合、基层单位主动作为”的三级配套联动。完成涉及欠费停电、电网故障抢修、供电质量等多项内容的新闻预警70次。策划“更换节能变压器，用责任引领低碳生活”“基层供电所积极开展节能服务”等履行社会责任典型案例。举办7次公众及媒体开放日。

创建“学习型、维权型、服务型、创新型”工会。开展“三必谈、两必访”活动218次，按季度做好员工思想动态分析工作。开展“四个朝阳”群众文化活动16项。开展基层班组信息化建设专业培训，完成44个班组自查、复核工作。开展“高举团旗跟党走 立足岗位靓青春”主题教育活动，《微梦想 靓青春》微电影大赛获得金奖。开展“号手岗队”创建工作，引导团员青年在企业改革发展中建功立业。

（欧阳昕倩）

海淀供电公司

【概况】国网北京海淀供电公司（简称海淀公司）成立于1987年，是公司的直属供电企业，负责海淀地区430.77km²范围内的电网规划和建设、运行管理、电力销售和73.57万客户的供电服务工作，肩负着为区域内国家党/政/军机关、大专院校和高科技产业及首都政治活动和全区340余万居民安全供电的任务。共设置11个职能部门，下设58个班组、3个供电营业所、7个农村供电所。

共负责110kV变电站35座，主变压器113台，主变压器容量5793MVA；10kV架空线路237条，长度1630.820km；10kV电缆线路1964条，长度3702.644km；实现全年安全生产无事故目标，累计安全生产长周期2697天。

全年完成售电量123.91亿kWh，同比增长5.17%；完成线损率4.60%；完成业扩报装接电容量81.61万kVA；电费回收率100%；城网供电可靠率99.989 5%，农网供电可靠率99.964 4%，电压合格率100%。最大负荷276.11万kW。

荣获首都文明单位、北京市模范职工之家、北京市“安康杯”竞赛优胜单位、北京市质量管理活动优秀企业、海淀区交通安全先进单位等荣誉称号。

地址：北京市海淀区双榆树南里二区八号
邮编：100086
电话：63129907

【人力资源】截至年底，海淀公司共有全民职工443人。其中：研究生及以上学历38人，本科学历153人，专科学历68人；高级职称34人，中级职称60人；技师及以上职业资格234人，高级工129人，中级工13人。

完成“三集五大”体系建设组织及机构、岗位和人员调整，建立“以能定岗，以岗定薪，按绩取酬”的收入分配机制，印发《国网北京海淀供电公司全员绩效管理暂行办法》，建立以“分类考核、逐级实施”为核心的全员绩效管理体系。开展海淀公司范围内人员竞聘交流共计21人，其中管理岗位16人，班组长5人。组织开展市场化用工技能等级评价工作，加大对优秀人才的培养激励。健全干部管理制度，印发《海淀供电公司中层干部管理办法（试行）》。全年通过民主推荐、组织考察，确定中层后备干部3人，并通过挂职培养锻炼，从后备干部中提职2人。建立多层次、多渠道的全员培训机制，组织开展了3期技师、高级技师培训班，海淀公司技师及以上技能等级人员占比达到54.6%，具有大学专科及以上人员占比达到69.5%，中级及以上职称人员占比29.5%，人才当量密度指标达到1.065，竞赛及调考指标成绩排名A段。制定《国网北京海淀供电公司福利管理办法》，建立福利费申请审批流程，规范福利管理工作，开展一线班组保险知识、公积金及企业年金调整的政策和待遇宣传工作。

【电网规划与建设】滚动修编“十二五”电网规划，开展“网格化”配电网规划工作，完成与区政府对接发布。有序推进稻香湖110kV输变电工程等13项规划前期工作任务；编制完成六里电站扩建等5项输变电工程的可研报告；落实永定路站等5个变电站站址；取得主、配网工程项目核准27项。地区容载比达2.02，取得较好的经济效益。

推进北坞村输变电等32项工程，完成新建、改扩建变电站4座，实现新增110kV变电容量450MVA、110kV电缆输电线路23.9km、电力隧道5.2km；新建35kV架空输电线路2.84km；新增10kV架空线路53.58km、10kV电缆线路205.89km；新建充电站和充电桩群6个、充电桩198台。办理工程前期手续45

项，开展工程结算 23 项、完成工程决算 8 项。北坞村 110kV 输变电工程荣获公司 2013 年下半年质量管理流动红旗；五路居 110kV 变电站获公司 2013 年上半年安全管理流动红旗，并代表公司通过国家电网公司 2013 年下半年优质工程现场检查。

海淀公司重点工程海淀电网应急抢修指挥分中心工程于 8 月开工，11 月 30 日完成基础筏板施工，12 月 30 日完成地下三层结构施工，为 2014 年底投运提供了良好的进度保障。

【经营管理】制定"二十四节气表"，完善《公司会议管理办法》，明确 129 项督办任务，年度重点工作推进机制初步形成。开展经济活动分析，加强同业对标全过程管控，完善预算执行分析制度，开展经营诊断工作，制定《用户资产接收实施细则（试行）》《工程项目法人管理费财务管理规定》《工程竣工决算和暂估增资管理实施细则》等多项制度。开展内部控制体系建设，共梳理完善 448 项标准业务流程。开展盘活利库，清理利用积压物资 200 万元。推进土地确权工作，完成计划外西山变电站土地取证。梳理非生产性房屋资产，完善房屋交接、租赁管理流程。加强车辆规范化管理，严格管理公司应急车辆，对职能部门用车实施统一调配，完成全部主业车辆监控系统终端安装。加强产业公司管理，推进集体企业重组整合工作，4 家需清算关闭的集体企业全部进入清算关闭流程。

加快推进电力市场开拓和能源替代，累计新增接电容量 81.61 万 kVA，完成市场开拓电量 4.15 亿 kWh，开拓热泵面积 182.68 万 m^2。攻坚克难，电费回收成效显著，收回历史陈欠电费 1810 万元。建立警企联动机制，查处违约用电、窃电 51 起，追补电费、违约金 534 万元。开展"四分线损管理"，累计完成线损率 4.60%，达到历史最好水平。

对海淀公司各专业进行了自查自纠，清理挂账工程款，补充完善相关招标采购过程资料。强化审计监督作用，全年接受内外部审计 7 次，整改落实依法治企问题 23 个。

2013 年海淀公司获得对标综合第一、业绩对标第一、管理对标第二的成绩，连续 6 年获得综合管理标杆单位称号，共 8 个专业获得专业标杆。两项管理创新成果获得公司二等奖，一项典型经验入选公司典型经验库。

【安全生产】开展安全大检查和隐患排查工作，以安全全面审计为抓手，加强安全风险管控和安全过程管控。全年发现并整改各类隐患 185 件，扎实开展 33 次安全风险指数分析，制定并执行 1320 条管控措施。排查重要客户定值隐患 73 户，梳理重要客户定值 46 户。

组建专业应急救援队伍，开展应急技能封闭训练，在公司 2013 年应急大赛中获得第三名。完善应急预案和应急处置预案，尝试性开展应急无脚本综合演练，全年共启动各类应急预警 41 次，电网成功经受 276 万 kW 的最高历史负荷考验。开展十八项反措执行情况专项监督检查，加强隐患缺陷治理，累计完成重过载及低压报修频繁台区改造 166 个；完成 35 座变电站及 1076 座配电站室的防汛检修工作；完成电缆小室整治 27 座，完成电缆分界室夹层封堵 1404 处，完成低压设备整治 65 台，加装反外力标识 1210 处。

■ 7 月 16 日，海淀公司在公司应急技能竞赛中获得三等奖。
（王长明　摄）

累计完成主、配网停电计划 1531 项，执行操作任务 1027 项，处置故障 364 路次，执行发电批准书 197 份，完成 924 项停电计划电网风险分析，其中电网一级风险 34 个，电网二级风险 107 个。组织各专业开展风险分析工作，停电计划风险分析率和发布率为 100%。完成 0.4kV 低压停电计划管理工作，使海淀公司管辖范围内各电压等级检修等工作纳入计划管理。结合"十二五"电网规划及配电网技改工程，对地区电网开展 2~3 年发展形势及薄弱环节分析，形成系统工程联动体系。对配网运行从负荷、结构、可靠性等多个方面梳理，以电网运行隐患排查为抓手，配合专业部门开展重点配网设备消隐力度，逐步提高地区配电网络实际使用效率。

全年未发生大面积停电事故，未发生六级及以上安全事件，圆满完成了"全国两会""神十""十八届三中全会""嫦娥三号"等特、一级供电保障任务，全年完成政治供电任务 163 项，累计保电 302 天。实现了政治供电"零闪动"和安全生产"零死亡"的目标。

■ 6月11日，神舟十号飞船发射当日，海淀公司对涉及站线加强特巡并安排客户服务人员进入北京航天飞行控制中心协助保电。（王长明　摄）

【营销与优质服务】开展营销全业务实时在线监控稽查，实现95个工作质量主题监控，整改营销异常问题4.96万条，规范营销基础数据6.75万条，营销稽查监控数据异常率由0.28%下降到0.16%，营销基础数据问题数量减少49 628条。推进“四分线损”管理，细化线损区域分工，完成10个供电所538个台区的梳理工作，加强占公司电量60%以上的直配户线损统计分析。建立供电所综合质量评价体系，并将此体系评价结果作为供电所争先评优依据。加强供电所人才梯队建设，建立供电所后备人才培养、选拔机制。

■ 8月5日，海淀公司双榆树供电所员工在金典花园小区进行智能电能表更换工作。（高博　摄）

推进供电服务提升工程，实现全年零责任投诉目标。推进民生工程，完成保障性住房项目5项，老旧小区居民用电改造4项，惠及居民3762户。完成居民智能电能表换装11.25万具。梳理排查春节期间带农村居民负荷和热点地区的台区共622个，并实现100%全采集。针对锅炉房、城中村等涉及民生的重要负荷，集中开展配电网设备测温168处，线路和变电站巡视和监测36路次，对负荷高于70%的配电变压器台区制定对应措施。联合区政府建立非公司产权抢修机制，共开展非公司产权抢修8项。加强服务管控，建立了95598工单处理日跟踪、周分析、月总结、季考核机制，开展窗口明察暗访15次。创新服务举措，推动供电服务工作深入居民社区，完善社区客户经理模式。开展充值卡和支付宝电费支付业务，累计售出充值卡2592张。提高智能电能表的功能性服务应用，开通居民智能电能表用户短信服务9万户。开展重要客户安全用电评价与评估服务，建立“用电健康档案”，做到“通知、报告、服务、督办”四到位。

【科技与信息化】上报国家专利局28项专利，其中实用新型专利11项、外观设计专利8项、发明专利9项。开展职工技术创新活动，完成科技成果产出工作，完成2013年度成果推荐工作（科技成果2项、群众性创新成果4项）。组织开展年度科技论文征集工作，共向公司推荐优秀科技论文5篇。海淀公司“黑小子QC小组”获全国优秀质量管理小组称号，“金话筒QC小组”获全国电力行业优秀质量管理小组优秀奖、北京电力行业协会质量管理小组成果评审发布二等奖。

核实ITSM系统、IMS系统中各类信息设备台账1356条。完善信息设备准入网机制流程，打印并粘贴信息设备准入标签846张。梳理网络结构，结合实际情况新增、修改防护策略46条；停运无运行部门、无责任部门主机设备14台；梳理各类信息支撑系统用户1033个。

【党的建设与精神文明建设】深入学习贯彻党的十八大和十八届三中全会精神，开展“三级宣讲”130余次。强化服务队“五个平台”建设，深入推进服务队工作的标准化、专业化和常态化，在21个社区实现挂牌服务，开展“六进三送”活动300余次。累计开展青年志愿者服务工作20余次，到海淀上庄振兴小学举办“电靓京城　牵手未来　绿色电力之旅”主题活动，向学生们传播安全用电、节能环保知识。深化领导干部“七廉”活动，推动“学廉、讲廉、践廉”活动87次。印发《国网北京海淀供电公司关于转变工作作风的决定》，提出作风建设“六条要求”。实施关爱行动，深入基层一线，坚持员工思想动态定期分析，开展“三必谈、两必访”278人次，慰问一线班组39个，累计慰问392人次，慰问病困职工65人次。

5月29日，海淀公司到振兴小学开展“电靓京城 牵手未来 绿色电力之旅”活动。（居然　摄）

加强品牌传播与新闻应急，注重化解舆情风险，制定《公司舆情处置工作实施细则》，全年完成突发事件新闻应急处置25次，向社会媒体提供新闻通稿36条。重视品牌建设和新闻宣传工作，接受新华社《内参》等媒体采访报道43次。累计在各类媒体发稿963篇，在北京公司及以上媒体共上稿574篇，在北京电视台等各级媒体播放视频新闻总时长达到143分钟。

深入开展“强、塑、靓”和“中国梦·国网情”主题实践活动。海淀公司党委荣获公司先进基层党组织和文明单位标兵荣誉称号。

（王新欣）

丰台供电公司

【概况】国网北京丰台供电公司（简称丰台公司）成立于1987年，是公司直属供电企业，负责丰台地区305.87万km^2范围内的电网规划建设、运行管理、电力销售和211.2万客户的供电服务工作，肩负着为丰台地区重大政治活动和城市运行安全供电的任务。共设置11个职能部门、3个业务支撑与实施机构，下设59个班组、6个供电营业所、2个农村供电所。

共负责110kV变电站26座，主变压器64台，容量3113MVA；35kV变电站1座，主变压器2台，容量40MVA；10kV架空线路191条，长度1022km；10kV电缆线路6020条，长度2480km。实现全年安全生产无事故目标，累计安全生产长周期2639天。

全年完成售电量69.93亿kWh，同比增长3.38%；完成线损率9.92%；完成业扩报装接电容量92.11万kVA；电费回收率100%。供电可靠率达到99.9871%，电压合格率为99.964%。最大负荷169.5万kW。

荣获北京市电力公司先进单位称号，连续15年荣获首都文明单位标兵称号等荣誉称号。

地址：北京市丰台区丰北路117号
邮编：100073
电话：63663600

【人力资源】截至年底，丰台公司共有全民职工439人。其中：研究生及以上学历34人，本科学历140人，专科学历265人；高级职称24人，中级职称89人；技师及以上职业资格130人，高级工260人，中级工49人。

落实“三集五大”体系建设要求，优化组织机构和人员岗位设置。深化干部队伍管理，拓展人才选拔范围，健全干部选拔机制，形成结构合理的干部梯队。加强人才锻炼和培养，建立了公司、部门、班组三级培训体系，依托“干部培训大讲堂”“依法治企微讲堂”“园博园实践课堂”等形式开展培训，鼓励员工走上讲台，全年完成培训5695人次。加强市场化用工管理，组织开展市场化用工技能等级评定工作。制定生产、营销业务外包管理方案，稳妥推进业务委托工作。强化人事管理，完善员工档案、岗位协议等相关基础资料1616份。制定岗位业务竞赛、兼职教师、市场化用工和干部管理办法，规范管理流程。

【电网规划与建设】规划和前期工作。完成丰台地区“网格化”配电网规划编制及评审工作，与王佐镇、长辛店镇政府联合发布配电网控制性规划，与区规划分局有效对接确保网格化规划落地，实现政府、地区、企业“三个满意”。取得丽泽金融商务区高可靠性配电网建设批复。落实变电站分阶段建设，王佐站、北宫站、南营站进行站址用地保护，实现规划与落地同步。完成动漫城、郭公庄110kV输变电工程及南苑机场、南苑电话局外电源改造等23项专项规划前期工作；完成丽泽220kV和大红门、长辛店、万泉、镇国寺110kV输变电工程可研编制；提前开展2014年大型技改、度夏项目和专项技改项目可研编制及评审工作。规范10kV间隔管理，明确工作标准，梳理工作流程，研究解决部分变电站10kV出线间隔紧缺问题方案。完成项目储备库建设，明确项目入库标准、工作流程及部门职责，442个储备项目提前入库。集中解决电缆网直埋隐患等电网专项问题，优化电网网架结构，提高电网承载能力。

■ 2013年6月，丰台公司与王佐镇政府联合发布配电网控制性规划。（王标　摄）

工程建设坚持“项目组织集约化、过程管理专业化”的“1+X”弹性工程管理模式，深化进度管理、项目管理和质量管理。完成110kV园博园站投产工作，郭公庄、动漫城110kV输变电工程按期开工；完成12项大型技改工程、21项配电网迁改工程、7项专项技改、计量消隐及充电桩工程建设任务；完成1554户居民“煤改电”工程。全年投产110kV变电容量10万kVA，投产10kV配电变压器容量2.55万kVA，新架及更换10kV架空线路99.37km、电缆69.05km；新架及更换0.4kV架空线路93.82km。

【经营管理】推进政企联合。作为公司试点单位，率先与丰台区发改委联合开展电力设施保护工作，全年依靠民众开展电力设施巡视195天，巡视35kV及以上高压线2100塔基，发现并解决线下隐患63项，解决历史遗留问题4项。

加强指标管控。明确指标牵头部门、专责人和主管领导，坚持经营活动月分析、季监督的工作机制，加强动态监控、预测，深挖后进指标形成原因，及时调整工作方法，落实改进措施。将指标提升与专业管理紧密结合，量化专业管理过程。财务管理、人力资源管理、检修管理专业荣获2013年度对标评价专业标杆。

夯实基础管理。常态开展“看视频、听汇报、做调研、学知识、讲大课、查基础”六项基础工作，全年班子成员下基层71次，收集问题161项，已答复74项、解决61项，处于解决过程中的有26项。

深化协同服务。“大规划”与“大运行”专业协同，在电网规划编制中统筹考虑电网运行隐患，着力项目储备库建设，442个储备项目提前进行可研论证，统筹考虑项目前期工作，确保成体系、有目标地推动电网建设和改造工作；“大营销”与“大运行”专业协同，在关口计量数据远方采集的基础上，形成智能电能表功能应用与配电网自动化信息互补，提升负荷监控、故障判断和应急服务水平；“大营销”“大规划”“大运行”专业协同，优化电网结构，提升电网接电能力，加快报装接电速度，全年累计接电容量92.11万kVA，同比增长20.55%，超出年度接电指标21.20%；“大检修”与综合服务中心协同，规范配电站室门禁管理，保障运行巡视通道畅通。构建协同服务机制，搭建资源共享平台，建立协同服务办公室，解决了物资及计量库房建设、草桥和晓月苑地区用电遗留问题、与市政管委建立反外力信息互通机制、变电站站址落地等20余项难题。

强化财务资产管理。开展内部经营诊断，将售电量、线损、投资等数据与内部利润指标联动，分析指标影响因素。加强风险防控，开展2009~2012年财务凭证安全诊断，主动整改历史遗留问题，防范法治风险。完善财务管理制度，编辑实用化指导书。“表单式项目管理”获公司2013年度管理创新项目一等奖。

落实物资集约管理。启用郭公庄新库房，实现主多物资分开存放，完善物资管理规章制度，规范招标采购流程，明确责任，理顺审批、监督流程，加强废旧物资处置管理，组织3次废旧物资竞拍和10项工程的废旧物资入库工作。

深化依法从严治企。开展法律风险防范体系建设工作，形成“依法决策、依法管理、依法经营、依法维权”的法治氛围。每天进行法律风险提示，每周开展依法治企微讲堂，每月召开依法治企推进会，针对审计突出问题和薄弱环节，解读法规、政策、文件，提高全员法治意识。深化依法治企综合检查，整改落实各类问题82个。完善管控措施，建立审计问题总账表和消项制度，健全闭环管理机制，坚决杜绝屡查屡犯现象。

提升后勤保障能力。整合内部资源，核查开闭站房屋使用信息，完成土地确权6宗。完善规章制度，贯彻公司车辆管理制度，落实节日封车要求。加强食堂管理。实现科学营养配餐，促进职工健康饮食。

【安全生产】安全生产监督。落实联合巡检制度，坚持工作现场“日统计、周分析、月总结”，借助“直通现场视频系统”等信息化手段，强化岗位安全职责监督检查。落实领导干部、管理人员到岗到位制度，全年现场督导检查517次，发现并整改问题24个。开展安全管理提升活动，全面完成93项任务，深化安全生产大检查和隐患大排查，发现并整改各类问题355项。规范承发包管理，落实施工单位准入制度和过程评价制度，落实工程组织部门管理责任，严把资质审核关，严控外协队伍施工风险。加强消防保卫管理，以变电站、电力隧道等关键部位为重点，加强电力设施保护及保卫工作。开展业务培训和考试12期，703人次参加丰台公司安规考试和安全技能等级评价考试。

电网运行管理。合理调整电网运行方式，平稳应对大负荷考验。2013年丰台电网最大负荷169.5万kW，较2012年同期增长22.83%。强化生产值班管理，提高故障抢修指挥能力。建立值班信息统计、分析、评价机制，平均故障处理时间大幅缩短。深化配电网自动化应用，试点运行架空线路故障自动研判，缩短故障查找时间。积累调控一体化运行经验。试点开展设备状态操作，健全组织保障体系，完成李窑变电站设备状态操作试点建设工作。

开展设备隐患排查和状态评价。开展变电站直流设备排查、自动化设备排查、混网电缆隐患排查、重要客户电缆线路检测等工作，缺陷发现率位居公司首位；着力消除电网运行隐患，环境隐患导致的架空线路故障率下降23%，混网电缆本体及外力故障率下降72%；深化架空线路百日整治行动，核实3570台柱上变压器基础资料。

配电网设备改造。推进宛平城内街等地区电力设施改造，实施架空线路改造15条，分换装变压器128台，区域供电能力提升50%，深化“运维一体化”建设，实现6个线路抢修点的运维一体化，提高运维抢修效率。建立抢修队伍评价体系，组织开展差异化运行巡视工作。配合公司配电网状态检修体系建设，助力新型检修工作体系落地。

应急管理。修订规章制度，完善应急组织机构和应急值班模式。完善应急预案。修订整体应急预案，制定专项应急预案25个、现场处置方案356个，开展应急联合演练4次，专项演练5次，应对自然灾害天气启动应急40次。

政治供电管理。坚持“统一指挥、规范管理、相互协作、各负其责”的工作原则，细化落实政治供电保障方案。开展重要用户差异化运维管理。梳理重要客户外电源情况及级别划分，利用电网规划、改造项目，优化完善外电源线路，提高重要用户供电可靠性。按照“融入地方、专业协同、科技运用、延伸服务”的原则开展供电工程建设和供电保障组织工作，依托共产党员服务队为园区提供延伸服务，完成第九届中国（北京）国际园林博览会保电任务，被授予第九届中国（北京）国际园林博览会先进集体称号。全年完成全国两会、十八届三中全会等政治保电任务43项，保电天数268天，实现政治供电“零闪动”的工作目标。

■ 7月，第九届中国（北京）国际园林博览会保电现场。（王标　摄）

【营销与优质服务】截至年底，丰台公司共管理营业客户759614户。全区共有重要客户128户。

夯实营销基础管理。开展降损示范线路、台区治理工作。建设降损示范线路43条、示范台区54台，处理窃电、表计及电源问题109项。开展抄、收分开试点工作。右安门、和义供电所试点区域采集抄表电量较2012年同期增长1.58亿kWh，增长43.62%。完善业扩报装业务流程。建立业扩工程周计划沟通机制，平均缩短高压客户接电时间25个工作日。深化依法治企专项检查和电价专项稽查成果。依托营销稽核系统，订正功率因数执行异常6966条、力率执行异常397条、分时电价执行异常339条，完善营销基础档案。加强业扩工程安全管理。定期开展施工单位资质审查，组织安全规程培训，严格执行安全质量把关制度。开展架空线用户隐患专项检查。查处并整改隐患35处。开展重点行业营业普查专项行动。追补电量33.2万kWh。

推进关口采集建设。完成128座开闭站、3438台柱上变压器和419个配电室台区关口采集建设，关口采集覆盖率达66.43%，初步实现三级关口计量全采集。试点开展低压台区采集全覆盖工作。完成92个台区全计量全采集，首次实现低压配电网线损实时电量采集，编制低压分散型用户台区采集典型设计和技术标准。推进用电信息采集建设工程。成立用电信息采集建设工程指挥部，建立现场三级巡检模式和现场项目经理人模式，完成智能电能表换装8.8万户，累计运行智能表29.7万具，占全部居民总量的40.68%，实现了对关口及用户侧计量设备的24小时监控，日均采集抄通率达99.6%，在公司系统内排名首位。

以线损管理辅助系统为平台，实现分线、分台区线损计算，累计线损率 9.92%，还原扣减卡表因素，线损率 5.22%，同比下降 2.30 个百分点。与 597 户用户签订分次缴费协议，同比提升 81.12%。高压回收风险可控率由年初的 18.18% 上升至 34%。深化依法催缴电费，追缴陈欠电费 1861 万元。试点推行月末抄表结算，月末抄见电量占比提高 38.26%。

提升客户服务品质。推广社区客户服务经理制。设立 12 名社区客户服务经理，在 30 个居民社区开展宣传挂牌活动，建立“社区、电力、居民”三位一体的用电服务平台。共产党员服务队。开展走进抗日战争纪念馆、蓝坤打工子弟学校等宣传活动，为园博会保电、防汛检查、应急抢修等提供延伸服务，收到锦旗及感谢信 7 次。编印并发放 2 万余册《丰台地区缴费网点分布图》，为客户提供便捷的缴费方式。完成 95598 五项业务集约工作，加强 95598 工单处置及回复管理，故障处理时间较 2012 年缩短 14 分钟。改善营业厅服务环境，完成 6 个标准化营业厅建设。

【农电工作】完成 2 个农村供电营业所管理问题排查治理工作，发现并整改问题 10 项。推进农村供电所运营成本发生模式及业务管理模式转变，农村供电所日常成本由华商电灯公司支付。加强用电需求侧管理，开展农村用电客户走访、座谈，向客户说明用电情况，引导农村用电客户自觉科学用电、节约用电、安全用电。规范农电区域用电抢修管理，加强农网抢修物资库存管理，提升农网故障处理水平。

【科技与信息化】加强科技信息化管理。开展科技创新，完成 3 个群众性创新项目和 18 项专利申报工作，取得专利授权 4 项。加强信息安全管理，严控联网终端设备账号弱口令，利用先进技术加强信息系统安全指标管理；常态开展信息安全巡检，强化日常监控管理，确保信息客户端安全防病毒软件安装率、桌面标准化安装率均为 100%；定期开展隐患排查，提高网络安全防护能力，全年未发生信息安全事件。

【党的建设与精神文明建设】开展中心组调研、基础检查日和领导干部大讲堂三项工作。以“党组织的殷切嘱托、党员的庄严承诺”为主题，开展为党员过“政治生日”活动，233 名党员亮承诺、温誓词。开展“四带头四争做”“强作风、塑文化、靓形象”“中国梦·国网情”和“四带头构建三个安全环境　四争做筑牢三道安全防线”等主题实践活动，以知识竞赛、读书征文、座谈讨论和巡回宣讲等形式，将思想教育与业务工作有机结合。创新网络政工平台应用。深化“社区客户经理”服务模式，打造社区、电力、居民三位一体用电服务新平台。深化典型选树工作，选树园博会供电保障团队、共产党员服务队全宗胜等先进典型。

继续深化“七廉”活动，全年领导班子学廉 14 次，开展廉课宣讲 8 次，研究廉政风险防控工作 6 次。强化廉洁宣教，约谈重点岗位人员 101 人，组织 180 人次参观丰台区看守所、丰台区廉政教育基地，征集廉洁文化作品 20 余件，制作微电影《园博清风》。强化协同监督质量管控，提出 7 项防范措施；加强监督与业务工作融合，率先完成对供电所抄表制度执行情况、业扩工程配合送电情况的监督检查。延伸重点岗位人员监督范围，制定集体企业重点岗位人员监督管理办法。全年未发生党员干部腐败违法案件和严重违规违纪问题，未发生瞒案不报、压案不查或责任追究不到位情况，未发生影响和损害丰台公司形象的重大行风事件。

■ 2013 年 8 月，丰台公司重点岗位人员参观丰台区廉政教育基地。（王标　摄）

工会及团青工作。深入开展劳动技能竞赛活动，14 名选手进入北京市职业技能大赛决赛。加快职工书屋和赵锴创新工作室建设。开展“五型红旗”班组创建活动，电费核算一班获国家电网公司系统应用示范班组。深入推进竞赛、调考活动，财务专业获得财务调考团体第一名，基建专业获得十八项反措调考团体第三名，3 名员工获得专业第一名。财务资产部获得公司巾帼标兵岗。开展“高举团旗跟党走、岗位立功靓青春”主题教育活动和“号手岗队”争创活动，创新开展青年实践课堂培训，拍摄反映园博保电题材微电影《园博日记》；推进青年志愿服务活动，组织“文化沙龙”，丰富团员青年业余文化生活，荣获国家电网公司五四红旗团委称号。

品牌宣传。落实“电靓京城”主题传播活动要求，深化新闻宣传，强化品牌塑造。策划共产党员服务队、园博园供电保障、“煤改电”工程实施等专题宣传，在市属、行业媒体进行全方位报道。全年累计发稿2173篇，在国家电网公司级媒体上刊登新闻报道110篇，在中国电力新闻网刊登新闻报道223篇，在公司级媒体上刊登新闻报道488篇，在地方及社会媒体刊登141篇。规范品牌标识应用，杜绝超范围、违规使用。推进品牌推广工作，向相关客户赠阅社会责任报告60余册。荣获公司品牌建设先进单位。

（黄　佳）

石景山供电公司

【概况】国网北京石景山供电公司（简称石景山公司）成立于1988年，是公司直属供电企业，负责石景山地区72.38km^{2}范围内的电网规划建设、运行管理、电力销售和18.684万客户的供电服务工作，肩负着为国家党政军机关、重大政治活动和城市运行安全供电的任务。共设置8个职能部门、2个业务支撑与实施机构，下设29个班组、4个供电营业所。

共负责110kV变电站6座，容量680MVA；10kV架空线路28条，长度210km；10kV电缆线路367条，长度613.547km。实现全年安全生产无事故目标，累计安全生产长周期3159天。

全年完成售电量15.49亿kWh，同比增长-0.016 5%；完成线损率6.94%；完成业扩报装接电容量26.459 1万kVA；电费回收率100%。供电可靠率达到99.988 1%，电压合格率为99.961%。历史最大负荷28.5万kW。

荣获北京市电力公司安全生产先进单位、党风廉政建设工作优秀单位等荣誉称号。

地址：北京市石景山区鲁谷路59号
邮编：100043
电话：63664123

【人力资源】截至年底，石景山公司共有全民职工182人。其中：研究生及以上学历24人，本科学历59人，专科学历47人；高级职称17人，中级职称31人；技师及以上职业资格55人，高级工67人，中级工20人。

加强干部管理，坚决贯彻党中央“八项规定”，组织培训班，强化思想作风、强化大局意识、责任意识。完善中层后备干部遴选机制，形成结构合理的干部梯队。建立健全职业生涯培训开发机制，拓宽职工职业发展通道，完善配套机制，深入一线班组宣讲解答，切实解决职工职业发展存在的问题。组织技能人员培训班，25名技能人员通过了高级技能人员培训。人才当量密度达到1.016。提高市场化用工整体素质，落实持证上岗和“以能定岗，以岗定薪”薪酬分配制度。开展文化讲堂，组织各专业培训，严格落实培训计划，全员培训率达到100%。

【电网规划与建设】健全与政府各部门常态沟通机制，并就《石景山区电力设施建设三年行动计划》达成签订意向。以“配网规划年”为契机，完成《石景山区“网格化”配网规划报告》编制工作，梳理配电网规划项目46项，其中27项纳入2014年储备项目。完成石莲110kV变电站站址保护性圈地工作，项目取得立项核准、规划选址意见书等前期关键手续。海淀500kV送电线路工程（西北热电配套）、永定220kV变电站110kV切改工程前期工作圆满完成。加强间隔及接入系统管理，规范客户接入系统方案及电网设备间隔管理流程。全年共完成14项老旧小区、充电桩、光纤入户及配套设施工程的竣工决算，推进永乐西小区老旧小区改造等5项工程。

【经营管理】推进“三集五大”体系全面建设，完成机构和业务的优化调整，管理效率、效益进一步提升。制定实施“二十四节气表”，加强综合计划管控。继续强化经济活动分析会的平台作用，着重加强指标完成情况的内在原因分析、相关指标的关联分析，为经营管理提供决策依据。3项典型经验入选公司典型经验库。作为公司试点单位，完成涵盖石景山公司各专业业务的内控体系建设工作。完善月度考评机制，分解落实责任，财务集约化程度进一步提升。推进协同监督，完善廉政风险防控机制。以监督检查、过程管控提升石景山公司对外形象和客户满意度，供电服务（行风建设）效能监察项目获得公司优秀效能监察项目二等奖。

落实线损管理提升方案，结合配电网改造同步梳理修正 1.3 万余户电源信息，完善关口建设，公变计量装置安装率为 99.59%，采集调通率达到 78.76%。顺利完成电费一级账户上线工作，完成对 1800 余户客户电价执行情况现场核查。开展打击窃电专项行动，累计查处违约用电和窃电 22 户，追补电量 135.67 万 kWh，追补电费 132.67 万元，收取违约使用电费 363.11 万元。处理完成 275 户机电不符，追补电量 93.4 万 kWh。严格执行车辆管理“十条禁令”，节日车辆封存常态化。实行单车成本核算，有效降低车辆使用成本。完成实有备案房屋资产的土地确权任务。

【安全生产】 以强化安全基础管理为主线，开展安全大检查和隐患大排查，健全三级隐患排查治理工作机制，发现并治理隐患 68 处。深化安全管理标准化，加强对生产部门安全管理标准执行情况的分析评价，推行生产作业现场安全监督检查标准票，提升监督检查质量。开展安全生产风险指数及风险管控管理，发布周风险指数 30 次、风险分析控制单 333 份。健全三级巡检体系，全年共检查现场 253 处，发现并整改问题 119 项。加强电网运行管理，建立负荷分析管理工作机制，为地区电网安全稳定运行提供保障。开展架空线路综合整治百日行动，完成 6 条架空线路综合检修，提升线路运行可靠性。深化设备状态评价，结合重大保电任务、迎峰度夏度冬、新发设备等工作制定年度带电检测计划，共完成红外测温 130 站次，开关柜状态检测 1920 面次，10kV 电缆 OWTS 试验 69 次，以及 6 组户外避雷器的带电检测工作。梳理热点地区和重载设备区域 4 处，踏勘易积水和地质灾害易发区域 25 处。完善供电恢复方案会商机制，完成迎峰度夏、度冬和防汛工作任务。建设配电网抢修指挥平台，整合生产、营销、调度各专业信息系统资源，实现配电网事故抢修的统一指挥，形成职责明确、运转流畅的配电网抢修指挥管理机制。完善应急保障体系建设，组建应急救援队伍，建立杏石口、五里坨应急抢修备勤点，绘制应急队伍抢修范围分布图，完善 800MHz 对讲机常规分配方案，开展各类应急演练 30 次，提升突发事件处置效率。全年未发生六级及以上安全事件和大面积停电事件，完成全国“两会”和园博会开幕式等政治保电任务 25 项。

【营销与优质服务】 截至年底，石景山公司共管理营业客户 186 840 户。全区共有重要客户 34 户，其中一级客户 14 户，二级客户 19 户。

组织开展服务技能提升培训 70 余人次，消除服务风险和短板。加强优质服务巡检，完善 95598 五项业务考核机制，定期进行服务分析，95598 五项业务平稳集约上划。深入开展“保热点、压结存”活动，压缩报装接电时间，4 项保障房建设如期送电，高压客户平均接电时间较 2012 年缩短 4.14 天。推进智能电能表换装工作，实行免打扰换表服务，提高换表现场服务效率，全年完成智能电能表换装 35 979 具。加强与街道、居委会等基层组织的沟通，完成 20 个社区客户经理服务挂牌，及时了解满足居民客户服务诉求。加强充值卡、网上银行、支付宝等新型交费方式的宣传，完成营业窗口 POS 机安装，落实 95598 互动网站、短信定制等服务新举措。成立八大处供电营业所，调整抢修半径，缩短抢修服务时长，全年共完成抢修任务 8927 次。加大重要客户安全用电检查力度，协助客户完善应急预案，根据季节特点和保电工作需要对防汛、供暖和保电重要客户进行检查 80 余次，督促客户落实隐患整改要求。推进电能替代项目实施，加大节能技术宣传力度，实施客户节能改造 6 项。全年共收到企业、个人赠送的锦旗 13 面，感谢信 7 封，表扬 139 次，表扬工单同比上升 31%。

■ 3 月 3 日，两会全国政协会议开幕式，石景山公司运维人员使用节能电瓶车进行巡线工作。（罗纹　摄）

■ 9 月 3 日，石景山公司党员服务队到社区进行智能电能表换装工作宣传，为居民讲解智能电能表使用方法。（罗纹　摄）

【科技与信息化】承担公司4项科技研究项目，其中“用电采集信息在生产运维系统中的深化应用”项目成果得以应用，实现生产、营销数据跨部门共享。完成20项科技专利申请，获得专利授权27项。强化事故信息采集和上传准确性分析，完成全部站、室的数据录入工作，共完善数据18 080条，绘图84张。加强信息、通信网络维护，落实信息安全责任制，员工的信息安全意识进一步提升。

【党的建设与精神文明建设】深入贯彻党的十八大和十八届三中全会精神，开展“四带头四争做”主题教育活动。落实党中央“八项规定”，全面规范公务用车、会议接待管理。加强领导班子和学习型党组织的建设，完成党支部的换届改选。推进共产党员服务队“六进三送”活动，开展各类宣传服务活动61次，累计建立挂牌服务站15个，发展爱心卡客户47户。

完成10项QC成果，“金剪子”QC小组荣获2013年国优质量管理小组、北京市质量协会QC小组质量管理信得过班组称号。“安全电动绑线器的研制”成果获得国家“海洋杯”QC成果发表赛二等奖。举办“中国梦·中秋月”红色经典歌咏比赛、羽毛球、篮球赛等活动。加强职工书屋建设，成立“阳光书友团”，坚持开展经典诵读。开展职工之家建设，创新“1+N+1”的建家模式，被授予北京市职工之家试点单位。在区电视台《石景山服务》开设专栏，对石景山公司先进人物、先进事迹及重点工作进行正面宣传报道。强化社会责任管理，组织公众开放日4次。

■ 8月1日，石景山公司党员服务队开展慰问军属和爱心帮扶活动。（罗纹　摄）

（赵　飞　石　琳）

亦庄供电公司

【概况】国网北京亦庄供电公司（简称亦庄公司）成立于1993年，是公司直属供电企业，负责北京经济技术开发区地区59.47km^2范围内的电网规划建设、运行管理、电力销售和76 457户的供电服务工作，肩负着为城市运行安全供电的任务。共设置10个职能部门、2个业务支撑与实施机构，下设15个班组。

负责110kV变电站9座，主变压器23台，容量1156MVA；10kV架空线路14条，长度89.3km；10kV电缆线路595条，长度1059.4km。实现全年安全生产无事故目标，累计安全生产长周期3441天。

全年完成售电量38.95亿kWh，同比增13.36%；完成线损率1.37%；完成业扩报装接电容量55.3万kVA；电费回收率100%。供电可靠率达到99.985 6%，电压合格率为100%。最大负荷68.28万kW。

保持首都文明单位、北京电力行业质量管理小组活动优秀企业、北京市电力公司行政值班先进单位称号，获“我的梦　中国梦”北京经济技术开发区百姓宣传活动优秀组织单位称号。

地址：北京经济技术开发区北环东路11号

邮编：100176

电话：63665068

【人力资源】截至年底，亦庄公司共有全民职工99人。其中：研究生及以上学历4人，本科学历59人，专科学历25人；高级职称11人，中级职称25人；技师及以上职业资格12人，高级工47人，中级工18人。

制定亦庄公司“三集五大”体系改进组织机构编制和岗位设置方案以及实施方案、操作方案等配套方案。开展亦庄公司岗位流程梳理工作，建立流程动态管理的长效机制，促进亦庄公司管理从条块分割向协同运作转变、从资源分散向优化配置转变、从管理粗放向精益运营转变、从标准不统一向规范化转变，促进企业管理的全面提升。

开展教育培训与人才培养工作，全年组织各级职工参与各类、各层面培训近1000余人次，组织40余名职工参加不同工种的技能鉴定考试，组织30余人次参加公司开展的相关工种的调考、内部竞赛等，组织

10余名职工完成职称评定、认定工作，完成71人次、2个工种（装表接电工、变电站值班员）的北京市技能大赛初赛组织工作，共有21名职工获得抄表核算收费员工种职业资格证书。

【电网规划与建设】全年完成投资项目9项。继续深化“五大”体系建设的后续评估及改进工作，完成地区配电网“网格化”编制及审核工作，并获得地区政府审批通过。泰河110kV输变电工程代表公司顺利接受国家电网公司第二批创优质输变电工程验收检查。12月底，庆羊110kV输变电工程整体具备投产条件。

【经营管理】深化财务集约化管理，加强过程管控，提升成本预算执行能力，强化专业职能管理，完成年度财务考核指标。开展经营诊断分析，成立经营诊断分析工作组，建立经营诊断分析例会制度，提出重点提升经营效益工作措施。创新资金精益化过程管控，实现全年资金集约化管理。规范重点费用报销管理，加强和提升财务基础，深入推进依法治企，制定了《亦庄供电公司报销管理实施细则》。完成“依法治企”综合专项审计检查工作，及时整改存在的问题。开展“三公”经费专项审计，“三公消费”开支大幅下降。开展廉洁文化“四进”活动，全年共开展警示教育14场次，直接受教育达476人次。

【安全生产】安全管理工作。组织开展“安全大检查”“春季、秋季安全大检查”等安全风险管控活动，全年整治各类缺陷、隐患和问题168件，重大隐患和危机缺陷100%消除。组织公司生产管理人员、一线班组及外协施工队伍开展各类安全生产规程制度和专业技术培训10次，受训350人次。

强化电网运行管理。全年管控停电检修引发的电网一级风险16项，二级风险36项，三级风险4项，完成全国两会、度夏防汛、会计师资格考试等供电保障任务。规范监控信息传动和监控信息接入，建立监控信息会商、分析、处置机制。完成配网抢修指挥平台上线运行，全年接收处理95598报修、咨询等各类工单3210件，较2012年增长143%。开展地区电网互倒互带能力分析。比照重要客户标准加强地区冬季供暖用户外电源安全管理。组织对保护设备台账和保护定值进行全面核查。完成调度自动化系统入侵检测、安全审计、防病毒系统的部署。

供电可靠率达到99.986 5%，综合电压合格率为100%，比2012年同期增长0.001%。完成生产类技改、运维检修项目47项。完成电缆OWTS试验64路次。完成超声波、地电波检测83站次，红外测温430站次。完成电池普测工作444次。完成10kV农、配网及变电二次协议库存物料上报共20行项。完成全国“两会”开发区运动会等9项政治供电保障工作。

【营销与优质服务】截至年底，亦庄公司共管理营业客户76 457户。全区共有重要客户37户，其中一级客户5户，二级客户32户。

12月31日，亦庄公司完成14 588具智能电能表换装及241台采集器新装调试，提前2年完成用电信息采集建设工程，率先实现开发区用电全采集。推动分布式电源及新能源工作，全年分布式电源报装25项，容量2.9万kVA，已并网16项，1.7万kVA。加强窗口服务，全年受理各类业务613笔；签订合同及协议498份；95598报修工单3176笔，表扬13次。加强稽查监控，全年共发行稽查主题195条，发现并解决问题数据5335条。

开展“六进三送”活动。对15个社区、企业和机关单位实现了挂牌服务，投入爱心基金2.28万元，解决23户空巢老人及特殊群体用电难题，开展大型服务活动15次。

【科技与信息化】完成便携式48V直流电源、光动能室外开闭站内部设备凝露报警装置两项群众性创新项目的实施，其中1项成果获得上级表彰。完成2012年科技和群众性创新项目验收评审。加强岗位学习和实操训练，组织开展员工技能大赛，推进员工素质的提升。张立涛创新工作室的“提高柱上开关运行状态监视手段”的成果获得公司成果发布一等奖，被电力行业协会授予QC小组活动优秀企业奖。建立科技和群众性创新项目储备机制。开展信息安全治理提升工作，修订信息安全管理制度，完成信息设备核查，开展弱口令、防病毒专项治理工作，堵塞信息安全管理漏洞。开展为期1个月的“信息安全宣传月”活动，组织全员学习信息安全“十条禁令”，强化员工信息安全意识。

【党的建设与精神文明建设】亦庄公司党委连续七年开展“党员的足迹”主题教育活动。开展党员服务队活动，加强“三化”建设。开展“强作风、塑文化、靓形象”员工主题实践活动，组织爱心捐款，宣传先进典型的感人事迹，参与北京经济技术开发区“我的梦·中国梦”百姓宣讲团活动，连续5年开展帮扶泰福春老年公寓活动。制作200套企业文化书签发放给员工。

开展高层讲堂、每周课堂、支部课堂、班组课堂

“四个课堂”建设。开展“三必谈、两必访”活动，公司领导与一线职工心贴心沟通交流，领导班子成员下现场102人次，中层及管理人员490人次。团委开展“微助力”和“微关怀”行动，通过处置废旧报纸所得到的资金，捐助贫困生，用于援建工作。

（孙　特　徐健泓）

通州供电公司

【概况】国网北京通州供电公司（简称通州公司）是公司直属供电企业，负责通州地区0.906万km^2范围内的电网规划建设、运行管理、电力销售和50.78万客户的供电服务工作，肩负着为重大政治活动、城市运行、居民生活安全供电的任务。共设置9个职能部门、3个业务支撑与实施机构，下设39个班组、1个供电营业所、10个农村供电所。

110kV变电站21座，主变压器41台，容量1896.5MVA；35kV变电站9座，主变压器18台，容量217.8MVA；110kV线路19条，长度268.86km；35kV线路19条，长度145.16km；10kV架空线路220条，长度2693.490km；10kV电缆线路453条，长度803.584km。实现全年安全生产无事故目标，累计安全生产长周期1174天。

全年完成售电量47.22亿kWh，同比增长2.37%；完成线损率6.65%；完成业扩报装接电容量58.26万kVA；电费回收率100%。供电可靠率达到99.9908%，电压合格率为99.953%。最大负荷106.6万kW。

2013年，通州公司获得首都文明单位标兵、国家电网公司一流县供电企业、国家电网公司设备运维标杆单位，公司安全生产先进单位等荣誉称号。

地址：北京市通州区新华东街92号

邮编：101100

电话：69519999

【人力资源】截至年底，通州公司共有全民职工330人。其中：研究生及以上学历32人，本科学历119人，专科学历105人；高级职称19人，中级职称39人；技师及以上职业资格154人，高级工123人，中级工18人。

完成10名干部调整交流，优化中层干部结构，加强年轻干部培养选拔。建立后备干部管理制度，民主推荐中层后备干部，搭建干部队伍梯队。

建立重点工作奖励考核机制，完成北京公司全员绩效试点迎检任务。规范农电员工薪酬体系。完成117名市场化用工首次技能评价。针对干部员工实际需求，组织开展42项培训课程，获得公司“岗位练兵月”优秀组织奖。深化竞赛、调考的专项培训和正向激励，通州公司被评为公司财务调考优秀单位。

【电网规划与建设】完成“网格化”配网规划。与政府建立常态沟通机制，开展规划对接，取得环渤海高端总部基地、通州新城核心区的政府批复成果。协同推进环渤海高端总部基地建设，结合区政府对环渤海高端总部基地的用电需求，协同承发包公司，采用“建设—移交”模式，全力推进园区高可靠性配电网建设。

重点规划建设项目进展。220kV运河站和110kV大高力站、北神树站、望君疃站、乔庄站等项目前期工作取得明显进展。220kV商务园站一期、110kV周易站扩建工程、35kV大杜社临时站竣工投产，增加供电容量41万kVA，有效缓解局部电网供需矛盾突出问题；湖亦光支110kV架空入地工程竣工投产，110kV纪庄站、大杜社站完成变电站本体建设。完成首都副中心电网应急抢修分中心的全部项目前期手续和“三通一平”工作。

配网改造项目按期完成。加大配网改造力度，分换装配网变压器122台，新立电杆1600基，新架10kV架空线路140km，新敷设电缆线路49km，加装、换装10kV柱上真空断路器及用户负荷分界断路器240支，完成37个台区的低压改造，解决了困扰张家湾、宋庄、马驹桥、永乐店等地区多年的供电瓶颈问题。

【经营管理】深化“三集五大”体系建设，完成机构、岗位、人员调整。完成13个仓库物资盘点。同业对标综合排名公司在公司位列第七，其中安全管理获得专业标杆，财务管理典型经验入选公司典型经验库。通州公司获得北京市管理创新成果二等奖1项，公司二等奖、三等奖各1项，被评为公司管理创新优秀组织单位。

完成国家电网依法治企综合检查、2012年竣工决算项目审计、“三公”消费专项审计等工作，发现并完成整改 85 个问题，完善长效管控措施 19 项。建立依法治企工作月报机制，扎实开展 124 项重点防控事项排查整改。编制历年审计案例卡片并印发“口袋书”，固化整改措施和长效机制。完成主业车辆加装 GPS 工作，车辆压减和规范管理工作执行到位，被评为北京市交通安全管理先进单位。

【安全生产】 开展安全生产大检查和隐患排查工作。强化现场监督检查，各级领导干部现场把关 1400 余人次。扩大违章行为“1+N”考核范围，处罚、曝光违章行为 16 起，形成集体控制违章的机制。实施全覆盖、多手段、高质量的安全培训，累计培训 2700 余人次。综合运用技术和管理手段，加大反外力工作力度。增强变电站、办公场所安保力量，加大消技防设施投入。

落实输变电设备差异化运行管控措施，规范状态检修工作。加强设备带电检测工作，及时发现、处理设备缺陷 439 处。开展输电精益化管理提升工作，完成 32 条线路标准化建设工作，标准化线路率达到 46.7%，完成 64 条输电线路的可视化台账和标准化检修图册编制工作。开展架空配网综合整治百日行动，完成 36 条线路的综合整治，经过治理的线路故障率同比降低 72%。

■ 5 月 13 日，通州公司架空配网综合整治百日行动。（洪雷　摄）

完成两会、韩美林艺术馆庆典、运河艺术节等重要保电任务。完成迎峰度夏和防汛任务，开展大负荷特巡 6511 次，测温、测负荷 29 682 处，排查各类问题隐患 489 件，解决重载线路 41 条，解决低电压及频繁停电台区 86 个，电网成功经受 106.6 万 kW 的最高历史负荷考验。

建立三级应急指挥模式，完善用户电源分布图，绘制全区 1210 台开闭器位置指示图，强化应急准备情况检查，配合公司成功举办应急技能大赛和联合实战演练，荣获大赛突出贡献奖。

■ 6 月 16 日，通州公司参加公司应急技能大赛。（洪雷　摄）

【营销与优质服务】 截至年底，通州公司共管理营业客户 507 819 户。全区共有重要客户 13 户，其中一级客户 6 户，二级客户 7 户。

建立营销指标管控体系，加强用电采集信息系统建设，深化线损同期监控平台的应用，实现全采集线路及台区线损实时监控。优化业扩报装流程，加强时限管控，加快接电速度，开展历史档案专项整理工作，加强低压报装管控。规范执行智能电能表换装流程，更换智能电能表 95 672 具，居民客户用电信息采集覆盖率达到 44.30%。推进国家电网公司计量新技术试点项目，代表公司完成国网智能电能表质量管控迎检工作。完成电费一级账户上线。深化营销稽查监控体系建设，营销基础数据准确性有效提升。

深入开展供电服务提升工程，开通 23 020 户居民短信服务，发行电费充值卡，开展防汛客户和重要客户特巡。规范服务流程和标准，加强典型案例分析，形成常态管理机制。综合运用视频监控，加强窗口服务监督，西集供电所被评为国家电网公司百佳客户满意服务窗口。适应 95598 集约化管理模式，完善 95598 工单和故障报修处置管理，其中管控故障报修超时的措施在公司推广应用。5 项保障性住房如期送电，农

■ 9 月 29 日，通州区启动区域电动出租车示范运营活动。（洪雷　摄）

网智能化改造工程有序推进，全国规模最大的、通州区首座小圣庙电动出租车充换电站竣工投产。

【农电工作】深入开展乡镇供电所问题排查治理工作，如期完成25项问题的整改措施落实，推进“两个提升工程”。推进28个行政村61台智能变压器安装改造工程，以及14台合同能源管理项目智能变压器的更换工作。加强与华商电灯公司的沟通，推进农电业务委托工作。

【科技与信息化】在通州公司范围内组织“科技攻关课题小组”，鼓励科技人员在技术创新、技术革新等方面进行探索，深入开展“低压线下线绝缘箱”“配电架空线路操作平台”“配电网合环电流的计算分析”等科技攻关课题。开展科技进步、群创成果等征集活动。共征集科技进步奖2项、群创成果6项，新技术推广项目2项，科技论文13篇，组织开展公司批复的群众性创新项目2项。

完成“三集五大”体系建设信息系统适应性调整。加强信息系统应急管理，梳理与信息安全有关的规章制度；强化外网终端管理，更换外网设备并加装外网桌面监控系统和防病毒软件；开展信息安全专项检查，整理并更新了台账信息728条。

【党的建设与精神文明建设】推进学习型党组织建设，深化创先争优活动，深入开展“四带头四争做”党员主题教育活动，推进“强作风、塑文化、靓形象”员工主题实践活动，营造敬业争先氛围。开展“道德讲堂”、作风形象大讨论征文等活动，加强党员干部思想教育和作风建设。开展共产党员服务队“六进三送”活动45次，挂牌服务覆盖全部社区，深化党员服务队“三化建设”，第一批通过达标验收，并被评为北京公司优秀服务队。

开展廉政风险防控，梳理风险67项，制定措施127条，开展监督检查52次，修订制度流程19项。充分发挥协同监督平台作用，严格执行“一书两报告”制度，推进协同监督任务17项，促进了跨部门、跨专业问题整改落实。加强重点岗位监督管理，集中轮训93人，交流轮岗52人。主动引入客户监督，推广廉洁共建告知书。坚决落实“八项规定”相关实施细则，完善审批流程，规范“三公”消费管理。

通州公司党委两项精神文明创新成果分别荣获公司二等奖、优秀奖。加强职工思想调研，开展“阳光心态”培训，承办“中国梦·国网情”典型事迹宣讲，举办媒体看电力、公众开放日等活动。徐向东创新工作室被评为公司优秀工作室，调控QC小组成果荣获公司一等奖、全国二等奖。制定经理联络员管理办法，首批聘任6名联络员。深入推进副食基地、西集培训基地建设。实施“关注健康、关爱职工”系列工程，改善办公环境，建成职工之家、健身活动室，举办各类文体活动。

■ 12月16日，通州公司召开首批经理联络员会议。（肖畅　摄）

（史江凌　刘超丽　张　运）

昌平供电公司

【概况】国网北京昌平供电公司（简称昌平公司）成立于1958年，是公司直属供电企业，负责昌平地区1343km^{2}范围内的电网规划建设、运行管理、电力销售和47.73万客户的供电服务工作，肩负着为辖区内党政军机关、重大政治活动和城市运行安全供电的任务。共设置11个职能部门、3个业务支撑与实施机构，下设44个班组、2个供电营业所、14个农村供电所。

共负责110kV变电站26座，主变压器53台，容量2557.5MVA；35kV变电站8座，主变压器17台，容量272.6MVA；110kV线路43条，长度258.27km；35kV线路31条，长度162.51km；10kV架空线路143条，长度1503.66km；10kV电缆线路2967条，长度1277.02km。实现全年安全生产无事故目标，累计安全生产长周期2839天。

全年完成售电量 53.38 亿 kWh，同比增长 5.05%；完成线损率 7.60%；完成业扩报装接电容量 76.78 万 kVA；电费回收率 100%。供电可靠率达到 99.990%，电压合格率为 99.952%。最大负荷 116.3 万 kW。

荣获首都文明单位标兵、北京市 2013 年度交通安全先进单位等先进荣誉。

地址：北京市昌平区永安路 33 号
邮编：102200
电话：69742681

【人力资源】截至年底，昌平公司共有全民职工 342 人。其中：研究生及以上学历 38 人，本科学历 123 人，专科学历 120 人；高级职称 13 人，中级职称 57 人；技师及以上职业资格 219 人，高级工 65 人，中级工 12 人。

规范机构岗位设置和业务界面划分。完成机构设置调整，明确职责划分，优化人员配置，整合班组设置，规范用工形式。推动员工能力素质建设，深化“一考三促”全员教育培训，签订“师带徒”协议、实施各类岗前及岗位培训，组织竞赛调考，在公司三集五大调考中获得大规划、大运行、大检修第一名、大建设和人力资源第二名的成绩。

【电网规划与建设】对接区、镇两级规划部门，结合昌平重点区域发展特性，完成昌平 12 大区、4406 小区的网格化配网规划与成果发布。推进项目前期工作，完成马池口升压、北店扩建、出租车充电站等 5 项工程前期规划手续，签订虎峪、东坨等 6 项输变电工程投资划分协议。加强工程管控力度，按期完成 220kV 霍营、未来城输变电工程前期建场任务，新一代智能变电站海鹊落站在全国率先竣工投产。加强电动汽车充换电服务网络建设，朝凤庵电动出租车充电站建设三期工程顺利完成，新增充电桩 55 个。开展达标创优工作，海鹊落工程荣获公司“质量管理流动红旗”，八仙庄工程获得国网公司优质工程称号。

■ 12 月 30 日，朝凤庵电动出租车充电站三期建设工程完工，55 个新增充电桩投入使用。（闵政君　摄）

【经营管理】建立经济活动与同业对标协同分析机制，制定对标考核管理办法，加强指标管理的过程管控和考评、考核，综合排名第六，获得业绩标杆。“郊区政治供电典型经验”评选为公司 2013 年同业对标典型经验。夯实财务管理基础，电费资金一级账户正式上线运行，设立电费找零备用金，拓展银行上门收款供电所数量至 13 家。深化线损“四分”管理，制定供电所线损奖惩管理办法，形成以指标考核为基础的线损管控新机制。推进数字营销，完成智能电能表换装 8 万余具，智能电能表客户占比提升至 56.27%。开展计量采集专项治理，实现变电站、开闭站全采集目标。加强增供扩销力度，建立重点工程跟踪台账，强化部门间沟通协调，客户报装服务更加便捷高效，累计完成接电容量 76.78 万 kVA，同比增加 6.23%。

【安全生产】开展“安全管理提升”活动，突出专业领域和薄弱环节风险管控，全面完成 76 项提升工作内容。深化安全管理过程评价，修订相关实施办法，以作业现场、反外力等 7 项指标为带动，落实过程管理各项要求，各级管理人员到岗到位 2534 人次，发现并纠正各类问题 30 余项。输电线路现场问题有效整治，落实塔基清理、标识标牌补充、接地电阻复测等整治工作，累计完成线路整治 49 条 316km，补录数据 2560 条，通过公司输电专业标准化验收。红外成像、超声波、地电波等带电检测手段全面展开，从信息收集、状态评价等 6 个方面进一步完善配网状态检修管理体系，通过公司达标验收。优化电网结构，开展生产类运维、大修、技改项目 115 项，完成 169 个台区的增

■ 4 月 8 日，昌平公司工作人员在首届北京农业嘉年华保电现场检查设备运行情况。（闵政君　摄）

容改造，优化切改重载线路 13 条，网架负荷承载力进一步增强，电网成功经受 116.3 万 kW 的考验。完善特色保电组织机构和运行机制，完成全国“两会”、国家电网公司职代会等各项政治供电任务 56 项。

【营销与优质服务】昌平公司共管理营业客户 47.73 户。全区共有重要客户 29 户，其中一级客户 16 户，二级客户 13 户。

主动适应 95598 集中运营变化，完善日例会意见投诉工单办理通报制度，落实“业务受理回访、核查处理过程、回复结果质量”三过问原则，全年工单处理及回单及时率达到 100%，供电服务投诉管理效能监察项目获公司评比一等奖。按照“通知、报告、服务、督导”四到位原则，协助重要用户开展隐患排查和安全风险评估，形成相关整改建议 18 条，完成电气事故现场处置预案的编制、培训与演练工作。启动 19 项老旧小区改造工程。完成十三陵地区 3 个村庄煤改电任务，试点昌平新区应用纳米技术新型钠灯、LED 灯。如期完成长陵电力示范村建设。深化共产党员服务队“三化”建设，完善服务队“五个平台”作用，细化爱心基金管理办法，开展“六进三送”特色活动 149 次，惠及群众 4.5 万人。

【农电工作】规范农电管理，开展供电所所长民主评议与任期经济责任审计，按期完成所长岗位轮换工作。组建农电管理中心区域工程管理组，供电所自办企业清算关闭工作有效推进，供电所 125 名自聘人员全部完成转签。深化农网隐患排查，完成分、换装变压器 47 台，切改、低压换线 37.66km，有效解决部分台区低电压、过负荷问题。开展供电所管理提升工程，以指标、对标为抓手，细化落实措施。

【科技与信息化】推进配电自动化建设，规范接入管理要求和操作方式，完成 39 个配电室、3 台开闭器、175 台用户分界负荷开关联调。为配合海鹊落新一代智能变电站投运，搭建完成 D5000 智能电网调度技术支持系统试验平台，实现海鹊落变电站告警直传、源端维护、远程浏览、综合智能告警、顺序控制等高级应用功能的展示。全年申报群创项目 6 项，申报专利 22 项，获得专利授权 10 项。提升 QC 小组活动成效，“螺丝”QC 小组获得北京电力行业协会质量管理小组成果评审发布一等奖和全国电力行业优秀质量管理小组优秀奖等荣誉。

【党的建设与精神文明建设】全面学习贯彻党的十八大和十八届三中全会精神。推进作风转变，以党委中心组学习为载体，深入基层调查研究，征集合理化建议 23 条，全部完成答复解决。深入推进创先争优活动，开展党员“四带头”主题教育，加强先进人物选树，王月鹏、杨鑫分获全国五一劳动奖章和首都劳动奖章，尚可当选首都十大电力之星，王朴先进事迹入选“立足岗位靓青春”故事会。昌平公司工作人员参加昌平电视台《百姓话题——政声民意》节目，现场解答群众所关心的问题，总结提炼汇编昌平公司企业文化建设经验，在各级行业媒体上发稿 255 篇。举办第三届职工趣味运动会、职工书屋等特色活动，廉政微电影《党镜》获得公司评比最佳影片银奖。

■ 8 月 8 日，昌平公司工作人员参加昌平电视台《百姓话题——政声民意》访谈节目。（赵学禹　摄）

（党　剑）

门头沟供电公司

【概况】国家电网北京市电力公司门头沟供电公司（简称门头沟公司）成立于 1958 年，是公司直属供电企业，负责北京市门头沟地区 1455km^2 范围内的电网规划建设、运行管理、电力销售和 12.38 万客户的供电服务工作，肩负着为门头沟地区经济社会发展和地区生产、生活安全供电的任务。共设置 10 个职能部门、2 个业务机构，下设 22 个班组、7 个乡镇供电所，1 个集体企业。

共负责 110kV 变电站 5 座，主变压器 10 台，容量 463MVA；35kV 变电站 6 座，主变压器 12 台，容量 110.4MVA；35kV 线路 27 条，长度 170.679km；10kV 架空线路 68 条，长度 663.265km；10kV 电缆线路 109 条，长度 314.351km。实现全年安全生产无事故目标，累计安全生产长周期 3148 天。

全年完成售电量 9.37 亿 kWh，同比增长 4.21%；完成线损率 5.77%；完成业扩报装接电容量 28.7 万 kVA；电费回收率 100%。供电可靠率完成 99.956 3%；城网综合电压合格率 99.945%，农网综合电压合格率 99.772%。最大负荷 21.01 万 kW。

荣获北京市电力公司安全生产先进单位、优质服务先进单位，荣获全国文明单位、首都文明单位标兵、门头沟区文明示范单位、门头沟区生态文明创建活动绿色单位、北京市“安康杯”竞赛优秀组织单位等荣誉称号。

地址：北京市门头沟区滨河路 66 号
邮编：102300
电话：69844354

【人力资源】截至年底，门头沟公司共有全民职工 155 人，其中：研究生及以上学历 13 人，本科学历 65 人，专科学历 57 人；高级职称 10 人，中级职称 23 人；技师及以上职业资格 54 人，高级工 59 人，中级工 4 人。

实施“三项举措”人力提升行动，多措并举全面提升员工队伍素质，缓解人员缺员压力。印发《全员绩效实施方案》，层层签订管理绩效合约，探索生产岗位工作积分制，将绩效管理全面覆盖到供电所及市场化用工，实现绩效管理全面覆盖。制定《同业对标及业绩指标奖励考核管理办法》，采取目标责任制考评方式，以量化考核为重点，本着“奖勤、奖优、奖业绩，争当标杆、勇争第一”的原则，全方位跟踪短板和关键指标。《实施业务委托规避企业用工风险》《实践“三项举措”构建在职人才开发体系》荣获公司管理创新一等奖和二等奖。

■ 2月22日，门头沟公司“多措并举提升岗位能力”经验交流会。（张文静　摄）

【电网规划与建设】编制地区“网格化”配电网规划报告，首家获得地方政府正式批复，在公司组织的专家评审中取得第三名的成绩。率先开展低压配电网梳理研究工作，完成《门头沟地区低压配电网问题梳理研究与典型区域规划》报告的编制，形成《国内外低压配电网建设与研究文献综述》等四项专题报告，为公司探索确定低压电网规划模式奠定基础。积极应对高井电厂退运后对地区电网的影响，开展可靠性评估、网架优化方案研究等工作，已经取得初步研究成果。

鲁家山垃圾焚烧发电厂 110kV 送出工程和门城 110kV 切改工程按期投产，西北热电中心门头沟段 75 基铁塔和海淀 500kV 送出工程门头沟段 35 基铁塔全部进场施工。协调公司加快推进门头沟新城高压网整合工程建设，各项工程进展顺利。

总结 2012 年客户工程集中建设管理模式试点经验，主动与门头沟区政府进行对接，最终促成公司与区政府签订配网统一规划建设协议，成为北京市第一个与北京公司签约的行政区县，为客户工程集中建设管理模式在更广区域推广起到了积极的示范作用。

■ 8月7日，公司与门头沟区政府在门头沟公司签订战略合作仪式。（石腾　摄）

【经营管理】门头沟公司业绩考核排名第九，同业对标综合排名第 11。生产调度大楼供暖方式由电锅炉自采暖改为热力公司集中供暖；更换节能灯具 3650 支。更换老旧电梯两部，确保公共环境安全。加强企业人、财、物的监督管理，集体企业资质达到总承包三级。

严格依法治企，开展各种审计项目 14 个，完成主要问题的整改。切实开展“六五”普法工作，召开法律专题培训 3 次。跟进制度体系建设步伐，将制度宣贯学习常态化，及时对国家电网公司通用制度及其差异条款等制度进行宣贯培训。《国网北京门头沟供电公司业务委托方案》公司内借鉴推广。

【安全生产】实施“安全管理提升”活动，全面完成76条重点管控措施及活动推进计划。深化安全大检查各项活动，检查并整改问题80余项。开展全面隐患排查42次，共计排查出各类隐患、缺陷62项，解决影响安全生产的实际问题16项。突出指标引领作用，采取有效措施，各项生产指标同比2012年稳步提升。

开展配网架空线路百日综合整治20路次，消除线路故障隐患。为有效解决电网局部重载问题，实施配电变压器分换装40余台，保障了度夏、度冬及春节期间居民可靠用电。完善应急机制，组建15支电力应急抢修队伍，区发改委专门调拨一台400kW发电车，保障了电网故障快速恢复；修订防汛应急预案，对9个防汛重点客户（6个市级、3个区级）用电情况进行了梳理，消除其内部隐患。完成全国两会、中高考、徒步大赛等16项政治保电任务，保电时间累计91天。完成4座山区变电站无人化改造以及1座变电站二次改造，门头沟公司全部变电站具备无人值守条件。结合各项基改建工程带来的电网异常方式情况，强化电网安全校核，合理安排运行方式，加大风险管控力度，保障地区电网安全稳定运行。

全年未发生人身死亡事故，未发生重大电网及设备事故，未发生性质严重的或造成较大社会影响的停电事故，实现安全生产长周期3148天。

8月19日，门头沟公司开展夜间测温测负荷工作。（张文静　摄）

【营销与优质服务】截至年底，门头沟公司共管理营业客户123 792户。全区共有重要客户10户，其中一级客户3户，二级客户7户。

加大电费回收力度，通过严格电费回收考核、建立电费回收预警机制、签订预付或分次划拨电费协议等措施，彻底解决了陈欠电费问题。推进用电信息采集系统应用，实现了所有变电站、开闭站、配电室、高压用户采集系统的全覆盖，居民智能电能表覆盖率达80%，在公司名列前茅。建立完整的线损管理体系，线损率连续4年下降。贯彻落实北京市政府“煤改电”及分户电采暖政策，如期完成3个村926户居民“煤改电”工程。实施乡镇供电所管理提升工程，研究制定6大类25项具体措施，解决供电所管理工作中存在的突出问题。

加强营业厅管理，贯彻营业窗口管理十条禁令，提升窗口服务质量。深入开展供电服务提升工程，解决供电质量、供电可靠性等问题13项。推进民生工程建设，5项保障性住房如期送电，惠及居民1.4万户。开展老旧小区、重要客户等用电安全服务和隐患排查治理，提升供电保障能力。落实智能电能表远程应急送电、电费短信提醒等服务新举措。拓展农村便利店、北京邮政等社会化交费渠道，全区售电网点达到150余个，城镇地区建成“十分钟缴费圈”；集中开展进村售电工作，满足山区居民客户特别是电采暖居民客户购电需求。全年发生无责任投诉6起、收到各类表扬工单28起。

【科技与信息化】开展独具特色的专利挖掘工作，通过一线班组人员思考、专利代理顾问讲授、头脑风暴形成专利项目基本意向、确认可挖掘性、有针对性研究并应用于实际的闭环过程。全年召开科技工作推进会8次，完成专利申请22项，科技成果3个，群众性技术创新成果6个，论文15篇，群众性技术创新项目1项。“架空线路Π型杆作业专用梯的制作”与“用电信息采集系统深化应用”获群创三等奖。《一起10kV断路器合闸回路异常分析及处理》获优秀科技论文三等奖。在公司举办的2013年职工创新工作室成果展中“绝缘导线新型挂接接地地线环”获优秀成果奖，“新型控制电缆对线器”“小型机房专用监控报警系统”获参展成果奖。宋建国创新工作室被评定北京公司级创新工作室。

配合公司完成第一、二期信息系统用户体验测试。参加公司多个自建信息系统安全防护方案预审。配合完成国家电网公司软件正版化现场检查。承担2014年度网络与信息系统运行方式模板编制。在十八项反措普考中获得信息专业个人第一名，信通专业团体第三名。获得2013年度“科技环保信息通信管理先进单位”称号。

【党的建设与精神文明建设】认真学习贯彻党的十八大

和十八届三中全会精神，开展“四带头四争做”主题教育活动。落实党中央“八项规定”，组织全员签订廉洁从业承诺书，印发廉洁从业“口袋书”。加强重点岗位人员监督管理，完成了24人的重点岗位交流工作。领导干部带队组成6个调研小组深入开展调研活动，形成调研报告6篇。开展“转变观念找差距、凝心聚力谋发展”系列主题活动，主要领导亲自为员工讲党课。开展“党员责任区”活动，召开座谈会23次，技术学习165次。

开展“强作风、塑文化、靓形象”主题教育活动，丰富“电靓京城”主题传播活动内涵，美誉度得到提升。推进共产党员服务队“三化”建设，共开展“六进三送”活动70次，惠及客户2.5万人次，挂牌服务站达到15个，派驻社区客户经理9人。积极开展文明单位创建工作，继续保持全国文明单位荣誉称号，注重先进典型宣传，历光亮荣获“十大首都电力之星”。加强“职工书屋”建设，举办读书沙龙、中外优秀影片欣赏等，打造企业文化传播平台。“员工在岗培训”入选北京公司年度“十大履责案例”。

（王颖超）

房山供电公司

【概况】房山供电公司（简称房山公司）成立于1962年，是公司直属供电企业，负责房山地区2019km^2范围内的电网规划建设、运行管理、电力销售和38.7万客户的供电服务工作，肩负着为国家党政军机关、重大政治活动和城市运行安全供电的任务。共设置11个职能部门、3个业务支撑与实施机构，下设34个班组，14个供电所，共29各营业网点。

共负责110kV变电站22座，主变压器44台，容量2043MVA；35kV变电站11座，主变压器22台总容量165.1MVA；10kV变电站1座，主变压器2台，容量4MVA；110kV线路20条，长度117km；35kV线路44条，总长度约355km；10kV配网线路共370条，其中电缆线路179条，架空或混网线路191条，总长度月2857km。10kV开闭站21座，配电室174座，箱式变压器219座，柱上变4180台。实现了三个百日安全记录，安全生产长周期达到1319天。

完成220kV及以下售电量53.38亿kWh，较指标高1100万kWh；110kV及以下线损率完成7.78%，低于指标0.06个百分点；电费回收率连续29年实现100%；城网供电可靠率完成99.980 9%，同比提升0.014个百分点，农网供电可靠率完成99.891 3%，同比提升0.036个百分点；城网综合电压合格率完成99.926%，同比提升0.121个百分点，农网综合电压合格率完成99.73%，同比提升0.16个百分点。最大负荷65.93万kW。

地址：北京市房山区拱辰街道办事处广阳西路6号
邮编：102401
电话：63669123

【人力资源】截至年底，房山公司共有全民职工292人，其中：研究生27人，大学本科152人，大学专科94人；高级职称13人，中级职称40人，初级职称158人；技师及以上职业资格133人，高级工114人，中级工4人。

深化“三集五大”体系建设，按照“精干高效、从严从紧”的原则，机构编制调整稳步推进。加强干部人事管理，实现8人次调整。整合关键业务指标，组织开展全员绩效合约签订，优化奖惩机制，推进全员绩效管理工作，深化绩效管理体系建设。完成农电人员薪酬调整，规范市场用工，细化监督考核。推行“师带徒”培养模式，以老带新，加快新员工成长步伐。推进“两个提升”，举办农电人员系列培养培训活动，组织140名供电所业务骨干参加培训。开展各专业、各层级培训2400多人次，70名员工技能等级得到晋升。在“十八项反措”普考中，基建专业获得团体第一名。

【电网规划与建设】编制完成“网格化”配网规划，通过公司评审并率先取得区政府批复，有效对接地区经济发展，使电网建设在地区发展规划中获得主动。获得普安屯及石化新材料基地110kV输变电工程可研批复，并取得普安屯110kV输变电工程核准。完成霞云岭升压110kV输变电工程可研编制。

梅花庄110kV输变电工程投产，新建110kV变电站一座，电缆隧道5200m，新敷设电缆10 400m。工程竣工后轨道交通供电得到保障，助推长阳地区发展。昊天110kV输变电工程土建工程开工建设。堂上35kV变电站改造工程完成。大安山35kV变电站配电线路改造工程前期进展顺利。助推清洁空气行动计划，完成四马

■ 10月5日，房山公司员工在四马台村为“煤改电”架设外电源。（张颖　摄）

台村“煤改电”工程，新建架空线路30 316m，为312户居民冬季取暖提供清洁能源。完成公司首个EPC示范项目8t环卫车充电站建设工程，能够同时为4辆8t环卫车提供充电服务。配合京石二通道重点工程，有序开展线路迁改工作，韩福110kV线路和福五35kV线路完成杆塔组立。配合市政工程建设，完成6项10kV线路迁改项目。

【经营管理】加强基础管理，建立健全管理办法46项，完善数据台账18项。加强预算管理，持续深化财务集约化，资金管控水平逐步提高。加强物资管理，完成集中招标16批次，集中采购率达96.6%。建立同业对标四级管理体系，深化对标管理，细化经营活动分析。总结管理创新6项，典型经验4项，其中“提高电费风险可控率”项目被公司评为管理创新三等奖。持续推进依法治企，落实问题整改，积极开展自审计，“工程物资管理”审计项目入围国家电网公司优秀审计项目。内控体系建设顺利实施，制度管理不断强化，企业标准体系全面落地。积极应对7起诉讼案件，有效化解企业法律风险。落实保密调查研究年要求，开展“立足岗位 守法保密”专项行动。加强土地管理，7座变电站及12座杆塔占地完成土地确权。落实车辆管理要求，车辆停放、使用进一步规范。完成集体企业机构调整和人员配置。迎接集体企业主多分开“回头看”检查，落实问题整改21项。徐扬创新工作室被公司评为公司级创新工作室。“正能量”QC小组“变电站电缆夹层水位预警装置的研制”成果荣获第六届“海洋王”杯全国QC成果发布一等奖。房山公司2013年同业对标综合排序13名，较2012年提升1位。其中，管理指标排序11名，较2012年提升5位。

【安全生产】修订并印发安全生产类规章制度14项，93项重点任务全部完成。开展安全检查和隐患排查，整改问题28项、治理隐患91项。加强电网风险管控，连续30周发布电网运行风险指数，制定落实管控措施70项，安全风险量化管控建设持续深化。

加强运行监控管理，合理进行分倒路与变压器分换装，全面实施“7·21”工程，优化网架结构，完成度夏与防汛任务。加强生产计划刚性管理，严格管控生产指标，重复停电次数减少27.27%，用户平均停电时间同比减少24.86%。完善设备基础信息，深化状态评价，加强状态检修，提升电网运行检修效益。加强反外力工作，输电线路外力破坏故障同比减少2次。实施配网架空线路综合整治百日行动，推动政企联合去树，全年去树44 000余棵，配网架空线路运行环境改善。持续推动电网大修技改，105个项目实施，配网架空线路绝缘化率提高到40.03%。

加强应急体系建设，强化应急演练，落实物资储备。快速应对“7·31”和“8·4”大风自然灾害，第一时间恢复供电，全年未发生大面积停电事故，未发生五级及以上安全事件，完成保电任务41项。

■ 8月5日，房山公司员工在风灾现场抢修电力设施。（张颖　摄）

【营销与优质服务】截至年底，房山公司共管理营业客户38.63万户。全区共有重要客户28户，其中特级客户2户，其中一级客户11户，二级客户15户。

推进供电服务提升工程，完成23 619户报装接电，接电容量达到42.17万kVA。细化“四分”线损管理，梳理客户电源信息，对19座开闭站加装远采装置，完成石楼地区7条高损线路计量装置整治，强化电费管理，连续29年实现电费回收率100%。加大异常电量用户排查力度，营业普查回收窃电追补电费及违约使用电费153.75万元。加快推进用电信息采集建设工程，完成10.05万具智能表换装任务。推进临时代永久和老旧小区改造工作。建立优质服务三级管控体系，强化95598投诉管理，“日分析、日通报、日反馈”，深入排查优质服务隐患。完成20处社区经理网点建设。

■ 6月25日，邀请拱辰街道至电力展厅参观。（张颖　摄）

【农电工作】实施“供电所营销服务测评打分”和“供电所配电故障测评打分”管理方式，明确营销指标和配电网故障率指标。开展供电所同行业对标管理，查找并分析供电所指标管理问题，提升供电所管理指标。制定推进“两个提升”农电人才培训方案，采取业务骨干、专业讲师集中授课方式组织140名农电人员参与培训。以“安全生产”年为契机，推进农村用电安全强基固本工作，开展供用电合同和临时用电协议普查。农网配电台区智能化升级改造工程稳步推进。全年未发生有责任投诉事件。

【科技与信息化】科技成果、群众性创新成果和专利的研发、应用和申报工作推进。全年申请专利37项，其中发明专利20项，获得授权专利8项。《多种分布式电源接入微电网高渗透率下保护方案的研究》获公司优秀科技论文二等奖，《基于小波变换和数学形态学的局部放电信号降噪算法的研究》获公司优秀科技论文三等奖。“一种机房地板吸附装置”及“变电站视频监控防尘装置”获公司群众性技术创新成果三等奖。

完成房山公司办公楼信息、通信网络和设备的安装及调试工作，完成营销楼信息机房改造及搬迁工程，消除1项信息安全隐患，信息安全管控水平得到提升。

【党的建设与精神文明建设】深入学习贯彻党的十八大和十八届三中全会精神。持续开展“四带头 四争做”主题教育活动，促进党员队伍建设。共产党员服务队通过公司“三化”建设验收，新增挂牌服务单位10家，开展“六进三送”活动32次，获得了社会各界的广泛认可。严格落实“八项规定”。业务招待费、会议费、车辆使用费大幅下降。推进效能监察，完善党风廉政建设责任制，积极营造廉洁从业文化氛围。注重廉洁教育，落实“七廉”要求，有效开展“一书一片”学习活动，组织签订廉洁从业承诺书659份。

加强标识应用管理，推进品牌标识清理整改。多角度、多层次开展新闻宣传，充分展现房山公司良好形象。深入开展“强作风、塑文化、靓形象”主题教育活动，设立道德讲堂，树立王宝庆同志先进榜样，引导职工自觉践行统一企业文化。“打造‘五型’组织，深化‘五个服务’，引领青年助力五大体系建设”创新成果获得二等奖。开展“双培一育”“梦与爱同行”等团青活动，微电影《舞动梦想》荣获微电影大赛铜奖。房山公司羽毛球队取得联赛第二名的历史最好成绩。房山公司连续4年荣获首都文明单位标兵称号。

（李　刚）

大兴供电公司

【概况】国网北京大兴供电公司（简称大兴公司）成立于1956年，是公司直属供电企业，负责大兴地区1036km^{2}范围内的电网规划建设、运行管理、电力销售和43.06万客户的供电服务工作，肩负着为地方政府机关、重大政治活动、城乡居民安全供电的任务。共设置11个职能部门、3个业务支撑与实施机构，下设28个班组、1个供电营业所、14个农村供电所。

共负责110kV变电站25座，主变压器52台，容量2358MVA；35kV变电站3座，主变压器6台，容量56.3MVA；110kV线路56条，长度345.625km；35kV线路9条，长度63.792km；10kV架空线路216条，长度2703.182km；10kV电缆线路521条，长度778.8km。实现全年安全生产无事故目标，累计安全生产长周期2333天。

全年完成售电量46.87亿kWh，同比增长9.09%；完成线损率5.80%；完成业扩报装接电容量68.2万kVA；

电费回收率100%。供电可靠率达到99.95%，电压合格率为99.907%。最大负荷96.1万kW。

荣获全国五一劳动奖状、全国职工职业道德建设标兵单位、中央企业先进集体、首都文明单位标兵、国家电网公司一流县供电企业、国家电网公司工会工作先进单位等荣誉称号。

地址：北京市大兴区兴政街1号
邮编：102600
电话：69223535

【人力资源】 截至年底，大兴公司共有全民职工300人。其中：研究生及以上学历37人，本科学历116人，专科学历74人；高级职称14人，中级职称41人；技师及以上职业资格160人，高级工73人，中级工34人。

深化“三集五大”体系建设，规范机构编制管理，完成机构和人员优化调整，理顺组织体系和职责界面。推进全员绩效考核，探索建立“四级”全员绩效考核体系，制定涵盖对标管理、重点任务、日常工作的一级和二级绩效考核细则，于第四季度推广实施。依托实用技术培训基地，开展“全员岗位练兵月”、班组长系列培训等活动，组织安全技能、专业技术等培训31期。

【电网规划与建设】 密切跟踪地区经济社会发展态势，深入走访区镇两级政府和用电客户，调研用电需求，科学谋划电网布局，完成“十二五”电网规划滚动修编。与政府对接，完成大兴区“网格化”配网规划编制。多维度深化项目库管理，梳理入库2014~2017年110kV及以上固定资产投资储备项目15项，10kV及以下131项。协调推进主、配网建设改造任务，完成110kV生物医药等4项输变电工程投产任务，启动民和等3项输变电工程建设。完成出租车充电站一期建设，新增充电桩100个、快速充电桩2组。在完成10路10kV新农村线路改造、4项度夏工程及分换装变压器40台的基础上，全面启动农村地区春节供电保障专项行动，大兴公司领导分片包干，完成208台重载配电变压器和35条10kV过载线路的改造工程，分换装变压器49台，改造低压线路51.7km，处理变台设备缺陷757处，供电“卡脖子”和低电压问题得到缓解。

【经营管理】 夯实经营管理基础，推开细化管理活动。加强活动组织领导，成立细化管理办公室，以专业试点建设为基础，以优化工作流程为导向，实现细化管理工作与日常生产、经营、管理工作紧密结合，基本建成较为完善的细化管理工作模式，细化工作取得阶段性成果。严格依法从严治企，深入开展依法治企检查“回头看”，开展多项重点在施工程过程跟踪审计，从源头规避违规风险，规范人力、财力、物力核心资源以及工程建设领域管理。

■ 大兴公司针对团河220kV站110kV线路切改工程开展过程跟踪审计。（胡晓辉　摄）

严格落实中央“八项规定”要求，严控“三公”消费支出，严格执行审批流程和标准，顺利通过公司三公经费审计检查。规范集体企业管理，强化法律、安全、质量和服务意识，不断优化法人治理结构，完善制度建设，规范集体企业经营管理行为，着力提升市场竞争力，增强创效能力。大兴公司对标综合排名第五。其中，业绩排名第七，管理排名第五。管理对标中，营销管理、规划管理、配套保障管理获得专业管理标杆。

【安全生产】 成功应对96.1万kW历史最大负荷和极端天气对电网的考验，全年未发生大面积停电事故，

■ 大兴公司在实用技术培训基地开展应急演练。（姚华　摄）

未发生五级及以上安全事件。开展春、秋季安全生产大检查和隐患大排查，发现各类问题156项，摸清安全管理现状，及时堵塞漏洞。加强作业现场安全巡检，加大检查频次和覆盖面，累计发现整改安全隐患48项，作业现场安全秩序得到规范。完善政企联合的反外力联动机制，将区质监局纳入电力设施保护联席会，联合区发改委、安监局组织区内120家施工企业举办电力设施保护培训班。优化应急管理信息化平台建设，完善政治保电和应急预案，组织开展3次应急演练，完成迎峰度夏、“两会”、“两节”等95项保电工作。

【营销与优质服务】截至年底，大兴公司共管理营业客户43.06万户。全区共有重要客户20户，其中一级客户5户，二级客户15户。加强营销指标管控力度，细化指标分解，明确责任分工。落实“先接后控”，开展增供扩销，不断理顺业扩报装流程，主动挖掘市场潜在客户，全年完成接入容量68.2万kVA，售电量增长至公司第二位。深化线损“四分”管理，在试点区域建立智能线损管理体系，初步实现试点线路、台区的同期线损统计计算，线损率持续下降。牵头完成《智能表换装标准化流程手册》的编写工作，完成7.0948万具智能电能表更换任务，北臧村等9家供电所已实现居民客户全采集。

■ 大兴公司在实用技术培训基地演示智能电能表更换标准化作业流程。(傅瑞婷 摄)

加大“警企联动”营业普查力度，累计查处违约窃电用户114户，共追补电费28.9万元，收取违约电费224.7万元。开展服务礼仪等培训160人次。组织“争创红旗窗口、争做服务之星”活动，开展窗口单位明察暗访10次，发现整改问题78项。建立以客户为导向的协同服务机制，落实完善社区服务机制，设立社区经理6人，服务惠及20个居民社区，49768户居民。强化党员服务队“三化”建设，扎实开展“六进三送”活动，累计挂牌社区28个、发展“爱心卡”客户181个，开展便民活动101次，被国家电网公司授予优秀共产党员服务队荣誉称号。

【农电工作】开展县供电企业“两个提升”工程，建立从专业部门到供电所全覆盖、全管理、全考核的横向动态评价机制。按照“明确目标、找准差距、制定措施、持续改进、务求实效”原则，开展供电所同业对标，细化指标体系分解，加强数据分析，强化横向竞争。加强供电所人员道德建设、作风建设、能力建设和纪律建设，提升员工业务技能和自身素质。与政府农委紧密对接，确定2013年电采暖改造工作项目及2014年电采暖改造规划。

【科技与信息化】组织开展群众性技术创新项目、专利产权、科技论文等成果上报与应用。全年累计完成上级下达的群众性技术创新项目3项，申报2014年度科技创新项目10项，专利申请20项，专利授权9项，并有4项群众性技术创新项目、2项科技项目及10篇科技论文参与公司年度评比。按期完成承担的3项群众性技术创新项目研究与自验收。与北京电科院开展科技共建，牵头组织9个共建项目组依照研究协议计划组织开展状态检测培训、变电站状态检测、优质电力园区研究、低压合环装置培训等项目的应用实践，与北京电科院合作的“高压开关设备局放与机械特性带电检测技术及诊断方法研究”及“电动汽车动力电池梯次利用技术研究与示范”两项科技成果分别获得了公司科技进步一、二等奖，“10kV高压计量柜柜门防窃电装置”“可调节杆号牌”两项群众性技术创新项目分别获得公司群众性技术创新成果二、三等奖，《智能电网中电能的存储与转化》科技论文获得公司优秀科技论文奖。

加强信息专业培训，加大信息安全宣传力度，全员信息安全意识及信息安全得到增强。启动特殊时段值守模式，高质量完成“两会”、春节、国庆等节假日应急指挥系统运维工作，确保应急指挥工作有条不紊。开展专项清产核资工作，完成信息系统及设备摸排统计。开展信息专业领域安全大检查，清查信息网络、信息设备及内外网桌面终端等设施安全隐患。完成供电所视频会议系统的改造，调整系统接入方式，配合信通公司完成变电站防火墙安装，有效提升信息网络安全性。

【党的建设与精神文明建设】大兴公司党委按照“引领、服务、凝聚、提升”的工作定位，深入推进三个建设，以“六个一”阵地建设为载体，开展“四带头四争做”等系列主题教育活动。开展“电靓京城”品牌塑造年活动，完善全面社会责任管理机制，强化舆情监测，有效应对新闻突发事件。大兴公司蝉联公司先进基层党组织和“四好”领导班子荣誉称号；党员服务队、党员之家、职工之家成为具有影响力的党建和企业文化建设品牌。

大兴公司工会认真落实职工民主管理纲要，完善职代会和厂务公开制度，开展先进典型选树、宣传活动。加大后勤保障投入，完成全员的健康体检，实施退休职工关爱工程，完成“职工之家”实体化建设，承办北京公司职工羽毛球联赛，以及“和谐大兴 有你有我”系列活动。

大兴公司纪委突出“警示、融入、惩戒、保护”四个着力点，深化协同监督工作，加强对“三重一大”决策制度、廉洁从业规定执行情况的检查考核。深化干部“七廉”活动，开展廉洁文化主题教育活动，差异化制定党风廉政责任，逐级签订责任书，促进“一岗双责”有效落实，完善“三化三有”特色惩防体系。深入贯彻落实中央“八项规定”，开展监督检查和自查自纠47次。加强防控预警处置，组织廉洁从业重点岗位人员交流轮岗39人次。“规范供电服务收费管理”项目荣获公司效能监察管理一等奖。

（姚京生　高　骞）

平谷供电公司

【概况】国网北京平谷供电公司（以下简称平谷公司）成立于1963年（原为平谷供电局，2004年建制调整后为平谷供电公司），是公司直属供电企业，负责平谷地区950.13km^{2}范围内的电网规划建设、运行管理、电力销售和18.9万客户的供电服务工作，肩负着为地区党政军机关、重大节日活动和城市运行安全供电的任务。共设置10个职能部门，2个业务支撑与实施机构，下设24个班组、1个供电营业所、9个供电所、1个产业公司。

共负责110kV变电站9座，主变压器18台，容量658MVA；35kV变电站6座，主变压器12台，容量140MVA；110kV线路21条，长度188.095km；35kV线路15条，长度89.172km；10kV架空线路64条，长度1203.45km；10kV电缆线路30条，长度127.52km。实现全年安全生产无事故目标，截至2013年底累计安全生产长周期955天。

全年完成售电量12.3833亿kWh，同比增长5.97%；完成线损率7.83%；完成业扩报装接电容量11.58万kVA；电费回收率100%。供电可靠率达到99.951%，电压合格率为99.88%。最大负荷24.373万kW。

荣获首都文明单位标兵、北京市电力公司厂务公开先进单位、北京市电力公司物资管理先进单位、北京市电力公司工会宣传工作先进单位等荣誉称号。

地址：北京市平谷区新平南路239号
邮编：101200
电话：63671123

【人力资源】截至年底，平谷公司共有全民职工215人。其中：硕士研究生及以上学历14人，本科学历106人，专科学历48人；高级职称8人，中级职称49人；技师及以上职业资格133人，高级工44人，中级工12人。

实施全员竞聘上岗，8月末完成岗位竞聘工作。34人参加中层正职和供电所所长竞聘，确定16名主任和4名供电所所长；93人参加中层副职、管理人员和班组长竞聘，确定中层副职和一般管理岗位40人，班长岗位27人。制定《平谷供电公司2013年教育培训计划》并监督实施，分别于3月、12月组织开展“自我健康管理”“执行能力”的全员培训。组织鉴定、学历认证及职称评定工作。

【电网规划与建设】开展“网格化”配网规划编制，通过公司组织的专家评审，并与政府对接发布；签订陆港、东高村2项110kV输变电工程投资划分协议；

■ 平谷公司运维检修工作人员为东高村镇辛撞村东分装的1台变压器进行带电送电作业。（安晓静　摄）

签订金谷东园、平粮和太和园等3个老旧小区电网配电设施改造工程投资协议；完成电动出租车充电站三期和直流充电站选址，并签订直流充电站工程用地协议；完成陆港110kV输变电工程选址选线及项目可研编制和评审，取得北京市政府项目审批；办理固定资产投资电网项目立项手续8项，办理充电站备案手续2项；与政府配合开展“煤改电”工作。

夏各庄110kV变电站投产发电，新增110kV变电容量63MVA，新增110kV线路长度18km，同步实施夏各庄变电站配套10kV切改工程；对光明、乐园、兴谷园和海关西园等四个老旧小区电网配电设施进行改造施工，涉及总建筑面积57.3万m^2，居民6764户；启动平粮、太和园和金谷东园等三个老旧小区电网配电设施改造工程建设，涉及总建筑面积27.8万m^2，居民3248户；全年累计建成交流充电桩25个、直流充电桩2个，出租车充电站一期工程服务大厅、视频监控系统及外电源工程建设完成；出租车充电站二期工程建设完成，并移交华商电动车公司正式运营；协调建设滨盘110kV线路入地电力隧道工程、盘云盘小35kV线路入地电力隧道工程。

【经营管理】强化全业务链财务管控，实现资金一级账户管理，优化财务与业务深度融合；开展经济活动分析，加强同业对标管理，坚持“保五争三创一”目标，对139项指标逐项分析，对短板指标制定提升措施，构建全过程闭环管理机制。

完成国家电网公司“依法治企”专项审计迎审迎检工作，坚持依法治企，不断规范经营行为，开展了“依法治企”回头看专项审计自查活动，整改问题33项，整改完成率86.84%；梳理八大领域992项风险行为，健全法律风险防范体系；响应中央八项规定，精简会议和接待；完成土地确权8宗，4.3万m^2；规范集体企业管理，市场经营能力稳步提升，在争创地区2012年公共服务行业“五好单位”活动中获得第一名。

【安全生产】截至年底，平谷公司全年未发生人身安全事件，未发生五级及以上安全事件，未发生六级信息系统事件，完成3个百日安全长周期，未发生主要输变电设施责任重复计划停运、非计划停运事件。组织1200余人次进行安规及安全管理规章制度培训和考试，重新审核发布“三种人”（签发人、负责人、许可人）权限，并在公司组织的安全技能等级评价和“三种人”调考工作中取得第一名；排查隐患93项并全部完成整治；制定并发布风险管控单147张，涵盖平谷公司全部停电工作任务；检查工作现场329个，发现的82项违章问题全部落实整改；未发生违规连接外网、核心信息设备非计停等信息安全事件；修订应急预案25项，现场处置方案47项，组织开展事故应急演练5次，在公司组织的应急抢险大赛中获得大赛三等奖。

■ 7月31日，平谷公司线路专业人员到李平1~2号线进行线路巡视、测温工作。（安晓静 摄）

加强生产管理。对生产管理信息系统（PMS、GIS）的基础数据、运行数据进行自查整改，自查数据71 200条，整改数据39 901条，年度PMS、GIS应用实用化率综合指标达到99.96%（公司排名第二），台账完整率99.99%；对6条输电线路和1座变电站开展标准化整治；对15座变电站、12座开闭站、19条35kV及以上输电线路进行带电检测、局放测试及红外测温；度夏期间增加对重载设备测温、测负荷工作，完成全年的检测任务（共检测设备800余台套）；开展配网架空线路综合整治百日行动，对10条故障高发线路进行综合整治；处理缺陷297个，处理鸟窝641个；综合整治后的线路故障同比2012年减少32次（故障下降率公司排名第一，全年10kV线路永久故障率公司排名第三）；进行重载变压器分换装和低压线路隐患排查治理，对44台变压器进行分换装，对500余配电台区进行综合检修。

严格停电计划管理，全年审批189张工作停电申请票未出现差错；规范调控运行管理，完善各类电网突发事件应急处置预案，开展多形式演习演练；全闭环管理监控缺陷处理，对全年57 249条监控信息进行梳理、分析，处置设备缺陷64个；对10kV线路保护定值进行梳理，发现问题线路5条，并整改完成；开展山东庄站综自改造保护提升工程。

【营销与优质服务】截至年底，平谷公司共管理营业客户189 308户。其中抄表收费客户28 075户，卡表客户 7382 户，380kV 客户 0 户，10kV 客户 1110 户，低压客户 188 195 户。全区共有重要客户 10 户，其中一级客户 2 户，二级客户 8 户。

设立 3 名大客户经理，负责重要客户和大客户的报装接电工作；盈谷中心小区、政府综合服务中心、绿都供暖工程等重点民生工程按期发电；开展需求侧管理及用电梳理工作，制订有序用电工作方案，发放有序用电通知书 56 户。累计完成业扩报装接电 3650 户，容量 115 796kVA；累计完成市场开拓电量 3776.43 万 kWh，同比增长 8.6%。

4 月，电费一级账户上线，缩短资金流转链，减少在途资金；联系农商行，开通上门收款业务，开通节假日封包送存业务，保障资金安全；处理金谷御景小区临时代永久问题，追回欠费 100 余万元；查处违约、窃电用电用户 70 户，收取违窃电费 61.17 万元。

开展用电信息采集建设工程，对 10 万具居民智能电能表进行更换；成立计量巡检组，累计开展现场巡检 86 次；细化计量库房管理，保证库存实物与营销 MIS 系统数据同时同量；累计安装电能表 11.1 万具，集中器 1300 具，采集器 930 具；补装 513 组台区考核采集表，轮换高压电能表 893 具，校验电能表 594 具；远采故障处理 17 506 次，智能表监测 145 917 户，建立计量专业新台账 53 册。

1 月 8 日，平谷公司为地区客户安装新型智能电能表。（齐海河 摄）

对兴谷园、乐园西、光明西、海关西四个老旧小区的电力设施实施改造，涉及居民 6764 户；建设交流充电桩 15 个，直流充电桩 5 个；增设 24 小时售电窗口，为营业站点增设排队机、滚动屏幕、手机充电站等便民设施；拓展缴费渠道，增设 18 个平谷区邮政公司所属邮政支局、邮政所代办电量销售、电费收缴等业务；在 13 个社区挂牌成立首都共产党员服务队“社区服务站”，累计开展宣传、帮扶等活动 70 余次，发放爱心卡 35 张；开展两会、中高考、桃花节、音乐季等重要的政治保电 11 次；周期检查高压户 409 户；配合政府关停砂石料场 20 户，协助处理客户内部设备故障 9 次。

针对营销服务专业 22 项同业对标指标以及 52 项营销专业小指标，将对标指标分解制定 34 项供电所营销指标，每月以百分制的形式开展供电所营销指标对标。

10 月 11 日，平谷公司党员服务队到平谷区光荣院开展重阳节敬老助老献爱心活动。（安晓静 摄）

【农电工作】 平谷公司每月定期组织召开供电所所长例会。开展乡镇供电所管理提升工作和农村供电所管理问题排查治理工作，用 5 个月时间进行 20 项问题治理工作，并通过公司的检查验收；开展乡镇供电所对标工作，将各项工作制定成管控小指标分解到供电所，执行月度排名、通报、积分、年度奖惩等考核方式，提升供电所管理水平。

【科技与信息化】 在技术创新、技术革新、新产品试用等方面进行探索，2 项群创项目获得公司批复，组织专家技术人员开展 2012 年群创项目验收工作；组织专利申报 7 项。开展信息安全保障工作和信息安全全员培训、宣贯工作；开展信息应用系统安全风险评估和加固，制定信息安全应急演练方案；加强网络监控，保证每台接入的办公终端都在控、可控、能控；加强外来人员和外聘维护人员的审查工作，防止信息泄密发生。

【党的建设与精神文明建设】 坚持中心组理论学习制度，全年完成中心组学习 26 次（其中处长讲座 9 次），6 篇中心组成员撰写的学习论文在《北京电力报》等刊物发表；贯彻落实十八届三中全会精神、中央八项规定，颁布平谷公司《廉洁从业十条禁令》，开展“中国梦·国网情”主题教育活动，累计组织学习 56

次，198人次参与主题征文，510人次参与答题竞赛；开展“三增强、三服务、三提高”❶、员工行为规范“七字歌”等主题教育活动；组织青年人才自编自导微电影《成蹊》；开展精神文明“五个一”工程，以“道德讲堂、志愿服务队、文明提示牌、文明餐桌、网络文明传播”为载体，增强干部员工社会主义道德意识。

（武子超）

怀柔供电公司

【概况】国网怀柔供电公司（简称怀柔公司）成立于1958年，是公司直属供电企业，负责怀柔地区2128.7km^2范围内的电网规划建设、运行管理、电力销售和15.44万客户的供电服务工作，肩负着为地区经济发展、政治供电和城市运行安全供电的任务。共设置10个职能部门、2个业务支撑与实施机构，下设29个班组、1个供电营业所、14个农村供电所。

共负责110kV变电站8座，主变压器16台，容量689MVA；35kV变电站6座，主变压器11台，容量104.1MVA；110kV线路6条，长度64.728km；35kV线路6条，长度125.435km；10kV架空线路105条，长度1384.873km；10kV电缆线路109条，长度495.874km。

全年完成售电量15.78亿kWh，同比增长5.97%；完成线损率7.25%；完成业扩报装接电容量21.816万kVA；电费回收率100%。供电可靠率达到99.9832%，电压合格率为99.924%。最大负荷311.6MW。

荣获首都文明单位标兵、首都平安示范单位、北京市抗击“7.21”特大自然灾害先进集体、北京市交通安全先进单位等荣誉称号。

地址：北京市怀柔区湖光小区36号
邮编：101400
电话：69651333

【人力资源】截至年底，怀柔公司共有全民职工228人。其中研究生及以上学历17人，本科学历128人，专科学历44人；高级职称11人，中级职称50人；技师及以上职业资格136人，高级工66人，中级工6人。

规范集体企业借工管理，探索业务外委工作，开展前期调研，制定以检修业务外委为主的工作实施方案，做好怀柔公司主业机构岗位设置方案和劳务派遣用工安置方案等工作；举办六期“怀柔大讲堂”系列课程，组织变电站值班员技师培训班，完成公司自行组织的调度员、变电值班员、装表接电三个工种的技能大赛工作；完成“四好”领导班子及党风廉政建设考核测评工作。

【电网规划与建设】与区政府签订6座变电站投资划分协议，启动3座变电站的可研编制工作，完成地区网格化配网规划的编制工作，完成2014年大型技改储备项目的可研编制工作。配合完成雁栖生态发展示范区的配网咨询方案，及示范区重要客户接入系统方案编制审核，优化电缆管网和开闭站的配置，定期组织同业对标和经济活动分析等工作，制定完善同业对标管理办法、经济活动分析管理办法，完成APEC会议相关输变电工程项目的主体招投标、物资订货、项目策划、项目部组建等工作。制定里程碑计划，多层面进行工程调度，南华、宰相庄、会都110kV的开工，雁栖湖增容工程主变压器发电，红螺寺升压和怀柔北110kV切改工程前期进展顺利。完成5项大型技改工程的立项、招投标等工作，已全部开工。配合APEC

■ 12月19日，为2014年APEC会议提供重要供电保障的雁栖湖核心岛总配电室第二电源顺利发电。（钟玉娟　摄）

❶ 三增强：增强事业心、增强责任感、增强创新力；三服务：服务大局、服务基层、服务群众；三提高：提高理论素养、提高执行能力、提高工作效率。

会议建设，组织实施35kV迁改工程3项，10kV迁改34项。完成琉璃庙供电所新所的建设。入围国家电网业主项目部调考。其中，在公司组织的安全质量竞赛中获得了三等奖。

【经营管理】建立依法治企工作组，助推基建工程、财务资产、人力资源、物资管理等8个经营管理领域依法治企工作常态化。出台《规范资金支出预算和支出审批手续》等管理办法，规避财经风险，规范管理流程。出台《怀柔供电公司领导干部职务消费管理办法》，规范“三公”经费使用，落实中央“八项规定”精神，对重点岗位实施监督，防控廉政风险。对工程过程、集体企业财务收支、工程转分包开展审计监督，其中集体企业资产经营审计项目获得国家电网公司优秀审计项目。

完成同业对标“十二五”规划报告修编及二十四节气表编制工作；开展同业对标典型经验立项和培育工作，形成同业对标月度诊断分析会机制；编制同业对标工作举措报告。163项指标中66项指标排名第一，88项指标排名前五。

【安全生产】开展安全生产大检查、应急救援演练、安全月活动、安全管理制度修订、隐患排查治理、城市电网安全性评价、冬季消防安全大检查、反外力宣传、安全审计自查整改等活动。规范现场监督检查，安全生产过程评价制度有效落实。全年共检查生产现场191个，发现违章问题12次，曝光12次。

10月25日，怀柔公司开展了2013年迎峰度冬应急演练。
（赵艳阳　摄）

完成6条输电线路的整治工作，并通过公司专家组的验收，完成11路架空线路综合治理工作，消除各类缺陷654件，清扫线路287km。完成定值校核及调整工作，编制继电保护及安全自动装置运行分析报告和整定方案报告。完成二次设备运行统计分析和状态评价管理。开展视频监控系统处缺工作，视频运行率达到97%以上。开展基础数据质量综合整治，自动化数据准确率达到99.99%。全年未发生人身轻伤及以上事故；未发生信息系统安全事件，信息系统可用率100%。城网可靠性99.983%，电压合格率99.924%，配网故障较2012年降低15次。完成“全国两会”“北京国际电影节”等供电保障工作39项，实现了政治供电“零闪动”。

【营销与优质服务】截至年底，怀柔公司共管理营业客户154417户。全区共有重要客户8户，二级客户8户。

完善营销指标管理体系。针对线损率、电费回收率及同业对标指标，制定相应的考核办法，加大线损管理力度，开展卡表普查工作，利用科技手段加强反窃电力度，完成电费一级账户上线工作，规范电价执行，通过稽查监控系统，开展电价订正工作。

推进优质服务提升工作。加强服务设施建设，改善服务环境。对窗口供电服务进行动态监督与管理。通过召开大客户座谈会、行风监督员座谈会，邀请行风监督员、企业代表及社区居民代表进行参观交流，增进公众对电力企业的认识和了解，树立良好的社会责任形象。

【农电工作】开展农电管理问题排查治理工作，发现问题18项，已全部整改到位；落实同业对标工作。通过同业对标找差距。开展智能变压器换装工作，全部完成27台智能变压器的换装工作。开展农村用电服务，慰问困难军、烈属，解决困难农民用电问题，“红色马甲”的党员服务队得到了地区村镇农民的认可。

【科技与信息化】怀柔公司开展专利申报、群众创新工作，完成公司的群众性创新任务两项，全年申报专利8项，其中发明专利3项、实用新型专利5项；获得实用新型授权专利4项，群众创新成果分别获得公司职工技术创新最佳成果奖1项和华北电力工委职工技术创新优秀成果奖1项。

全年没有发生信息内网终端违规外联事件；完成怀柔地区光传输网改造升级、怀北供电所搬迁通信系统建设、国家电网一体化电视会议系统建设、8个供电所视频会议系统建设；在公司组织的十八项反措通信专业调考中，获得一项个人第一。全年共完成安全校核、风险预案55项。

【党的建设与精神文明建设】开展建党92周年“我身

边的共产党员”征文演讲比赛、“光明杯——党在我心中”知识竞赛活动，组织召开6个党支部创新成果发布会，农电党支部在公司36项发布成果中获得三等奖，营销部党支部获得优秀奖。参加公司优良作风大讨论、网上大家谈、网络知识竞赛等活动，优秀帖子刊登数量在公司排名第二，并获优秀组织单位。共产党员服务队开展“电靓新农村”活动，制定服务分队工作“二十四节气表”，持续推进“六进三送”活动，完成共产党员服务队达标验收工作。

参与服务队竞赛活动，开展上门抢修高低压故障线路34次，开展用电宣传11次，义务用电检查12次，特殊群体慰问11次，各等级保电工作5次；发放爱心卡慰问物品161件，挂牌4处，惠及居民近8000户。组织员工拍摄《在那遥远的地方》《疯狂纪念日》两部微电影，《在那遥远的地方》在公司微电影大赛评比中获得金奖，《运用微电影传播统一的企业文化》获得公司精神文明创新二等奖。杨全革、卢振印的事迹在中央电视台“五一”劳动节播出，彭立新事迹被公司“中国梦·国网情”先进典型事迹宣讲团广泛传播。

整合现有资源，完成集书屋、文体活动、社团活动、团体培训、心理咨询、心理减压、职工诉求等功能为一体的“职工之家”建设工作。开展“绿色电力”自行车骑行宣传、爱心卡回访、爱心助学，成立“明德”悦读会，组织青年团员开展素质拓展和观影活动。统一印发《廉政学习记录》，设立“干部作风监督举报箱”，组织重点岗位人员家属召开家庭助廉座谈会，开展“廉内助”主题宣传、“微电影倡廉”“廉政微课堂”活动。集中组织重点岗位人员走进看守所开展警示教育。

荣获公司“强作风、塑文化、靓形象”网上大家谈活动优秀组织单位、公司“微梦想 靓青春”微电影大赛优秀组织奖、公司新闻宣传专项评比优秀组织单位、公司财务调考先进单位、公司2013年基建安全质量知识竞赛三等奖、公司2013年应急技能竞赛暨应急救援故障抢修联合演练活动三等奖、公司五四红旗团委。

（钟玉娟）

密云供电公司

【概况】国网密云供电公司（简称密云公司）成立于1963年，是公司直属供电企业，负责密云地区2229.45km^{2}范围内的电网规划建设、运行管理、电力销售和23.13万客户的供电服务工作，肩负着为密云地区党政机关、重大政治活动和城市运行安全供电的任务。共设置10个职能部门、2个业务支撑与实施机构，下设15个班组、1个供电营业所、17个农村供电所。

共负责110kV变电站10座，主变压器20台，容量743.5MVA；35kV变电站14座，主变压器27台，容量258MVA；110kV线路8条，长度145.103km；35kV线路30条，长度269.179km；10kV架空线路110条，长度1801.463km；10kV电缆线路127条，长度297.682km。实现全年安全生产无事故目标，累计安全生产长周期4886天。

全年完成售电量14.75亿kWh，同比增长5.74%；完成线损率4.97%；完成业扩报装接电容量12.88万kVA；电费回收率100%。供电可靠率达到99.9893%，电压合格率为99.8445%。最大负荷29.59万kW。

荣获首都文明单位标兵、国家电网公司劳模创新工作室示范点（彭新立创新工作室）、密云县融入网格化工作和志愿服务优秀单位等荣誉称号。

地址：密云县新中街3号
邮编：101500
电话：69042580

（丁亚娟）

【人力资源】截至年底，密云公司共有全民职工228人。其中：研究生及以上学历8人，本科学历88人，专科学历91人；高级职称16人，中级职称36人；技师及以上职业资格148人，高级工49人，中级工5人。

开展“三集五大”体系建设工作，完成体系建设机构设置和岗位调整。开展“师带徒”活动，推动人力资源管理方式由“人才管理型”向“人才开发型”转变。定期开展公司领导、中层干部、后备干部各层级干部培训，制定后备干部专项培养方案，实行跨部门轮岗、挂职锻炼，培养后备干部的综合业务素质和管理能力。

开展智能电能表换装，组合电器、配网状态检修辅助决策系统等培训项目，累计培训869人次。开展“全员岗位练兵月”活动，开展各项学习、培训、讨论活动147项，职工参培率100%。193名员工参加技能鉴定，共有7名员工获得高级技师资格，56名员工获得技师资格。

制定《密云供电公司福利管理实施方案》，明确各项费用支出标准。按照新《劳动合同法》对劳务派遣用工的“三性”要求，研究、制定业务委托实施方案。组织156名华商员工参加生产抢修、抄核收和客户受理员专业的岗位培训，组织84名华商员工参加初级专业技术资格评审工作。开展ERP-HR（人力资源信息系统）全面清理工作，完成组织人事、岗位信息、薪酬信息、培训信息六大类、50余项信息梳理和完善工作。

（李媛媛）

【电网规划与建设】编制完成《国网北京密云供电公司“大规划”体系建设操作方案》《国网北京密云供电公司“大建设”体系建设操作方案》并取得批复意见。开展“网格化”配电网规划工作，主动与政府建立对接机制，编制完成“网格化”配网规划，通过密云县政府常务会审核。促进电网规划与地区规划衔接，全年参加密云地区地块、县镇、街区控制、规划技术审查会7次、规划设计方案会4次。落实规划变电站1座，开闭站11座，管沟20km。开展基建项目前期工作，节约前期费用约3000万元。

全年新增110kV线路33km，变电容量6.3万kVA；35kV线路20.7km，变电容量4万kVA。推进重点工程建设，完成太北110kV输变电工程，建成密云县首座智能变电站110kV清水河变电站，获得公司项目管理流动红旗。完成司马台35kV输变电工程，建成司马台35kV变电站。

完成密云电动出租车充电站二期工程，新增充电停车位48个，安装14kW交流充电桩25个；完成华润希望小镇开闭站外电源工程1项；开展10kV切改工程3项；完成11个老旧小区改造任务。

■ 5月16日，密云公司农网升级改造工程施工现场。（林一轩　摄）

（赵海涛）

【经营管理】利用经济活动分析平台，开展同业对标管理诊断分析，实现各指标全过程管控。坚持依法从严治企，开展法律风险防范体系建设，规范合同管理，强化诉讼案件跟踪；规范“三公”消费，修订车辆、公务接待和会议管理办法；依法治企检查和“回头看”问题整改落实，新出问题数量同比下降50%，实现重复问题零出现目标。共完成17项工程决算工作。加强财务应用系统在线监控、审核、跟踪等各项工作，提供上报相关佐证材料，完成上报典型管理经营及工作创新亮点3项。

（邵海峰）

【安全生产】开展“安全管理提升”、春季安全大检查、安全月、质量月、秋季安全大检查等系列安全活动。开展“安全大检查、隐患排查重在落实”专项活动，排查整改隐患65项。开展安全管理过程评价工作，从作业现场、工作票、安全工器具、专项工作完成情况、安全监督审计、安全报表和总结等方面开展月度考评。开展班组点对点安全技能等级培训、消防、紧急救护、有限空间等培训863人次。加强作业现场管控，全年共检查现场92次，配合3G移动视频监控系统检查2113次。组建应急救援队伍，建立气象天气预警机制，梳理完善55项应急预案并组织各级演练4次。开展电力设施反外力破坏专项宣传活动，对吊车、铲车等特种作业司机进行宣传。开展以“科学发展、安全发展”为主题的安全月宣传活动，发放安全用电、客户服务手册等宣传资料200余份。开展设备巡视消缺，全年巡视变、配站室2100余次、输配电线路28 000余km，消除缺陷321处。推进状态检修工作，开展10kV配电电缆OWTS试验和开关柜超声波检测1598台次，消除缺陷4处。开展架空线路综合整治百日行动，完善多班组协作电缆反外力工作机制。开展带电作业332次，减少停电61 554时户数。采取全方位防雷、防鸟害措施，落实石高线加装鸟刺、挡板、加强绝缘、改进结构等综合整治方案，完成6条输电线路差异化防雷改造。农网升级改造工程年内进入全面实施阶段，完成高、低压线路改造400km，分、换装变压器84台，加装断路器213台。完成工程项目23项。

组织实施春节应急配电变压器分、换装工程，度夏应急分、换装工程，10kV重载变压器分、换装工程，共计分、换装配电变压器36台7860kVA。

开展电网方式分析、电网监控运行分析、风险指数分析、风险管控等工作，建立负荷会商管理机制和调度监控异常信息会商机制，及时发现电网风险、设

■ 3月29日，装表接电技能竞赛实操比赛现场。(林一轩　摄)

备重载、设备缺陷等薄弱点，为设备运行和客户服务提供依据和建议，电网平稳度过29.7万kW的最高负荷。完成政治保电任务16项52天，政治供电实现“零闪动”目标。

7月31日，受大风暴雨天气影响，密云电网发生10kV电力线路故障53路次，断线75处，线路受损10.3km。密云公司调集多方力量，仅用24小时恢复影响全县供电255个高低压故障点，去树2587棵。共出动抢修人员230余人、抢修车辆60余辆。密云县政府协调森林消防扑火大队支援抢修人员20余人，混油锯10把，车辆5辆。公司调集平谷供电公司、顺义供电公司75人组成两支应急抢修队支援抢修并紧急调用6辆发电车、12辆发电机组以及其他抢修物资投入使用。

(蔡继文　常　新　曹卫华)

【营销与优质服务】年度累计受理报装申请7302户，发电容量12.88万kVA。全年完成业扩报装工程验收、送电工作169项。完成电费一级账户上线工作，提升电费集约化管理水平。组织开展“农村安全饮水工程优惠电价执行情况”迎检工作，涉及农村居民用户722户。组织开展电价稽查工作，更换峰谷表1170具。开展依法治企自查工作，对于基本电费、功率因数调整、优惠电价、峰谷分时电价、自用电、路灯电费等重点部分进行全面自查，整改问题17个。开展打击窃电专项活动，全年共查处窃电和违约用电15户，追补电量18.66万kWh。

■ 10月30日，工作人员在密云县开发区进行反窃电专项检查。(梁旭　摄)

全年完成433项高、低压供电方案制定，完成171项客户工程图纸审核。全年现场校验高压表计544具，新装大客户采集器调通率实现100%，零度户销户63户，新装高压用户电能表386具，更换调试台区考核表422具，完成现场校验仪量值传递12具，安装调通集中器1551台，完成40具智能电能表抽检更换任务。完成16座开闭站关口采集的安装及调试工作。完善采集运维体系，贯彻采集运维工作流程和技术标准，采集抄通率99.62%、购电下发成功率99.4%，采集系统主站功能应用实现100%。按照开展营销95项业务质量实时在线监控工作要求，每日跟踪监控系统问题数据，及时发现及时整改。实施智能电能表更换工程，同步进行计量装置改造，年内对城区内城网实施改造65 582户，对农村地区农网改造116 219户。截至年底累计更换居民智能电能表11.6万具。

开展“电能替代便捷万家”主题活动，推广热泵、电采暖、电锅炉、双蓄空调等电能替代技术，共组织家用电器推广活动4次，农业电气化推广活动3次，走访30家企业进行电能替代宣传。累计市场开拓电量1696.44万kWh。做好分布式能源的报装和供电服务工作，完成北京地区首个企业自发自用太阳能光伏并网发电项目。

■ 中海阳光电子技术有限公司太阳能光伏并网发电项目。(梁旭　摄)

推动客户导向型优质服务工作，实现“一张投诉工单，一次深刻剖析”。推进民生工程建设，11项老旧小区改造和檀营光纤到户工程全面竣工。开通192处第三方缴费网点。与县邮政局合作，在4个乡镇推行邮递员上门送电费充值卡业务。开展智能电能表用户短信服务，短信订阅率41%。服务客户用电需求，推进节能服务工作，成立能效服务工作小组，主动了解用电量较大客户的用能特点和需求，为县域内10家具有节能潜力的企业提供能效咨询和初步能效诊断服务。

（周福新）

【农电工作】开展“县供电企业管理提升”和“乡镇供电所管理提升”工程，对县供电企业管理提升涉及的13个方面79项指标、乡镇供电所管理提升涉及的六个方面25项指标进行分解，明确专业责任部门，制定工作计划。开展乡镇供电所管理问题排查治理专项活动，强化沟通协调，对排查出的22个问题全部整改到位。组织供电所人员开展柜台服务、抄收管理及抢修服务等方面业务培训9批次，培训率100%。开展供电所人员职称评定工作。

（赵东明）

【科技与信息化】截至年底，密云公司共完成10项专利申请，其中发明专利申请4项，实用新型专利申请3项，外观设计专利申请3项。共获得专利授权5项，其中发明专利申请1项，实用新型专利申请2项，外观设计专利申请2项。彭新立创新工作室被评为国家电网公司劳模创新工作室示范点。9月完成所属供电所视频系统建设工程，实现公司及密云公司与下属各供电所开通视频会议。10月完成国家电网公司一体化会议电视系统建设工程。开展信息安全治理提升专项活动，夯实各个环节的信息安全工作。

（赵海涛）

【党的建设与精神文明建设】密云公司党委全年组织开展中心组学习36次，中心组成员在《北京电力报》及以上报刊发表文章18篇。制定并出台《关于进一步加强发展党员工作管理的实施意见》，结合“三集五大”工作及时调整党支部设置。创新开展“共建和谐供用电文明村”活动，与密云县10个镇村开展共建活动，加强党建品牌建设。

开展“十全十美·十星闪耀”评选活动，对10名榜样之星事迹进行宣传。“共建和谐供用电文明村”和“十全十美·十星闪耀”活动两项成果分别获得公司精神文明建设创新暨企业文化建设创新成果一等奖和三等奖。开展共产党员服务队“三化”（标准化、专业化、常态化）建设，全年共开展活动271次，受益4万余人次，通过公司首批“三化”建设验收。截至年底，密云公司共产党员服务队共成立15个支队，队员人数177人。在公司组织党员服务队竞赛活动中，获得“优秀服务队”称号。

开展“薪火相传、未来有我”系列主题活动，自编自导自演2部微电影。组建“守望光明”艺术团，丰富员工生活。加强新闻专题策划和舆论引导，全年在公司网站及以上媒体发稿578篇。推进“四带头四争做”“强作风、塑文化、靓形象”“中国梦·国网情”等主题活动，各党支部、团委共撰写主题征文60余篇，论坛发帖1500余篇，组织专题演讲2次。先后获得公司企业文化调考优秀组织奖、“强作风、塑文化、靓形象”论坛发帖优秀组织奖。组织长走、自行车、足球比赛等文体活动6次，参加人员700余人次。开展太极拳、健美操、羽毛球等培训班。组织员工向四川雅安地震灾区捐款48 085元，组织员工向河南寨供电所一农电工患病家属捐款84 382元。

（杨　彤）

顺义供电公司

【概况】国网顺义供电公司（简称顺义公司）成立于1957年，是公司直属供电企业，负责顺义地区1020km²范围内的电网规划建设、运行管理、电力销售和供电服务工作，肩负着为顺义区域内党政军机关、高科技园区及首都机场和全区87.7余万常住人口安全供电的任务。共设置9个职能部门、3个业务支撑与实施机构，下设36个班组、19个乡镇供电所。

顺义公司共负责110kV变电站21座，主变压器45台，容量1986.5MVA；35kV变电站11座，主变压器22台，容量223.2MVA；110kV线路44条，长度284.438km；35kV线路33条，长度206.276km；10kV架空线路205条，长度2566.106km；10kV电缆线路363条，长度1167.737km。实现全年安全生产无事故目标。

全年完成售电量58.19亿kWh，同比增长8.8%；完成线损率3.43%；完成业扩报装接电容量56.52万kVA；电费回收率100%。

2013年，顺义公司荣获首都文明单位标兵、北京市交通安全先进单位、北京市电力公司安全生产先进单位、北京市电力公司优质服务先进单位、顺义区支持新农村建设模范单位、顺义区创建学习型组织先进单位等荣誉称号。

地址：北京市顺义区顺达路6号
邮编：101300
电话：81483347

【人力资源】截至年底，顺义公司共有全民职工308人。其中研究生及以上学历43人，本科学历145人，专科学历70人；高级职称15人，中级职称63人；技师及以上职业资格151人，高级工98人，中级工21人。

编制完成《国网北京顺义供电公司机构设置及岗位编制方案》，完成机构、职责和人员优化调整工作。开展用工情况调研，确定委托业务，制定《国网北京顺义供电公司业务委托管理实施细则》。完成生产定员按专业、部门分解工作。

重视各类人才培养，编制《顺义供电公司新入企员工培养方案》《国网北京顺义供电公司部门主任助理管理办法》《国网北京顺义供电公司生产技能专业人才聘任管理办法（试行）》《顺义供电公司教育培训经费使用管理办法》。开展全员培训，完成各类培训150余项，参训5311余人次。组织完成170余人次报名参加职业技能鉴定考试，组织300余人次参加上级各类竞赛调考，共获10项团体奖励、14项个人奖励，通过竞赛新增2名高级技师、3名技师。

编制《顺义供电公司全员绩效管理实施方案（试行）》《公司2013年关键业绩指标库和重点工作任务库》等考核标准制度。建立绩效管理领导小组和绩效管理办公室，负责制度建设、组织实施、检查监督、受理申诉、考核结果运用等日常管理工作。建立分类评价考核标准，采用目标任务制按季度对部门、管理人员进行考核，采用工作积分制按月度对一线生产人员进行考核。

【电网规划与建设】开展“网格化”配网规划、配网优化研究和高压配电网规划工作，先后完成南法信、后沙峪、天竺地区配电网优化方案编制、《顺义地区“网格化”配电网规划报告（与政府对接版）》评审和顺义区高压配电网规划报告内审工作。推进重点工程项目前期工作，与顺义区政府签署4座变电站的投资划分协议，完成110kV层面电网工程立项核准4项，取得规划意见书2项。开展项目储备，完成110kV层面电网工程可研编制5项，其中有3项已取得国家电网公司批复，同时启动220kV东府站、110kV北河站项目可研工作。大力推进重点工程建设，西马220kV变电站110kV线路切改、防汛重点项目双兴开闭站异地改造工程按期竣工投产。推进首都机场充换电站、顺义电动出租车充电站等项目建设。完成5个光伏发电并网项目。全年共投产变电容量10万kVA、新开工变电容量10万kVA。

基建工程管理。开展“安全管理提升”活动。董各庄变电站工程获公司2013年输变电工程项目管理流动红旗。在董各庄、西府等输变电工程中开展施工风险评估及控制工作，加强工程安全文明施工管理，推行安全文明施工标准化。完成梁庄110kV输变电工程开工前安全文明施工总体策划和项目部建设方案审核。加强“标准工艺”在项目策划、工程设计、施工实施、工程验收等阶段的全过程管理，出口加工区变电站获得优质工程称号。

基建管理创新。在梁庄变电站土建施工现场采用移动安全监控系统，实现对作业现场安全状况的远程监控。依托董各庄输变电工程开发了业主项目部标准化管理系统，已作为公司的典型经验上报国家电网公司。

完成西马110kV切改工程，新建线路6.32km，电缆6.27km。完成公司下达的220kV西马输变电工程前期拆迁工作。完成顺义区首个“煤改电”工程，完成西马村496户“煤改电”任务。完成35kV北石槽变电站增容工程。完成庄子营输变电工程、米各庄扩建工程、龙湾屯增容改造工程等初设和评审工作。

■ 11月11日，35kV牛北一线路迁改工程工作现场。（张杰　摄）

【经营管理】建立“四会合一”管理新模式，将经济活动分析、同业对标、业绩考核和经营诊断分析四项工作内容合并为一个会，提高管理效益效率。落实内部控制建设要求，开展业务流程差异分析、穿行测试和自验收工作。规范劳务用工管理，完成整体业务委托方案制定工作。

落实依法治企综合检查发现问题的整改要求，规范经营行为、堵塞管理漏洞，加强对业务部门和专业环节的审核监督，在工程、营销、财务等重点领域开展自查审计工作，对查出的问题认真整改，并制定防范措施。强化土地、房屋和非生产性工程管理，推进土地确权工作。深入开展车辆清理整顿工作，规范车辆使用管理，严格执行节假日封车制度，坚决杜绝公车私用等违规行为发生。

稳步推进集体企业重组整合工作，完成产业公司内设机构及管理岗位设置工作，强化产业公司内控管理，先后制定了《产业公司“三重一大”决策实施办法》等7项制度规定，确保产业公司依法有序经营。

梳理顺义公司各项规章制度，利用书籍、讲座、刊物、征文等形式开展法制宣传教育。截至年底，共办理诉讼案件5起，审结2起；对外签订经济合同515份，未发生合同纠纷，合同履约率100%。

【安全生产】落实“安全管理提升”活动总体部署，开展安全生产大检查、“安全生产月”活动。全年未发生安全考核事件，安全指标完成情况总体良好。

修订完善安全管理制度和标准，梳理安全工作流程，逐级落实安全生产责任制。开展配网架空线路综合整治百日行动，强化配网故障分析诊断。开展输变电设备状态评价工作，实现输变电设备差异化运维管控。开展一线员工岗位安全生产技能培训，开展公司全员春（秋）季安规培训考试。加强应急预案体系建设，修订专项预案16个、现场处置方案35个。完成迎峰度夏、“两会”供电保障、恶劣天气等多项综合和专项应急演练。组织参加应急抢险技能大赛，加强公司应急处置能力。

■ 10月25日，顺义公司开展度冬应急抢修联合演练。（侯占泉　摄）

完成35kV杨行、仓河全线绝缘子调爬工作，更换新型防污绝缘子298片；开展110kV马后一二线等共计19条、98.77km线路标准化整治、改造。完成5条配电架空线路综合整治工作，5条配电线路的解重载、分倒路工程；实施农网升级改造工程，涉及12个镇28条配电架空线路，更换导线104km、新建线路1.5km、更换高损耗配电变压器163台、分装变压器105台，加装用户负荷分界开关539台，加装分段开关83台；开展配网架空线路综合整治百日行动，累计发现施工外力隐患51处，发放隐患通知单51张，解决110kV丽仓线下危急树木隐患和后沙峪古城村严重环境隐患。全年安排配电架空线路树木整治13 470余棵，拆除鸟窝1758个；完成国航等5座开闭站屋顶的平改坡工作；结合区政府环境整治工程，先后完成210台次的开闭器、箱变等配电设备除锈喷漆、小广告清理、损坏锁具修理更换、故障指示器修理、补充标牌及加装防撞墩等工作，并对顺义主城区64台箱式变压器、15台开闭器管井排水、清淤，通风晾晒，且对管孔进行封堵，防止凝露聚积造成绝缘老化和沼气，保证设备安全运行；为解决冬、夏大负荷农村配电变压器重载情况，共计分换装变压器94台，低压线路切改、改造40余千米；完成21个村低压线路改造工程，共计更换老旧小截面导线500余km，更换电杆250余基，更换老旧4mm^{2}铝接户线70km，提升了低压电网的供电可靠性。完成55路电缆线路的OWTS试验工作；完成油纸电缆隐患排查工作、完成10kV双兴开闭站迁址（防汛项目）、10kV龙港刀闸室外电源切改（政府工程）、10kV于庄路入地（市政工程）等工作。全年完成全国“两会”、高考、中考等政治供电任务共计37次，实现政治供电“零闪动”工作目标。

【营销与优质服务】截至年底，顺义公司共管理营业客户361 497户，全区共有重要客户19户。

开展“大营销”体系建设“回头看”，建立业务间相互协调与融合机制，形成全面覆盖、到岗到责、定时定标的流程体系。编制《顺义供电公司电费充值卡管理办法》《顺义供电公司供电所考核实施细则》《顺义供电公司优质服务奖惩管理办法》等管理制度。

完成对70座开闭站和900条出线以及1900户台式变压器的采集器安装工作，同时对2667个公共变压器台区开展了台区考核表电源关系现场核实和系统电源关系核对调整工作。阶段性完成居民小区电源梳理工作，完成小区配电室电源关系图的绘制工作。胜利小区及石园西区两个老旧小区改造工程土建顺利完工。制定提升管理措施和技术措施，确保抄表及时率、应收差错率、电价执行误差率及自动化抄表比率等指标的不断提升，在8月份公司组织的电价电费现场稽查工作中，电价抽检合格率指标排名并列第一。规范智能电能表换装工作，截至12月31日，共换装智能电能表64 827具。完成5个分布式光伏发电项目和2个充电桩项目的并网发电工作；完成主业办公楼和产业公司办公楼照明灯具更换工作的示范。完成区内一项新入驻项目和一项现有项目的专项节能技术指导工作。两项工程节约电量共计3296.91万kWh。

■ 10月23日，顺义公司工作人员对分布式光伏发电设备进行检查。（张杰　摄）

开展系列便民工程，拓展恒信通POS机刷卡购电和缴费、工商银行网银缴费、支付宝缴费、电费充值卡充值缴费等业务。开展安全用电宣传走访活动，推广智能表短信提示服务。开展重要客户差异化服务，建立常态化服务机制，确保首都机场、轻轨15号线等二级以上重要客户的可靠供电。开展共产党员服务系列活动，聘请社区服务顾问，为困难居民和孤寡老人提供“爱心服务卡”上门服务。开拓电力市场，跟踪区内重点建设项目，提高报装接电速度。

【农电工作】在营销部设立农电管理中心，完成“一镇一所”农电管理模式调整。明确供电所定员定编、岗位职责和劳动待遇，健全各项管理制度，完善所长为第一责任人的安全生产责任制，每周开展一次安全活动分析，安全管理水平得到有效提高。完善供电所绩效管理制度，加强对客户意见建议处理时效和责任考核的管控力度。

【科技与信息化】申报专利9项，完成2项群众创新项目的验收工作。撰写科技论文27篇，其中6篇科技论文参与公司优秀科技论文评比。

配合公司完成19个供电所网络通道优化及信息网络切入综合数据网的工作，安排对30级通信废旧杆路进行拆除消除隐患，组织完成通信机房第二路径铺设工作。完成5座配网开关站的通信网络的建设工作，安装设备6套，敷设光缆33km。

加强VRV网管系统应用，做到网管实时监控，规范终端操作者行为，确保桌面终端系统“可控”。做好端口MAC绑定工作和网络授权接入管理。开展信息专业应急演练，保证重要政治供电期间信息专业全天候职守。做好各类服务器系统的安全防护，开展电力二次系统安全漏洞检查，开展信息系统隐患排查工作。进行IT资产的核对录入工作，全年完成核对及录入2500多条。

【党的建设与精神文明建设】围绕企业中心工作，以“共创供电服务示范区、‘动车组’助力‘一强三优’”主题实践活动为抓手，开展“三型”党组织建设能力提升工程系列培训，开展共产党员服务队“爱心动车组”活动。加强“四好”领导班子建设，全年累计中心组学习30次，参加双重组织生活36次，领导干部深入联系点50次。召开年度民主生活会，对员工提出的99条建议、意见予以正面答复。

顺义公司组织复转军人、共产党员服务队队员前往顺义区三师部队，开展共筑共建活动。开展“一助一”帮扶活动，向西府村赠送100册图书。11月底通过学习型企业验收小组专家的评估验收，提高企业自身软实力。

签订精神文明及党风廉政建设责任书，逐级落实考核责任。以文明创建为引领，组织员工参与“强作风、塑文化、靓形象”主题实践活动网上大家谈，员工共发表帖子近800余条。开展“季度之星”（“安全生产之星”“优质服务之星”“创新创效之星”“岗位技能之星”“爱心公益之星”）评选工作。开展“定格历史瞬间　凝聚信念力量”特色活动。细化落实“中国梦·国网情”主题活动要求，退休职工王进华的事迹“守梦人”进入市公司事迹报告团首团。组织开展劳动竞赛、专业技术比赛、培训活动20余次。推进职工之家建设；组织开展台球、摄影采风、长走比赛等20余项活动，参与人数达2000余人次。

（蔡溪源）

延庆供电公司

【概况】国网北京延庆供电公司（简称延庆公司）成立于1962年，是公司直属供电企业，负责延庆地区1993.75km^{2}范围内的电网规划建设、运行管理、电力销售和供电服务工作，肩负着为延庆地区经济发展、政治供电和人民生活提供安全供电的重要责任。共设置8个职能部门、2个业务支撑与实施机构，下设21个班组、7个农村供电所。

共负责110kV变电站6座，主变压器12台，容量452MVA；35kV变电站9座，主变压器14台，容量92.85MVA；110kV线路17条，长度237.104km；35kV线路14条，长度203.316km；10kV架空线路96条，长度1235.648km；10kV电缆线路18条，长度224.367km。实现全年安全生产无事故目标，累计安全生产长周期4730天。

全年完成售电量7.41亿kWh，同比增长4.75%；完成线损率7.65%；完成业扩报装接电容量10.81万kVA；电费回收率100%。供电可靠率达到99.988%，电压合格率为99.996%。最大负荷18.27万kW。

延庆公司连续四年获得首都文明单位标兵称号，连续3年被列为行风测评免评单位，被评为北京市青年文明号，获得群众满意的基层站所称号，荣获首都学雷锋职员服务站、延庆县交通安全管理先进单位、延庆县统计系统先进单位等荣誉称号。荣获市公司安全生产目标、安全巡检、线路反外力先进单位等多项荣誉称号，获得管理创新优秀单位称号，两项管理创新成果分别评为北京市管理创新一等奖和公司管理创新三等奖，曹春林创新工作室荣获公司先进创新工作室称号。

地址：北京市延庆县庆园街53号
邮编：102100
电话：69101219

【人力资源】截至年底，延庆公司共有全民职工164人。其中：研究生及以上学历15人，本科学历58人，专科学历80人；高级职称11人，中级职称22人；技师及以上职业资格13人，高级工117人，中级工2人。按照公司统一部署，完成《延庆公司机构设置及人员编制方案》，并得到正式批复。完成203名华商人员薪酬套改工作。

【电网规划与建设】围绕地区2014年世葡会、2019年世园会等大项目发展，滚动修编“十二五”主网规划，完成“网格化”配网规划，取得县政府的正式批复。加强规划库、储备库建设，储备项目158项，完成2014年电网建设深度储备任务。推进京能31MW光伏并网项目和八达岭景区充电站工程前期手续办理进度。强化基建工程安全、质量管理，荣获公司基建安全质量知识竞赛优秀组织奖；松山110kV输变电工程获得国家电网公司优质工程称号。完成张山营变电站10kV切改工程、延庆出租车充电站项目建设；推进延庆应急抢险保障中心、八达岭乘用车换电站建设工作。加强组织与协调，推进28项农网改造工程建设。

■ 11月19日，延庆农网升级改造工程现场。（张旭　摄）

【经营管理】制定落实二十四节气表，初步形成年度重点工作常态机制。推进重点督办任务落实，对50项重点任务实施全过程管理。建立健全《公司同业对标激励细则》，创新分级管理机制，对163项指标制定提升计划和管控措施，开展“大家讲指标”等活动8次。延庆公司营销管理对标指标取得公司第4名的历史性突破，同比提升2名；综合对标取得第15名，同比提升1名；管理对标保持第14名，荣获配套保障管理标杆单位称号。全年完成预控资金4665.45万元，项目计划完成率92.5%，同比提高3.2个百分点。推进内部模拟利润管理。落实内部控制建设要求，开展业务流程差异分析、穿行测试和内控成果导入工作。完成集体企业机构内设及管理岗位竞聘，按期完成集体企业重组整合任务。强化重点领域管控，满6年及以上重点岗位干部及管理人员交流轮岗19人，其中满8年及以上 14 人，重点岗位管理人员交流轮岗 100%。开展“七廉”活动，梳理公司廉洁从业重点岗位 53 个，对全部重点岗位人员分专业进行集中轮训和廉政考试，并签订重点岗位人员廉洁从业承诺书。全年组织开展警示教育 38 场次。开展法律风险防范工作，制定整改计划及防范措施 179 项。开展规章制度名录更新及宣贯工作，累计修编规章制度 19 项。开展普法宣传教育，以“走进中心组”普法宣教系列活动为载体，累计开展 5 次中心组法律课程学习。

■ 10 月 29 日，延庆公司举办“走进中心组”普法宣教系列讲座。（张旭　摄）

【安全生产】引入第三方考核方式，开展全员安全规程学习考试。开展安全大检查工作和隐患大排查，共发现整改各类问题 198 项，整改率 100%。推进安全生产风险指数管理，共审核发布各类风险信息 260 项。加强现场作业管控，针对各类作业现场制定差异化检查标准 7 项，累计安排到岗到位 175 人次。建立常态化联合检查及交流互查机制，编制并完成重点检查计划 36 项，累计开展安全监督检查 220 次，发现问题 82 件并完成整改。开展电网设备隐患消缺、架空配电线路综合整治工作，实施输变电设备特巡和输配电线路去树、防雷、防鸟害等季节性工作，共治理树线矛盾存量隐患 8219 棵。开展设备状态检测、状态评价等工作，完成 74 项电网运维检修及生产专项技改工程实施，保证迎峰度夏、防汛电网运行安全，电网负荷创出 18.2 万 kW 历史新高。推广 3G 单兵设备应用，组织参与 3 次电网事故应急演练，配网抢修平台初步建立，调控一体化建设得到进一步完善。完成了春节、全国公路自行车赛等 43 项保电任务。

■ 3 月 19 日，延庆公司开展 110kV 聂康线应急特巡。（张旭　摄）

【营销与优质服务】截至年底，延庆公司共管理营业客户 146 110 户。全区共有重要客户 10 户，其中一级客户 1 户，二级客户 6 户，临时性重要客户 3 户。

■ 4 月 25 日，延庆公司党员服务队开展“服务春播”活动。（汪竞之　摄）

全年累计完成报装接电容量年度指标的 270.44%，报装接电容量近年来首次突破十万大关。累计市场开拓电量 7162.43 万 kWh，完成年度指标的 716.24%。收回全部陈欠电费 23.5 万元，电费回收率实现“双节零”的年度目标。开展“消隐患、夯基础、创特色、促提升”精益化管理年和“百日争先”专项管理提升活动。推进老旧小区改造工程，历时 4 年完成 4 个老旧小区改造项目，惠及居民 1 万余户。完成 2014 世葡会主会场外电源工程建设，推进葡萄博览园工程。推进用电信息采集建设，累计更换智能电能表 4.1 万具。推进地区“十分钟缴费圈”建设，全年电费现金离柜缴费率较年初提高 41.2%，在公司排名第二。加大重要客户用电隐患排查治理力度，共计开展周期性巡检 438 户，消除隐患 40 项。规范客户档案资料管理，累计完成 852 户 10 万余张客户电子档案录入工作。

【农电工作】组织乡镇供电所“两个提升”工程和同业对标工作，将供电所管理绩效纳入同业对标体系，共分解下达指标 63 项。实施乡镇供电所管理问题排查治理工作，通过自查自纠共发现问题40项，完成28项。开展农电综合评价工作，按季度对7个农村供电所打分评价并公示结果。开展“春检预试安全大检查”“百日安全大检查”“两抓一建”和“专题安全日”等安全系列活动，进一步明确各岗位安全生产职责，提升农电安全作业水平。

【科技与信息化】完成群众创新项目2项，申报专利6项，申报科技成果6项，上报科技论文6篇。

完成“三集五大”体系建设信息三大系统企业门户、协同办公、OA邮件的组织机构调整工作。修编《延庆供电公司信息安全工作管理办法》《延庆供电公司信息安全应急预案》《延庆供电公司信息安全网员管理办法》。完成外网终端更换及注册工作。完成14座变电站信息系统加装防火墙工作。开展山区视频会议系统及松山变电站信息前期调研。完成会议室、应急视频系统及龙庆峡会议设备的维护及会议保障任务84项。编制《延庆供电公司通信系统事件应急处置预案》。完成7座通信微波铁塔维护工作及通信机房环境改造、通信数据网改造工程及光传输改造工程。完成松山变电站通信前期调研工作。

【党的建设与精神文明建设】加强“四好”班子建设，累计组织开展中心组学习42次，开展领导班子专题调研35次。强化党组织建设，按期完成党支部换届选举，健全党支部和党员积分管理机制。推进共产党员服务队“三化”建设，累计开展各类服务活动48次，获赠锦旗5面，荣获“首都学雷锋志愿服务站”和延庆县“志愿服务品牌团队”称号。推进企业文化“三大工程”，获得公司企业文化调考团体第一名。全年共有4人次获得国家电网公司调考先进个人，11人次获得公司调考先进个人，物资专业调考、应急抢险技能竞赛均获得团体二等奖。加大品牌建设力度，全年在公司网站及以上媒体上发布稿件350篇，重点报道一线工作现场，分别获得新闻宣传专业好文章、好消息、最佳新闻图片、最佳电视新闻三等奖。推进社会责任管理，向相关客户累计赠阅社会责任报告60份，开展5次“公众开放日”活动；与中国青少年基金会合作，配合公司面向延庆四中完成“电力爱心教室”捐建工作。整改超范围使用的品牌标识29处。推进职工之家实体化建设，丰富职工文化生活，开展各类文体活动15项。坚持党建带团建，开展3期“青年之家——微课堂”活动，承办“精品团课团日”等3项重点工作。党政工团齐抓共管，共同做好思想稳定工作，累计走访慰问生病、家庭困难员工41人次，组织离退休人员慰问活动244人次。

（韩戈奇）

业务支撑机构及其他单位

北京电力经济技术研究院

【概况】北京电力经济技术研究院为国网北京市电力公司的业务支撑机构，其中：国网北京市电力公司经济技术研究院（简称国网北京经研院）为公司的分公司，北京电力经济技术研究院（以下简称北京电力经研院）为公司的全资子公司，两种模式并行运营、合署办公。

国网北京经研院（北京电力经研院）具有国家送变电工程设计甲级、工程勘察甲级、火电类咨询甲级、通信信息咨询甲级、电力行业设计乙级等资质，主要从事500kV及以下电压等级的规划设计和咨询、设计评审、项目管理、质量监督、结算监督、定额管理、国家电网公司PMS2.0系统运维等业务。工程监理业务按照公司相关部署有序推进。通过了质量、环境和职业健康安全管理体系认证，是国家科技企业档案管理一级达标单位、中国电力规划设计协会常务理事单位、中国水利电力质量管理协会电力分会理事单位、北京市高新技术企业。

国网北京经研院（北京电力经研院）共设办公室、党群工作部（监察审计部）、人力资源部、财务资产部、计划经营部5个职能管理部门和规划评审中心、设计中心（中心设计院）、技术经济中心（定额站办公室、质监中心站办公室）、建设管理中心、数据中心、监理公司6个专业机构。

地址：北京市西城区广安门车站西街15号
邮编：100055
电话：63678500

【人力资源】截至年底，国网北京经研院（北京电力经研院）共有全民职工141人。其中：博士6人，硕士54人，本科70人，硕士及以上学历占比42.6%；高级职称54人，中级职称35人，中级以上职称占比63%；注册在院的执业人员共26人。人才当量密度1.092。

拓展人才引进渠道，缓解人力资源紧张局面；组织履职能力和工作胜任能力各级各类培训110期。2013年，1人入选电力行业供配电设计专家，4人入选公司地市级专家，5人考取国家注册师执业资格。

【经营管理】2013年，累计签订合同231份。全流程闭环管理各项工作。利润总额比公司考核指标增长643万元；资产负债率4.15%，比公司考核指标降低2.85个百分点；净资产收益率7.38%，比公司考核指标提高了1.38个百分点。

■ 6月8日，经研院召开按时保质保量完成2013年设计任务座谈会。（李俊 摄）

定期组织召开生产调度会、发布《生产与技术管理工作周报》，动态跟踪设计过程，主动与北京市规划委员会、公司沟通了解规划前期落实情况和设备订货情况，结合“安全年”活动，参与公司电网规划和智能电网建设，开展服务管理工作，多种渠道收集服务反馈信息，及时发现、分析、解决问题。加强与客户的联系沟通，对园博园110kV变电站等重点工程和公司建设部、城区、海淀、平谷供电公司等单位进行回访，开通客户服务热线，提升服务水平。

2013年，顾客满意度测评综合指数为93.12分。

【科研工作】建立健全科技管理工作制度体系。其中，主动配电网关键技术研究获得国家863计划重大项目立项；完成国家电网公司重点科研项目“超导输电线路工程规划及设计技术研究”和“地下变电站优化设计技术研究”2项任务；完成以“分布式节能空调研究”为代表的新技术推广应用工作4项；获得专利授权20项，完成包括1项国际专利在内的专利申请41项；全院31项标准化设计项目结项；发表论文44篇，其中获奖16篇。完成国家、电力行业等各级各类标准编制工作5项。其中，《电动汽车充电站设计技术规范》等2项国家标准已完成送审稿编制；行业标准《电力电缆隧道设计规程》已正式发布，《电缆工程施工图设计深度规定》等2项行业标准已完成报批稿编制。

2013 年，获得中国电力行业优秀设计二等奖 2 项、三等奖 3 项；获得北京市第十七届工业设计优秀设计二等奖 1 项、三等奖 1 项；获得国家电网公司优秀输变电工程设计三等奖 4 项；获得国家电网公司输变电工程设计竞赛一等奖 1 项、三等奖 1 项；获得 110kV 输变电工程设计竞赛优胜奖 2 项；未来城 220kV 输变电工程获得国家电网公司安全管理流动红旗。同时还荣获“全国电力行业 2013 年度 QC 小组活动优秀企业奖”，设计中心土建室“土拨鼠 QC 小组”荣获北京电力行业 2013 年度 QC 成果发布一等奖。

【党的建设与精神文明建设】开展思想政治工作同业对标和支部创新活动，完善党支部书记例会制度。组织开展主题实践活动 2 项。通过《国家电网报》《中国电力报》《北京电力报》等媒体展示企业形象。深化“一岗双责”，开展“以史为鉴扬正气，以案为戒促廉洁”的宣教活动，构建全方位协同监督的工作格局。做好工会、共青团和离退休工作，深化“职工素质提升工程”。履行企业社会责任，开展社会公益活动，先后与“渐冻人”王甲、北京市盲人学校、北京市红莲小学、广安门车站西街街道、延庆县沈家营镇新合营村建立帮扶共建关系。

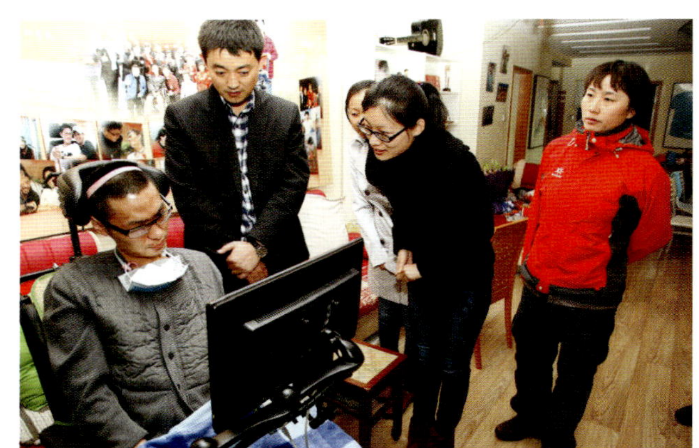

■ 10 月 29 日，经研院组织员工与“渐冻人”王甲建立帮扶共建关系。（王巾　摄）

（张　健）

北京电力科学研究院

【概况】国网北京市电力公司电力科学研究院（简称电科院）是国网北京市电力公司的直属单位，负责系统调度控制、电网设备监控、调度计划、运行方式、继电保护、调度自动化、网源协调、水电及新能源、信息通信、环境保护、输变电设备状态在线监测与分析、物资质量监督等专业技术支持；负责信息通信技术支持、信息通信系统和设备测试、信息通信专业技术监督和信息安全技术督查；承担电网物资质量检测业务；负责开展科技创新工作及公司科技情报工作；协助开展运营分析、编制分析报告，提供常态化的运营监测及分析模型、工具、方法等研究与技术支持，协助开展“大数据”挖掘等业务；负责电网设备专业管理、状态检修、全过程技术监督及性能质量抽检；负责所辖±660kV 及以下直流和 500（330）~1000kV 交流变电设备状态监测评估；负责计量器具检定配送等省级集中业务执行；负责公司节能服务业务；承担电源技术服务业务。

截至年底，共设置办公室、人力资源部、财务资产部、科技部（技术服务中心）、发展安监部、党群工作部（监察审计部）6 个职能部门。电网技术中心（信息通信技术中心）、设备状态评价中心（物资质量检测中心）、电源技术中心（照明技术研究中心）、计量中心、节能服务公司 5 个专业机构。

2013 年，全院人、财、物资集约化管理年度任务完成率均达 100%；年度累计完成技术支撑任务 10 297 项，其中 A、B 类任务 538 项，同比增长 9 倍；国家级和北京市级实验室正式挂牌；获省部级以上科技进步奖励 5 项，专利获授权 39 项，其中发明授权 7 项，公开发表论文 81 篇。蝉联公司“先进单位”、“文明单位”、“安全生产先进单位”、“优质服务先进单位”等荣誉称号。

地址：北京市丰台区南三环中路 30 号
邮编：100075
电话：63677123

【人力资源】截至年底，电科院共有全民职工 215 人，其中：初始博士学历 11 人、硕士学历 63 人；高级工程师 45 人、工程师 56 人。

建设“三式两站一室两通道”人才培养体系，加强“青蓝同辉”师带徒管理，新增国家电网公司专家 4 人，公司专家 6 人，制订专业技术职级序列实施方案和专业领军人才跟踪培养方案。组织参加北京市职业技能竞赛“装表接电”比赛，获得第1名和第2名。

12月4日，计量中心参加中国工会网组办的“让梦想乘着技能的翅膀”系列访谈节目。介绍装表接电专业工作和参加2013年北京市职工技能大赛装表接电专业比赛情况。（刘佳　摄）

【经营管理】调整机构设置，优化人员配置。推进财务集约化管理与业务链管理相融合，财务集约化综合指标排名位列公司第1，优化和规范物资采购流程。通过“二十四节气表”，谋划统筹全年工作。开展同业对标工作，总结提炼经验，推动公司建立电科院同业对标工作机制。获全国电力企业优秀管理论文大赛一等奖及公司管理创新一等奖各1项。

加强依法治企。完成国家电网公司依法治企互查、公司“三公消费”审计内查等工作。开展法律风险防控等法制大讲堂活动，邀请法律、审计等专家指导。发挥监察、审计协同作用，物资利用效能监察项目获公司一等奖。

节能服务公司超额完成全年各项指标任务，实现企业扭亏为盈；实现节约电量30 756.17万kWh，完成考核指标的372.35%；实现节约电力6.75万kW，完成考核指标的408.60%，实现同业对标A段目标。

【重点工作】树立“大安全”理念，“安全管理提升”活动贯穿全年，制定并有序落实重点工作47项。查找实验室安全隐患，编制印发《现场应急技术支持工作规则》，健全安全规章制度。全年集中组织开展检查活动7次，梳理并整改各类安全问题40余项。建设安全风险管理体系，落实各级人员安全生产责任制，全年各级管理人员到岗到位检查率100%。安全生产长周期达3185天。

“大运行”“大检修”方面，完成电网运行评估类统计分析58项。完成主配电设备评价报告200余份、专题研究174项、标准规程制定43项、故障分析101项。开展信息安全督查44项，累计发现隐患2266个，发出整改单82张，排查164个首发安全漏洞。

3月，全国“两会”期间，电科院科研团队开展多台应急发电车自动并网演练。（周伟　摄）

“大运行”方面，围绕服务全国“两会”、十八届三中全会等重要政治保电任务，实施重要客户电压跌落仿真计算、电能质量系统监测、定制电力技术研究应用。完成北京电网2~3年安全滚动校核、2014年度运行方式计算分析、二次设备运行状态分析与评价等工作。

“大检修”方面，组织建成并投运新一代雷电定位系统，绘制更新公司舞动、冰区、风区、污区图。受国网运检部委托，开展3座750kV变电站专项带电检测支援，完成50余种国内外带电检测仪器性能测试及8类带电检测新技术应用研究。建立技术监督工作网，组织开展技术监督检查18次。实施公司年度安全审计、电网安全性评价、电网安全与质量事件调查分析等工作。

“大营销”方面，掌握计量物资的真实需求，提前采购，组织赴供货厂商开展电能表质量现场监造巡视12次。实施6×12h和“5+2”工作制、开展检测业务外包，采取重点工程专项调度、设立二级库存新装需求预警线、应急供应等新机制。全年完成188.31万只智能表及配套设备的检定（检测）配送任务，保障各项工程的计量物资供应。全年检测故障智能电能表1.02万只，完成2881具运行智能电能表质量监督抽检工作。规范公司购电及考核关口计量设备的运行维护工作，关口周期校验率100%、合格率100%。验收新建及改造变电站20座，共计226路。处理电能计量装置现场故障6起，追补非直接责任关口差错电量1389万kWh。

电动汽车充换电方面，完成专题分析20项、专题研究56项、动力电池到货检测35箱、在运动力电池

■ 8月16日，计量中心采集运维人员在迎峰度夏保供电期间，开展现场故障排除工作。（郭湛　摄）

检测评估78箱。试运行北京市电动汽车智能充换电网络管理服务平台。国家电网公司电动汽车智能充换电服务网络运营监控系统实现上线。完成国能电池循环测试、大兴充电站调试等专项工作。照明技术方面，开展人民大会堂LED灯具以及京西宾馆节能灯性能分析，完成3个变电站照明系统安全评估，开展高压钠灯与无极灯性能检测和评估。

【科研工作】 加强科技规划和科技项目管理。牵头国家电网公司总部重点科技项目1项，获得立项；30个科技项目进入公司储备库。推进科技项目采购公开招标模式，定期开展科技管理过程评价。

实验室CNAS认可扩展到21大领域82个检测项目任务（不含计量）；国家能源局主动配电网实验室正式挂牌，电动汽车实验室授牌成为北京市新能源领域市级实验室。计量中心通过北京市质监局计量检定授权复查考核、CNAS实验室认可监督评审，完成人员取证、设备建标和体系文件编制等互感器检定授权的前期准备工作。

北京市院士专家工作站正式挂牌。同华北电力大学等三家高校先后签订联合培养协议，在读7名研究生入站开展工作。与密云公司启动科技共建，与城市照明管理中心建立战略合作关系。

2013年，电科院在研项目49项，国家863课题通过国家科技部组织的中期检查，2012年立项的20项科技项目通过公司验收。获中国电力科学技术奖二等奖1项，全国电力职工科技成果奖二等奖、三等奖各1项，北京市科技进步二等奖、三等奖各1项，国家电网公司科技进步二等奖、三等奖各1项，公司科技进步奖一等奖2项、二等奖5项、三等奖3项；121项专利获得受理，4项软件著作权获得受理；科技论文获公司一等奖7项、二等奖9项。获全国QC成果二等奖和北京市管理创新成果二等奖各1项、公司第十届QC成果特等奖和一等奖各1项，获中国水电质协分会授予的“质量管理小组活动优秀企业”称号，电能质量QC小组获“全国电力行业优秀质量管理小组优秀奖”称号，获全国电力行业信息化成果一等奖1项。

【党的建设与精神文明建设】 党内开展“优秀科研团队”“科技先锋”“最佳新人”选树活动。创新中心组学习形式，开展“领导干部话廉洁”“岗位风险我来讲”等系列廉课活动，拍摄首部原创廉政微电影《轨迹人生》。“带电检测共产党员突击队”先进事迹在公司“中国梦·国网情”巡回演讲，并入选公司2013年度“十大真情故事”；状态检测党支部创新成果获公司二等奖。获公司2012~2013年度先进基层党组织和2013年度党风廉政建设优秀单位称号。

开展“电靓京城 携手共育”等主题公众开放日活动。全年在《人民网》《北京日报》等媒体上稿79篇。雷电定位系统成果先后被北京卫视、《北京晚报》等多家媒体报道。慰问困难、重病职工和产后女职工等82人次。组织开展捐款、困难帮扶。打造“微力量”青春品牌，参与希望工程助学项目。举办8次“计量先锋讲坛”。在公司率先开展“职工之家”实体化建设，新建主体活动室和职工书屋，与原有的“马振强”创新工作室、文体活动室共同构成“职工之家”。

（王晓晨　史迪新）

北京电力工程公司

【概况】 北京电力工程公司（简称工程公司）成立于1953年，是北京市电力公司的全资子公司，下设送电、变电、电缆、土建、试验和应急抢修中心6个专业分公司，主要从事电网建设及其相关服务，承担运维检修、应急抢修工作职责。

工程公司具有电力工程施工总承包一级资质，市政公用工程施工总承包二级资质，房屋建筑工程施工总承包三级资质，同时具备承装（修、试）电力设施许可一级资质，可以承揽各种电压等级送变电工程、变电站建筑施工任务和市政工程施工任务。

工程公司具备年施工 220kV 及以上电压等级线路工程 500km、年敷设 110kV 及以上电压等级电缆 400km 的施工能力，包括架设 200km 城市复杂环境架空输电线路和年安装、调试 28 座 110kV 及以上电压等级变电站的施工能力。

经过 60 年的发展和积淀，公司在城市电网建设及电网改造、多回同塔并架线路架设、长距离张力放线、户内型变电站组合电器安装、高压电力电缆垂直敷设、大截面高压电力电缆施工技术方面处于国内领先水平。

地址：北京市丰台区南四环西路 188 号总部基地 8 区 8-14 号楼
邮编：100070
电话：63678123

【人力资源】截至年底，共有全民职工 400 人，其中高级职称 31 人，中级职称 52 人；职业技能高级工及以上专业人员 289 人，其中高级技师 10 人、技师 22 人、高级工 257 人；注册一级建造师 26 人，注册二级建造师 21 人，注册安全工程师 7 人，注册质量工程师 2 人；3 人获得公司级专家称号；30 人获得公司监造专家资格，34 人获得公司评标专家资格。共完成培训 127 项，培训 4721 人次，全员培训率达 100%。

制定人力资源三年发展规划和新员工专项培养方案；内部挖潜、外部引进、强化培训；完善绩效考核办法，细化考核指标，健全考评机制，畅通发展渠道，出台《建造师奖励办法》等措施，组织管理知识、生产技能和各类实用技术培训。

【安全生产】开展“安全管理提升”“隐患排查”“安全月”“安全审计”等安全活动，落实各项安全活动，开展反违章和安全生产专项整治活动。实现安全生产 365 天，实现 3 个安全一百天，安全纪录累计 2557 天。全年未发生安全生产考核事件，完成各项安全目标，获公司应急管理先进单位称号。

树立“大安全”管理理念，成立工程公司层面巡检组，加大监督和奖罚力度；充实分公司和项目部管理人员，完善安全技能评价，重新规范安全管理制度。调整线路专业施工组织模式，优化和引进施工队伍。改变管理模式，实行巡检“日通报”、违章行为“说清楚”，严肃考核评价机制，加大违章惩罚力度。

【工程建设】全年中标 116 项，签订施工合同 170 项。累计投产输电架空线路 384.47km/回，其中 500kV 及以上线路 262.12km/回，220kV 线路 51.83km/回，110kV 线路 70.52km/回；变电主变压器安装容量 403 万 kVA；敷设电缆 136.25km。

全年竣工工程 62 项，其中：北京地区工程 57 项（含配网工程 18 项），主要有未来城、桃园、西马、霍营等 220kV 输变电工程，海青落、五路居等 110kV 输变电工程，团河、西马等线路改造工程，黄杉木店、白云桥等变电站扩建改造工程；外埠工程 5 项，主要有糯扎度、新疆二通道、淮上、哈郑等特高压工程、深圳宝安变电站扩建工程。浙福特高压工程基础施工完成 83%，组塔完成 12%。

北京地区首个 500kV 超高压电缆敷设工程（海淀 500kV 电缆工程）正式开工，填补了国内 500kV 电缆自主施工领域的空白。公司承建的首个盾构施工任务——京阳热电厂切入红军营 220kV 送电工程实现始发。

承接公司运维检修业务，编制运维检修相关施工方案，梳理、完善相关制度和管理办法，组织人员培训、学习。在 500kV 安朝、通朝线的运行工作和 C、D 类检修工作中，完成了两会供电保障任务和配合遂营停电保电特巡任务。

【工程创优】对桃园 220kV 变电站等工程提前开展创优策划。实施全过程质量管理，加强质量监督检查频次和深度。全年未发生质量事故，未发生因施工质量问题造成的电网、设备事故，客户要求的达标投产工程和创优工程响应率达到 100%。

■ 7 月 21 日，施工人员在哈密南—郑州±800kV 特高压直流输电工程（甘）第 13 标段的铁塔上进行附件安装。（张塞　摄）

对五路居 110kV 变电站等工程现场实行质量创优自检和复检。对淮上、新疆二通道、哈郑、糯扎渡等外埠特高压线路工程进行创优工作指导。西北旺 220kV、泰和 110kV、五路居 110kV 输变电工程的工程实体质量和资料得到国家电网公司检查组的高度评价。

【技术装备】 送电专业拥有 24 台套进口、28 台套国产大型张力机、牵引机，拥有轻型落地式回转式双平臂钢抱杆 1 套、动力伞放线设备 1 套；变电专业拥有 6 套真空滤油机、6 台真空机组和 5 台 SF_6 回收装置等变电安装装备，能够满足各种室内变电站的安装需要；电缆专业拥有专业电缆运输车 6 辆、电缆输送机 250 台，可以满足各种电压等级大截面电缆的放缆施工任务；试验专业拥有德国海沃变频谐振升压设备、交联电缆变频谐振系统及油务试验系统设备装置，能独立完成 500kV 及其以下电力系统常规电气试验。应急抢修专业拥有水陆两栖车、空气动力船、雪地摩托、履带车等装备，并针对北京城市地形复杂的特点，开展应急装备的配备和研发。

■ 7 月，综合应急救援队员正在开展夏季应急联合演练。
（李燕楠　摄）

【科研工作】 加强科技工作的全过程管理，提升科技项目管理工作规范化和精益化水平。修订公司《科技工作管理办法》，增加 QC 小组活动管理的工作内容。2013 年度科技创新项目储备共 35 项，立项 25 项，已完成 20 项，其中 12 项已申报公司科技创新项目的相关奖项。“青藏电力联网工程”“室内变电站组合电器气垫运输研究与应用”分别获得国家电网公司技术创新项目特等奖和三等奖，张文新创新工作室荣获“国家电网公司劳模创新工作室示范点”称号。

全年完成 10 项 QC 小组及课题注册工作。其中：“CAD 在架线施工导地线排布中的应用”“承托绳挂点专用抱箍式卡具的应用”“电力电缆耐压试验导体连接装置的研制”获得中国电力建设企业协会颁发的三等奖。

【党的建设与精神文明建设】 深化“三心工程”。利用重大节日、工程关键时期，开展“冬送温暖、夏送清凉”“三对三篮球赛”等活动，组织开展“忆传统、爱企业、见行动”特色系列活动，以及“重走五四路”“最美的时光遇见 TA”等大型主题活动。推进“依法治企回头看”，制定“三重一大”相关制度，筑牢廉政防线。自编自导自演《惊梦》《哑妹》两部微电影。首次举办“西北热电中心”“海淀 500kV 电缆工程”两场新闻发布会，全年在新华社、《人民日报》《国家电网报》等媒体发布稿件 160 余篇，在公司媒体发稿 400 余篇。

（张　塞）

检修分公司

【概况】 国网北京检修公司（简称检修分公司）是北京电网运维检修单位，负责北京地区 4 条 500kV、全部 220kV、城近郊及远郊跨区 35kV 和 110kV 输电线路的运行维护、综合检修、带电作业、隐患治理和综合评价等工作；负责 1 座 110kV 和 70 座 220kV 及以上变电站的运维检修工作；负责北京地区 35kV 及以上电压等级电缆线路的运维检修、技术改造以及电缆网运行方式分析等工作；承担着城近郊 6 个供电公司 150 座变电站所有一、二次设备以及远郊 10 个供电公司 236 座变电站主设备的专业化检修任务；负责城近郊 10kV 配电线路带电作业的现场实施和远郊 10kV 复杂带电作业支援工作；负责发电车政治保电、应急供电和应急抢修工作。

截至 2013 年底，共管辖变电站 71 座，500kV 变电站 3 座，220kV 变电站 67 座，110kV 变电站 1 座，变电容量达 40 050MVA；维护 35kV 及以上架空输电线路 4563. 447km；负责 35kV 及以上电缆线路 1596. 789km，电力隧道 660. 681km。现有应急发电车 16 台套（含 UPS 不间断电源 4 套），发电容量 13 432kW。

地址：丰台区万泉寺（菜户营南路）石门甲 1 号
邮编：100069
电话：63120400

（刘　丛）

【人力资源】截至 2013 年底，共有全民职工 1187 人，其中：研究生及以上学历 128 人，本科学历 400 人；高级职称 73 人，中级职称 208 人；技师及以上职业资格 432 人，高级工 523 人，中级工 80 人。

建立职工电子履历信息动态数据库，每月按时进行信息更新。完善人员选拔机制，开展职能部门岗位公开竞聘，一般管理岗位 112 人、中层副职岗位 12 人竞聘上岗。加强政策宣贯，建立健全基层劳资员、事务员专业队伍，开展 3 次人力资源管理专题会。完善人才培养机制，全年组织 6 期 400 余人次的干部、管理人员专题培训及交流学习。通过专题研究和重点项目攻关，培养、锻炼技术带头人。组织为期 12 天的技师班封闭培训。建立员工培训质量控制体系，并入选公司同业对标典型经验。

2013 年 1 月，上收原四个专业单位全部职能处室，建立职能对工区的两级管理模式，完成人、财、物集约化运作和各专业的统一指挥和协调。7 月，初步完成 18 家集体企业与 1 家社会团体的规范整合，实现了以北京京电电网维护集团有限公司（简称京电集团）为母公司的集团化、集约化运作；优化整合专业管理，主业工区由 23 个缩减为 15 个。

作为试点单位，开展业务委托，签订业务委托协议及安全协议，明确委托和受托方业务范围、生产流程和安全职责。试运转半年，形成一套完整的资料和经验。

（刘　丛）

【经营管理】规范职能部门岗位编制和职责，完成 117 个规章制度的制定（修订）以及 PMS、ERP 等业务流程的适应性调整。搭建统一的干部管理平台，实现员工薪酬、福利、奖惩、绩效的统一管理。职能部室实施季度公开测评，对基层单位进行工作量和关键业绩指标的综合考核，实现全员绩效考核落地。

落实中央八项规定和依法治企有关要求，建立“一把手”负总责的依法治企责任体系。规范协同监督，开展依法治企综合检查、“回头看”检查，并落实整改。开展生产经营各类风险隐患排查，创新开展承发包、分包及物资评议，完成评议 277 项，涉及资金 6951.84 万元。领导和职能部下基层调研 5 轮，发现和解决问题 6 大类 267 项。

2013 年，管理创新成果荣获北京市三等奖 1 个、公司一等奖 1 个、二等奖 1 个。QC 小组荣获国家级优秀小组 1 个、市级先进个人 2 个、市级优秀小组 3 个。

（杨　童）

【安全生产】全年未发生人身伤亡事故、信息系统事件，未发生五级及以上电网、设备、火灾事故，未发生有管理责任的五级安全（质量）事件，未发生恶性误操作事件，未发生本企业有责任的特大交通事故。35kV 及以上电网发生六级及以下安全事件 70 次，其中六级电网事件 1 次，七级电网事件 2 次，八级设备事件 67 次。实现了政治供电“零闪动”、安全生产“零死亡”目标，安全生产长周期达 586 天，实现五个百日安全生产长周期。

■ 检修公司员工在北寺 220kV 变电站进行综合检修。

（张向东　摄）

全年共执行各类工作票 15 944 张，把控风险现场 2906 个。现场巡检累计 2224 人/次、各级领导及管理人员到岗到位 10 012 人/次，共计发现问题 241 件/次。

以“安全管理提升”活动为主线，开展安全生产大检查。完成 112 家协作单位年度资质审查，执行 217 项施工工程安全协议和安全交底的审核与签订。结合隐患大排查活动和重要政治供电保障任务，开展专项隐患排查治理，年度消除在册隐患 350 项。推进资产全寿命账卡物数据整改工作。解决了大批基建遗留、线路“父子”资产建卡混乱和报废设备卡片问题，“主要设备账卡物对应率指标管理”入选公司典型经验库。加强重要政治供电保障期间安全保卫管理，完成 3705 人次的政审、67 站次检查工作。加强应急管理，编制重要节日、供电保障任务等各类应急预案 248 个、度夏和防汛专项预案 2 个及 84 个现场处置方案。应对大风、暴雨、雷电、节日及保电任务等预警响应 47 次、应急响应 2 次。加强安全培训，细化安全奖惩。

（温春婷）

【生产管理】统一管理所有专业设备，试行“回路检修”模式。推进业务整合，集中监控输电、变电、电缆各专业平台。制定《检修分公司临时性缺陷流转管理办法》，实现消缺质量闭环管控。共完成全国“两会”、十八届三中全会等政治供电任务 90 项，共计保电时间 287 天，涉及重点变电站 336 座次，输电架空线路 1107 条次，电缆线路 1933 条次。

■ 全国“两会”保电期间，检修分公司员工正在进行电缆巡视。（王佳鹏　摄）

推进 500kV 兴都等变电站标准化建设，制定完善输电线路差异化运维巡视标准，开展全过程技术监督。建立设备监控信息分析管理机制。完成电力管道状态评价并上报运行风险分析报告。完成带电作业工作 2700 项。

加强反外力工作力度。颁布《检修分公司架空输电线路反外力奖惩管理办法》，梳理线下隐患并采取差异化管控措施，制定保安护线队伍的考核管理办法并引入 GPS 定位，实行网格化巡视策略。2013 年输电架空线路外力故障比 2012 年降低 38%。

加强工程项目调度和过程管控，共组织实施工程 55 项，竣工投产 20 项，与京电集团完成了 131 项工程的顺利交接。桃园、霍南、未来城等 5 座 220kV 变电站全部按期投产。落实招标管理和物资管控，全年报送非物资招标 30 项，评议 11 项；物资计划 18 批次，共 603 条，完成公司所属 3 个库房季度盘点。全年检修运维项目完成资金 14 806. 8 万元，专项技改项目完成资金 4654. 51 万元，完成工程结算 43 项，各项考核指标零扣分。

■ 直升机正在巡线。（张向东　摄）

（李文彩）

【科研工作】完成 296 万元项目的招投标及合同签订工作；完成 2012 年 23 项项目的验收工作，通过率 100%；完成 2014 年研究开发项目储备计划，共储备科技项目 10 项，群众性创新项目 45 项。

5 项科技项目获奖。其中，一等奖 2 项，二等奖 2 项，三等奖 1 项，“绝缘导线剥皮器的制作”等 4 项群众性创新成果分获一、二、三等奖。“基于接地电流实时监测的高压电缆接地系统状态评价”等 5 篇科技论文分获一、二、三等奖。

完成发明专利申请 20 项，实用新型专利申请 29 项，实用新型专利授权 28 项。

（李文彩）

【党的建设与精神文明建设】创新党支部工作方式方法，两项党建成果分获公司党支部创新成果一等奖和二等奖。分两期对 200 余名党员开展形势任务集中教育，创建不同岗位、不同专业“党员示范岗”。实施“用心共担”执行力提升工程。《聚焦提升执行力 用心共担大检修》获公司精神文明建设创新暨企业文化建设优秀成果一等奖。

全年表彰 14 个“五四”青年，创建 24 个“号手岗队”，挖掘宣传 36 个先进典型。拍摄《我的安全日记》微电影。截至 12 月底，在国家电网公司及以上级别媒体刊登稿件 94 篇，在北京电力报发稿 209 篇，在公司网站发稿 284 篇，制作视频新闻 64 条，共处置突发新闻应急事件 15 起。

制定厂务公开管理办法，宣贯涉及体系改革的政策和事项。实施关爱工程，增加专项经费解决班组实际需求。拓展肖永立和高天宝创新工作室创新工作领域。制定 2013~2015 年职工素质建设工程规划。

（陈俊廷）

信息通信分公司

【概况】信息通信分公司（简称信通公司）成立于2012年4月，由原信息中心与通信自动化公司合并而成，是公司信息和通信业务的专业服务机构，负责公司信息与通信系统的建设、运行、维护工作。设置办公室、党群工作部（监察审计部）、人力资源部、财务资产部、安全监察质量部、技术发展部6个职能部门；信息通信调度监控中心、信息通信运检中心、信息通信工程中心3个专业机构。

地址：北京市丰台区南四环西路188号
邮编：100070
电话：63123865

（朱　颖）

【人力资源】信通公司有全民职工211人，平均年龄45.3岁。

其中：研究生学历21人，占比10%；大学本科77人，占比36.5%；专科41人，占比19.4%，生产一线员工中专科以上占比47.7%，其中信息通信或电力专业37人（不含电力背景为28人），占比28.4%（21.5%）。

全年参加培训人次8150次，人均学时135.5h，员工培训率达100%。加大人才推荐，1人评为网省级生产技能专家，6人评为北京地市级工程技术专家。参加通信行业的技能培训和鉴定工作，20名员工通过高级技师鉴定，29名员工通过技师鉴定，88名员工通过高级工鉴定。人才当量密度1.002 5。

（朱　颖）

【经营管理】完成2013年财务预算考核指标。完成财务基础管理、税务管理、项目法人管理费、小型基建项目财务管理的自查工作。完成2002~2013年的会计资料电子档案的核对工作，利用财务管控系统，形成标准化的数据格式进行保存、查询。开展经营诊断分析，梳理影响经营效益的因素，完成《信通公司经营诊断分析报告》。完成国家电网公司依法治企检查、公司依法治企“回头看”的检查、工程竣工决算审计、公司财务专项检查、公司“三公”消费专项检查，组织各部门对检查发现问题进行分析、整改、建章立制。编制完成财务专业的内控标准流程。

（于纪青）

【重点工作】全年完成3个百日安全长周期，未发生电力生产人身轻伤及以上事故，未发生统计和考核的一类障碍及以上事故，未发生信息安全事件，累计安全生产3477天。

完成安全审计工作。开展劳动保护监督检查调研，组织有限空间作业安全教育等多批次安规培训。参与并配合公司完成应急大赛的技术支撑。通信专业风险管控纳入公司安全风险管控系统。开展“安全管理提升”活动。

9月12日，信通公司人员在进行调度数据网A平面网络优化调整。（马鑫　摄）

完成安全生产指标。完成国家电网公司统推系统调整工作46个，编制各类方案46个、调整权限2460个、调整业务流程54个。完成通信网方式分析及风险评估工作、方式优化调整215项。完成各类通信调度工作8506项，协调处理各类通信缺陷986次，审核批复工作计划7504项，执行通信各类停复役检修工作298项。完成各类电视电话会议保障609次，会议保障历时总计约1522h。

（骆　娜）

【科研工作】完成专利申请3项，获得专利授权一项。“电网安全风险管控系统”“电网安全风险管控系统V1.0”“办公信息化平台系统V1.0”“电网安全生产风险指数系统V1.0”“防汛管理系统V1.0”“干部竞聘系统 V1.0”“重要客户服务管理系统 V1.0” 6 个软件获得中华人民共和国计算机软件著作权登记证书。

■ 2 月 12 日，信通公司举行 QC 成果发布会。（马鑫 摄）

获得公司科技进步奖 9 项，其中：“北京市智能充换电网络管理服务平台建设及示范应用”“基于 WEBGIS 技术的电力业扩报智能支撑系统的研究与应用”“安全生产风险指数体系研究与应用”三项获得科技进步一等奖；“电网运营企业 IT 基础构架优化研究与应用”“电力系统指挥调度多通信模式融合技术的研究与应用”“城市微电网接入技术研究及可视化展示”三项获得科技进步二等奖；“基于电网空间信息系统的低压用户管理技术研究”“缴费渠道管理信息平台开发”“公司生产值班技术支持系统的开发与应用”三项获得科技进步三等奖。科技论文《北京电力应急通信信息体系建设的探讨》获得公司 2013 年度科技论文三等奖。

被评为公司 2013 年度科技环保信息通信管理先进单位称号。

（陆醒晔）

【优质服务】 以营销相关系统为试点，推进信息系统应用集中运维基地建设，编制管理制度、梳理工作流程和标准、建立健全信息系统客户服务管理办法。为北京地区卡表、国网智能表、网络表共 663 万客户的电费收缴业务提供信息系统技术支撑。改造 3G 单兵装备，完善应急指挥系统功能，全年共启动应急响应 57 次。完成十八届三中全会、嫦娥三号发射等特级保障任务 7 次、一级保障任务 25 次，重要保障时间 92 天。

（郝 颖）

【党的建设与精神文明建设】 加强政治理论学习和干部队伍作风建设，领导班子成员在公司及以上刊物发表论文及学习体会 14 篇。开展党支部创新实践活动，通信运维党支部创新成果“徒步走再度启航”获公司二等奖。开展党员“四带头，四争做”主题教育活动，组织“强作风、塑文化、靓形象”优良作风大讨论，并荣获“网上谈”活动优秀组织单位。

■ 3 月 13 日，信通公司召开“师带徒”启动会。（孔令冬 摄）

开展精神文明建设，《“师带徒”+“导师制”全方位打造科技铁军》获公司精神文明创新成果二等奖，《“五维度五到位”廉政风险防控探索与实践》获公司精神文明创新成果三等奖。践行社会责任，落实北京公司《服务首都发展白皮书》，《满意服务全天候 保障售电解民忧》入围公司社会责任实践案例，《无怨无悔 不辱使命》荣获公司十大真情故事。组织开展“追忆烈士恩 传承五四魂 缘聚陶然亭 牵手百年情”主题团日活动，拍摄微电影《失恋 33 天》及《特别的端午节》，获得公司精品团课称号。

（王 辉）

培 训 中 心

【概况】 国网北京市电力公司培训中心（简称培训中心）是国网北京市电力公司职工教育、人才培养的基地，担负着公司党政领导干部、管理人员和技术技能人员培训、职工技能鉴定工作，承担各类会议的服务保障工作。培训中心现分为模式口、大雁楼2个校区，总部设在石景山模式口校区。共设置8个部门，职工总数132人。

被授予“首都文明单位”荣誉称号，获得北京市石景山区交通安全先进单位、北京市石景山区集邮协会先进集体，荣获公司“强作风、塑文化、靓形象”网上大家谈活动优秀组织单位、精神文明暨企业文化建设成果三等奖、优秀奖、2013年度管理创新成果三等奖、状态检测技能及知识竞赛优秀组织奖、创新工作室成果展优秀成果奖、优秀团课奖、“大兴杯”国网北京市电力公司第四届职工羽毛球赛体育道德风尚奖、第三届职工乒乓球比赛优秀组织奖、体育道德风尚奖，“翠微山”矿泉水获中国绿色食品2013青岛博览会畅销产品奖。

地址：北京市石景山区模式口三号院
邮编：100041
电话：63679500

【经营管理】以深化人力资源集约化管理为目标，夯实人力资源管理基础，完善基础数据资料，规范岗位设置。制定并印发《全员绩效管理实施方案》等文件，对中心全员绩效考核体系进行系统梳理，规范员工薪酬结构和标准。

按照公司依法治企“回头看”要求完成自查自纠。按照公司财务专业检查部署做好问题和风险排查。完成国家电网公司依法治企检查的各项迎检工作。推进ISO9001质量管理标准和ISO10015培训管理标准的落实，将质量管理标准与各项工作融合。

规范培训管理工作，梳理流程，明确培训管理与培训实施的工作职责。落实公司各项工作要求，规范内部管理，调整经营管理策略，开拓市场，提高经营效益。

【培训工作】承担公司领导干部培训班、后备干部培训班、专业调考集训班等重点班次的培训组织工作；组织公司安全评价考试、国家电网公司招聘考试及装表接电、变电运行技能竞赛；完成鉴定考核工作；完成公司“两会”及各个专业会议服务保障任务。全年共完成培训、会议、竞赛、考试等447期56 244人次，达到100 112人天次。拓展培训工作的覆盖面，协助公司其他二级单位开展生产技能人员和管理人员的培训，针对二级单位的需求，组织专项培训完成公司下达的年度培训工作绩效考核指标，加强培训质量的管控，在重点班次的组织管理工作中实现工作水平的新提升，培训满意率达到93%以上。

■ 10月24日，北京市职业技能竞赛装表接电实操比赛现场。（马建飞　摄）

■ 10月15日，农网配电营业工鉴定实操考试。（马建飞　摄）

【党的建设与精神文明建设】在全体共产党员中开展“四带头四争做”主题教育活动和“履行承诺做示范创建党员责任区”活动。以“评五型　树榜样　共建幸福培训中心”为主题开展先进典型选树活动。开展

■ 11月27日，培训中心开展道德讲堂活动。（马建飞　摄）

“五个一”文明创建活动，加强员工思想道德建设。组织各部门有效开展协同监督工作。利用多种方式开展廉政教育、廉洁文化宣传工作。正式组建团支部。组织青年员工积极开展“高举团旗跟党走 立足岗位靓青春”主题活动。

工会组织开展多项劳动竞赛，在公司组织的财务、人资专业调考中取得良好成绩。组织开展“我与培训中心”主题演讲比赛、办公技能竞赛等劳动竞赛活动。组织第一届“幸福杯”职工羽毛球、乒乓球联赛等活动。

（卢　焰　娄　强）

物资供应分公司

【概况】国网北京物资公司（简称物资公司）是公司的直属二级单位，主要负责国网北京市电力公司各单位物资供应和物资仓库管理，物资计划收集、汇总和结算审核，招标和非招标物资采购、合同签订和结算，履约协调，产品质量，供应商关系管理，仓储配送，废旧物资处置及应急物资管理等工作。

下设综合管理部、财务部、物资计划部、合同管理部、质量监督部、招标部、物资供应部（含物资调配中心）等 7 个职能部门和仓储配送中心 1 个业务工区，有北京市科创新业物流有限公司 1 个集体企业。

截至 2013 年底，共有全民职工 160 人。其中研究生及以上学历 7 人，本科学历 26 人；高级职称 13 人，中级职称 9 人；技师及以上执业资格 115 人，高级工 32 人。

地址：北京市西城区樱桃二条七号

邮编：100054

电话：63679119

【经营管理】完成“三集五大”体系建设验收工作。完善集中采购策略。落实 5000 万专项资金用于零散物资集中采购和调用，采购效率同比提升约 54.67%；完善物资计划申报和审核机制，加大审核把关力度，计划准确率同比提升 19.24%。确保 6 项 220kV 及以上输变电工程、19 项 110kV 输变电工程、煤改电等 1140 余项其他工程的物资按期到货。实行重点工程项目经理制，确保海青落、未来城、西北热电中心等重点工程物资的及时供应。保障应急物资储备，在“4·20”雅安地震中，公司在接到启动应急响应指令的 16 个小时内，将 100 顶帐篷空运至灾区。在质量管控方面，建立“库区集中检测”的质量抽检模式。对供应商进行不良行为处理和绩效评价。截至 2013 年底，主要设备出厂验收一次合格率达到 100%，配网核心物资抽检合格率达到 98.2%。推进库存资源盘活利用，实现“零积压目标”。历时半年，清理历史问题账目 19 578 项，涉及 1014 个工程项目，累计降低公司资产负债率约 2%，盘点清查固定资产、存货、工程物资。核实固定资产，实现“摸清家底、堵塞漏洞”的工作目标。完成 50 项工程物资结算任务，以及 50 项基建工程的合同、财务、转资工具三方数据核对工作，订货数据 6700 余条。规范集体企业经营管理，成立董事会和监事会，完成 9000、3C 认证等工作。

总结 2012 年“师带徒”活动先进经验，丰富 2013 年“师带徒”活动内容。组织开展“三集五大”体系建设物资专业知识调考预测试工作。

■ 8 月 2 日，国网北京物资公司 2013 年度“师带徒”活动启动会。

（滕沫　摄）

【重点工作】截至年底，实现了安全生产 9073 天，防火安全 12 015 天，交通安全 12 215 天。全年对仓库、集体企业施工现场等重点场所开展安全大检查和隐患大排查 8 次。以现场实操形式，重点针对工程现场作业员工进行安全培训。更换了牛街办公楼、仓库消防、技防设备，重新购置了安全防护装备，消除安全隐患。

加强应急体系建设，开展无脚本应急救援实战演练，强化应急装备的配备和培训。应对“3·9”强风、“6·7”暴雨、“8·6”高温等应急响应。在 2013 年公司应急技能竞赛联合演练中获得应急技能竞赛二等奖、应急联合演练优秀组织奖。

研发电力物资智能巡检盘点系统，为仓库信息化管理提升奠定基础。完成了新 MIS 系统全部升级改造工作并成功上线试运行。全年形成各类成果 33 项。其中，“物资公司定额储备采购管理”获得北京公司 2013 年度管理创新成果一等奖。“电力物资智能巡检盘点系统二期”等 4 个项目提前完成 2014 年科技信息化项目储备。

完成西北热电中心 220kV 送出工程所需物资的采购及配送工作。为满足工程工期的需要，供应商服务大厅实施绿色办理通道，实行中标结果分配、合同签订、物资通知排产等环节的专人经理负责制，使相关供应商在服务大厅七个工作日内完成合同业务的办理。

2013 年，物资公司在英大网登载视频 3 部，在《国家电网报》上刊登稿件 1 篇，在中电新闻网刊登稿件 57 篇；在《北京电力报》上刊登 72 篇稿件，在《基层动态》上发布稿件 163 篇，在《网络政工》上发布稿件 63 篇。在公司好新闻评选中，分别获得好文章、好消息、好图片、好视频等奖项。全年走访孤寡老人 10 余次、残障学校 1 所、完成“太阳村”青年志愿服务队工作。同时，微电影《会变的房子》获得全国电力行业优秀电视篇微电影展评一等奖。

【党的建设与精神文明建设】加强“四好”领导班子建设。落实“三重一大”制度。中心组全年学习 27 次。改进干部队伍作风。贯彻落实中央“八项规定”及上级公司 1 号文件相关要求，加大对干部作风的监管力度，重考核，强防控，弘扬“三吃一担”精神。开展“七廉”活动；层层签订责任书，并对新提职干部进行了廉政谈话。出台廉洁从业重点岗位监督办法，对重点岗位人员分专业进行了集中轮训和廉政考试。

细化分解思政同业对标指标 4 大项 42 小项。组织庆祝建党 92 周年创先争优表彰活动，公司 3 个先进党支部、12 名优秀个人受到表彰。开展党支部创新实践活动，业务二党支部获公司“2012～2013 年度党支部创新”优秀成果二等奖。参加公司“中国梦 国网情”先进典型事迹巡回演讲。组织召开“榜样的力量”十佳员工、十大真情故事颁奖大会。

■ 5 月 30 日，物资公司开展“走进太阳村，传递幸福情”献爱心主题活动。（古书华 摄）

（武　鹏）

综合服务中心

【概况】综合服务中心（简称中心）成立于 2012 年 5 月，是公司的直属二级单位。负责人事（不含干部）、科技、基建、会计、文书、声像等档案管理工作；负责公司续志、年鉴资料搜集和编撰工作；负责公司报刊出版发行、内外网站新闻宣传及影像新闻制作；负责公司各类学协会等社团的归口管理，受托承担《农村电气化》期刊社和中国农村电气化信息网的日常工作；负责公司层面临时机构专职人员、外借人员、本部司机等员工的人事关系管理。下设综合管理部、人力资源服务部、财务部、媒体业务部（报社）4 个部门，代管学协会管理部。综合管理部内设档案馆、史志办公室；媒体业务部（报社）内设编辑处、影像处、网络宣传处、新闻采访处；学协会管理部内设学会管理处、协会业务处、期刊编辑处、期刊发行处。

地址：北京市西城区前门西大街 41 号
邮编：100031
电话：63121421

【人力资源】截至 2013 年底，共有职工 62 人，平均年龄 48.5 岁。其中：具有大专及以上学历 55 人，中级及以上专业资格 47 人。

按照公司人力资源管理相关文件要求，开展各项常态工作，完成全年综合服务中心薪酬、保险、福利核定、发放及人资报表统计、上报工作。完成公司2013年度200名新入企员工薪酬、保险核发及各项相关数据收集、整理、归档工作。按照公司本部标准及要求，开展绩效考核工作。

【财务管理】推进财务集约化工作，开展中心经营诊断分析。优化资源配置，保证中心主要业务资金支出，控制会议费、业务招待费费用标准，压降低效成本，提高资金使用效率。强化勤俭节约意识，管控费用支出，严格资金支付审核，确保全年支出水平控制在预算额度内。全员专业统考成绩优异，中心财务专业获得公司团体第三名。

【档案管理】接收2012年新入企大学生档案170卷、2012年入党人员材料304份、退休材料198份、员工履历表5931份。提供档案查阅1036卷，档案借阅389卷，出具相关证明材料201份。

全年收集变电站、电力隧道工程档案共1031卷。完成工程档案创优工作。编制《北京市重点建设项目档案指导手册》，深入施工现场检查指导档案工作。配合基层单位工程项目审计工作，接待工程档案借阅1100卷。完成冀北电力有限公司对公司工程档案移交的接收工作。

参与修订《电力隧道工程施工监理资料管理指导手册》。审核输电架空线路工程、电力电缆工程档案共150余个项目，1000多卷，约80余人次；归档82项，524卷；提供档案借阅78项，1100卷，47人次。提供公司依法治企纸质档案30余项约800卷。完成档案复查和清理补充工作。接收冀北公司架空线路档案共4个项目、674卷。

接收2012年公司收、发文、传真及机关部室文件10 509件；接收2012年授权委托经济合同1079件。编写1980~2012年公司中层领导干部变动情况的编研，共计53 000余字。整理授权委托经济合同1079件。档案借阅利用548件172人次。完成2012年组织机构编研工作。组织基层单位档案员进行档案业务培训。

完成接收2011年度公司本部、机关本部、社保中心、公司工会会计档案共计1901册。整理2010年度会计档案1788卷。配合工会完成公司原工会主席李国华离任审计，提供会计档案日常工作查考借阅710卷。配合公司“依法制企”工作提供会计档案查阅1324卷。

【志鉴管理】落实北京市委办公厅、市政府办公厅《关于开展北京市第二轮地方志书编纂工作的通知》精神，完成《北京志·工业志（1999~2010）》“电力篇”的编纂工作。上报6万字稿件，被北京市地方志编辑部评为优秀典型，在北京市工业系统内进行经验交流。

完成《北京电力发展（1999~2010）》初稿编纂工作；完成《国网北京市电力公司年鉴2013年》编纂印刷工作；完成《国家电网公司年鉴2013年》《中国电力年鉴2013年》《北京工业年鉴2013年》《北京西城区年鉴2013年》稿件上报工作。

公司被北京市经济和信息化委员会评选为“2013年北京工业志先进集体”。史志办一名同志被中国电力发展促进会评为《中国电力年鉴2013年》优秀撰稿人。

【学、协会管理】完成岗位设置，规范社团管理，完成对公司成立、参加、挂靠社团组织的调查摸底统计工作，并撰写调查情况报告。农电学会完成换届筹备工作，确定新一届委员人选。农电学会与国家电网公司农电部、国网能源院合作开展的《构建适应城乡统筹发展的农电发展新机制研究》项目获得国家电网公司年度管理咨询优秀成果一等奖。

《农村电气化》和《农电管理》全年刊登各类稿件700余篇。农村电气化网日更新各类消息、文章等300篇以上，日点击率达5万以上。全年发行量达到97.06万册，较2012年增加3.62%。

【党的建设与精神文明建设】贯彻落实“三重一大”决策制度，加强党风廉政、精神文明宣传教育，开展干部述职述廉和民主测评工作。落实中央“八项规定”，参与“强作风、塑文化、靓形象”主题实践活动，开展优良作风大讨论、企业文化建设等活动。组织读书、集体学习、参观、长走等多种形式的文化活动。

（居　然）

客户服务中心

【概况】国网北京市电力公司客户服务中心（简称客服中心）成立于2012年4月，2013年7月由供电服务中心变更为现名，是公司的直属二级单位。作为公司“大营销”体系业务支撑和实施机构，承担着重要客户差异化服务、市场研究及大客户服务、95598 热线服务、电费业务集约处理、营销自动化业务技术支持和代管北京电力展示厅的专业管理职责。设置综合管理部 1 个职能部门；6 个业务支撑与实施机构，分别为重要客户服务部、市场及大客户服务部、业扩报装服务部、95598 供电服务部、电费管理部、技术支持部。下设北京惟明力通工程监理有限责任公司 1 个集体企业。

地址：北京市东城区东打磨厂街 1 号
邮编：100062
电话：63122088

【人力资源】截至年底，共有全民职工 110 人。其中，研究生及以上学历 21 人，本科学历 97 人；高级职称 17 人，中级职称 43 人；技师及以上职业资格 11 人，高级工 65 人，中级工 44 人。

2013 年，通过选聘、竞聘等方式，员工人数由成立之初的 73 人增加至 119 人（含借调 9 人）。人员结构更加年轻化、专业化、知识化。开展“全员岗位练兵月”活动，学习《国家电网公司员工奖惩规定》。参加“十八项反措”普考，荣获公司营销专业团体第一名。通过季度绩效测评、封闭式脱产培训、多岗位锻炼等形式，拓宽中层干部职业生涯履历。深化市场化用工“五统一”管理模式，完善岗位职责、绩效评价、员工退出机制标准，实施市场化用工主要生产岗位绩效改革，推进持证上岗工作。

出台《新入职高校毕业生入职培养管理办法》，组织大学生轮岗 13 人次。开展公文写作、法律法规等集中培训，累计参培人次达 838 人次，创新举办部门主任大讲堂系列讲座 5 次。

【安全生产】开展“安全管理提升”活动，围绕“梳理流程、防控风险、夯实基础、推进创新”四个方面，加强安全风险管控。开展安全隐患大排查，逐条建立隐患档案，建立职能部门监督考核、业务部门协同保障的安全管理立体保障体系。加强一线员工岗位安全培训，梳理营销作业现场风险点，制定标准化作业卡，保障人员作业安全。

逐级落实交通安全责任，执行公司车辆使用“十条禁令”。举办全员消防专题讲座，开展消防安全隐患专项排查治理工作，加强门禁管理。严格遵守特种设备安全管理规定，保证特种设备安全使用。开展“质量月”活动，健全完善服务质量管控体系，提升供电服务水平。全年未发生一起安全责任事故。

【经营管理】持续推进“一个窗口、四个平台”建设，实施“五心换三心”服务品质提升行动。修订客服中心《报销管理办法》等制度。强化预算管理工作，加强财务与业务融合，实现预算编制、执行及分析全流程管控。严格控制“三公”经费支出，优化财务报表编制流程，初步搭建起内部控制标准体系。建立重点工作督办工作机制，明确重点督办任务 26 项，细化节点计划 189 项。加强周例会布置工作的督办力度，每周通报落实情况。开展依法治企“回头看”，落实公司依法治企综合检查和改进作风“八项规定”工作要求，在项目审计、合同管理和车辆使用等方面加强管理。完成旧展厅拆除工作，开展新展厅建设，期间发挥流动展厅灵活、便利优势，开展活动 62 次，受众达 10 150 人。落实主多分开“回头看”整改要求，实现集体企业重组整合。

【重要客户服务】打造重要客户延伸服务标准规范体系，建立重要客户安全运行“客户端”、“电网侧”系列标准规范。建立重要客户档案资料“全息管理、一案既得、专业融合、动态维护”的长效管理机制，实现上至电网信息可追溯、下至负荷末端全覆盖。创新重要客户延伸服务举措，推出以低压运行模拟仿真平台、客户侧快速应急接入装置、重要负荷评估、低压排查、经济运行分析等为专题的试点服务。深化重要驻地差异化服务，全面完成新增驻地排查和档案完善，加强与驻地管理部门有效联动，试点开展驻地内部设备改造安全服务，初步实现驻地信息化管理。

实施公司管理创新项目“基于重要客户供用电保障常态化服务模式，打造电网需求侧管理特色用电服务品牌”。该项目入选国家电网公司重大管理创新示范工程，并获得国家电网公司管理创新成果一等奖。

全年完成涉及重要客户的 9 大类专项服务工作 1390 户次，客户个性化需求响应服务 864 户次；完成重大活动保障工作 67 项，保障时长 4392.5h，其中完成驻会保障 12 项，时长 1395h。

【业扩报装】全面落实公司业扩集约工作要求，高效完成人员、机构调整与营业厅建设，3 月 1 日，实现城近郊 630kVA 及以上客户报装、方案编制、图纸审核业务集约至客服中心办理。12 月 30 日，完成通州、昌平、大兴远郊地区业扩报装集约工作。建立客户经理“一口对外、全面协调”、方案与审图“技术支撑、协同配合”的服务新模式。

制定报装受理、供电方案编制、设计图纸审核等环节的工作计划，协助公司发布业扩集约管理办法，修订供电方案编制标准，编制各环节工作实施细则及岗位标准、工作标准、技术标准等 45 个。协助公司开发业扩报装辅助支持系统，基本实现了部分电网信息的查询功能和方案编制功能。建立定期通报机制，及时反馈客户接入需求，配合公司“网格化”配网规划落地。

2013 年，客服中心受理报装 627 项，其中 10kV 重要客户 22 项，35kV 及以上客户 16 项。编制供电方案 524 个，客户确认 458 个，审核设计图纸 326 个。97 项协调督办的重点工程如期送电。

【95598 热线】完善涵盖日报、周报、月报及专报的多维度信息分析支撑体系。深化生产、营销信息的资源共享，与总值班室、生产值班室建立专线联系机制。超前开展 95598 远程工作站建设模式和运行机制研究，开展系统对接、运营管理转型与业务模式改造等工作，11 月 23 日完成 95598 五项业务上划。统一业务受理口径与客户答复标准，严格业务办理和工单填写管控，加强五项业务的全过程督办，深化与公共服务平台的信息联动。加大制度标准和业务流程的培训力度，加强对服务行为的监督检查。研究热线运营指标提升策略，强化服务品质管理系统功能应用。完善 95598 互动网站、短信、社区联动等多种服务渠道。

2013 年，热线呼入电话 336 万次，其中请求人工数量 229 万次，热线人工接听数量 202 万次，人工接听数量同比增长 20.24%；人工接听率达 88.38%，同比增长了 1.64 个百分点。受理报修 35 万件，受理投诉、建议、举报、意见共计 12 686 件。完成市政管委、12 345 转派工单 12 547 件。启动应急值守模式 108 次，应急上岗 1326 人次。

【电费管理】7 月 30 日，完成全部供电公司电费一级账户集约管理，实现银行资金到账通知电子化传递，对账、记账系统自动化处理。建立健全电费集约管理规章制度，明确各环节职责分工与处理流程，向各供电公司开展电费集约业务指导。累计收入一级账户电费资金 576.55 亿元，电费资金平均在途时长由 6.12 天缩短至 2.67 天，售电系统自动化对账、记账成功率达到 99.87%。

先后开通浦发银行、北京邮政等 4 家代收机构售

■ 11 月 23 日，95598 五项业务上划系统割接现场。（杨永铃　摄）

电业务，拓展充值卡、支付宝手机客户端、集团户交费和网上交费业务，“零距离”交费模式初步建立。借助北京市政府“金融服务村村通”工程资源优势，在农村智能电能表换装地区扩增代收费网点。联合《北京晨报》《京华时报》等近 40 家媒体，开展交费渠道、购电流程、电价政策宣传。深化交费渠道管理平台“电子交费地图”功能应用。强化交费渠道质量管控，对代收机构柜台和自助网点制定评价体系，开展第三方服务调查。2013 年，新增远郊农村地区代收费网点 412 个。

【科技工作】开展“科技助力供电服务品质提升”行动，建立“科技项目储备库”。完成 2013 年度科技成果、群众性技术创新成果及优秀科技论文申报工作。首次承担并完成公司专利项目申报指标。开展信息安全竞赛活动。开展“信息安全专项治理提升”活动，全面排查信息安全隐患情况。

全年形成中心科技成果、群众性技术创新成果 16 项，申报专利 13 项，获公司科技成果及群众性创新成果五个奖项，其中，“基于 WEBGIS 技术的电力业扩报装智能支撑系统的研究与应用”获公司科技进步一等奖，“重要客户低压系统仿真平台”获公司群众性创新成果一等奖。

【党的建设与精神文明建设】贯彻落实党的十八大和十八届三中全会精神，落实中央“八项规定”。结合建党 92 周年和公司“中国梦·国网情”、“四带头四争做”、“强作风、塑文化、靓形象”等活动，教育引导党员积极参与企业发展建设。

创新开展“EAP 员工关爱行动”，改善一线员工心理状况。加强党员服务队建设，被评为公司优秀服务队示范点。创建重点岗位人员廉政档案，建立廉政

■ 5月24日，客服中心党员服务队在密云太师屯开展“交费渠道进乡村”活动。（杨永铃　摄）

风险信息库。推进协同监督、效能监察和纠风工作。围绕公司“电靓京城”品牌活动，开展品牌建设和新闻宣传工作。深化社会责任管理，组织开展“公众开放日”活动。开展劳动竞赛、民主管理、合理化建议征集、先进人物选树培养等各项工作，推进职工创新工作室建设、班组标准化管理，组织开展素质拓展、秋季长走等文体活动。

2013年，获北京市“首都文明单位”；公司“先进单位”“优质服务先进单位”“品牌建设先进单位”“2013年度创建‘四好’领导班子先进集体”“文明单位标兵”“党风廉政建设工作优秀单位”等荣誉称号；党委获公司先进基层党组织。

（魏妍萍　芦京京　胡晨同）

国网北京电动汽车服务有限公司

【概况】国网北京电动汽车服务有限公司（原北京华商电动车动力科技有限公司）是公司的全资子公司，于2010年4月30日机构成立，2011年2月14日完成工商注册，2013年7月按照公司相关要求完成更名，7月和8月先后完成党支部和工会的更名。国网北京电动汽车服务有限公司（简称电动汽车公司）注册资金1.5亿元人民币，主要负责北京地区的电动汽车充换电服务网络运营工作，包括充电站运营、电池租赁与配送、充换电设备租赁及与电动汽车相关的其他服务工作，肩负推动北京市地区新能源产业发展和实现“绿色北京”的使命。

电动汽车公司设置综合管理部、财务资产部、运营管理部、技术服务部4个职能部门和运行管理中心、检修配送中心2个业务机构。综合管理部下设综合服务班，运行管理中心下设1个监控班、4个充换电站、14个运维班，检修配送中心下设3个检修班。

截至年底，电动汽车公司运营充电站43座，包括大型充换电站3座、直流充电桩站2座、出租车充电桩站13座、2吨环卫车充电桩站25座；试运行充换电站3座。服务车辆1642辆，其中电动公交车190辆、电动出租车950辆、电动环卫车502辆；累计提供充换电服务41.63万次，充电量1481.88万kWh，服务里程2784.11万km。

地址：北京市丰台区南四环西路188号11区16号楼
邮编：100070
电话：63123798

【人力资源】截至年底，电动汽车公司有全民员工23人，其中：硕士研究生及以上9人，本科12人，专科2人；中级及以上专业技术资格16人。

疏理业务流程和岗位职责，调整机构及编制。组织开展绩效合约签订，完善考核指标，提高可操作性和实效性。

开展全员岗位练兵活动，组织法律风险、充电操作技能、安全等专项培训，参培学员436人次；完善生产技能题库，开展生产人员普考和评级，229名学员参加考试；推进技能鉴定工作，170名充电站现场工作人员取得低压及以上等级电工本。开展服务组织体系标准化、充换电站作业标准化、充电桩（站）作业标准化、动力电池全寿命周期管理标准化、充电站设备及设施缺陷管理标准化、交流充电桩检修标准化、闭环管控标准化建设，提升充换电服务质量。该项管理实践《电动汽车充换电标准化服务探索与实践》获公司管理创新成果二等奖。

【经营管理】截至年底，共服务充换电客户116户，其中公交车客户4户，出租车客户8户，环卫车客户104户。

完成公交、出租车客户的电池租赁合同签订工作；环卫客户的电池租赁合同签订率过半。完成2013年充换电设施运维合同签订，相应合同款到账；配合公司营销部、财务部开展2014年充换电设施运维标准成本测算工作。完成动力电池采购31项，包含配套电池3219套。

如期完成集体企业交接，实现增资270万元；结合主管业务拟定业务整合方案，完成组织机构体系与管理制度建设，制定开拓市场的思路与措施。按月度开展常态化经营分析；完善分析模式；落实电池采购融资渠道；控制财务、法律风险，强化增收节支。完成集体企业接收、增资及组织机构体系搭建。

【科研工作】 完成“北京市公共领域电动车示范运行保障体系建设”课题报告；“电动汽车动力电池解锁装置研制”QC成果获得“石电杯”QC成果发布会二等奖、北京市电力行协QC成果发布会二等奖、北京质协63次QC成果发表会优秀奖；“电动车动力电池保险研究”获公司2013年度政策研究三等奖，该成果填补电动车动力电池保险市场空白。完成“换电机械手改造”“多功能动力电池解锁手柄”“移动扶梯装置”“收发车记录存放架”等专利申报工作6项。2013年，与电池厂家以联合办公的形式商洽相关工作。

■ 四惠电动汽车充换电站。（崔晓楠　摄）

【安全生产】 2013年，未发生人员安全事故和重大设备异常及故障，未发生各类人员责任事故，未发生重大社会负面影响事件，未发生客户服务责任投诉。

建立健全标准化工作体系，完善安全生产管理制度。编制完成《电动汽车充电站管理规范》《充（换）电站现场工作安全规程》《安全生产职责规定》《动力电池技术管理规定》《充换电设备设施故障检修处理规定》《交流充电桩标准化作业指导书》等制度，对充电站运行、设备、安全管理等工作提出规范化要求，全过程闭环管理缺陷处理流程。

常态开展充换电设备及设施隐患排查，组织开展“隐患排查”“应急演练”“道路测试”“电池监测”“安全审计”等系列安全活动。

4月，开展年度动力电池检测工作。完成北土城、马家楼运行1年后的动力电池返厂性能检测，并送北京电科院进行复测比较。全年共完成1116组动力电池验收，并针对动力电池冬季、夏季运行特点，编制运行分析报告。6月，启动自行检修工作。编制并印发10大类《交流充电桩检修工作标准化作业指导书》，全年共完成284个交流充电桩的定期保养和112次故障应急处缺，排查安全隐患19处。

■ 电动汽车公司检修班人员对充电桩进行故障处理。

（于景阳　摄）

【党的建设与精神文明建设】 学习贯彻党的十八大精神，坚持“三会一课”制度，开展支部书记讲党课活动。推进高安屯充电站“共产党员示范岗”和“共产党员示范创建岗”建设，获公司机关党委支部创新成果二等奖。开展“党群结对帮带”，及“党支部结对子共建活动”，发展党员3人。推进服务型党组织建设，向公司提交《共产党员服务队建设方案》。落实“八项规定”要求，严格管理公务接待、会议、车辆使用；将党风廉政建设与业务工作紧密结合，推进“一岗双责”工作。

建立二级新闻宣传网络，实时报道基层工作及国家电网公司新能源工作，在人民网、新华网、《国家电网报》等媒体发表文章173篇。在公司新闻宣传专项评比中，《效益效率并重助力节能减排》获“好文章”三等奖、《电靓京城牵手未来活动走进北土城》获“最佳新闻图片”三等奖。《“电亮”充电站，破解电动汽车用户“夜充不便”》在公司全面社会责任管理项目评比中获优秀履责案例。与公司外联部联合组织“电靓京城，牵手未来”活动，开展“公众开放日”活动，接待各界对充换电站调研参观48批次725人次。组织摄影比赛、棋类比赛、春秋季长走等文体活动；筹建职工书屋；组织开展员工集体合同协商。

（姚　莉）

北京市供用电建设承发包公司

【概况】北京市供用电建设承发包公司（简称承发包公司）是公司的全资子公司，负责北京地区承发包供用电工程建设和供用电技术咨询的业务。承发包公司共设置9个部门和2个单位，分别是办公室、财务资产部、监察审计部、投资经营部、客户服务部、安全质量部、工程管理部、合同预算部、规划设计部，以及北京华商电力管道有限公司、北京华龙电力物资公司。

地址：北京市东城区祈年大街8号
邮编：100062
电话：63123300

【人力资源】承发包公司共有职工93人，其中：中共党员61人，占职工总数的66%；研究生及以上学历17人，占职工总数的18%；大学本科学历56人，占职工总数的60%；高级职称24人，占职工总数的26%；中级职称37人，占职工总数的40%。

强化“三考”工作管理力度，探索绩效体系支撑公司战略的管理新模式。搭建以提升部门核心能力为基础的教育培训体系，打开培训管理新局面，服务公司发展。建立健全干部管理体制机制，加强干部基础管理及业绩考核评价，开展中层干部测评及后备干部梯队建设。完成组织定位的调整转型及员工队伍的优化建设。

【经营管理】以“一流三化”办公室建设标准为模板，开展管理提升和诊断分析，优化各部门业务流程，完善规章制度体系，试点推行工作手册编制工作，形成“流程管事、制度管人”的管理界面。依法纳税，与管道公司双获北京市国、地税两局纳税信用A级企业殊荣；深化全面预算管理，提高月度现金流预算执行完成率；出具财务稽核报告12篇，解决日常和专项稽核发现的问题10项。开展主多分开“回头看”，妥善处理车辆、房产等问题。

落实“八项规定”和“三公消费”规定，建立完善相关工作制度11项。采用“一车一卡”的方式，统一调配使用、维修、保养及管理各项费用，完成主业车辆管理监控系统车载终端的安装工作。履行“三重一大”决策程序，开展内控体系建设，启动标准流程差异分析。完成102项工程的业扩专项清理工作，资产负债率首次降至85%以下。强化干部作风监督，在6个党支部设立纪检委员；推进协同监督，组织召开4次协同监督联席会议，整改问题56个。实施工程全过程审计，迎接内外部审计检查项目9项，其中配合国家审计署审计检查2项，建立审计闭环管理机制。

【电网建设】签订项目管理服务合同476项，同比增长23%；由公司直接签订的集约项目合同共94项。组织开展57项客户外电源工程建设，其中东交民巷29号院宽沟招待所工程、北京哈罗英国学校外电源工程等10项工程完成送电。组织完成239项施工招标，为293个客户提供设备选择服务。推广利用典设开展施工招标，完成《人民日报》社、首座御园等6项工程典设招标工作。为重要客户量身定做服务方案，完成国能电池、长安汽车等13项重点工程送电工作。建立客户工程回访制度，工程送电后实现客户回访率100%；制作客户服务手册及视频，推广服务开展模式。成立4个区域项目部，梳理完善16项工程管理制度。

组织建设电力管道工程65项，其中自建58项，代建7项，包含电力隧道107.36km、电力管井124.28km；建设完成电力隧道24.05km，电力管井25.94km。完成红寺及清立营立四回线路入地等4项输变电配套电力管道工程，完成来广营、京周新线等9项随路电力管道工程，完成地铁6号线（花园桥站）等3项轨道交通穿越预留电力管道工程。加强工程过程中安全质量监督管理，加大巡检力度，累计针对54项工程进行264次检查，检查整改问题358项。利用800MHz数字集群终端开展远程监督，建立施工监理单位检查考核机制，开展工程分包情况专项检查。

【安全生产】与公司运检部（政治供电办公室）建立常态化政治供电及线路风险管控联系机制，实时掌握供电保障和风险管控线路动态信息。根据保障等级建立供电保障标准化措施，利用GIS细致梳理保障电力管道设备范围，开展保障人员政审工作。完成全国“两会”“十八届三中全会”“神十发射”“园博会开幕式”等58项重大政治供电保障任务。

以“安全质量管理提升年”活动为指导，统筹开展安全质量管理、运行维护、运行监控、应急建设等工作。建立三级演练机制，进一步强化日常演练工作。2013年，共启动预警应急响应54次，（I级响应1次，II级响应1次，III级响应17次，IV级响应35次）。组织一线班组人员参加有限空间特种作业取证培训，开展“有限空间作业技能大比武”活动，拍摄有限空间规范作业指导视频片，编制作业标准化指导卡。

■ 9月11日，承发包公司员工开展有限空间汛期应急救援工作。（金建 摄）

【市场开发】组织相关部门研究开发项目配套供电设施建设的电力通道专业管家服务、配套供电设施通电服务、客户用电报装包干服务、提前建设配套供电设施服务四种新服务模式，建立快速、便捷、绿色通道服务机制。与属地供电公司开展“业务、机构、流程、信息、人员”对接。邀请土地一、二级开发客户、政府相关单位，与属地供电公司共同组织新服务模式宣传及具体项目的洽谈工作，推动配套供电设施建设新服务模式的推广工作。

针对北京市内新建住宅小区及配套公共建筑、商业设施的永久用电报装项目，试点推行客户外电源工程费建设模式。采取新建住宅小区按照建筑面积收费，配套公共建筑、商业设施项目按照共建容量收费。截至2013年底，在顺义、大兴、门头沟等区开展配网统一规划建设试点工作，累计签订供用电工程项目管理服务合同17个，涉及供电方案45项，其中：住宅类合同9个，总建筑面积约191万m^2；公建类合同8个，总报装容量2.86万kVA。

全年市场开发项目签订合同25项，占公司全年总收入的35.65%。架空线入地项目签订合同9项。

【党的建设与精神文明建设】围绕“强作风、塑文化、靓形象”主题实践活动，贯彻落实党的十八大精神。

围绕中央“八项规定”以及公司党委1号文件，开展优良作风建设大讨论；以作风建设、维护安全、健康生活等为主题号召全员参与“网上大家谈”；开展“榜样的力量”先进选树活动，并以公司“双十”评选为平台，打造宣传公司先进人物和典型事迹；组织参加公司“中国梦 国网情”先进典型事迹巡回宣讲团活动；结合“讲述国网故事”，开展“我心中的家”主题征文活动；成立以高子琳命名的创新工作室，将创新工作室课题与QC小组项目有机结合。

（金　建）

物业管理公司

【概况】国网北京市电力公司物业管理公司（简称物业公司）是公司所属二级单位。

截至2013年12月，经过公司“三集五大”集体企业规范整合，物业公司除之前保留的北电华明物业公司和华光锅炉设备安装公司两家集体企业外，收购整合了北京顺达物业管理有限公司及北京建龙物业管理中心。北电华明物业公司是华商伟业的全资子公司，华光锅炉公司、顺达物业公司是华明物业的全资子公司，建龙物业中心是华商电力的全资子公司。并于年底前全面完成了检修分公司、海淀供电公司、物资公司、经研院、电科院等所属6家集体企业物业业务接收工作。

为公司提供后勤保障服务；满足公司系统及职工住宅小区的需要，提供相关服务产品，主要包括办公楼，职工住宅小区的物业管理以及应急抢险等服务；冬季供暖系统的运行、维修及安装；机关职工用餐、用车等服务。

设有行政办公室、政治工作办公室、人力资源部、财务资产部、市场经营管理部、安全质量监察部、综合服务中心等7个职能部门，有机关物业管理一部（前门）、机关物业管理二部（亦庄）、机关物业管理三部（协会楼）、小区物业管理一部（太阳宫）、小区物业管理二部（右安门）、小区物业管理三部（双榆树）、清河物业管理部、怀柔物业管理部、输电物业管理部、朝阳物业管理部、锅炉公司、机关食堂、车辆调度管理中心、公寓物业管理部及医务室等15个二级单位。

负责87.8万m^2物业服务，其中办公楼6处36栋楼，21万m^2；小区物业85处，66.8万m^2。完成了公司物业专业化的归口管理，成为公司物业专业具有二级资质的唯一集体企业。

地址：北京市宣武区西城根3号
邮编：100054
电话：63126860

【人力资源】 截至年底，共有全民职工61人，其中：大专及以上学历29人；高级职称3人，中级职称3人；中、高级工以上56人。管理离退休职工495人。

完善领导干部选拔考核机制。6月，重新确定组织机构及岗位设置，通过差额选任、公开竞聘等方式，选拔管理岗位及重点岗位人员人选，分三个批次对职能处室主任岗位、职能处室一般管理岗位以及基层单位管理岗位进行了重新竞聘上岗。10月，开展阶段性领导干部考核测评，多名中层干部适时调整了工作岗位。

【经营管理】 完成公司主多分开"回头看"暨规范集体企业管理专项检查、"三公经费"专项检查以及吉林检查组依法治企综合检查工作。配合大地事务所完成4家集体企业2013年度财务决算报表审计工作。完成2014年度决算编制及上报工作。

5月，统一开展了公务车辆"集中管理、统一调度"工作。制定了《物业管理公司公务车辆管理办法》以及车辆收存实施方案。

2013年6月，完成了对检修分公司所属建龙物业、顺达物业以及电科院所属光华物业、经研院所属广博金源物业、物资公司所属今佳物业、海淀公司所属圣建物业等物业类企业收购整合工作。

【优质服务】 节日期间，物业员工对所辖91处物业点不间断巡视。全年组织防汛演练2次，人员达到120余人次。防汛期间出动抢修人员500余人次，抢伐倒树30余颗，排涝、疏通下水100余处，摆放沙袋200包，铺盖苫布150余块。办公楼设备维修4380余次，接待会议服务2790余次，其中重大接待221次。负责着5个食堂的经营管理，完善"健康食堂"八大项五十六条的标准和要求。机关食堂荣获2013年"国网北京市电力公司工人先锋号"。完善职工宿舍小区物业服务公约、收费标准、岗位责任制。处理报修800余起。

成立机关车辆调度管理中心。制定车辆管理服务

■ 物业值班员工开展防汛工作。(袁建新　摄)

方案、派收车流程及各项规章制度。全年共派发车辆3789次，行驶里程201 908km。荣获"国网北京市电力公司先进集体"。

针对所管辖的40余万m^2，涉及7000余户居民33个供暖小区锅炉房，8台燃气锅炉，12台电锅炉，4座热力交换站，逐一进行隐患排查与处置，抢修处理各类供暖事故320余次，出动人员750余人次，车辆250余次。

■ 11月7日，自管热源开始点火试供暖，保障居民按时供暖。(李树森　摄)

【党的建设与精神文明建设】 加强"四好"班子建设、规范中心组学习制度，全年组织集体学习24次，上报学习报告8篇。完善党员基础信息，完成党支部调整。以"中国梦、国网情""四带头、四争做"活动为载体完成先进典型选树工作，职工韩春苓家庭荣获公司2013年"家庭和谐最美"奖。开展党员服务活动，各支部组织党员开展"清除安全隐患、服务家属职工"社区服务活动。组织开展"三集五大"员工思想动态调研。

以"强作风、塑文化、靓形象"为主题，实施党员干部"七廉"活动。全年党政主要负责人与中层干

部进行廉政谈话64人次。创办廉洁文化教育宣传12期，纪检监察专刊12期，利用内网开展政策法规、廉政论坛、廉政要闻、案例分析等151条，全年领导班子、中层干部、党员干部298人次参加了各种廉洁教育活动，撰写廉洁理论文章12篇。落实中央“八项规定”，开展“清理会员卡”、“车辆整顿”等系列活动。

开展“读书、快乐、进步”主题读书活动，发放图书百余册。成立“戚雷鸣创新工作室”。发布创新成果1项，荣获公司2013年度先进创新工作室。全年开展各种慰问活动510人次。荣获2013年度“西城区文明单位”称号和北京市“首都文明单位标兵”称号。

（李树森）

北京市城市照明管理中心

【概况】北京市城市照明管理中心（简称照明中心）是公司和北京市市政市容管理委员会双重领导下的财政全额拨款的事业单位，负责为市政道路照明提供运行维护管理保障，参加全市路灯规划、设计与工程建设、设备运行维护与管理工作，为郊区县道路照明提供技术指导和业务支持；参加市属景观照明项目的组织建设，以及景观照明设施运行、维护、监督管理工作。

截至年底，共管辖路灯24.17万盏，路灯变压器2294台、配电室69座；管辖供电线路5193km、远程监控终端2428台，共有车辆92台；有运行、抢修队伍13支；直接服务人口1171.6万人，服务面积1385km^2。

地址：北京市丰台区方庄路2号
邮编：100078
电话：67900899

【人力资源】截至年底，照明中心全民职工323人，其中：研究生学历7人，大学本科学历53人；高级职称10人、中级职称30人。人才当量密度92.38%。

加强中层干部管理，提拔任用2人，挂职1人。审核校验中层干部信息，实现中层正职干部信息系统化管理。组织后备干部推荐会，印发《后备干部管理办法》。规范用工管理，编制劳务人员薪酬调整方案。组织实施劳务人员招聘工作。完成14名劳务用工转正评级及22名劳务人员技能评价报名材料的收集、审核及组织工作。完成161人的《岗位变更协议书》的编制、审核和报送工作。举办中层干部培训班4次，电专业培训64学时，组织17名新入企劳务人员集中培训。参加公司人力资源专业普考，孔昕源获得薪酬专业公司第二名、国家电网公司调考第7名。

【经营管理】完成依法治企、“三公”消费专项审计检查及2014年预算申报资金审计迎检工作。完成2012年度新增资产盘点清理工作和2013年固定资产购置计划。成立资金管理委员会，明确各资金管理工作小组的职责和权限。制定预算执行情况自查自纠工作方案，规范中心资金使用的预算管理。制定报销管理办法，加强财务内控管理。加强房屋、车辆等资产的规范管理，严控公车使用；完成集体企业车辆清理整顿工作。加强物资采购和仓储管理，完成成光公司账目核对和库存清理工作。产业公司完成“主多分开回头看”工作，通过公司集体企业规范管理专项检查组的检查。完成机构设置、岗位编制、竞聘上岗、制度整合制定工作。

【工程组织】“为群众办实事”——30条无灯道路路灯建设工程是2013年的重点工程，照明中心41天内敷设电缆1.4km，安装路灯430盏、箱式变压器6台，解决了市民夜间出行难的问题。完成中南海周边3条道路路灯改造工程、天安门至端门间小华灯改造工程、安外大街架空线入地等重点工程。完成了丰台区25条、海淀区12条、石景山区4条道路装灯工程；参与公联公司、宝嘉恒公司等道路建设单位新建路灯工程36项。全年共完成架空线入地、广渠路二期、技改项目等143项设计工作，设计里程220km。

■ 天安门至端门间小华灯改造工程竣工后场景。（张超　摄）

【设备管理】全年共巡视电缆5532km、架空线1796km、电源2294组、灯杆14.6万基，维修光源4.7万盏。完成253基华灯、1988台变压器的清扫检修工作。重新修订运行和检修管理办法，完成信息系统管理制度汇编，新制定了权属配电室和箱变10kV倒闸操作管理规定。加强运行检修和设备春检、秋检计划管理，按程序推进467个夜景控制终端改造升级的立项申报和资金申请，逐步实现夜景和路灯调控平台的整合。

全年更新四环内10万余基灯杆标识。开展亮灯率及重要道路光学普查工作，累计查灯10万余盏，平均亮灯率为98.2%。全年完成重要保障任务11项，共计252天。

【安全生产】建立应急指挥系统，强化应急体系建设。加强安全教育培训，实施安全监督审计，梳理完善安全规章制度，推进现场安全风险管控，加强巡检和把关。开展火灾防控专项活动，对在建、在运设备和易燃、易爆区域开展联合检查，规避火灾风险。全年照明中心领导、中层干部及工程管理人员下现场1181人次，组织防火、防汛、政治保障等各类应急演练4次。全年未发生造成严重影响的大面积灭灯事故及安全事件，截至年底，实现连续4261天安全生产无事故的长周期，连续11年荣获“北京市交通安全先进单位”称号，车辆及交通安全同业对标年度总分在公司排名第一。

■ 照明中心工作人员正在排查隐患，保证道路照明运行稳定。（张超　摄）

【科研工作】制定以绿色节能为重点，监控系统升级为支撑，严格贯彻低碳环保要求的发展方针，组建专项实施小组，分别从立交桥区高杆灯照明、电源稳压、变功率灯具以及隧道照明四个方面确定科技节能项目，并进行节能技术探索、论证和试点试验，通过对多种设备设施的节能管控实现全方位的节能。完成5座桥区绿色照明节能改造计划，并经过专业测试和节能评估。

与公司电科院联合开展“电靓华灯 科耀京城”业务合作活动，完成4项生产实际类课题。开展4个专利项目的申报工作。

■ 高杆灯节能改造工程。（张超　摄）

【优质服务】完成城市照明监控系统整合提升项目，开展地理信息系统改造、工程管理和运维管理模块开发建设等工作。加强客服人员的业务培训，落实优质服务承诺。实现城区24.1万余盏路灯、近500处景观照明设施的一体化、可视化管理。完善“报修—调度—抢修”管理体系。全年共受理故障报修17 365个，其中紧急故障抢修5029个，受理业务报装22个。处理人大建议、政协提案和市民来信166件。深入优化人性化开关灯工作。全年共计提前开灯156次，延迟关灯144次，累计时间4116分钟。

【党的建设与精神文明建设】加强党的作风建设，建设“四好”领导班子。加强共产党员服务队党建品牌建设，被公司评为“优秀服务队”。落实“八项规定”实施细则，规范“三公”消费，推进协同监督工作，深化“七廉”活动。加强中层干部培训和后备干部的培养，建立考核评价和动态管理机制。倡导“诚信、责任、创新、奉献”核心价值观。编制《华灯璀璨靓京城——责任沟通手册》，推进城市照明质量检测活动，荣获北京市青年文明号称号。

2013年，先后荣获首都文明单位标兵、北京市青年文明号、国网北京市电力公司先进集体、工人先锋号 、品牌建设先进单位、“强作风、塑文化、靓形象”网上大家谈活动优秀组织单位等多项荣誉称号。

（赵小菲）

公司荣誉

2013年公司荣获国家、国家电网公司、北京市级先进荣誉称号

全国文明单位
全国“安康杯”竞赛优胜企业
中央企业思想政治工作先进单位
全国电力行业3A级信用企业
首都文明单位标兵
“北京影响力”传媒大奖人文共享奖
第九届中国（北京）国际园林博览会先进单位
北京市企业景气调查工作先进单位
北京市纳税信用A级企业
北京市消防工作先进单位
北京市构建和谐劳动关系先进单位
北京市交通安全优秀系统
北京市交通安全先进单位
首都全民义务植树先进单位
电力工程定额工作先进集体
国家电网公司对标综合标杆单位
国家电网公司对标业绩标杆单位
国家电网公司对标管理标杆单位
国家电网公司安全管理专业标杆单位
国家电网公司人力资源管理专业标杆单位
国家电网公司规划管理专业标杆单位
国家电网公司审计工作先进单位
国家电网公司招标采购管理先进单位
国家电网公司经济法律工作先进单位
国家电网公司信息工作先进集体
国家电网公司保密工作先进集体
国家电网公司财务管理对标典型经验入选单位
国家电网公司物资管理对标典型经验入选单位
国家电网公司规划管理对标典型经验入选单位
国家电网公司建设管理对标典型经验入选单位
国家电网公司人力资源管理对标典型经验专业推荐单位
国家电网公司财务管理对标典型经验专业推荐单位
国家电网公司建设管理对标典型经验专业推荐单位
国家电网公司运行管理对标典型经验专业推荐单位
国家电网公司营销管理对标典型经验专业推荐单位
国家电网公司信息管理对标典型经验专业推荐单位
国家电网公司审计管理对标典型经验专业推荐单位
国家电网公司华北区域管理标杆单位
国家电网公司华北区域安全管理专业标杆单位
全国“安康杯”竞赛优秀组织单位
全国“安康杯”竞赛宣传活动先进单位
全国首届书香“三八”读书征文活动优秀组织奖
“中电传媒杯”全国电力行业优秀电视片展评暨2013年度中国电力新闻奖（电视）作品评选活动优秀组织奖
中国电力企业联合会汶川特大地震电力行业抗震救灾志编纂工作先进单位
第二十八届北京市企业管理现代化创新成果优秀组织单位
第十五届北京市工业和信息化职业技能竞赛优秀组织单位
北京市国资委“我的梦·企业梦·中国梦”百姓宣讲“双十佳”评选活动优秀组织奖
北京市职工职业技能竞赛特殊贡献单位
国家电网公司基建质量管理知识竞赛优秀组织奖
国家电网公司新能源专业调考团体第一名
国家电网公司信息化架构调考团体第三名
国家电网公司财务调考团体第六名
国家电网公司资产经营管理典型经验对标银行财户管控最佳实践单位
国家电网公司“国网好声音”职工歌手大赛特殊贡献奖
第二十届全国企业管理现代化创新成果二等奖
全国电力行业与企业文化优秀案例一等奖
中国电力科学技术三等奖
北京市科学技术三等奖
国家电网公司输变电工程优秀设计三等奖
国家电网公司企业文化优秀案例二等奖、优秀成果三等奖
国家电网公司廉洁文化优秀作品奖
国家电网公司效能监察项目优秀成果一等奖
国家电网公司调查研究优秀成果二等奖
国家电网公司优秀审计项目
第四届北京市职工羽毛球比赛冠军、优秀组织奖、运动风尚奖
北京市第七届“红墙杯”合唱节比赛获最佳艺术奖

公司机关

国家电网公司综合服务工作先进集体：办公室
国家电网公司调度控制先进集体：调度控制中心
全国电力行业质量管理小组活动卓越领导者：方旭升
北京市企业景气调查工作先进个人：纪斌　臧源

北京市能源与经济运行监测工作先进个人：臧源
北京市优秀共青团干部：崔征
北京市质量管理小组活动卓越领导者：杨云峰
北京市质量管理小组活动优秀推进者：姚海燕
北京市消防工作先进个人：郝振昆
首都绿化美化先进个人：李继东　郭长旺
第十五届北京市工业和信息化职业技能竞赛优秀工作人员：刘明　李明春
国家电网公司劳动模范：佟欣
国家电网公司品牌建设先进个人：张画
国家电网公司审计工作先进工作者：范广栋
国家电网公司物资管理工作先进个人：朴天高　陈巍
国家电网公司优秀评标专家、信息通信工作先进个人：王萍萍
国家电网公司综合服务工作先进个人：陈林
国家电网公司优秀保密工作者：董洪洋
国家电网公司信息工作先进个人：汪剑　李兴华
国家电网公司对藏人才帮扶工作先进工作者：李蓉
国家电网公司经济法律工作先进个人：赵海峰　刘颖
国家电网公司优秀工会工作者：李建
英大传媒集团十佳记者：曹瑾
中国电力企业联合会管理创新成果一等奖、二等奖、三等奖
第四届全国电力行业设备管理创新成果一等奖
第二十八届北京市企业管理现代化创新成果一等奖、二等奖
第九届首都职工文化艺术节“幸福劳动者”原创曲艺、小品比赛一等奖及优秀创作奖
国家电网公司管理创新成果二等奖、三等奖
国家电网公司管理创新贡献奖
国家电网公司管理创新优秀成果

城区供电公司

全国电力行业质量管理小组活动优秀企业
首都文明单位标兵
北京市质量管理小组活动优秀企业
北京市青年文明号：东城供电所客户管理班、营业一班
国家电网公司工人先锋号、十佳共产党员服务队、百佳客户满意服务窗口、北京市敬老爱老为老示范单位：共产党员服务队
全国电力行业质量信得过班组：继保自动化班
全国电力行业优秀质量管理小组优秀奖、北京市优秀QC小组、北京电力行业协会质量管理小组成果评审发布一等奖：瞭望QC小组
北京市质量信得过班组：配电运维一班
中央企业劳动模范、首都劳动奖章、国家电网公司优秀班组长：陈牧云
北京市“孝星”：黄启鹏
国家电网公司优秀团员：周莹
北京市质量管理小组活动优秀推进者：张月莉
中国电力科学技术三等奖
北京市职工优秀技术创新成果三等奖
第二十八届北京市企业管理现代化创新成果三等奖
中国电机工程学会信息化支撑智能电网优秀案例和解决方案三等奖、优秀奖
国家电网公司职工技术创新成果三等奖

朝阳供电公司

首都文明单位标兵
首都劳动奖状
北京市质量管理小组活动优秀企业
华北电力公司系统先进工会
朝阳区创建全国文明城区工作突出贡献单位
《北京朝阳年鉴》编纂工作先进集体
华北电监局居民用电服务质量监管专项行动先进企业
北京市青年文明号：华威营业所客户服务中心营业厅
国家电网公司电网先锋党支部标兵：调度控制中心党支部
华北电监局居民用电服务质量监管专项行动先进集体：共产党员服务队
全国电力行业优秀质量管理小组优秀奖、北京电力行业协会质量管理小组成果评审发布三等奖：博古QC小组
北京市公安局个人嘉奖：陈振宇　师广增
国家电网公司特等劳动模范、朝阳区孝亲敬老之星、突出贡献志愿者、首都社区志愿者之星：王小宁
国家电网公司安全生产先进个人：孙兴泉　赵军
国家电网公司优秀团干部：蒋杰
华北电力公司系统先进工会工作者：路素平
第二十八届北京市企业管理现代化创新成果二等奖、三等奖
北京市职工优秀技术创新成果三等奖
国家电网公司职工技术创新成果三等奖

海淀供电公司

首都文明单位
北京市质量管理小组活动优秀企业
海淀区交通安全先进单位
北京市青年文明号：客户服务中心营业厅
国家电网公司百佳客户满意服务窗口：营业一班
全国优秀质量管理小组、“海洋王”杯全国QC小组成果发表赛一等奖：黑小子QC小组

全国电力行业优秀质量管理小组优秀奖、北京电力行业协会质量管理小组成果评审发布二等奖、北京市优秀 QC 小组：金话筒 QC 小组
北京市质量信得过班组：办公室
国家电网公司工人先锋号：运维检修部配电运维三班
首都劳动奖章、北京市三八红旗奖章：张霞
首都能源运行保障先进个人：陈芳
国家电网公司优秀工会工作者、离退休工作先进个人、全国电力行业质量管理小组活动卓越领导者：马殿敏
国家电网公司优秀班组长：李建平
全国电力行业质量管理小组活动优秀推进者：朱艳霞
北京市质量管理小组活动卓越领导者：宋振秋
北京市质量管理小组活动优秀推进者：高雪静
海淀区交通安全工作先进个人：白欣
全球华人羽毛球联赛单打第一名：罗川

丰台供电公司

首都文明单位标兵
北京市模范职工之家
北京市厂务公开民主管理先进单位
第九届中国（北京）国际园林博览会先进集体
国家电网公司红旗团委
北京市青年文明号：方庄供电所　客户服务中心营业厅
北京市“身边的雷锋”、“北京榜样”、丰台区道德模范、最美丰台人：全宗胜
国家电网公司安全生产先进个人：邱建军　王玉民
华北电力系统优秀工会工作者：高洪水
丰台区防汛工作先进个人：孙镇华
第九届中国（北京）国际园林博览会先进工作者：邱建军　陈军良
“中电传媒杯”全国电力行业优秀电视片展评暨 2013 年度中国电力新闻奖（电视）作品评选活动新闻消息类二等奖

石景山供电公司

首都文明单位
国家电网公司信息通信工作先进集体
国家电网公司工会工作先进单位
全国电力行业质量管理小组活动优秀企业
华北居民用电服务技师监管专项行动先进企业
石景山区防汛救灾先进集体
北京市青年文明号：客服中心营业柜台
全国优秀质量管理小组、“海洋王”杯全国 QC 小组成果发表赛二等奖：金剪子 QC 小组
北京市优秀 QC 小组：配电运行班 QC 小组
北京市质量信得过班组：运维检修部配电检修一班
国家电网公司优秀工会工作者：史珊玫
北京市质量管理小组活动卓越领导者：汪兴盛
北京市质量管理小组活动优秀推进者：谢学义

亦庄供电公司

首都文明单位
北京市青年文明号：客户服务中心
国家电网公司五四红旗团支部创建单位：生产团支部
北京市优秀 QC 小组、北京电力行业协会质量管理小组成果评审发布三等奖：集思广益班 QC 小组

通州供电公司

首都文明单位标兵
北京市交通安全先进单位
国家电网公司一流县供电企业
国家电网公司设备运维标杆单位
通州区政府非紧急救助服务工作先进单位
北京市青年文明号：客户服务中心
首都文明单位标兵、通州区文明单位标兵、国家电网公司百佳客户满意服务窗口：西集供电所
国务院国资委综合局信息工作先进个人：朱海锋
华北电力系统优秀工会工作者：董庆红
国家电网公司物资管理工作先进个人：王雅群
通州区优秀办公室主任：史江凌
通州区政府非紧急救助服务工作先进工作者：宋三女
“海洋王”杯全国 QC 小组成果发表赛二等奖
第二十八届北京市企业管理现代化创新成果二等奖

昌平供电公司

首都文明单位标兵
北京市交通安全先进单位
全国电力行业质量信得过班组：计量工区装表接电一班
全国电力行业优秀质量管理小组优秀奖、北京电力行业协会质量管理小组成果评审发布一等奖：“螺丝” QC 小组
全国五一劳动奖章、国家电网公司第一届“五四青年奖章”提名奖：王月鹏
首都劳动奖章：杨鑫

门头沟供电公司

全国文明单位
首都文明单位标兵
首都文明单位、门头沟区文明示范单位、门头沟区生态文明建设绿色单位：龙泉供电所
门头沟区文明示范单位
门头沟区生态文明建设绿色单位
门头沟区文明单位：清水供电所
门头沟区文明单位：永定供电所

北京市优秀 QC 小组、北京电力行业协会质量管理小组成果评审发布三等奖：配电 QC 小组

房山供电公司

首都文明单位标兵
北京市交通安全先进单位
全国电力行业质量管理小组活动优秀企业
华北电力系统先进工会
全国优秀质量管理小组、“海洋王”杯全国 QC 小组成果发表赛一等奖：正能量 QC 小组
北京市质量管理小组活动卓越领导者：张铁英

大兴供电公司

全国五一劳动奖状
中央企业先进集体
全国职工职业道德建设标兵单位
首都文明单位标兵
国家电网公司一流县供电企业
国家电网公司工会工作先进单位
全国优秀质量管理小组、“海洋王”杯全国 QC 小组成果发表赛二等奖、全国电力行业优秀质量管理小组一等奖：兴光 QC 小组
北京市工人先锋号、国家电网优秀共产党员服务队：共产党员服务队
北京市青年文明号：配电工区低压抢修班
北京市质量信得过班组：运维检修部变电运维一班
北京市质量管理小组活动卓越领导者：席长安
第二十八届北京市企业管理现代化创新成果一等奖、二等奖
首都职工优秀自主创新成果三等奖
北京市职工优秀技术创新成果三等奖

平谷供电公司

首都文明单位标兵
平谷区五好单位
平谷区社会管理综合先进单位
北京市青年文明号：客服中心营业厅

怀柔供电公司

首都文明单位标兵
北京市青年文明号：雁栖供电所
北京市职工优秀技术创新成果二等奖
国家电网公司团委“我的中国梦　青春国网情”DV 大赛二等奖

密云供电公司

首都文明单位标兵
国家电网公司劳模职工创新工作室示范点：彭新立创新工作室
北京市青年文明号：客户服务中心营业厅
密云县第三届职业技能竞赛优秀组织奖
北京市优秀 QC 小组、北京电力行业优秀 QC 小组活动成果三等奖、北京电力行业协会质量管理小组成果评审发布三等奖：带电作业班 QC 小组
北京市质量管理小组活动卓越领导者：邱立志
北京市质量管理小组活动优秀推进者：赵普东
国家电网公司对藏人才帮扶工作先进帮扶人员：祁波
密云县技术能手：张宝

顺义供电公司

首都文明单位标兵
北京市交通安全先进单位
北京市“安康杯”竞赛优胜单位
国家电网公司工会工作先进单位
第四届全国电力行业设备管理工作先进单位
北京市青年文明号：客户服务中心
北京市公安局集体三等功：安全监察质量部
国家电网公司五四红旗团支部：营销团支部
北京市国资委“我的梦·企业梦·中国梦”百姓宣讲“双十佳”评选活动十佳百姓宣讲员：刘哲
北京市抗击“7·21”特大自然灾害先进个人：胡建明
国家电网公司安全生产先进个人：李玉国
华北电力系统优秀工会工作者：李圆媛
北京市第三届职工职业技术大赛优秀组织奖
北京市职工优秀技术创新成果三等奖

延庆供电公司

首都文明单位标兵
延庆县统计系统先进单位、交通安全先进单位
北京市内部安全保卫工作中荣获集体三等功：安全质量监察部
北京市青年文明号：客户服务中心营业厅
延庆县学雷锋志愿服务品牌团队：共产党员服务队
延庆县群众满意的基层站所：营销部营业班
中国电力新闻网优秀通讯员：忻煜
延庆县统计系统先进个人：贾孟丹
第二十八届北京市企业管理现代化创新成果一等奖

北京电力经济技术研究院

首都文明单位
全国电力行业用户满意企业
全国电力行业实施卓越绩效模式先进企业
西城区联合募捐组织工作先进单位
全国电力行业优秀质量管理小组一等奖、北京电力行业协会质量管理小组成果评审发布二等奖：土拨鼠 QC 小组

北京市优秀QC小组：线路电气QC小组
全国电力行业质量管理小组活动优秀推进者：郑宝恒
北京市第十七届优秀工程设计“工业工程”二等奖、三等奖
中国电力科学技术三等奖
中国电力行业优秀工程设计二等奖、三等奖
国家电网公司安全管理流动红旗
国家电网公司管理创新成果三等奖
国家电网公司输变电设计竞赛一等奖、三等奖
国家电网输变电工程优秀设计三等奖

北京电力科学研究院

全国电力行业质量管理小组活动优秀企业、首都文明单位：计量中心
国家电网公司环境保护工作先进集体
北京市国有企业“爱企业、献良策、做贡献”活动先进集体
北京市质量管理小组活动优秀企业、中国电力行业信息化优秀成果一等奖、北京市企业管理现代化创新成果二等奖、国家电网公司专利奖三等奖：计量中心
全国优秀质量管理小组、“海洋王”杯全国QC小组成果发表赛二等奖：计量中心运维QC小组
北京市青年文明号：计量中心单相表检定班
全国电力行业优秀质量管理小组、“海洋王”杯全国QC小组成果发表赛二等奖：电能质量QC小组
北京市优秀QC小组、北京电力行业协会质量管理小组成果评审发布三等奖：计量中心好运来QC小组
北京市质量信得过班组：计量中心电能表检测试验室
北京市国有企业“爱企业、献良策、做贡献”活动先进个人：张昌斌
国家电网公司信息化架构调考优秀个人：李群
国家电网公司新员工培训优秀学员干部：时锐
全国电力行业质量管理小组活动卓越领导者：李之彧
全国电力行业质量管理小组活动优秀推进者：蒋紫娟
北京市质量管理小组活动优秀推进者：史迪新
中国电力行业信息化优秀成果一等奖
第二十八届北京市企业管理现代化创新成果二等奖
北京市职工优秀技术创新成果二等奖、三等奖
首都职工优秀自主创新成果三等奖
北京市科学技术进步二等奖
国家电网公司科技进步三等奖
中国电机工程学会年会优秀论文二等奖
全国电力职工技术成果二等奖、三等奖

北京电力工程公司

北京市质量管理小组活动优秀企业
国家电网公司劳模创新工作室示范点：张文新创新工作室
全国电力行业优秀质量管理小组一等奖、北京电力行业协会质量管理小组成果评审发布二等奖：送电安装分公司QC小组
中国电力新闻网优秀通讯员：肖飞
北京电力行业QC小组活动优秀推进者：邢会颖
国家电网公司科学技术进步特等奖：刘健
国家电网公司科学技术进步三等奖：石书军
北京市质量管理小组活动卓越领导者：孙长清
国家电网公司输变电优质工程
首都职工优秀自主创新成果三等奖
北京市职工优秀技术创新成果三等奖

检修分公司

全国电力行业质量管理小组活动优秀企业
国家电网公司五四红旗团委创建单位
全国电力电信广播电视设施安全保护工作成绩突出集体
北京市青年文明号：继电保护处
国家电网公司工人先锋号：西大望运维队
国家电网公司劳模创新工作室示范点：肖永立创新工作室
北京市青年文明号：检修工区　变电检修中心状态监测工区一班
全国优秀质量管理小组：互相关心QC小组
全国电力行业质量信得过班组：继电保护自动化工区五班
全国电力行业优秀质量管理小组：梦想QC小组、电缆之光QC小组
北京市优秀QC小组：梦想QC小组　互相关心QC小组　电缆之光QC小组
北京市质量信得过班组：变电检修一工区检修一班　带电作业工区带电三班
首都劳动奖章：赵春明
国家电网公司优秀班组长：杜泉
北京市质量管理小组活动卓越领导者：陈守军
北京市质量管理小组活动优秀推进者：杨金生
第二十八届北京市企业管理现代化创新成果三等奖
北京市职工优秀技术创新成果三等奖
国家电网公司职工技术创新成果二等奖
中国电机工程学会信息化支撑智能电网优秀案例和解决方案优秀奖
全国输配电协作网带电技能展示优秀奖
北京电力行业协会质量管理小组成果评审发布一等奖

信息通信分公司

首都文明单位
北京市质量管理小组活动优秀企业
华北电力系统先进工会
全国模范职工小家：机务分会
北京市质量信得过班组：通信运维中心检修五班
全国电力行业优秀质量管理小组：精英 QC 小组
北京市优秀 QC 小组：和谐 QC 小组　星光 QC 小组
国家电网公司信息化架构调考优秀个人：罗旭明
全国电力行业质量管理小组活动卓越领导者、北京电力行业协会 QC 活动卓越领导者：官丽
北京市质量管理小组活动优秀推进者：赵平
华北电力系统优秀工会工作者：丁仂
中国电机工程学会信息化支撑智能电网优秀案例和解决方案一等奖、二等奖、优秀奖
中国电机工程学会电力行业信息化优秀成果一等奖、中国电力行业信息化优秀成果奖
中国电力行业信息化优秀成果二等奖、三等奖、优秀奖
第二十八届北京市企业管理现代化创新成果一等奖
北京市企业管理现代化创新成果一等奖
首都职工优秀自主创新成果一等奖
北京市职工优秀技术创新成果二等奖
北京市稻香村杯暨 62 次质量管理成果发布会优秀奖

培训中心

首都文明单位
石景山区交通安全先进单位
第十五届北京市工业和信息化职业技能竞赛优秀工作人员：赵宝全
国家电网公司定点会议场所管理工作先进个人：刘涛

物资供应分公司

华北电力系统先进工会
北京市优秀 QC 小组、北京电力行业协会质量管理小组成果评审发布三等奖：骁客 QC 小组
北京市“安康杯”竞赛优秀组织个人：周毅
国家电网公司物资管理工作先进个人：梁红强
第九届“中电传媒杯”全国电力行业微电影一等奖

综合服务中心

中国电力传媒集团“优秀记者站”
中国电力企业联合会《中国电力企业管理》杂志“先进通联站”
英大传媒集团“十佳记者站”
《中国电力年鉴》优秀撰稿人：吴国健
中国电力新闻网新闻宣传优秀通讯员：孙晓翔　王若溪
英大传媒集团优秀通讯员：赵一　程伟
国家电网公司管理咨询优秀成果一等奖
中国电力新闻奖（消息）作品一等奖、二等奖
中国电力新闻奖（通讯）作品一等奖
中国电力新闻奖（言论）作品二等奖
中国电力新闻奖（栏目）作品二等奖
中国电力新闻奖（电视）作品二等奖、三等奖
第九届“中电传媒杯”全国电力行业优秀电视片一等奖、二等奖
第九届“中电传媒杯”全国电力行业优秀电视公益广告一等奖
第九届“中电传媒杯”全国电力行业优秀电视新闻消息三等奖
第九届“中电传媒杯”全国电力行业优秀电视综合专题三等奖
英大传媒优秀电视作品展评新闻类三等奖
英大传媒优秀电视作品展评专题类优秀奖

客户服务中心

首都文明单位
北京市青年文明号：电力展示厅
北京市优秀 QC 小组、北京电力行业协会质量管理小组成果评审发布三等奖：速捷 QC 小组
中国电力新闻网优秀通讯员：杨永铃
国家电网公司管理创新成果一等奖

国网北京电动汽车服务有限公司

北京电力行业优秀 QC 小组活动优秀企业奖
全国电力行业优秀质量管理小组优秀奖
北京电力行业优秀 QC 小组活动成果二等奖
北京市优秀 QC 小组
北京电力行业协会质量管理小组成果评审发布二等奖：航天桥充换电站 QC 小组

北京市供用电建设承发包公司

国家电网公司优秀审计项目

物业管理公司

首都文明单位标兵
西城区精神文明创建工作先进单位

北京市城市照明管理中心

首都文明单位标兵
北京市交通安全先进单位
北京市青年文明号：监控指挥中心
北京市节能先进个人：代玉坤

2013年公司先进单位、先进集体和先进个人

先进单位（12个）

城区供电公司　朝阳供电公司
海淀供电公司　丰台供电公司
昌平供电公司　大兴供电公司
顺义供电公司　北京电力经济技术研究院
北京电力科学研究院　检修分公司
信息通信分公司　客户服务中心

安全生产先进单位（15个）

城区供电公司　海淀供电公司
顺义供电公司　朝阳供电公司
昌平供电公司　通州供电公司
丰台供电公司　石景山供电公司
门头沟供电公司　大兴供电公司
密云供电公司　检修分公司
北京市供用电建设承发包公司
信息通信分公司　北京电力科学研究院

优质服务先进单位（10个）

城区供电公司　朝阳供电公司
海淀供电公司　丰台供电公司
昌平供电公司　门头沟供电公司
大兴供电公司　顺义供电公司
北京电力科学研究院　客户服务中心

公司本部先进部室（10个）

办公室
人力资源部（社保中心）
财务资产部
思想政治工作部（党委办公室、机关党委、团委）
对外联络部（品牌建设中心）
后勤工作部
人事董事部
运维检修部（政治供电办公室）
营销部（农电工作部）
发展策划部

先进集体（58个）

公司机关：办公室总值班室
对外联络部（品牌建设中心）信息管理处
后勤工作部后勤服务处
人力资源部（社保中心）劳动组织处
城区供电公司：建设部（项目管理中心）
政治供电核心区运管中心
朝阳供电公司：建设部（项目管理中心）
电力调度控制中心
海淀供电公司：办公室
监察审计部（纪委办公室）
丰台供电公司：办公室
运维检修部（检修分公司）
石景山供电公司：电力调度控制中心
营销部（客户服务中心）
亦庄供电公司：营销部（客户服务中心）
电力调度控制中心
通州供电公司：营销部（客户服务中心）
运维检修部（检修分公司）
昌平供电公司：电力调度控制中心
建设部（项目管理中心）
门头沟供电公司：发展建设部（项目管理中心）
人力资源部
房山供电公司：电力调度控制中心
建设部（项目管理中心）
大兴供电公司：发展策划部
办公室
平谷供电公司：发展建设部（项目管理中心）
电力调度控制中心
怀柔供电公司：运维检修部（检修分公司）
营销部（客户服务中心）
密云供电公司：发展建设部（项目管理中心）
办公室
顺义供电公司：办公室
营销部（客户服务中心）
延庆供电公司：发展建设部（项目管理中心）
电力调度控制中心
北京电力经济技术研究院：党群工作部（监察审计部）
设计中心（中心设计院）
北京电力科学研究院：财务资产部
计量中心综合管理室
设备状态评价中心（物资质量检测中心）
北京电力工程公司：变电安装分公司
电缆安装分公司
检修分公司：生产指挥工区
变电检修部
电缆运维一工区
运维检修部
信息通信分公司：信息通信工程中心
信息运维中心

培训中心：财务资产部
物资供应分公司：仓储配送中心
综合服务中心：媒体业务部（报社）
客户服务中心：业扩报装服务部
国网北京电动汽车服务有限公司：检修配送中心
北京市供用电建设承发包公司：工程管理部
物业管理公司：机关车辆调度管理中心
北京市城市照明管理中心：监控指挥中心
运行管理中心

工人先锋号（32个）

城区供电公司：电力调度控制中心地区调度监控班
朝阳供电公司：营销部（客户服务中心）大客户经理三班（共产党员服务队）
海淀供电公司：电力调度控制中心地区调度班
丰台供电公司：电力调度控制中心地区调度班
石景山供电公司：电力调度控制中心地区调度监控班
亦庄供电公司：运维检修部（检修分公司）变电运维二班
通州供电公司：营销部（客户服务中心）西集供电所
昌平供电公司：营销部（客户服务中心）大客户经理二班
门头沟供电公司：运维检修部（检修分公司）变电检修二班
房山供电公司：运维检修部（检修分公司）变电运维班
大兴供电公司：营销部（客户服务中心）采育供电所
平谷供电公司：营销部（客户服务中心）电费核算班
怀柔供电公司：电力调度控制中心地区调度监控班
密云供电公司：营销部（客户服务中心）大客户经理班（共产党员服务队）
顺义供电公司：运维检修部（检修分公司）变电运维班
延庆供电公司：营销部（客户服务中心）供电营业所
北京电力经济技术研究院：项目管理中心项目三处
北京电力科学研究院：设备状态评价中心状态检测班
计量中心资产信息班
北京电力工程公司：送电安装分公司—新疆750kV送电工程项目部
检修分公司：变电继自工区继自3班
信息通信分公司：通信运维中心线务工区检修五班
物资供应分公司：综合服务中心食堂班
客户服务中心：95598供电服务部8班
国网北京电动汽车服务有限公司：马家楼充换电站
北京市供用电建设承发包公司：运行管理部运行七班
物业管理公司：机关食堂
北京市城市照明管理中心：检修管理中心华灯检修班

注：根据《评比办法》第四章十条规定，城区公司营销部（客户服务中心）大客户经理三班（共产党员服务队）、海淀公司运维检修部（检修分公司）配电运维三班、检修分公司西大望运维队、大兴公司营销部（客户服务中心）大客户经理二班（共产党员服务队）直接评为公司工人先锋号。

红旗班组（30个）

城区供电公司：政治供电核心区运管中心运维三班
朝阳供电公司：营销部（客户服务中心）采集运维一班
海淀供电公司：营销部（客户服务中心）电费账务班
营销部（客户服务中心）营业一班
丰台供电公司：运维检修部（检修分公司）变电运维二班
营销部（客户服务中心）大客户经理三班（共产党员服务队）
石景山供电公司：营销部（客户服务中心）检验检测班
亦庄供电公司：营销部（客户服务中心）装表接电班
通州供电公司：运维检修部（检修分公司）线路运维二班
营销部（客户服务中心）大客户经理班（共产党员服务队）
昌平供电公司：运维检修部（检修分公司）配电检修一班
电力调度控制中心地区调度班
门头沟供电公司：营销部（客户服务中心）高压用电检查班
房山供电公司：营销部（客户服务中心）周口店供电所
大兴供电公司：营销部（客户服务中心）营业班
平谷供电公司：运维检修部（检修分公司）配电运检四班
怀柔供电公司：营销部（客户服务中心）城区供电营业所
密云供电公司：电力调度控制中心地区调度监控班
顺义供电公司：运维检修部（检修分公司）线路检修一班
延庆供电公司：运维检修部（检修分公司）变电运维班
北京电力科学研究院：设备状态评价中心化学及环境班
计量中心现场检验室考核关口运维一班

北京电力工程公司：试验中心电化班
检修分公司：输电运维二工区运维一班
变电运维三工区长椿街运维队
信息通信分公司：通信运维中心线务运行二班
物资供应分公司：仓储配送中心退运物资班
客户服务中心：95598 客户服务部 6 班
95598 客户服务部 7 班
北京市城市照明管理中心：运行管理中心低压带电二班

注：根据《国网北京市电力公司关于开展“五型”红旗班组评比活动的通知》规定，以上 30 个红旗班组直接评为公司工人先锋号。

劳动模范（10 名）

亦庄供电公司：刘　念
怀柔供电公司：郭宗军
密云供电公司：李继森
顺义供电公司：黄京波
北京电力经济技术研究院：白小会
北京电力工程公司：宋　伟
检修分公司：程李川
信息通信分公司：解思江
物资供应分公司：鲁　敬
客户服务中心：苏保强

先进工作者（220 名）

公司机关：赵　乐　毕春勇　邱吉多　董洪洋　姚海燕　董立刚　仇　晋　赵永强　李立刚　邢其敬
城区供电公司：王　罡　吴大伟　郑永奇　王　军　王　程　齐　军　杨　霖　耿志涛　张志刚
朝阳供电公司：孙兴泉　张志强　任燕峰　路　遥　任增安　周文涛　赵志宇　苟红运　刘路明　杨得刚　王明喆　赵志华　杨　娜　王　斌
海淀供电公司：徐　驰　李　军　常曌楠　牟　磊　唐萌聪　王建明　徐宝全　薛小艳　张　杰　张旭芳　杨　洋
丰台供电公司：邱建军　于克飞　张　岩　黄　佳　王华伟　侯　瑞　管明锐　管明宇　肖芷晴　杨　旭
石景山供电公司：李亚锜　赵培新　马建国
亦庄供电公司：何文英
通州供电公司：徐向东　刘超丽　付江涛　张树明　宋海霞　张福金　高　杰　张国瑞　汪剑波
昌平供电公司：杨文生　李向东　范卫国　李建冬　高　琨　尹广力　田东生　纪俊海　尚　可
门头沟供电公司：王　滨　宋建国　徐月斌　李书信
房山供电公司：王宝庆　于　乐　常　一　赵永满　马仕生　李　刚　王艳梅　刘　广
大兴供电公司：李殿军　李　立　高成友　王　斌　杨满良　梁　中　楚守建　赵光明　吕德全
平谷供电公司：李彦立　张远平　陈国旗　贾希阁
怀柔供电公司：曹晓钢　赵新历　王立新　张杰超
密云供电公司：王德敏　孙立臣　周童杰　郑博思　高瑞春
顺义供电公司：岳国荣　刘学忠　王　鹏　王绍琨　吴有群　尉希成　高学军　王海龙　邢宝凤
延庆供电公司：池建峰　路迎春　王云飞　乔革泉
北京电力经济技术研究院：周　彤　李　伟
北京电力科学研究院：孙永鑫　冯　义　迟忠君　刘成海　李　蕊
北京电力工程公司：崔亚伟　王　唯　张　磊　王保志　吴昊亭　甄海涛
检修分公司：陈守军　谢景林　张　涛　蔡　庆　丁　瑾　范　翔　费春云　胡铁龙　胡　毅　李子轩　刘翠艳　刘　军　刘　铮　刘正义　孙　杰　王　强　魏　麟　于占福　张建军　赵小彬
信息通信分公司：付军美　李金友　叶　妍
培训中心：卢　焰　李丽敏
物资供应分公司：张春来
综合服务中心：邵祎宁　刘　舰　黄　蕾
客户服务中心：兰宝民　肖　攀　芦京京
国网北京电动汽车服务有限公司：李思诺　崔晓楠
北京市供用电建设承发包公司：苗振广　张冬蕊　纪文静
物业管理公司：关路辉
北京市城市照明管理中心：宋云龙　魏中秋　宋晓龙
集体企业及合作单位：高艳武　程　莉　樊　洁　王　鹏　孙　建　康玉杰　卫光荣　司贺秋　方　波　张学钧　曹京兵　张艳霞

注：根据《评比办法》第四章十一条规定，公司机关佟欣、李大志、李蓉、宋小松、通州公司魏梦真、海淀公司李沛、项阳、客服中心李松松、大兴公司孟银萍、张君、张影、门头沟公司邓瞰、信通公司恽珺、丰台公司林婷婷、朝阳公司马磊、城区公司陈牧云、滕方、延庆公司刘俊宇、检修公

司陈东巍、孟玉瑾、雷劲跃、方文军、王世勇、满建柱、朱涛、电科院计量中心任轶、郭颖、陆翔宇、顺义公司潘祺龙、李仁伟、昌平公司王月鹏直接评为公司先进工作者。

文明单位标兵（6个）

城区供电公司　大兴供电公司
丰台供电公司　客户服务中心
公司本部　海淀供电公司

文明单位（12个）

检修分公司　朝阳供电公司
城区供电公司　大兴供电公司
丰台供电公司　北京电力科学研究院
顺义供电公司　客户服务中心
公司本部　海淀供电公司
昌平供电公司　物资供应分公司

党风廉政建设工作优秀单位（10个）

城区供电公司　朝阳供电公司
海淀供电公司　石景山供电公司
通州供电公司　昌平供电公司
北京电力经济技术研究院
北京电力科学研究院（计量中心）
客户服务中心　北京市供用电建设承发包公司

品牌建设先进单位（12个）

城区供电公司　朝阳供电公司
海淀供电公司　丰台供电公司
通州供电公司　大兴供电公司
密云供电公司　顺义供电公司
检修分公司　北京电力工程公司
客户服务中心　北京市城市照明管理中心

最佳共产党员服务队（4支）

国家电网首都电力共产党员服务队城区公司分队
国家电网首都电力共产党员服务队朝阳公司分队
国家电网首都电力共产党员服务队海淀公司分队
国家电网首都电力共产党员服务队大兴公司分队

优秀共产党员服务队（5支）

国家电网首都电力共产党员服务队丰台公司分队
国家电网首都电力共产党员服务队通州公司分队
国家电网首都电力共产党员服务队密云公司分队
国家电网首都电力共产党员服务队顺义公司分队
国家电网首都电力共产党员服务队照明中心分队

十大首都电力之星

大兴供电公司：王宝华
公司机关：李　戎
密云供电公司：祁　波
丰台供电公司：邓　雪
检修分公司：程李川
门头沟供电公司：历光亮
客户服务中心：苏保强
顺义供电公司：黄京波
昌平供电公司：尚　可
物资供应分公司：张春来

十大真情故事

国家电网首都电力共产党员服务队城区分队：点亮胡同夜的“太阳花”
国家电网首都电力共产党员服务队朝阳分队：爱心共绘“中国梦”
怀柔供电公司：大山深处的雪夜抢修
国家电网首都电力共产党员服务队海淀分队创新小组：大爱之美　创意之新
信息通信分公司：无怨无悔　不辱使命
北京电力经济技术研究院：情系“未来城”
通州供电公司：幸福美满背后的那份坚持
石景山供电公司：用爱点燃希望
平谷供电公司：灯亮之后……
北京电力科学研究院：大漠中的电网“预警专家”

党风廉政建设工作优秀领导干部（21名）

城区供电公司：王　罡　李　军
朝阳供电公司：孙兴泉　邹跃中
海淀供电公司：徐　驰　李　捷
石景山供电公司：王春燕　臧　勇
通州供电公司：刘德坤　祝秀山
昌平供电公司：杨文生　周　游
北京电力经济技术研究院：周　彤　王志慧
北京电力科学研究院（计量中心）：孙永鑫　李　伟　张丽萍
客户服务中心：黄　磊　兰宝民
北京市供用电建设承发包公司：秦　帅　张兴义

2013年公司工会先进集体和先进个人

先进基层工会（13个）

朝阳供电公司工会　海淀供电公司工会
丰台供电公司工会　石景电供电公司工会
通州供电公司工会　昌平供电公司工会
房山供电公司工会　大兴供电公司工会
怀柔供电公司工会　电能计量中心工会

信息通信分公司工会　　物资供应分公司工会
北京市城市照明管理中心工会

工会先进工作者（13名）

邹跃中　马殿敏　安开泉　史珊玫　周　欣　宋永强　张铁英　张海生　魏建云　李之彧　郝永林　王伟超　张凤坚

巾帼标兵岗（10个）

海淀供电公司：党群工作部（工会办公室）
丰台供电公司：财务资产部
昌平供电公司：财务资产部
房山供电公司：人力资源部
密云供电公司：营销部营业电费专业
顺义供电公司：人力资源部
北京电力科学研究院：人力资源部
计量中心室内检定工区
检修分公司：人力资源部
客户服务中心：电费管理部

巾帼岗位标兵（10名）

公司机关：马晓艳
海淀供电公司：任　杰
石景山供电公司：石　琳
门头沟供电公司：闫慧娟
大兴供电公司：王志云
密云供电公司：相英杰
电能计量中心：沈　静
检修分公司：冯伟杰
培训中心：王金霞
北京市供用电建设承发包公司：叶　艳

2013年公司获省、部级以上先进人物介绍

全国五一劳动奖章获得者——王月鹏

王月鹏，男，汉族，1979年11月生人，北京市人，中共党员，大学本科学历，助理工程师，高级技师。1998年6月参加工作，现任昌平供电公司配电带电作业班班长。

在管理上，王月鹏通过数据分析，完善班组的各项管理制度，细化工作流程，制订一系列绝缘工具的管理制度措施；设立专职工具管理员，实现带电班库房微机化管理。他坚持开展学习安全规程、分析事故电传、现场点评等安全日学习活动，增强班组成员的安全意识，班组成员均达到配电线路高级工以上技能水平。

在专业技术领域，王月鹏带头开展技术革新，研制出新型地电位用绝缘横担和配电线路带电作业绝缘引流线支架，提高了工作效率和作业安全系数。在“带负荷更换跌落式熔断器”项目施工中，针对引流线易造成对地和相间距离不够，危及人身和设备安全的问题，研发配电线路带电作业绝缘引流线支架并获专利证书。

作为国家电网公司生产技能专家、北京市电力公司配电线路带电作业专家，2010年3月王月鹏参与国家电网公司远程培训课件开发工作，审查国家电网公司《远程培训课件开发三年规划及2010年开发任务》。全程参加《北京市电力公司10kV架空配电线路带电作业操作规程（试行）》的编写和修订工作，参与编写《北京市电力公司10kV架空配电线路带电作业标准化作业指导书》和《北京市电力公司10kV架空配电线路带电作业工序质量控制卡》。

2012年王月鹏获首都劳动奖章，2013年获全国五一劳动奖章。

首都劳动奖章获得者、国家电网公司优秀班组长——陈牧云

陈牧云，女，汉族，1976年2月生人，北京市人，中共党员，大学本科学历，工程师。1997年9月7日参加工作，现任国家电网首都电力共产党员服务队城区分队队长。

强技能，带队伍。陈牧云坚持将不断提升业务技能作为一切工作的基础，认真学习技术规范，积极参加各级知识竞赛、技能比武，多次在《中国电力报》《中国科技财富》上发表专业论文，被评为2010年度华北电网有限公司优秀青年工程师。她注重人才培养，

面向班组开展“以赛促学”活动、“情景演练”特色培训活动，调动员工学习热情，增强应变能力，增进团队精神。在她的努力下，营业厅多次荣获北京市电力公司“青年文明号”“工人先锋号”等荣誉称号。

勇创新，提效率。陈牧云积极开展管理创新、技术创新活动。2009年成立创新工作室，开展“服务因你而变，意见换礼物”活动，先后征集客户建议68条，有效提升服务水平。针对低压客户用电需求急切的特点，创建“一站式”报装服务模式，将报装接电时间由30天缩短到5个工作日。该服务模式在北京市电力公司广泛推广。

暖民心，铸品牌。2011年，城区供电公司成立国家电网首都电力共产党员服务队专职队伍，陈牧云任队长。共产党员服务队在北京东、西城区设立21个社区服务站，深入街道和社区开展“走进社区、走进单位、走进企业、走进学校、走进医院”活动，及时了解社区和百姓的用电需求，帮助解决实际问题。截至2013年底，共开展差异化用电延伸服务409次，直接受益群众16 120人次，被社区百姓亲切地称为“电力雷锋”。共产党员服务队被评为北京市敬老孝老先进集体、西城区优秀公益团队、北京市电力公司十大优秀团队，得到北京市、中央宣传部、国务院国资委以及国家电网公司的充分肯定。陈牧云被评为北京市西城区孝星、北京市孝星。

2012年陈牧云当选北京市第十一次党代会代表，2012年获得北京市国资委系统2010~2012年创先争优优秀共产党员、国家电网公司“服务之星”、北京市三八红旗奖章、全国能源化学系统五一劳动奖章，2013年获首都劳动奖章。

首都劳动奖章获得者——杨鑫

杨鑫，男，汉族，1980年7月生人，北京市人，中共党员，大学本科学历，高级技师。1998年7月参加工作，现任昌平供电公司配电运维四班班长。

杨鑫带领的班组担负着昌平地区所有10kV架空配电线路的运行维护工作。他恪守企业承诺，扎根生产一线，出色完成各项生产任务；合理安排、统筹规划处理大批线路遗留缺陷，提升配电线路整体运行水平。

2012年，杨鑫带领班组共检修配电架空线路21路次、更换导线37.2km，清扫线路长度236.9km、杆塔3647基、处理缺陷2343处，使昌平地区配网整体运行水平显著提高。2012年，昌平地区共发生配网永久性故障79次，比去年同期下降22次，低于故障指标28次。

2012年7月，杨鑫代表昌平供电公司参加由北京市劳动局、北京市总工会主办的第三届职业技能大赛。他白天练实操，晚上学理论，凭借顽强毅力和扎实基础，最终取得决赛的理论、实操双项第一。

2012年11月，北京遭受罕见大雪灾害，昌平地区配电网遭受严重打击。杨鑫应急迅速、安排合理，带领班组成员积极投身事故救灾抢险，在最短时间内使昌平地区配电线路全面恢复正常供电，并按照上级安排参与延庆地区的救灾支援工作，保障正常供电。

2012年杨鑫获北京市第三届职业技能大赛配电线路工技术比赛第一名、北京市电力公司先进生产者，2013年获首都劳动奖章。

首都劳动奖章获得者——张霞

张霞，女，汉族，1980年5月生人，北京市人，中共党员，大学专科学历，技师。2000年8月参加工作，现任海淀供电公司西北旺供电所内勤班班长。

张霞参加工作时负责农网改造的设计出图、材料计划、施工预算、竣工决算、直至各类资料装订建档。她立足本职，钻研业务，整日奔波忙碌在农网改造的一线，经常加班到深夜，在平凡的工作岗位中取得不平凡的业绩。她曾主管的工程有农网一期改造工程、农网二期改造工程、农网二期补充完善工程。分装变

压器工程、“0811”工程、一户一表改造工程、新农村电气化村建设工程等。每项工程她都能出色地完成各项任务。经历时间和风雨的磨炼，张霞的理论知识和实际操作水平得到双提升。

为让本地区线损率指标保持在正常范围内，张霞指定相应的台区线损负责人，责任到人，令抄表员对自己所抄台区线损负责。按照农电处制定的营销考核办法做到奖罚分明，提高抄表员的工作积极性，对线损大的台区提出组织本所人员开展日查、夜查，并利用营销系统筛查出用电异常户有针对性地开展普查工作，每月制作线损报表进行对比分析，按月召开线损分析会，使西北旺供电所的线损率从刚接收管理时的25%下降到8%。为了巩固成绩，她经常加班到深夜，春节期间（包括除夕）仍坚守在工作岗位上，无怨无悔。在全所人员的共同努力下，西北旺供电所的营销工作在海淀供电公司内始终保持第一。

2012年张霞获北京市第三届职业技能大赛抄表核算收费员比赛第一名、北京市技术能手、北京市电力公司先进生产者，2013年获北京市三八红旗奖章、首都劳动奖章。

首都劳动奖章获得者——赵春明

赵春明，男，汉族，1980年5月生人，北京市人，中共党员，大学专科学历，技师。2000年8月参加工作，现任检修分公司电缆检修二班副班长。

赵春明自参加工作，一直在电力电缆专业生产一线工作，熟练掌握10、35、110、220kV不同电压等级的中压高压电缆施工、检修、试验等技能，积累了大量的生产实践经验。参与完成奥运基建工程、国庆六十周年工程、清华大学架空入地工程等重点工程。作为副班长，以身作则，在工期紧张时带领班组成员昼夜奋战，确保工程如期发电。

赵春明勤于思考，参与研制高压电缆金属护套胀口专用工具、电缆操作用烙铁专用托具、插拔式电缆终端专用升降平台，解决现场实际问题，获得公司群众性技术创新奖荣誉。

赵春明发挥传帮带作用。单位新组建了检修班组，他调任副班长，负责新员工的技能培训工作。为将十几名新人培养成才，达到工作要求，他制定了一套详尽的培训计划，包括理论、实操、安全等各个方面。经过三个月的培训，所有学员均通过考核，解决生产一线缺员的燃眉之急。作为公司兼职教师，他积极配合完成公司技能培训工作，曾四次以考评员身份参与10kV电缆入网证培训以及电力电缆工初级、中级技能鉴定工作。

2012年赵春明获第三届北京市职业技能大赛电力电缆工比赛第一名、北京市电力公司先进生产者，2013年获首都劳动奖章。

国家电网公司特等劳动模范——王小宁

王小宁，男，汉族，1979年4月生人，北京市人，中共党员，研究生学历，工程师。2000年7月参加工作，现任朝阳供电公司大客户经理三班班长。

2011年8月，朝阳服务分队成立，王小宁担任队长。服务分队作为崭新的党建品牌，没有经验可以借鉴。王小宁严格落实公司党委要求，结合分队特点，参与编制《服务分队安全管理办法》等11项管理制度及流程，建立完善帮扶对象、物品等资料档案，搭建以专职班组为核心、兼职队伍为支撑、志愿者队伍为延伸的服务体系。

2013年，王小宁带领服务分队细化落实公司党委“标准化、专业化、常态化”建设要求，围绕抓组织建设、抓制度建设、抓队伍培养，抓宣传策划，提升服务队管理水平，提升队伍素质，提升品牌影响力。同时，联系朝阳区民政局、文明委等相关政府部门开展服务队志愿者登记工作，为服务分队的高效运行打下坚实的基础。朝阳服务分队先后荣获国家能源化学系统工人先锋号公司红旗班组和首批服务队优秀示范点荣誉称号。

深入开展“六进三送”活动，实施“暖心、放心、连心、舒心”“四心工程”。王小宁带领服务分队与156户孤、寡、残、障居民办理爱心卡，为其解决涉电类困难；对12家公益机构建立帮扶关系，定期开展用电安全隐患排查；与33个社区建立沟通的常态机制。开展走访、安全用电隐患排查、开展电力讲座、节日慰问等活动2400余次，惠及百姓3.6万人次。

截至2013年11月，王小宁及服务分队的先进事迹被《新华社》《人民日报》《北京日报》《北京晚报》等13家社会媒体及人民网、新华网、凤凰网、北青网等12家网站进行了500余次相关报道。2013年10月24日，王小宁受北京103.9广播电台邀请，参与北京市民交流和互动活动。

2013年王小宁获北京市“孝亲敬老之星”“首都志愿者之星”、国家电网公司特等劳动模范称号。

国家电网公司劳动模范——佟欣

佟欣，女，汉族，1967年6月生人，北京市人，中共党员，研究生学历，高级会计师。1990年8月参加工作，现任公司审计部主任。

佟欣将审计监督工作定位于紧紧围绕依法从严治企这条主线，制定公司依法治企年度工作要点，明确易发频发风险的10类重点领域、10大“红线问题”及18项重点工作任务。组织开展依法治企“回头看”检查，开展专题讲座30余次，促进依法治企检查成果向规范管理行为转化。

佟欣立足发挥审计监督与增值服务的双重功效，以做深做实审计项目为抓手，强化重点领域、重要岗位、关键环节的审计监督。在审计项目开展过程中，佟欣提出“三个突出”的工作思路，即突出质量与效率双提升，强化领导干部经济责任审计监督。优化项目组织管理模式，编制审计作业指导手册，固化典型问题审计经验，严格审计报告分级复核，建立经济责任审计问题库。

佟欣创新性开展以师代徒，以审代培，为审计人员建立个人发展档案，制定近期与远期目标，促进个人发展与专业水平提升。通过项目经验交流分享会、依法治企检查经验交流会等方式，拓展审计人员知识视野，积累审计队伍实战经验。带队赴兄弟网省公司学习调研，通过借鉴先进经验，查找自身管理短板，提出管理改进建议，提升审计工作整体水平。倡导“审计是我家，建设靠大家”为核心的和谐审计文化，并做到身体力行、亲力亲为，用谦虚谨慎的工作态度、踏实务实的工作热情感染着身边人。

2013年佟欣获国家电网公司劳动模范称号。

国家电网公司优秀班组长——李建平

李建平，男，汉族，1977年1月生人，北京市人，中共党员，大学本科学历，助理工程师。1995年7月参加工作，现任海淀供电公司配电运维三班班长。

李建平干一行、爱一行、专一行、能一行，重视安全工作和班员培养，组织班组成员制作设备培训课件40余个，形成班组浓厚学习气氛。

他针对不同的班组成员采取个体帮带和咨询辅导的训练方式，使新员工掌握工作实践技能。他规范班组员工五类学习平台（班组集中学习平台、网上大学自学平台、身边同事“传、帮、带”学习平台、班组建设信息化交互学习平台、书籍研讨学习平台），打造“人人是学习之人”“处处是学习之所”的学习型班组。通过班组建设信息化平台，坚持每班次对相关内容进行更新，班组成员对班组信息化建设系统按规定填写与录入。在李建平的带领下，运维三班学以致用、用以促学，实现员工和企业的共同发展。

2013年李建平被评为国家电网公司优秀班组长。

国家电网公司优秀班组长——杜泉

杜泉，男，汉族，1962年7月生人，北京市人，中共党员，大学专科学历，助理工程师。1980年4月参加工作，现任检修分公司西大望运维队队长。

他是一名出色的运维队指挥。他善于用人，了解全队所有人的性格脾气、技能技术、优点缺点，据此安排三个值的值班人员，让各值都能充分发挥每个人的优势。他重视运维队各个方面的管理建设工作，从安全管理、生产管理、设备管理、培训管理及班组建设五大方面入手，开展一系列卓有成效的具体工作，确保设备的健康平稳运行。他用机制管理人，赏罚分明、公正透明，他建立的班组绩效考核机制不走过场、不走形式，本着公平、公正、公开、有效的原则将各项工作量化，对员工每月的工作表现作出全面的评价分级，考核不规范行为以示警醒，激发员工工作热情，得到大家认可。在杜泉的带领下，运维队明确人员责任分工，实现专人专项负责、工作不留死角，充分利用绩效杠杆管理人，达到工作质量精益化。

他是一位技术功底深厚并言传身教的师长。杜泉勤于学习、善于学习；查巡各站设备间，攻克技术疑点和难题，对管辖的设备悉数在心。在杜泉的引导和指导下，2013年运维队参加北京市职业技能竞赛变电站值班员比赛，共有三人进入最终决赛并取得优异成绩。

他是全队的好“大哥”。他做人做事以真心换真心，想人之所想、急人之所急，以关心人、尊重人、理解人、帮助人、激励人为出发点，用关爱凝聚人。在他的影响下，运维队形成“一人有难，全队帮助”的优良传统。

2013年杜泉被评为国家电网公司优秀班组长。

大 事 记

1月

11日 北京市总工会副主席张青山、北京市总工会工业（国防）工会主席顾庆一行到公司慰问应急抢修人员。

14日 公司第二届职工代表大会第三次会议暨2013年工作会议开幕。本次会议共有来自全公司的231名职工代表、列席代表参加。

15日 公司召开2013年思想政治工作暨反腐倡廉建设工作会议。

18日 北京市政府副秘书长戴卫到四惠换电站召开现场办公会，市发改委、市科委、市交通委和市财政局相关委办局负责人陪同。

23日 公司举行新闻发布会，面向社会发布《服务首都发展白皮书》和《2012年社会责任实践报告》。其中《服务首都发展白皮书》是中央在京企业首份以服务首都发展为主题的白皮书。

30日 北京市发改委副主任王英建率市发改委、国土资源局、规划委员会、城市规划院相关人员到草桥应急抢修服务中心，调研北京电网应急抢修服务网络建设工作。

同日 公司召开贯彻落实国家电网公司乡镇供电所管理问题排查治理工作会，全面启动供电所管理问题排查治理工作。

31日 国家电网公司副总经理帅军庆一行先后到公司所属某重点开闭站、城市照明监控指挥中心、95598客服中心和北京南站配电室等工作现场进行节前督导检查。

2月

5日 为避免春节期间燃放烟花爆竹对电力设备、电网运行造成威胁，公司创新举措，首次开展了春节期间烟花爆竹火灾防控专项实战演练。

6日 国家电网公司副总经理帅军庆一行到公司检查春节保电工作，慰问一线值守员工。

8日 北京市副市长张工，市发改委、交通委、环保局、国资委、公安交管局、公安消防局相关领导来到公司，检查春节期间供电保障工作并慰问一线员工。

11日、13日 公司民族乐团、电力之光合唱团受邀登上国家大剧院的舞台，参加“我爱北京”北京市民新春联欢会。

21日 由华北电监局、北京市发改委、北京市安监局等单位组成的检查组来到公司，对全国“两会”保电准备工作进行督导检查。

26日 公司召开库存资源盘活利库工作启动会。

3月

1日 国家电监会主席吴新雄、国家电监会总监谭荣尧一行到公司督导检查两会供电保障工作。国家电网公司党组成员、副总经理郑宝森，总经理助理张丽英陪同检查。

9日 北京地区遭受7~8级大风，局部最大风力达到10级。公司迅速启动应急响应供电保障模式，确保两会期间电网平稳运行。

18日 国家电网公司副总经理帅军庆在《北京公司圆满完成2013年全国“两会”供电保障任务》汇报材料上作出批示，对公司全力以赴完成全国两会保电任务予以祝贺与表扬。

18日 公司印发《北京市电力公司2013~2015年职工素质建设工程工作规划》，贯彻落实《北京市“十二五”时期职工发展规划》。

19日 京城迎来一次雨夹雪转中雪天气，公司启动预警Ⅲ级应急响应。

20日 国家能源局为公司“国家能源主动配电网技术研发中心”授牌。

25日　公司运营监测（控）中心正式建成投运。

26日　国务院法制办法制协调司司长青锋一行来到公司，就电量电费核算、供用电设施产权分界等工作进行了调研。

4月

16日　“北京市电力公司院士专家工作站”授牌仪式在电科院举行。

22日　公司开展“情系雅安 奉献爱心”活动，为四川雅安地震灾区捐款。累计捐款143万元。

23日　北京市规划委员会周楠森副主任一行到公司调研热电中心并网、“煤改电”、轨道交通配套电网工程等重点工程建设工作。

25日　北京市检察院第二分院检察长卢希一行到公司调研反腐倡廉建设工作。

5月

7日　公司启动2013年社会责任推广月活动。

9日　公司组织召开2013年智能电能表换装工作启动新闻发布会。新华社、人民网、《北京日报》、北京电视台、《北京晚报》、《新京报》、北京市政府网站等媒体进行了报道。

12日　公司在海淀公园开展“5·12防灾减灾日”宣传活动，向市民讲解居民安全用电知识，增强广大市民防灾减灾意识。

18日　第九届中国（北京）国际园林博览会（简称园博会）开幕，公司开启二级供电保障模式。

20日　公司举办“电靓京城 诚信计量”计量试验室开放日活动。《人民日报》、新华社、中央人民广播电台等媒体参加了活动。

24日　国家能源局新能源司副司长梁志鹏一行到公司调研北京市分布式光伏发电接入工作。

28日　北京市规划委副主任周楠森一行到公司，就北京电网空间布局规划及建设工作进行调研。

29日　共青团中央青年志愿者工作部部长郭美荐一行到公司进行工作调研。

29日　北京市西城区官园小学的30余名小学生，来到95598热线大厅和左安门智能公寓，参加“少年中国梦　青春光明行”六一特别活动。

6月

4日　全市普降大到暴雨，并伴有强雷电，市气象台三发雷电黄色预警信号。公司按照灾害天气处置应急预案和防汛应急预案，及时启动预警应急响应，有效应对入汛以来的第一场暴雨天气。

7日　京城高考首日遭遇降雨天气，一度出现白昼如夜现象。城市照明管理中心紧急开启城六区近24万盏路灯，保障了特殊天气下的城市正常运行。

8日　公司召开“中国梦·国网情”先进典型事迹巡回宣讲首场报告会。

8日　公司研究通过《北京市电力公司提供有偿供电服务实施细则》，为指导各单位执行供电服务收费政策提供制度依据。

11日　公司完成“神十”发射保电任务。

14日　公司召开防汛供电保障新闻发布会。

19日　国家发改委体改司王强副司长一行到公司调研电网调控运行和电力交易情况。国家电网公司副总经理、党组成员杨庆陪同调研，并主持座谈会。

20日　公司采取多项保障措施，确保中国载人航天史上的首次太空授课在天宫一号目标飞行器和人大附中“地面课堂”之间天地连线活动安全可靠供电。

20 日　市政府副秘书长朱炎一行来到公司，就迎峰度夏、清洁空气电力行动及“煤改电”、电网建设等工作进行了现场办公。

20 日　由公司支持，第三方组办的“输变电系统电磁环境”研讨会在北京召开。

25 日　新华社北京分社社长陈新洲一行来到公司，就客户服务、迎峰度夏、智能电网、品牌建设等工作进行现场调研。

26 日　神舟十号载人航天飞船返回舱在内蒙古四子王旗主着陆场成功降落。公司承担的 26 天保电任务顺利结束。

26 日　公司与天津市电力公司签订《应急救援协调联动合作协议》，正式建立电力应急救援伙伴关系。

26 日　公司党委召开庆祝建党 92 周年创先争优表彰暨共产党员服务队“三化”建设推进会。

30 日　桃园 220kV 全地下智能变电站顺利竣工投入运行。

7 月

2 日　公司 95598 互动服务网站（www. bj. 95598. cn）经过两个多月的试运行正式上线，京城广大用电客户可以享受 24 小时优质高效的供电“云服务”。

10 日　公司启动 2013 年 4.4 万户“煤改电”配套电力设施建设工作。

11 日　公司启动中国工商银行北京市分行全电子托收式交费档案明细核查工作。

16 日　公司举办 2013 年应急技能竞赛暨应急救援故障抢修联合演练。演练展示了公司水陆两栖车、卫星通信车、蜘蛛车、山地摩托车、冲锋舟、空气动力船等特种装备应急物资保障能力。

17 日　公司在各个社区逐步推行社区客户经理服务，以发挥社区（街道、物业、村委会）与居民联系密切的优势，开展常态化、规范化、流程化的社区供电服务活动。

23 日　公司收到国网甘肃省电力公司发来的信函，对公司提供的带电检测技术支持，以及大力推进国网甘肃电力电气设备带电检测技术水平和新技术应用表示感谢。

24 日　中国能源化学工会副主席王书强等一行来到公司，针对工会工作进行调研指导。

25 日　北京市重点建设工程门头沟鲁坨路一期工程竣工通车。北京市委常委、常务副市长李士祥代表市政府感谢公司支持鲁坨路建设。

8 月

7 日　公司与门头沟区政府举行战略合作协议签订仪式，共同签订了《关于实行配电网统一规划建设模式的合作协议》和《关于推进电力设施迁改建设的合作协议》。

7~8 日　国家能源局市场监管司副司长赵国宏率调研组来到公司，就用户受电工程管理工作进行调研指导。

9 日　国网山东省电力集团公司党委书记于良民一行到公司就党建工作开展调研。

13 日　经济参考报社总编辑、党组书记杜跃进，总经理、党组成员陈洪波一行到公司开展工作调研。

15 日　北京电网负荷达到 1775.95 万 kW。截至当日 15 时 35 分，朝阳、通州、昌平等 12 个地区电网负荷超过历史最高水平。

16 日　北京市发改委副主任刘印春到公司检查北京

电网度夏期间运行情况及相关应对措施，并慰问一线员工。

19 日　公司与丰台区政府就地区电网发展进行座谈，并签订《丽泽金融商务区高可靠性智能电网规划建设合作协议》。

20、24 日　国家电网公司董事、总经理、党组成员舒印彪到公司，就开展党的群众路线教育实践活动做专题调研。

21 日　市发改委副主任刘印春一行到公司调研电网规划发展情况，并就国家电网公司与北京市政府战略合作协议推进情况进行座谈交流。

27 日　公司完成了 220kV 南苑变电站等 4 座变电站的状态操作试点工作。

28 日　公司与市邮政公司便民服务合作启动仪式在安贞邮局举行。居民和商户可到全市邮政网点购买电费充值卡，邮政储蓄银行窗口也提供电费代收业务。

29 日　公司开展电网主备调 48h 真实切换演练，将电网的调控指挥权由主调真实切换至备调达 48h，以全面检验北京电网的应急保障能力。

9 月

2 日　北京市副市长林克庆到公司就农村地区“减煤换煤 清洁空气”专项行动开展专题调研。

10 日　公司建设的智能充换电网络管理服务平台正式上线。北京市副市长张工出席启动仪式，并实地体验电动汽车，参观北京理工大学电动汽车充电站现场。

13 日　公司牵头负责的“主动配电网关键技术研究及示范”项目在未来科技城启动，该项目属国家 863 计划重大项目之一。

16 日　北京市服务能力最大的四惠纯电动公交充换电站正式投运。

16 日　公司对标管理体系建设取得阶段性成果，初步形成目标体系、运行体系、保障支撑体系搭建的三大模块。

26 日　公司组织开展外协施工单位关键岗位人员安全规程普考。这是公司首次面向此类人员开展安全规程普考工作。

27 日　北京市市委副书记、市长王安顺来到公司政治供电核心区运管中心，考察天安门广场国庆供电保障准备工作并慰问一线干部员工。市政府秘书长李伟一同调研。

28 日　位于北京通州区的小圣庙电动出租车充电站建成投运。该站是全国规模最大、服务能力最强的电动出租车充电站，共设有交直流充电桩 110 个，可同时满足 210 辆电动出租车的充电需求。

10 月

1 日　公司完成天安门广场敬献花篮仪式保电任务。

17 日　公司电动汽车智能充换电网络管理服务平台参加了以“选择行动——未来从现在开始”为主题的节能与新能源汽车产业发展规划成果展览会。

17~18 日　国务院派驻国家电网公司监事会主席李东序一行到 95598 客服大厅、城市照明监控指挥中心、左安门智能公寓、公司本部以及城区公司和密云公司，了解生产经营、电网运行、优质服务等方面工作。国务院监事会 19 办主任史军、国家电网公司财务部副主任杨付忠陪同调研。

21 日　经公司二届三次职代会第五次团组长会议审议通过，《国网北京市电力公司员工奖惩实施细则》正式发布施行。

21 日　公司举行“煤改电”现场新闻发布会。《人民日报》、新华社、《科技日报》等中央媒体，《北京日报》、北京电视台等媒体对该项工作进展等情况进行采访报道。

24 日　公司整合了配电自动化系统、OMS、PMS、营销系统、GIS、用电信息采集系统等基础数据的配网抢修指挥平台上线运行，实现了配网故障抢修的统一指挥和协同处置。

24 日　国家电网首都电力共产党员服务队作为嘉宾，走进北京交通广播《一路畅通》“党的群众路线”特别报道栏目，介绍服务队成立背景、定位、发展及服务内容，讲述服务故事。

11 月

1 日　北京海青落 110kV 新一代智能变电站正式竣工投运。

9 日　公司完成十八届三中全会开幕会保电任务。

13 日　公司完成十八届三中全会供电保障工作，实现了政治供电“零闪动”的目标。

14 日　全国政协副主席、科技部部长万钢在北京市副市长张工的陪同下，走进清华科技园电动汽车租赁点，对北京地区电动汽车分时租赁配套充电设施建设工作进行考察和调研。

15 日　上海市建设和交通委员会秘书长兼路政局局长戴晓坚、国网上海市电力公司副总经理王路及路灯管理中心负责人等一行 7 人到公司城市照明管理中心调研。

15 日　北京首条 500kV 超高压电缆工程正式开工。这也是我国首个全自主施工的长距离最高电压等级电缆工程。

15 日　首都核心区历时 13 年的“煤改电”工程总体完工，26.4 万户居民告别了小煤炉，用上了电采暖。

18 日　公司召开十八届三中全会和园博园供电保障工作总结会，全面总结供电保障工作情况及工作经验。

20 日　国网山西省电力公司党组成员、太原供电公司总经理刘予胜一行 13 人到公司调研。

21 日　大兴公司召开荣获全国五一劳动奖状、全国职工职业道德建设标兵单位、中央企业先进集体总结会。中华全国总工会宣教部副部长胡家康、北京市总工会副主席潘建新、北京市工业（国防）工会主席顾庆、大兴区副区长金卫东、中华全国总工会宣教部处长刘建新、大兴区总工会主席郑怀志出席了会议。

22 日　公司与国网天津市电力公司联合组织开展跨区域应急救援协调联动合作演练。

23 日　公司成功实现 95598 五项业务上划至国网客服中心办理，并于割接当天完成了业务支持系统内业务工单派发流转及处理。

25 日　公司党委召开中心组学习会，集体学习中央纪委、国资委、北京市纪委以及国家电网公司系统落实“八项规定”反对“四风”有关规定，及违反“八项规定”典型问题通报的相关材料。

29 日　公司成立窦珍志愿者服务队，传承和发扬“扫桥爷爷”志愿服务的精神。

12 月

2 日　公司完成嫦娥三号发射保电任务。

3 日　公司与施耐德集团公司举行交流座谈会。

10 日　国家电网公司 2013 年党风廉政建设责任制检查组到公司开展年度检查考核工作。国家电网公司党组成员、中纪委驻国家电网公司纪检组组长潘晓军出席考评会，国家电网公司责任制检查组组长、监察局副局长范爱虎做动员讲话。

13 日　公司召开领导干部任免宣布大会，国家电网公司人事董事部主任田博受国家电网公司党组和国家电网公司董事长、党组书记刘振亚委托，宣布关于调整国网北京市电力公司领导班子的决定：经国家电网公司党组研究并征得北京市国资委同意，决定尹昌新任国网北京市电力公司总经理、党委副书记，杨新法任党委书记、副总经理；免去朱长林国网北京市电力公司总经理、党委副书记职务，免去郑林国网北京市电力公司副总经理、党委委员、常委职务。

13日　北京市组织召开第九届中国（北京）国际园林博览会总结大会，公司荣获“第九届中国（北京）国际园林博览会先进单位”荣誉称号。

18日　国家电网公司副总经理、党组成员帅军庆带领督导组，到公司开展隐患大排查督导工作。

19日　北京西城地税局局长万国喜一行到公司就地税工作进行座谈，并实地参观了公司调控中心。

19日　公司召开干部任免宣布大会，宣布国家电网公司关于调整国网北京市电力公司领导班子的决定：根据工作需要，经国家电网公司党组研究并征得北京市国资委同意，决定杜小波、唐屹峰任国网北京市电力公司副总经理、党委委员、常委；张铁恒任国网北京市电力公司纪委书记、党委委员、常委；免去蒋斌国网北京市电力公司副总经理、党委委员、常委职务；免去杜小波国网北京市电力公司纪委书记职务。

20日　国网通用航空公司总经理邹本国、党组书记曾德君、副总经理闫华锋一行到公司就推进直升机巡线工作、基地建设等合作项目进行座谈交流。

22日　公司获得第六届“北京影响力”传媒大奖人文共享奖。

26日　公司与门头沟区政府共同签订了《输电线路通道网格化管理合作协议书》。

同日　公司建设的未来城220kV新一代智能变电站投运。这是国家电网公司新一代智能变电站示范工程中唯一一座220kV户内变电站。

30日　国家能源局用户受电工程市场秩序专项监管驻点北京工作启动会在公司召开，用户受电工程市场秩序专项监管督查组正式进驻北京地区开展工作。

31日　北京市市发改委副主任刘印春、市规划委副主任周楠森一行到公司就北京电网规划发展情况进行座谈。

重 要 文 献

公司领导重要讲话

转变观念　开拓创新
在新的起点上全面深化“两个转变”

——总经理尹昌新在公司第二届职工代表大会第四次会议暨2014年工作会议上的报告（摘要）
（2014年1月17日）

一、2013年工作回顾

2013年是全面贯彻党的十八大精神的开局之年，也是公司持续巩固提升“三集五大”体系的重要一年。面对复杂环境和艰巨任务，公司上下全面落实年初“两会”精神，顽强拼搏、攻坚克难，圆满完成了各项任务，公司和电网发展取得了新成绩。

2013年，公司完成售电量824.85亿kWh，同比增长4.14%；营业收入530.97亿元，同比提高5.10%；利润总额15.31亿元，超额完成预定目标；固定资产投资（全口径）84.39亿元，资产总额达到761.22亿元，同比增长5.60%；资产负债率54.67%，同比下降2.13个百分点；全员劳动生产率168.51万元/（人·年），同比增长7.2%；城市供电可靠率99.985%；当年电费回收率100%。荣获国家电网公司综合标杆及业绩和管理标杆，安全、人力资源和规划管理进入专业管理标杆。

（一）安全生产保持稳定态势

以安全管理提升活动为主线，扎实开展安全大检查和隐患大排查，全面完成93项重点任务。深入开展安全生产风险指数管理，发布数据33期，执行管控措施6000余条，风险防控水平明显提升。加强电网运行与管理，系统开展城市电网安全稳定分析。开展架空线路综合整治百日行动，强化电缆及管道缺陷隐患管理。全面完成迎峰度夏和防汛任务，成功经受1776万kW历史最大负荷考验。拓展应用状态检测技术，深化设备状态评价，状态检修工作质量稳步提高。加强电网停电计划刚性管理，设备停电次数和平均停电时间同比分别下降2.07%和6.32%。建设配电网抢修指挥平台，抢修业务和客户报修实现平稳对接。加强应急体系建设，健全应急指挥系统，完善装备配备和物资储备体系建设，应急作战能力显著提升。全年未发生大面积停电事故，未发生五级及以上安全事件，圆满完成十八届三中全会和嫦娥三号发射等政治保电任务186项、322天，实现了政治供电“零闪动”和安全生产“零死亡”目标。

（二）规划建设有序推进

滚动修编“十二五”主网规划，北京电网中长期发展规划和空间布局规划通过专家论证并纳入审批程序。创新开展“网格化”配电网规划，全面完成与政府对接发布。在门头沟等地区推广配电网统一规划建设模式，在丽泽商务区、环渤海总部基地试点建设高可靠性配电网。健全与政府常态沟通机制，岳各庄变电站等难点项目取得突破性进展，借助“煤改电”等重点工程落实城市中心区站址10处。在部分地区创新实施政府承担拆迁补偿和电网共建工作模式，争取政府支持资金17亿元。加大重点工程建设力度，海青落等新一代智能变电站按期投产，海淀500kV架空线路和电缆隧道全面贯通，菜市口国网电力科技馆项目顺利推进，国家电网管理学院三期项目规划前期工作圆满完成，东北、西北热电中心和怀柔雁栖湖APEC会议配套电力工程进入建设高峰，全年新增35kV及以上变电容量422.3万kVA、线路（含电缆）340.86km。开展基建安全管理提升和队伍建设年活动，多措并举规范分包管理。助力首都空气清洁计划，完成城区4.4万户“煤改电”任务，完成4514户农村电采暖改造。

（三）优质服务水平稳步提升

深入开展供电服务提升工程，解决问题136项，消除服务风险和短板。推进民生工程建设，59项保障性住房、3条轨道交通如期送电，完成21项老旧小区改造。城近郊和部分远郊区县630kVA及以上业扩报装实行集约管理，推广客户外电源典型设计，实行重大项目“五优先”举措，平均报装时长缩短7天。开展老旧小区、重要客户用电安全服务和隐患排查治理，提升供电保障能力。换装智能电表170万具，推出“两免一约”服务举措，全面提升换表现场服务水平。开通网上银行、支付宝、充值卡等新型交费方式，拓展邮政网点代收业务，全市售电网点达到20 760个，城镇地区建成“十分钟缴费圈”。推出95598互动网站、智能电表远程应急送电等服务新举措。95598五项业务平稳集约上划。出台营业窗口管理十条禁令，开展明察暗访，提升窗口服务质量。全年建成电动汽车充换电站16座、充电桩877个，增加4036车次的充电能力。累计受理分布式能源并网申请166项10.13万kW，实现并网38项2.01万kW。开展节能变压器租赁业务22项，实施客户节能改造77项。

（四）经营管理成效显著

深入推进“三集五大”体系建设，完成机构和人员调整，优化本部管理职责21项，供电公司内设班组数量由591个减少到552个，降低6.6%。开展体系建设专题宣贯培训，实现全员覆盖。制定业务委托管理办法，明确部分专业委托范围并试点推行。制定实施“二十四节气表”，加强综合计划管控，工作主动性和计划性显著增强。深化财务集约化管理，全面建成一级账户体系，银行账户总量压降46%，电费资金到账速度提高3倍。物资集中采购范围进一步扩大，优化仓储网络，开展盘活利库，清理利用积压物资1.17亿元。完成土地确权117宗、78.39万m^2。推动政府合理核定新增燃气机组电价，供电延伸服务收费标准获得批复，落实电动汽车补助资金4041万元。运营监测（控）中心投入运行，建成1133项运营监测指标体系，指标、流程和专题监测工作逐步深化。第一批通用制度顺利落地，初步建成内部控制体系和法律风险防范体系，公司普法工作入选国家“六五”普法典型经验。持续深化依法治企综合检查，整改落实各类问题721个，涉及资金6.68亿元，完善管控措施62项。突出重点领域监督检查，开展施工企业转分包等专项审计96项。车辆使用管理更加规范，主业车辆加装GPS工作全面完成，集体企业、乡镇供电所车辆压减工作基本到位。深入开展主多分开“回头看”，组织集体企业规范管理专项检查，整改问题202项。集体企业重组整合压缩10%，产业布局进一步优化，全年实现利润10.2亿元。4项典型经验入选国家电网公司典型经验库，省市级电网调控一体化安全管理被评为国家管理创新成果二等奖。主动配电网关键技术研究获得国家863计划重大项目立项，成立首个国家级实验室和院士工作站，荣获省部级科技进步奖10项，科技创新能力明显增强。

（五）“三个建设”持续加强

深入学习贯彻党的十八大和十八届三中全会精神。积极推进共产党员服务队“三化”建设，建立社区客户经理制和“菜单式”服务模式，在341个社区挂牌服务，开展“六进三送”活动3263次，惠及居民50余万户，城区分队荣获国家电网“十佳共产党员服务队”称号。严格落实“八项规定”实施细则，深入开展明察暗访和“三公”消费专项审计，业务招待费、会议费、车辆使用费同比分别下降70%、23.5%、18.9%。持续推进协同监督工作，促进跨部门、跨专业问题的整改落实。深化“七廉”活动，建成公司廉洁教育基地，率先出台廉洁从业重点岗位监督办法，集中轮训2000人、轮岗交流760人。完善干部评价考核体系，突出业绩评价，增加干部行为反向测评环节，在“四好”领导班子考核和干部测评中加大群众参与比例。制定实施员工奖惩规定。建立公司内部人力资源市场，开展跨单位交流267人次。加强市场化用工管理，全面实施八级工评价。举办8期干部培训班，完成各类培训9万余人次，选拔产生90名优秀专家，新能源、信息专业分别获得国家电网公司调考团体第一、第三名。持续提升“电靓京城”品牌影响力，树立了良好社会形象。开展“高举团旗跟党走、立足岗位靓青春”主题教育活动。举办员工健康系列讲座，落实离退休人员政策待遇。职工创新工作室成果丰硕，班组减负取得初步成效。公司连续六年获得全国“安康杯”竞赛优胜企业，大兴公司获得全国职工职业道德建设标兵单位和全国五一劳动奖状。

二、在新的起点上全面深化“两个转变”

经过近年来不懈努力，公司和电网发展迈上了新台阶，为我们进一步深化“两个转变”打下了坚实基础。站在新的历史起点上，我们的责任更加重大、使命更加光荣，也面临着新的机遇和挑战。今后一个时期，深化改革力度将不断加大。党的十八届三中全会对全面深化改革作出重要部署，提出自然垄断行业要根据不同行业特点实行网运分开、放开竞争性业务，推进公共资源配置市场化。国家电网公司2014年“两会”也就推进国企改革、深化电力改革进行了重点强调。这些改革举措都将对公司未来发展产生深远影响。服务保障标准将不断提高。首都各类对外交往和重大政治活动日益增加，城市运行和生产生活对电力的依赖程度逐步提高，对高可靠供电和高品质服务提出了更高要求。首都产业结构优化升级和城乡一体化发展的步伐日益加快，能源和电力需求持续增长，土地空间资源高度紧张，保持电网适度超前发展的压力更加突显。外部监管监督不断加强。去年以来，公司先后迎接了国家审计署西电东送审计、四部委工资收入专项审计、国家能源局用户受电工程市场秩序专项监管等一系列外部监督检查活动，覆盖范围和检查力度明显加大，并将逐步成为常态。与此同时，公司始终受到社会和舆论的高度关注，改进工作作风、规范服务行为、加强行风建设的要求更加迫切。能源转型变革不断加快。雾霾污染问题进一步加剧，新能源、分布式能源和电动汽车快速发展，将会在提高配电网适应性等诸多方面提出新的考验，电力与燃气、太阳能等清洁能源围绕终端市场、接入政策、上网价格的竞争将更加激烈，推动“以电代煤、以电代油、电从远方来”面临困难和挑战仍然不小。

面对新形势、新挑战，要实现建成“一强三优”现代公司目标，关键要在公司和电网发展方式转变上取得新突破，在提升队伍素质和基础管理水平上取得新成效，形成推动公司和电网科学发展的强大动力，具体就是要做到“四个突出、四个提升”。

（一）突出配电网建设改造，提升电网发展水平

终端用户能否安全可靠用电，最终体现在配电网上。近年来，公司坚持主配农网协调发展，电网发展水平明显提升。目前，主网已经具备相对较为完善的网架结构，在大部分地区做到了适度超前发展。但受政策、体制等因素的影响，配电网薄弱的问题一直没有得到根本解决，主要体现在：配电网互倒互带能力不足，10kV 电缆线路以双射网为主，环网比率低；10kV 架空线仍有大量无联络和单联络线路，平均供电半径过长。配电网设备健康水平不高，架空网绝缘率低，部分高损变压器、油断路器、油纸电缆仍然在运；部分电缆隧道设计标准低，老化严重，隐患突出。配电自动化覆盖率仅为 9.62%，除城区等起步较早的地区外，没有形成规模；配电变压器光纤覆盖率仅为 0.38%，80% 的配电变压器尚未实现自动采集。总体来看，北京城市年户均停电时间是巴黎的 5 倍、东京的 9 倍，其中配电网故障造成的用户停电时间占总停电时间的 40%，已经成为制约供电可靠性进一步提升的主要矛盾。

建设一张坚强配电网，功在当下、利在长远。我们要从现在开始，制定规划、明确标准、设立目标，加大配电网投资力度，建设与改造并举，争取用 4 年左右时间初步建成结构合理、技术先进、灵活可靠、经济高效的现代配电网。要坚持标准先行，从首都的特殊地位出发，瞄准世界一流水平，优化配电网规划和技术导则，结合不同区域的差异化要求，形成涵盖网架结构、设备选型、设计施工、运行维护等内容的整套技术标准，指导配电网发展。要优化电网结构，做强 220kV 及以上电网和 10kV 配电网、简化 110kV 接线方式（简称“强—简—强”），增加变电站布点和出线能力，提高 10kV 电缆环网比例和架空线路互联水平。力争 4 年内实现四环内停 1 条 10kV 母线不损失负荷，四环外平原地区停半段 10kV 母线不损失负荷；远期四环内停 1～2 座 110kV 变电站不损失负荷，四环外平原地区停 1 条母线不损失负荷。要提高装备水平，积极向国家电网公司争取政策，分区域、差异化选择国产、合资、进口设备；优化配电网设备序列，控制设备类型，逐步实现标准化，优先选用免维护和少维护设备；加强老旧设备改造和施工工艺管理，全面提升设备、设施可靠性。要提高自动化水平，力争用 4 年时间实现四环内及各区县城区 10kV 配电自动化覆盖率 100%，用 3 年时间实现光纤覆盖到台区；远期实现配电自动化及光纤通信全覆盖。两年内完成全部智能电表更换任务，实现台区和用户数据互通，提升营配信息协同互动水平。加强 GIS、PMS 等信息化管理平台的建设和应用。要实施精细化保障，优化设备检修维护策略和继电保护配置原则，依靠专家力量和技术手段加强设备诊断、监测和评估，全面掌握设备健康状态和电网运行风险，提高防灾抗灾和应急处置能力。要继续争取政策支持，总结配电网统一规划建设模式试点经验，积极宣传试点成果，尽快形成示范效应，争取在全市范围早日出台统一政策。加大新能源接入、电动汽车、电采暖等前瞻性政策研究，营造有利于电网发展的政策环境。

（二）突出向管理经营型转变，提升公司发展水平

“三集五大”体系初步建成后，公司基本建立起一套具有集约化、扁平化、专业化特征的组织方式和管理模式，立足当前、着眼长远，我们要努力推动公司由生产经营型向管理经营型转变，实现公司发展水平的不断提升。向管理经营型转变，符合国家电网公司的战略思路。“三集五大”体系建设的一个重要目的就是精简机构、压缩编制，提高用工效率。国家电网公司也多次强调，要严控员工入口、总量和用工成本。公司作为国家电网公司的窗口和标杆单位，应该主动作为、超前布局，及早谋划向管理经营型转变的问题，努力走在系统前列。向管理经营型转变，是解决当前缺员问题的现实需要。在现有政策下，公司主业员工入口受到严格限制，总量缺员问题短期内难以根本解决，劳务派遣等用工方式在新的法律环境下难以为继，与其被动地要政策、要编制，不如主动地转变管理方式，探索出一条新的道路。向管理经营型转变，也是适应未来发展要求的长远趋势。利用社会分工所带来的成本优势，业务外委的管理模式非常普遍，香港、新加坡、巴黎等先进电力企业均有成功实践。同时，随着负荷增长的逐步饱和，未来电网建设和业扩报装的工作量将大幅减少，今天人员短缺的劣势将

逐步转化为未来人员精干的优势，公司向管理经营型转变是大势所趋、势在必行。

由生产经营型向管理经营型转变，核心思想是：在全面建成“三集五大”体系的基础上，统筹兼顾效率、效益和质量，以紧紧抓住主营业务和关键环节为前提，以积极培育和借助内外部业务支撑力量为重点，最终建立以市场化为导向的资源配置方式和业务组织模式。推动公司向管理经营型转变是一个长期过程，必须在认识到位的前提下，统筹兼顾、稳妥推进，既要避免操之过急，带来风险隐患；又要避免等待观望，坐失转型良机。要做好总体规划。合理控制新进员工数量，确保员工总量逐年递减。根据主业员工总量变化情况和业务需求，按照轻重缓急，明确业务委托次序和方案，有计划、有步骤地逐步推进。要盘活主业人力资源。根据业务委托进度，进一步收缩战线、提升价值，逐步推动主业人员向计划安排、组织协调、检查验收、技术指导转变，培养能够诊断分析故障、解决问题、“一锤定音”的专家型人才，发挥好主业员工的作用。要充分利用好转型后的富余人员，加强转岗培训，补充到缺员严重的专业和单位。要加强外委业务管理，正确处理好“包出去”与“管起来”的关系，既要通过合同协议等形式，明确安全责任、业务界面、费用标准和权利义务关系，又要把安全、质量等专业管理要求延伸到相关企业，实现对委托业务的有效监控，避免“以包代管”。要加强集体企业建设，现阶段既要承揽主业运维业务，又要拓展社会工程市场，互相支持、互相促进，做到两条腿走路；未来逐步过渡到以承揽主业运维业务为主。同时，要抓住宝贵机遇，建立现代企业制度，不断提升安全、技术和管理水平，真正把企业做实做强。在承揽主业运维业务初期，要适当安排主业管理和技术骨干，支援集体企业搭建管理体系、培养专业队伍。

（三）突出专家人才培养，提升队伍建设水平

人才队伍是企业的重要资源，也是企业发展的基础所在。近年来，我们坚持以人为本，加强人才培养，取得了显著成效，但与建设管理经营型企业的要求相比仍有较大差距，主要体现在：用工水平远超国际先进电网企业，综合素质参差不齐，人才结构和布局不尽合理；创新型、专家型、复合型人才较为匮乏，青年人才基层锻炼经历和年限较短，遇到实际问题缺乏独当一面和“一锤定音”的能力；基于岗位价值、以绩效为导向的薪酬分配体系未能真正建立，多通道的职业发展路径不顺畅；激励约束机制尚未有效落实，“大锅饭”现象依然严重。

加强人才队伍建设是一项贯穿始终的长期工作。要建立人才发展规划。从公司向管理经营型转变的大局出发，树立长远观念，根据业务发展需要，全面分析转型对人才队伍建设的需求，以人才队伍建设规划为指导统筹推进各项工作。要加强人才培养。加大基层培养锻炼力度，进一步明确并严格执行新进人员基层工作年限，必要时前往承揽委托业务的集体企业等单位学习培养，积累现场经验，培养现场技能。紧密结合业务需求，加大配电自动化、继电保护、智能电能表运维、电动汽车等紧缺人才的培养力度，提高人才培养的针对性和有效性。要完善激励机制。在政策和待遇上，继续向生产一线和专业技术人员倾斜，增强技术技能人员扎根一线、服务一线的积极性和主动性。继续深化职员职级建设，扩大覆盖范围，切实改变“官本位”的思想观念，让专业技术人员在基层干得出成绩、体现出价值。要全心全意依靠员工办企业。将员工的发展与企业的发展统一起来，关心员工思想和生活，为员工素质提升搭建良好平台，激发广大员工的主人翁意识和创业激情，充分调动员工参与企业发展的积极性。

（四）突出规章制度建设，提升基础管理水平

近年来，公司加强规章制度建设，规范经营管理行为，取得了显著成效，但仍然存在一些风险和问题，集中体现在规章制度的建设执行上：部分制度本身可操作性不强，制度之间缺乏必要的约束与制衡，执行中漏洞较多；部分干部员工对规章制度不了解、不掌握，习惯性违章普遍存在，导致规章制度束之高阁；在违章行为惩处上，失之于宽、失之于软，导致一些问题屡禁不止、反复发生。

管理的有效性取决于制度约束，制度的生命力在于执行。要始终把制度建设作为公司的基础建设，力争利用2~3年时间，初步实现规章制度系统完备、科学规范、运行有效的目标，做到用制度管人、管权、管事、管企业。要切实加强制度建设，认真贯彻国家电网公司通用制度，实现上下贯通、一贯到底。以国家电网公司制度体系框架为基础，适度补充公司有普遍需求的规章制度，实现规章制度全职责、全业务、全流程覆盖。全面清理现行制度标准，提高制度质量，精简总体数量。要切实加强制度执行。针对具体岗位，明确应知应会规章制度范围，做到人人考试合格、持证上岗，并实现常态化，确保规章制度掌握到位。建立健全宣贯、执行、监督、改进、考核的闭环工作流程，增强制度管理的刚性，减少人为造成的随意性和各种失误偏差，确保规章制度有效落实。要切实加强考核问责。建立健全违规问题责任追究机制，明确各类违规行为责任追究的范围、方法和具体处罚措施。

把制度监督检查纳入审计、监察和依法治企常规检查内容，将执行效果作为衡量干部工作、绩效考核的重要指标。

三、2014 年重点工作

2014 年公司总体工作思路是：认真贯彻党的十八届三中全会和国家电网公司 2014 年“两会”精神，深入开展群众路线教育实践活动，坚持“四个突出、四个提升”，以深化“两个转变”为主线，以安全稳定和优质服务为前提，以规章制度和队伍素质建设为重点，转变观念，开拓创新，为服务首都经济社会发展、全面建成“一强三优”现代公司贡献力量。

2014 年公司主要工作目标是：

——不发生五级及以上安全事件，不发生大面积停电事件，实现安全生产“零死亡”、政治供电“零闪动”。

——不发生损害公司形象和稳定的重大事件。

——完成售电量 859 亿 kWh。

——完成固定资产投资（全口径）140.49 亿元。

——实现利润总额 13.32 亿元。

——完成全口径劳动生产率 117.84 万元/（人·年）。

——力争保持国家电网公司对标综合管理标杆。

（一）确保首都安全可靠供电

牢固树立“大安全”理念，坚持高标准、严要求、硬约束，持续提升安全风险管控水平，严防大面积停电和重大安全事故。

强化安全基础管理。深化“安全管理提升”活动，加强安全质量监督管理，健全安全职责体系，完善生产、基建、营销等专业安全管理提升措施。深化安全风险管理，持续推进隐患排查治理常态化和作业现场安全管理规范化。加强安全稽查队伍建设，加大作业现场安全巡检力度。严格作业人员和施工企业“双准入”，开展人员和企业安全定级，严禁不具备资质的企业承揽公司业务。开展消技防设施“第三方”评估，加强消防、交通安全管理。

强化电网运行管控。完善电网运行管理体系和运行机制，针对门昌、通安兴分区和电网异常方式，强化风险防控和专业协同。加强与科研院所合作，提升电网稳定分析水平。结合电网结构变化和四大热电中心并网，6 月底前完成电网动态稳定计算分析。加强大型受端电网电压稳定研究，推进大型动态无功补偿装置应用。加强主配网停电计划统筹协调，合理安排检修方式，增强停电计划执行刚性。规范分布式电源并网，完善调度管理及技术标准。扩大两级调控中心远方操作范围，深化配电自动化应用，健全配电网故障研判和抢修指挥机制，提高故障处理效率。

提升设备运维水平。加快推进配电网老旧设备升级改造。因地制宜推进老旧砖混隧道综合整治。深入推进设备状态检修，加大检测装备配备力度，安装应用变压器油色谱在线监测装置。开展刀闸轮换式工厂化检修试点，推进配电网设备检修、抢修标准化工作。扩大设备状态操作范围，及时消除长期未操作设备潜在隐患。规范智能变电站设备调试验收及运维管理。试点开展低压 GIS 数据普测和录入，加强管道和配电网基础数据治理，提升配电网信息共享能力。强化输电线路防雷击、防污闪工作，推进输电通道运维属地化。加快推进 35kV 变电站无人化改造，加大变电站消技防设备改造力度。研究制定变电站充气设备事故情况下六氟化硫气体排放回收及防护措施。

提升政治供电保障水平。深化政治供电常态化建设，建立重要客户综合管控平台，实时掌控重要客户设备运行状态，实现政治供电融入业务管理、保障准备融入日常工作。高度关注大型政治活动，主动对接主管部门，科学制定保障方案，加强建设、运行、营销等专业信息共享和协同联动，不断提高供电保障和应急处置能力，确保 APEC 会议等政治供电任务万无一失。

强化应急处置。深化应急体系和技术支撑体系建设，健全应急预案，有针对性地开展实战演练，提升突发事件处置能力。健全内外部协调联动机制，遇到重大安全事故和紧急突发事件，加强与政府的沟通汇报，积极争取理解和支持，及时发布抢修进度、恢复时间等信息。做好舆论引导，化解舆情风险，维护企业形象。

（二）加快建设坚强智能电网

准确把握首都电网特点，以配电网建设为重点，加大投资力度，加强安全、质量和进度管理，提升供电能力和供电可靠性。

加强电网规划和前期工作。落实“强—简—强”理念，启动“十三五”电网规划。促请政府批复北京电网空间布局规划。加快落实 CBD 和丽泽 500kV 变电站站址。推动安定、顺义 500kV 变电站扩容改造。推进保护性圈地，合理把握建设时序。加强 220kV 变电站布点，适度增加 110kV 变电站 10kV 出线间隔。完善与市区两级政府电网建设协调机制，推广项目“零前期”、先行垫资等工作模式，争取政策和资金支持。加快推进第 11 个外受电通道（蔚县至门头沟）建设，推动北京东、北京西特高压前期工作，尽快落实第 12、13 个外受电通道规划。

加强配电网建设改造。滚动修编“网格化”配电网规划，建立与城市详规联调机制。制定2014～2017年首都配电网提升行动计划，加大投资力度，按照电缆网形成环网，架空线多分段、适度联络的原则，提升互倒互带能力。年内增加架空线分段联络300处；更换裸导线1000km，将绝缘化率提升到65%；更换高损变压器2000台，降低24%；更换油断路器251台，全部实现无油化。进一步明确配电自动化建设阶段性目标、改造原则和技术方向，提高覆盖率和应用水平，试点推进随业扩工程同步建设机制，年内将三环内配电自动化覆盖率提升到60%。加大配电通信网建设力度，年内新增光纤覆盖台区20 000个，增加31%。提前开展光纤到台区业务应用研究，实现营配数据贯通。建设具有示范效应的丽泽高可靠性配电网，联合政府开展APEC会议区智能分布式系统试点建设。

确保重点工程建设进度。做深做细项目储备库，科学编制里程碑计划。加强工程管理，积极推进国家电网管理学院三期项目、菜市口国网电力科技馆项目、东北和西北热电中心并网工程，确保海淀500kV输变电工程及配套220kV切改工程、APEC会议配套电力工程务期必成。全年计划开工110kV及以上线路298km，变电容量909万kVA；计划投产110kV及以上线路433km，变电容量666万kVA。继续加强工程分包管理，落实建设和监理单位责任，逐步健全总包、分包单位考核退出机制。强化工程创优管理和关键质量环节管控，确保全部达到优质工程标准。

加强科技信息管理。依托国家863计划等重点科技项目和国家能源局实验室建设，积极与科研机构、高校开展合作和技术交流，加快拔尖人才培养。加强科研资源投入和重点领域攻关，开展主动配电网技术、电网动态仿真、电动汽车智能快速充电等重大科研课题研究，做好科技成果培育、强化知识产权积累。扎实推进信息系统深化应用、数据共享和业务融合，做好营配信息集成、生产规划数据共享。强化信息通信系统运维，确保重要信息系统和电力通信网安全运行。

（三）提升营销服务水平

强化“以客户为中心”的工作理念，抓住电量、电价、电费三个关键因素，深入开展差异化服务，树立首都供电服务品牌形象，努力提升电力在终端市场占有率。

夯实服务基础。加强窗口服务实时监控考核，提升规范化水平。依托街道、居委会等基层组织，及时了解满足居民服务诉求。加快推进老旧小区、临时代永久小区改造，积极接收存量配电网资产。提升表计检定能力，年内完成200万具智能电能表换装任务。加强智能电能表运维管理，打造专业化抢修队伍，提升故障综合处置能力。规范服务范围，合理界定非公司产权设备业务界面。建立常态化电价稽查工作机制，提升电价执行水平。加强农村供电所管理和标准化建设，推进农网智能化改造工程。

创新服务模式。根据用电客户特点和服务需求，针对不同类型客户，充分利用95598智能互动网站、手机客户端、微信服务平台等服务渠道及智能电能表集中采集优势，推出信息互动、业务办理、增值服务等系列服务产品，打造全方位互动服务新模式。进一步推进缴费网点社会化，与公共缴费联盟、邮政公司等深入合作，完善电费充值卡社会代销方式，加快农村地区缴费网点布设。平稳实施95598全业务上划，推动实现95598管理升级和业务转型，有效发挥服务指挥和业务支撑功能。

提高业扩报装效率。加强专业协同联动，推动业扩报装各环节并行开展，严格工作标准和节点时限。优化客户资料提交审验、方案编审等业务流程，确保系统接入设计与供电方案紧密衔接。深化业扩报装辅助支持系统建设，加快报装接电速度。优化报装接入策略，充分发挥效益拉动作用。尊重客户选择权，切实规范服务行为，坚决杜绝“三指定”。

（四）全面建成“三集五大”体系

落实公司一号文件精神，以规章制度建设全面固化“三集五大”体系建设成效，构建“五位一体”协同机制，优化工作流程，强化专业配合，实现由集中建设向常态运行平稳过渡。

全面落实建设方案。针对体系建设涉及的职责调整，各部门要站在公司全局高度，将新增职责纳入部门整体工作统筹谋划推进。根据调整后的职责界面，完善管理办法，加强对基层指导，强化业务末端管理，确保运转协调、沟通顺畅、推进有序。对于管理流程尚未调整到位的，要加快转变步伐，适应体系建设要求。开展体系建设成效测评和最佳实践案例提炼推广，固化管理模式，提升管理水平。

强化横向协同。构建职责、流程、制度、标准、考核“五位一体”机制，建立与流程动态匹配的岗位职责体系，促进岗位角色、制度标准、绩效管理、内控体系深度融合，形成常态运行和动态监控机制。建设横向融合、纵向贯通、标准化的业务流程体系，消除流程断点，改进薄弱环节。深化运营监测（控）体系建设与应用，实现各级业务、关键流程、核心指标的在线监测、动态预警和及时纠偏。适应95598全业务上收要求，做好人员安置，提升服务资源调度和管控能力，推动客户服务中心由“业务受理型”向“业务督办型”转变。

全面提升制度管控水平。对接国家电网公司通用制度，年内基本建成以通用制度为主体、以差异化条款和公司制度为补充的规章制度体系。清理公司各层级现行制度标准，转变与通用制度不相适应的管理惯性，确保通用制度“一贯到底”。组织开展全员学制度、全员考制度活动，推进制度培训、普考调考、监督检查常态化，把制度宣贯培训和执行落实作为单位绩效、评选先进和员工上岗的重要依据。对不熟悉岗位管理制度的，要组织脱产学习培训；对有章不循、执纪不严的，要及时纠正、严肃处理。

（五）加强经营管理

夯实基础管理，坚持降本增效与增供扩销并重，充分发挥业绩考核和对标的抓手作用，狠抓依法从严治企，努力提升管理效率和经济效益。

强化经营管控力度。完善“二十四节气表”，突出重点加强督察督办，增强工作计划性、协同性和主动性。加强经济活动分析，促进专业联动和分析成果应用。深化项目资金一体化管控，加强业务与财务融合，提升预算管理水平。合理安排投资结构和规模，健全投资项目后评价工作机制。扩大集中采购范围，实现物资类项目 100%、服务类项目 90% 的目标。建立库存物资压降长效协同机制，统筹利用拆旧、退运物资。将基建工程“其他费用”纳入预算管理，规范细化开支项目和标准。

努力开拓市场。落实“以电代煤、以电代油、电从远方来”战略部署，结合北京市清洁空气行动计划，积极开展电能替代。密切关注电动汽车发展方向，按照“主导快充、兼顾慢充、引导换电、经济适用”的原则，调整优化技术路线，开展公共区域快速补电的充电设施规划建设，打造 5km 半径示范充电网络。加强与市政府沟通对接，全力推进集中式电采暖试点，积极争取电价及相关政策。稳妥开展分布式电源并网工作。

有序推进业务委托。加强顶层设计，一季度制定业务委托整体规划，与人力资源规划相衔接，合理界定业务委托范围，明确实施步骤，按照成熟一个、实施一个的原则稳步推进。6 月底前完成第一阶段业务委托。加强配套机制建设，明确业务委托管理模式、费用标准及双方权利义务，控制委托成本，实现有效监督管控，杜绝以包代管。坚持依法合规操作，密切关注员工思想动态，确保队伍稳定。

主动争取政策支持。与政府开展多层级沟通汇报，推动出台有利于公司和电网发展的政策措施。密切跟踪国家政策，加强分布式能源并网等重大课题研究，查找运转过程中存在的问题，完善内部流程，掌握发展主动权。积极参与电价结构调整政策制定，继续争取输变电工程、农网改造、煤改电、电动汽车等投资补助政策，探索在电动汽车充换电领域引进多元化投资。密切关注电力改革动向，按照国家电网公司统一部署，提前做好各项准备。

强化依法从严治企。深化内控体系和法律风险防范体系建设成果应用，将依法从严治企贯彻到经营管理全过程。开展全员学法用法教育，增强遵章守纪意识和能力。加大工程建设、物资管理、营销服务、集体企业管理等重点领域审计监督力度。做好依法治企综合检查问题整改落实，建立健全长效机制。严格执行基本建设程序，坚决杜绝违法转包和违规分包。加快推进土地和房屋确权，确保上半年完成非生产性房屋清理整顿任务。健全合同全链条责任管理体系，深挖诉讼案件价值，完善重要决策法律论证机制，加强法律基础管理信息化建设。严格公务用车管理，将 GPS 终端覆盖范围扩大到产业单位，实现公务用车 100% 在线监控。全面落实依法治企考核问责管理办法，对违规行为严肃追究责任。

加强业绩考核和对标管理。逐月分析关键业绩指标完成情况，加强过程管控，在确保完成任务的基础上，努力争取更好成绩。进一步落实责任，坚决杜绝考核扣减项目发生。全面梳理分析短板指标及管理问题，制定重点提升行动计划，力争消灭 E 段指标、有效减少 D 段指标。持续优化内部指标体系和评价模型，客观反映各单位工作贡献和努力程度，确保指标导向明确、评价科学。

（六）加强集体企业建设

围绕服务电网发展、服务电力客户，坚持实体化、市场化、规范化发展方向，以电网建设市场、运维业务市场、客户服务市场、新能源产业市场为重点，实现集体企业再上新台阶。

推进重组整合。落实国家电网公司关于集体企业重组整合总体部署，进一步压缩企业数量，优化资源配置，突出核心业务。3 月底前清理处置 49 户，4 月底前再清理处置 30 户，将集体企业数量控制在 70 户左右，形成专业能力突出、经营管理规范、市场品牌良好、人才支撑有力的集体企业产业群。

打造专业实体。培养素质过硬的施工队伍，提升装备和资质水平。深化单项工程成本核算，加强招投标、竣工结算等关键环节的过程管理。抓住业务委托契机，健全工作标准和流程，强化对受托业务的安全质量管控。公平参与市场竞争，依靠自身能力和服务水平，全力开拓客户工程与代维护市场。开展经营管理和专业技能培训，建立职称和技能评定体系。严控入口、放开出口，将工作贡献与薪酬绩效紧密挂钩，调动员工的积极性。

提高管控能力。将归口管理和专业管理相结合，实现监督管理全覆盖。深化集体企业管理办公室与华商伟业合署办公，发挥各级集体资产监督管理委员会职能。推广内控体系建设试点成果，规范法人治理结构及议事程序，强化董事长对总经理的授权委托。推进安全生产监督管理制度化，构建三级安全网。深入推行全面预算管理，将经济业务和管理活动纳入预算管理并实施绩效考核。加强经济活动分析，有效发挥指导作用。规范信息系统应用与管理，实现各级集体企业信息数据的汇总分析和集成应用。

（七）加强干部和员工队伍建设

落实公司党委一号文件精神，加大干部培养选拔力度，严格实施“三全”和“三定”、“三考”管理要求，全面提升干部员工队伍综合能力素质。

强化干部队伍建设。以五条好干部重要标准为指引，加强领导班子和干部队伍建设。树立正确的选人用人导向，坚持不唯票、不唯分，不断拓宽选人用人视野，用好各年龄段干部。加强干部梯队建设，注重后备干部培养，持续优化干部梯次结构。落实党的群众路线教育实践活动要求，从严管理和监督干部，强化责任落实和追究，严格执行干部问责规定。加强干部培养，分层分类开展有针对性的干部培训，继续加大干部交流力度。

加强劳动用工管理。推进人力资源“三全”（全员、全额、全口径）管理，一季度完成对公司人力资源和集体企业用工情况的摸底排查。制定人力资源规划，分阶段明确层次结构、技能水平等关键要素和总量要求。优化人力资源配置，加强岗位管理和技能培训，确保人尽其才、才尽其用。优化薪酬分配，向技术技能岗位倾斜，引导员工向专业技术岗位流动。规范使用劳务派遣用工，年底前压降到规定比例。严格控制用工总量，严把主业和集体企业人员入口关，将新进人员优先配置到核心业务一线岗位。

加大人才培养力度。明确人才培养目标、重点任务和实施途径，制定人才培养方案，打造与管理经营型公司相匹配的员工队伍。深入研究员工实际需求，有针对性开展管理能力、技术水平、操作技能和制度标准培训。完善师带徒、作业现场培训、工作室培育、到集体企业轮岗锻炼等模式，丰富员工培养培训渠道。以各级竞赛调考为载体，选拔培养能够引领专业发展的优秀人才。

（八）加强党建和精神文明建设

以党的群众路线教育实践活动为契机，着力在强化作风和思想引领上下功夫，为公司发展提供坚强保障，营造和谐氛围。

深入开展党的群众路线教育实践活动。全面落实国家电网公司要求，精心组织、明确任务，抓好“学习教育、听取意见，查摆问题、开展批评，整改落实、建章立制”等关键环节，高质量开好民主生活会，着力解决“四风”方面的突出问题，确保教育实践活动达到预期成效。准确把握为民务实清廉内涵，全过程贯穿“照镜子、正衣冠、洗洗澡、治治病”总要求，教育引导党员干部树立群众观点，增强服务意识，弘扬优良作风，保持清廉本色，以作风建设的新成效推动公司发展再上新台阶。

加强党风廉政建设。充分发挥协同监督平台作用，强化业务部门监管主体责任，加强跨部门、跨专业的监督管理。落实“八项规定”要求，深入开展监督检查，严格控制会议数量、会期和人员规模，严格控制调研组团人数、频次和外出时间，严格控制公务接待标准，规范办公用房，厉行勤俭节约。充分发挥公司廉洁教育基地作用，深化廉洁宣教“进班子、进部室、进班组、进家庭”活动，强化廉洁从业重点岗位监督管理，促进人员廉政安全。

加强共产党员服务队建设。持续深化“三化”建设，加强服务队间交流学习，将“五个平台”作用落到实处。完善社区客户经理模式，探索在农村地区挂牌服务站。在“六进三送”活动基础上，研究拓宽服务领域，推动服务队成为年轻干部和复合型人才成长的重要渠道。系统培育服务队优秀示范点和队员标兵，加大人物、事迹宣传力度，增强在国家电网公司系统和北京市影响力，把共产党员服务队打造成服务首都的标志性品牌。

加强企业文化和品牌建设。大力弘扬企业精神和核心价值观，开展文明行业和文明单位创建活动。挖掘“电靓京城”品牌内涵，加强与主流媒体合作，增强传播影响力。建立重大决策舆情风险防控机制，健全两级舆情监测体系，实现闭环管理，借助政府公信力妥善处置突发事件。发布清洁首都空气电力行动白皮书，打造履行社会责任特色项目，吸引社会公众参与品牌塑造活动。

努力构建和谐企业。广泛开展技术技能竞赛活动，做实做优职工创新工作室，助力职工立足岗位成长成才。深化职工之家实体化建设，构建服务职工工作体系。高度重视职工需求和困难，逐步改善工作环境。探索退休职工志愿服务模式，推进学习活动场所建设，将关心关爱老同志落到实处。严格落实信访责任，强化保密宣传教育，确保不发生集体上访、越级上访和泄密事件。

贯彻落实党的群众路线　加强队伍和品牌建设
为推动企业持续健康发展努力奋斗

——党委书记杨新法在公司2014年思想政治、品牌建设暨反腐倡廉建设工作会议上的报告（摘要）

（2014年1月18日）

一、2013年工作回顾

2013年是公司深入贯彻落实党的十八大和十八届三中全会精神，全面推进公司“十二五”规划，持续巩固提升“三集五大”体系建设的重要一年。公司党委在国家电网公司党组和北京市委市政府的坚强领导下，充分发挥党组织的政治核心作用，深化创先争优活动，深入开展“四带头四争做”党员主题教育活动和“强作风、塑文化、靓形象”员工主题实践活动，全面加强“三个建设”，为公司圆满完成年度中心工作提供了坚强的思想和组织保证。2013年，公司继续保持全国文明单位和首都文明单位标兵荣誉称号，门头沟供电公司保持全国文明单位称号；公司系统25个单位保持首都文明单位（标兵）称号；公司连续3年夺得北京市政风行风民意测评桂冠，连续第3年被列为免测评单位；公司连续6年获得全国“安康杯”竞赛优胜企业；公司在第六届“北京影响力”评选中荣获传媒大奖“人文共享奖”。

（一）学习贯彻党的十八大、十八届三中全会精神，公司党建工作再上新水平

学习贯彻党的十八大和十八届三中全会精神是2013年首要政治任务。公司各级党组织严格按照公司党委《关于认真学习贯彻党的十八大精神的通知》要求，加强领导，全员动员，开展多种形式的学习宣传，并学以致用，将会议精神落到实处。

领导班子和干部队伍建设得到加强。一是持续加强“四好”领导班子建设。深入贯彻中央有关精神，以创建“四好”领导班子为抓手，不断完善和改进干部考核测评工作，重德行、重业绩、重民意的选人用人风气更加浓厚；注重思想政治建设，全年共开展两级中心组学习987次，各级干部思想政治素质进一步提高；严肃“三重一大”决策纪律，领导班子运行机制不断完善。二是强化干部队伍作风建设。认真落实中央“八项规定”精神，从严监督和管理领导干部，加强干部日常管理，重申领导干部报告个人有关事项纪律，加强二线干部管理，严格开展干部离任交接和任期经济责任审计工作。三是加强选人用人工作。适应“三集五大”体系深化建设需要，不断加强干部培养和选拔，进一步加大交流力度，基层单位领导班子配备更加优化；全年开展干部培训8期，干部队伍能力素质得到提高。

党的组织建设和党员队伍建设得到加强。一是党组织建设取得实效。结合公司深化“三集五大”体系建设实际，及时调整各级党组织；组织庆祝建党92周年创先争优表彰活动，公司11个先进基层党组织、34个先进党支部受到表彰；深入开展党支部创新实践活动，公司所属30个党委共涌现出48项优秀成果；组织开展“共产党员献爱心”捐献活动，共计收到捐款38万余元。二是党员队伍建设取得实效。深入开展“四带头四争做”党员主题教育活动，强化理想信念教育、党性教育和道德教育，党员队伍综合素质得到提升；认真落实党员发展和党务公开工作，全年按照计划共发展党员199名，预备党员转正224名。三是党建品牌建设取得实效。深化党员服务队标准化、专业化、常态化建设，开展“六进三送”活动，评出服务队优秀示范点10个、优秀服务队员标兵18名；扎实开展公司党员服务队竞赛活动，在国家电网公司党员服务队竞赛中获得佳绩，城区分队荣获“国家电网十佳共产党员服务队”称号，大兴分队荣获“国家电网优秀共产党员服务队”称号；公司层面共评选出4支最佳服务队、5支优秀服务队；截至12月底，服务队在全市341个社区、单位实现了挂牌服务，开展活动3263次，惠及居民50万余户，受到各界广泛好评，被誉为“电力雷锋”，成为公司党委“抓党建、践宗旨、提服务、促成长、塑文化”的平台。

反腐倡廉建设得到加强。坚决贯彻上级决策部署，重落实、履责任、控风险、固基础，公司反腐倡廉工作扎实有效推进。一是“八项规定”落实有力。结合公司党委一号文件要求，配套印发监督检查意见，深入开展明察暗访工作，及时化解潜在风险问题。二是“一岗双责”持续深化。深化领导干部“七廉”活动，层层签订责任书，开展廉政谈话，率先在国网系统网省层面出台廉洁从业重点岗位监督办法。三是监督防控更加到位。充分发挥协同监督平台作用，有效促进

跨部门、跨专业问题整改落实，针对工程管理、供电服务等重要廉政风险，深入开展预警防控工作。四是监督管理得到夯实。健全基层纪检监察组织机构，完善纪委书记季度工作例会、单独报告和工作考评机制；开展效能监察工作，建成公司廉洁教育基地，创新开展“微电影倡廉”和“故事话廉”等活动；强化行风纠建工作，提升了服务质量形象。

（二）落实以人为本，公司企业文化建设和队伍建设再迈新步伐

以强化队伍作风建设为重点，以扮靓国家电网在首都窗口形象为目标，大力实施“强作风、塑文化、靓形象”主题实践活动，加强企业文化和队伍建设，为公司科学发展提供了文化支撑和人员保证。

深入实施企业文化“三大工程”。一是深化企业文化传播工程。开展企业文化宣传培训，深入开展企业文化实践活动，举办“我是企业文化推动者”、“强化作风建设我参与”网上系列谈。二是深化企业文化落地工程。加强对各单位企业文化建设工作的过程管控，坚持将企业文化融入中心工作、融入企业管理、融入制度建设、融入员工行为，规范公司经营管理行为，全面提升员工队伍综合素质。三是深化企业文化评价工程。规范执行《国家电网公司企业文化建设管理办法》，认真落实公司《企业文化建设业绩考核办法》，促进公司企业文化建设水平持续提高。

全面提高员工队伍综合素质。一是强化思想道德教育。落实国家电网公司《员工守则》、基本礼仪规范和《员工道德规范》，积极践行“北京精神”和“雷锋精神”，举办“道德讲堂”35次；举办“企业因我更靓丽”征文活动，组织“中国梦·国网情”先进事迹巡回演讲30场，积极参加市国资委“我的梦·中国梦”百姓宣讲活动；组织年度“双十”评选，积极参加北京市“学雷锋，树新风”系列活动，公司共有3个团队和8名个人当选“身边雷锋”称号；深化文明行业和文明单位创建工作，开展精神文明创新暨企业文化优秀成果建设活动，全公司涌现出优秀成果40项。二是强化能力提升。开展全员培训，加强专家和领军人才培养，推行“师徒制”岗位培养模式，打造技术过硬的“双师型”人才队伍；推进职工素质建设工程，全面推行全员绩效考核。三是强化作风改进。组织干部员工深入学习落实国家电网公司“三个十条”，组织优良作风大讨论，开办网上系列谈，严格纪律约束，主动接受政府和社会监督，大力弘扬“讲大局、守纪律、善创新、乐奉献”的优良作风。

（三）坚持品牌引领战略，品牌建设和新闻宣传工作再上新台阶

讲好“国网故事”，传递“国网声音”，持续推进“电靓京城”品牌传播与塑造活动，强化舆论引导，推动社会责任根植，为深化公司“两个转变”提供有力品牌支撑。

品牌传播提升品牌价值。以“电靓京城 美丽生活”为主题，紧紧把握社会关注热点，有效结合公司重点工作，策划并组织实施了智能电网建设、服务新能源发展、最美人物等16项专题传播活动，多角度强化“电靓京城”品牌的社会认知。加强与中央级权威媒体的深度合作，在人民网、新华网搭建公司形象展示平台。充分利用新华社《国内动态清样》《内部参考》等重要内参渠道，主动输出首都电力共产党员服务队、窦珍志愿服务、电力设施反外力保护等重要议题，得到政府关注和支持。全年共组织集中发布和现场采访32次，发布新闻通稿54篇，自主输出传播议题比例超过80%，各类媒体累计发稿7868篇，中央电视台播出新闻25条，总时长60分10秒，北京电视台播出新闻95条，总时长220分50秒。公司的对外报道量平均每天达到22篇，形成强大的正面舆论声势，有效提升了公司品牌价值。

品牌维护保持舆情平稳。坚持正面引导与风险防控并举的原则。加强源头防控，推进舆情风险事前会商机制，分专业进行舆情风险梳理，建立了公司舆情风险事件库。针对智能电能表推广、分布式光伏发电并网、“煤改电”工程建设等重点工作，超前分析、预控、引导，有效防范了舆情风险。加强舆情监测，坚持舆情日报、周报、专报信息报告机制，为公司发展决策提供信息支撑。开通企业官方微博，拓展了信息主动发布渠道。完善舆情应急处置机制，发布《公司对外答问参考》《舆情应对指导手册》，规范舆情处置流程。全年妥善处置了128件舆情风险，未发生有重大影响的品牌危机事件。

履责实践推进责任意识根植。推动社会责任理念融入专业管理和基层实践，实施了33个社会责任管理项目。发布公司年度《社会责任实践报告》《服务首都发展白皮书》，扩大了公司履责实践影响力。编制《供电公司全面社会责任工作手册》《供电所社会责任操作手册》，推进社会责任管理研究，形成具有首都特色的“332”社会责任管理模式。深化社会责任推广月活动，组织50余次公众开放日，邀请政府部门、重要客户、媒体记者等1000余人次走进北京电力。与中国青少年基金会合作，捐建“电力爱心教室”，实现公益工作新突破。落实国家电网标识管理新标准，

清理199项超范围应用标识。

内宣载体发挥凝心聚力作用。充分利用“一报一刊两网一视频”内宣载体，围绕“三集五大”体系建设、共产党员服务队、配网规划年等重点选题，完成策划报道1190项，全面报道了公司和电网发展成绩。引入内宣媒体评价机制，提升办报办刊水平，《北京电力报》的“电靓京城”等6个栏目、版面、新闻作品，以及4部电视新闻在“中国电力新闻奖”评选中获奖。全年在国家电网公司及行业报刊发稿806篇，公司记者站荣获英大传媒集团“十佳记者站”、中国电力传媒集团“优秀记者站”称号。继续深化“三基”工程，通过与英大传媒集团互派记者开展短期岗位交流，组织基层通讯员分批到报社实习等方式，持续强化人员业务基本功，提升专业队伍整体水平。

（四）调动一切积极因素，公司和谐稳定工作再创新局面

进一步提升工作合力。一是做好员工思想工作。深入一线，深入员工，及时掌握员工队伍思想动态，认真做好员工思想分析，积极开展“三必谈、两必访”活动，关心关爱员工。二是做好统战工作。开展“爱企业、献良策、做贡献”活动，充分发挥统战人员技术和业务优势，鼓励他们在企业的发展中建功立业。三是认真做好离退休工作。认真落实离退休人员的政治待遇和生活待遇，开展丰富多彩的活动，关心爱护老同志，营造积极向上的和谐氛围。

充分发挥工会组织桥梁纽带作用。一是加大企业民主管理力度。落实职代会等制度，深化“厂务公开”工作，畅通诉求表达渠道。二是全面推进职工素质建设工程。认真实施公司2013~2015年职工素质建设工程工作规划，加强先进典型选树。广泛开展劳动竞赛，承办2013年北京市职业技能竞赛装表接电工和变电站值班员比赛，举办2013年应急技能竞赛暨应急救援故障抢修联合演练，促进员工队伍专业素质不断提高。三是深入开展职工经济技术创新。公司共建立职工创新工作室31个，其中4个工作室获评北京市级职工创新工作室，3个被评为国家电网公司首批劳模创新工作室示范点。四是深入开展“面对面、心贴心、实打实”服务职工活动。深化职工之家建设，开展试点工作，大兴公司、石景山公司职工之家被授予市级职工之家试点单位。五是持续推进班组建设。年度班组标准化建设达标率达到100%，制定实施一线班组减负方案，广泛组织参与文体活动。六是加强工会自身建设。深化开展工会工作标准化建设，打造优秀工会干部队伍。

充分发挥共青团突击队作用。一是开展“高举团旗跟党走 立足岗位靓青春”主题教育活动。承办国家电网公司团委“我的中国梦 青春央企梦”宣讲交流活动，开展“精品团课团日”评选活动，召开“五四表彰大会暨‘立足岗位靓青春’故事会”，举办青年“微电影”评选展播活动。二是强化团青工作载体建设。加强“号手岗队”创建过程管控，对全国青年文明号报备单位进行巡检，强化团青工作的调研指导；推进“青春光明行”活动，加强青年志愿队伍建设；开展“走进青年、转变作风、改进工作”调研实践活动，经验在国家电网公司进行交流。

二、当前面临的主要形势

2014年是公司深入贯彻落实党的十八届三中全会精神，站在新起点上，转变观念、开拓创新的一年；是全面深化改革，全面建成“三集五大”体系的关键之年。

任务目标方面，党中央深入开展党的群众路线教育实践活动，持续推进落实“八项规定”纪律要求，加强党风廉政建设，强化作风转变成为当前的重要政治任务；党的十八届三中全会对全面深化改革做出重要部署，明确提出自然垄断行业的改革方向。国家电网公司“两会”确立了把握改革创新主题，坚持“两个转变”主线，抓住队伍建设根本，推动公司和电网发展再上新台阶的目标任务，并以国家电网公司党组一号文件形式印发《关于加强队伍建设推动企业持续健康发展的意见》，指出了新形势下加强队伍建设的重大意义，部署了加强思想政治建设、专业能力建设、行为规范建设、作风纪律建设和文化道德建设等主要任务；北京市加快推进中国特色世界城市建设，刚刚闭幕的市委十一届四次全会为全面深化改革，加快建立健全体现中国特色、首都特点、时代特征的特大城市可持续发展体制机制指明了方向，要求全市各级党组织和广大党员干部都要牢固树立进取意识、机遇意识、责任意识，切实增强全面深化改革的自觉性。公司作为国家电网公司在京窗口单位，针对深化“两个转变”，加快建成“一强三优”现代公司的工作任务，提出了“四个突出、四个提升”的工作要求，即“突出配电网建设改造，提升电网发展水平；突出向管理经营型转变，提升公司发展水平；突出专家人才培养，提升队伍建设水平；突出规章制度建设，提升基础管理水平。”

外部及舆论环境方面，在国家深化改革和社会舆论生态环境不断变化的大形势下，政府监管越来越严，以微博、微信为代表的自媒体快速发展，社会监督无处不在。同时电网企业拥有的自然垄断属性，以及公

司所承担的城市运行和市民生活保障责任，决定了我们始终处于社会舆论关注的焦点位置。不仅电力体制改革、新能源发展等体制机制问题会引发讨论，针对供电保障、窗口服务、员工涉案等具体问题，也会被引申、放大，成为企业发展风险。我们工作中的停电事故、服务品质、收入分配、用工制度、车辆管理、电费收缴等，都容易引发“垄断”质疑和“强势”“张扬”等非议，给公司的品牌形象安全造成巨大压力。这些都给新形势下做好思想政治工作和品牌建设提出了新的任务。

面对新形势新任务，与之不相适应的，是公司在队伍建设和品牌建设工作还存在不足，需要不断加强。一是队伍建设需要加强。面对新形势、新任务，公司干部员工的思想观念需要进一步解放和转变，员工队伍整体的专业素质、业务能力需要提高，尤其是独当一面、“一锤定音”的专家型人才，高水平技能人才需要加大培养和加快成长；落实依法从严治企，员工行为方式需要进一步规范，结合深入开展党的群众路线教育实践活动和落实中央《关于培育和践行社会主义核心价值观的意见》，公司整体作风建设和文化道德建设水平需要进一步提升。二是品牌建设需要加强。公司品牌建设管理基础仍不牢固，全员品牌意识有待增强，公司内部存在引发舆情风险的隐患。必须进一步落实品牌建设专业工作责任，加强各专业和公司上下的协同联动，积极主动传播公司价值理念，从源头上消除舆情风险。三是思想政治工作的针对性和有效性需要加强。针对信息网络化带来员工思想观念及价值观的多元化，思想政治工作的思路、方法、手段需要进一步完善。

三、2014 年工作任务

2014 年思想政治工作及品牌建设工作的指导思想和工作思路是：认真学习贯彻党的十八大和十八届三中全会精神，深入开展党的群众路线教育实践活动，落实国家电网公司 2014 年“两会”部署，充分发挥党组织的政治核心作用，以队伍作风建设为重点，全面加强“三个建设”，深入做好思想政治工作，积极推进品牌建设工作，巩固全国文明单位创建成果，推动企业持续健康发展，为公司加快建设“一强三优”现代公司提供坚强保障，确保公司实现蝉联“全国文明单位”三连冠目标。

（一）深入开展党的群众路线教育实践活动，提高公司党建工作科学化水平

开展好以为民务实清廉为主要内容的党的群众路线教育实践活动。按照《中共国家电网公司党组关于深入开展党的群众路线教育实践活动的实施意见》，公司将第二批开展群众路线教育实践活动。一是活动的开展时间。从 2014 年上半年开始，集中教育时间不少于 4 个月，公司将统一召开教育实践活动动员大会，分为“学习教育、听取意见；查摆问题、开展批评；整改落实、建章立制”三个环节进行。二是活动的基本原则。坚持正面教育为主，坚持批评和自我批评，坚持讲求实效，坚持分类指导，坚持领导带头。三是活动的目标要求。准确把握为民务实清廉内涵，全过程贯穿“照镜子、正衣冠、洗洗澡、治治病”的总要求，教育引导党员干部树立群众观点，增强服务意识，弘扬优良作风，保持清廉本色，使公司党员干部思想认识进一步提高、作风进一步转变，干群关系进一步密切，为民务实清廉形象进一步树立，供电服务能力进一步提升，基层基础进一步夯实，加快建设适应世界一流电网、国际一流企业要求的干部员工队伍，以作风建设的新成效推动公司科学发展再上新台阶。四是活动的主要任务。着力解决形式主义，官僚主义，享乐主义，奢靡之风“四风”突出问题；着力解决供电服务“门难进、脸难看、事难办”等突出问题。五是活动的参加范围。公司全体党员参加教育实践活动，以公司领导班子及中层以上干部、公司所属各单位领导班子及中层以上干部及本部处长为重点。组织流动党员参加流入单位的教育实践活动。六是开好专题民主生活会。重点人员要认真撰写个人对照检查材料。要紧密联系思想、工作和生活实际，列出“四风”问题的具体表现、典型事例，对“三公”经费支出、职务消费等情况作出说明；从理想信念、宗旨意识、党性修养、政治纪律等方面剖析根源，明确努力方向和整改措施，在做好充分准备基础上高质量召开专题民主生活会，以整风精神开展好批评和自我批评，确保生活会效果。

公司各级党组织要加强领导，强化督导检查，狠抓工作落实，做好宣传引导，坚持统筹兼顾，活动要结合公司实际，努力做到“重规范，接地气，有特色”，确保达到预期成效。

加强班子建设和干部队伍建设。一是强化思想政治建设。以深入开展党的群众路线教育实践活动为契机，进一步加强领导班子和干部队伍的思想政治建设，各级党组织要切实发挥思想引领作用，强化政治理论学习，增强干部党性修炼，不断增强干部的宗旨意识、责任意识和服务意识。二是从严管理干部。党要管党，首先要管好干部；从严治党，关键是从严治吏。各级党组织要将从严管理干部贯彻落实到干部队伍建设全过程，切实解决管理失之于宽、失之于松的问题，尤

其要健全干部日常监督管理机制。各级领导干部要严格执行中央有关规定，切实改进作风，发挥表率作用，要将抓落实作为改进作风的落脚点，强化制度的执行，确保公司各项决策部署落到实处。三是提高选人用人水平。坚持正确的用人导向，坚持德才兼备、以德为先，按照好干部“五条标准”，努力做到选贤任能、用当其时、知人善任、人尽其才，把符合公司发展需要的好干部及时发现出来、合理使用起来。要不断完善和改进干部考核工作，坚持全面、历史、辩证地看干部；要进一步拓宽选人用人视野，坚持不唯票、不唯分，用好各年龄段干部；要进一步加大干部培训力度，将提高政策水平和执行力作为重点，继续开展有针对性的培训；要强化后备人才的培养，进一步加大干部交流力度，不断丰富干部的经历和阅历。

加强党组织建设和党员队伍建设。一是深化党组织建设和党员教育管理。结合公司深化“三集五大”体系建设实际，及时调整基层党组织，开展创先争优评选表彰活动，努力打造学习型、服务型、创新型党组织，加强党员思想教育，做好发展党员工作。二是大力加强共产党员服务队党建品牌创建。在三年三大步基础上，持续推进服务队“三化”建设，不断提升自身管理水平；持续开展“六进三送”活动，大力弘扬“北京精神”和“雷锋精神”，不断提升为民服务水平；持续打造“五个平台”，不断提升服务公司中心工作水平。充分发挥服务队在干部及员工队伍建设中的平台作用，加强基层科级后备干部培养，加强不同专业员工跨专业服务实践；推行社区客户经理模式，巩固服务队竞赛活动成果，宣传推广优秀服务队事迹经验，深化典型选树，努力将服务队打造成公司党建品牌，公司形象品牌。

加强党风廉政建设。认真贯彻国家电网公司反腐倡廉决策部署，紧紧围绕公司改革创新发展和依法治企工作大局，以构建科学的管控和惩防体系为目标，以深入开展党的群众路线教育实践活动为载体，严密规章制度、严抓执行落实、严格监督检查、严肃问责追究，通过狠抓“八项规定”监督、廉洁宣传教育、重点岗位监管、协同监督质量、廉政风险防控、行风纠建工作和监督队伍建设等，确保各项重要决策部署落实到位，确保年度反腐倡廉各项指标任务圆满完成，更好地服务和保障公司安全健康和谐发展。

（二）加强企业文化和员工队伍建设，为公司持续健康发展提供坚实的文化支撑和人员保证

深入实施企业文化“三大工程”。加强企业文化的领导，落实《国家电网公司统一的企业文化建设方案》。一是持续推进企业文化传播工程。加强企业文化宣传培训和全员培训，把企业文化培训纳入公司培训体系；深入开展企业文化实践活动，深度传播“诚信、责任、创新、奉献”的企业核心价值观，弘扬“努力超越、追求卓越”的企业精神。二是持续推进企业文化落地工程。完善公司企业文化建设的领导机构，加强对各单位企业文化建设工作的过程管控，定期研究和部署企业文化建设工作，保证资金落实，强化全面融入，坚持将企业文化融入中心工作、融入企业管理、融入制度建设、融入员工行为，规范公司经营管理行为，全面提升员工队伍综合素质。三是持续推进企业文化评价工程。规范执行《国家电网公司企业文化建设管理办法》，认真落实公司《企业文化建设业绩考核办法》，将企业文化建设纳入公司所属各单位及负责人年度综合业绩考核，坚持开展企业文化优秀成果评选与推广，促进公司企业文化建设工作持续改进和提高。

全员开展“五加强一提升”主题教育实践活动。认真贯彻落实国家电网公司党组《关于加强队伍建设推动企业持续健康发展的意见》，根据公司“两会”提出的“四个突出、四个提升”工作要求，落实公司一号文件和公司党委一号文件精神，党政工团齐抓共管，全员开展“五加强一提升”主题教育实践活动。深入学习贯彻党的十八大、十八届三中全会精神和习近平总书记系列重要讲话精神，紧紧围绕深化“两个转变”、全面建成“一强三优”现代公司这一目标，加强思想政治建设、专业能力建设、行为规范建设、作风纪律建设和文化道德建设，全面提升队伍建设水平，培养一支信念坚定、为民服务、勤政务实、敢于担当、清正廉洁的干部队伍，打造一支急难险重任务面前勇挑重担，关键时刻靠得住、顶得上，善打硬仗、敢于胜利的员工队伍，引导干部员工立足本职岗位，为进一步夯实基础，推动企业持续健康发展做贡献。为助力主题教育实践活动顺利推进，在全公司组织开展“好书共赏”读书活动，认真学习中央领导推荐的和国家电网公司董事长、党组书记刘振亚撰写的书籍，开阔视野，解放思想，丰富知识，增长能力；同时，加强“国网北京市电力公司窦珍志愿服务队”建设，传承窦珍同志坚持11年义务清扫铁路连心桥的凡人善举，大力弘扬中华民族的传统美德和志愿服务精神，引领带动全体干部员工崇德向善，积极践行社会主义核心价值观和企业核心价值观，为促进北京首善之区的“两个文明”建设做贡献。

深化文明行业和文明单位创建。一是完善文明单位创建机制。落实“一岗双责”，坚持党政工团齐抓共管，结合《首都文明行业测评体系》和《首都文明

单位测评体系》的出台，修订完善公司文明单位考核评选办法，加强文明单位管理，坚持将精神文明建设纳入公司所属各单位及负责人年度综合业绩考核；二是逐级分层开展创建活动。深入开展文明单位、文明工区（处室）、文明班组建设，推动各单位积极参加所在地区的文明创建活动，搞好文明共建；三是搭建精神文明创新实践平台。围绕推动企业中心任务，大力开展精神文明建设创新工作，按照首都文明办“五个一”文明创建活动要求，制定公司系统指导意见并组织落实。

（三）加强品牌建设和新闻宣传工作，为公司持续健康发展营造良好内外部氛围

以创新意识开拓品牌传播新局面。紧扣建设管理经营型公司的定位，围绕“四个突出、四个提升”各项举措及成效，充分发现价值、传播价值、提升价值。一是加强传播策划。全面总结四年来“电靓京城”品牌传播实践经验，深入挖掘品牌附加值，以“电靓京城 温暖家园”为主题，围绕配电网规划建设、助力新能源发展、APEC会议供电保障、党的群众路线教育实践活动等重大议题，做好专题策划，保持高密度、高质量传播态势。二是丰富传播手段。构建全覆盖的媒体合作体系，实施“一媒一策”关系管理；加强与中央媒体全面合作，拓展高端传播，有效发挥主流媒体内参作用；完善两级新闻发言人队伍，制定新闻发言人管理办法，规范对外新闻发布工作。三是增强传播影响力。积极打造有影响力的品牌事件，主动设置议题、输出议题，持续推动共产党员服务队、窦珍志愿服务队等先进典型宣传；在都市媒体举办“电靓京城”摄影比赛、“电与生活”征文等活动，增强与受众的情感互动；充分发挥外部专家团队作用，提升品牌策划能力；推出“微感动”系列专集，通过微电影、微故事等感性传播方式，增强价值和理念传播。

完善体系建设，确保舆情风险防控有力。强化舆情风险预控，增强舆情监测的广度、舆情分析的深度和舆情应对的专业化水平，完善舆情风险闭环管理。一是拓宽信息渠道。做好媒体来访、网络监测、专业预警、服务热线四大类信息源的舆情汇总，保障信息来源及时、全面、准确。二是加强信息研判。总结公司舆情发生规律，强化隐患分析排查和预警反馈，深入剖析舆情监测和社会监督反映的管理和服务问题，健全重大决策社会风险评估会商制度，从源头防控隐患。三是提升信息价值。深化舆情日报、周报、专报等信息报告机制，完善《舆情信息报告单》和《舆情风险预警单》信息预警措施，针对重点工作提供舆情应对建议。四是强化舆情处置。依托公司突发事件应急体系做好新闻应急，畅通信息沟通渠道，建立以公司官方微博、官方网站为平台的对外信息发布体系，加强一线新闻应急人员的培训演练，打造适应公司发展需要的新闻应急专业人才队伍。继续做好媒体沟通，针对热点问题、重点工作加强舆论引导，有效表达公司诉求，及时澄清不实言论，维护企业利益及形象。

拓展项目管理应用，提升社会责任实践价值。把握公司基本属性与行业特点，深入开展社会责任履责行动，为公司发展赢得利益相关方的价值和情感认同。一是推进社会责任实践，丰富品牌内涵。选择社会关注度高、价值创造能力强的项目，实现社会责任管理深度融合，培育一批具有示范引领作用的实践成果。完善全面社会责任管理规划，发布社会责任管理手册，构建“三位一体”（市公司、区县公司、供电所）全面社会责任管理模式。二是深化传播形式，展示公司履责成效。主动对接首都城市发展热点议题，发布清洁首都空气电力行动白皮书，实现市区两级政府赠阅全覆盖。开展社会责任推广月活动，鼓励各单位发布社会责任沟通手册，创新履责传播载体。三是抓好载体建设，创新品牌管理。全面开展“公众开放日”活动，邀请社会各界代表走进北京电力，主动传播企业加快电网建设、提供优质服务等新举措。继续捐建“电力爱心教室”，形成具有公司特色的爱心公益品牌。修订公司标识手册，细化应用标准，确保品牌标识统一管理、规范使用。

提升自办媒体质量，强化内宣引导作用。深化公司媒体集约化运作机制建设，打造一体化内部宣传平台和企业文化展示平台。一是发挥对内宣传引导力。结合公司配电网建设改造、公司发展转型、专家人才培养、制度建设执行等重点工作，提高重大选题的统一策划和实施能力，增强公司媒体报道的权威性、贴近性和可读性。二是加强宣传载体建设。开展报刊深度策划，提高编辑出版质量，办好电子报和手机报，扩大内宣影响力；提高电视新闻的宣传深度，精心策划制作专题宣传片；通过打造精品栏目，强化公司网站的新闻拓展和信息整合作用。三是提升行业宣传水平。充分发挥国网及行业媒体记者站作用，保持与国网及行业媒体的重大选题策划联动机制，突出重点，展示亮点，在系统内形成宣传声势。

（四）进一步加强党群共建，调动一切积极因素服务公司持续健康发展

抓好队伍和谐稳定工作。结合深入开展党的群众路线教育实践活动，切实改进工作作风，密切联系群众。一是完善政工管理工作。贯彻落实国家电网公司

通用制度，克服“自转”，确保“公转”。树立服务基层意识。结合公司思想政治工作实际，从专业管理角度为基层减压减负，深入调研，加强指导，进一步探索新形式下政工专业管理的新方法；扩展基层工作空间，充分发挥基层主观能动性，引导基层按照公司党委的总体部署，结合本单位、本地区、本专业特点，自主开展创新工作，培育有特色的优秀成果，百花齐放，开创公司思想政治工作新局面。二是关心关爱员工。针对当前工作压力、生活压力增大等现实，大力开展送温暖活动，在试点单位积极开展员工心理疏导工作，聘请专业心理咨询机构，配合系统的理论讲解和可操作的减压互动，帮助员工减轻职场困扰，解决家庭问题，让员工能够安心工作；积极开展“三必谈、两必访”活动，通过走访、谈心、慰问等多种形式为员工送去温暖；做好员工思想分析工作，发现焦点热点问题，及时掌握员工思想动态。三是认真做好统战工作。持续开展“爱企业、献良策、做贡献”活动，培育统战队伍先进典型，发挥统战人员的积极性。四是认真做好离退休工作。认真执行党的离退休工作方针政策，把组织的关怀送到老同志身边。调动一切积极因素，保障企业持续健康发展。

加强党务工作者专业培训。公司面临的改革发展稳定任务十分艰巨，党务工作者肩负着重要的责任，近年来基层党务工作者更新较快、党建要求不断提高、党组织建设不断出现新问题和新现象，要加强党务工作者队伍的思想建设和专业培训，不断提高工作效率，办好政工干部、党支部书记培训班和党务干部轮训学习工作，努力建设一支能力强、素质高、懂专业、会管理的党务工作者队伍。

加强对工会组织的领导。一是深入推进企业民主管理。贯彻落实《国家电网公司职工民主管理纲要》，加强“双路径、三保障”职工民主管理体系建设，深化厂务公开工作，保障职工的知情权、参与权和监督权。二是全面深化职工素质建设工程。实施《北京市电力公司2013~2015年职工素质建设工程规划》，充分发挥职工大讲堂、周末学校、主题活动等载体作用，加强思想引领和专业培训；深化职工经济技术创新，争创国家级、高水平的劳模（技能大师）工作室；深入开展“安康杯”等竞赛活动，加强劳模梯队建设，开展“平凡孕育伟大，劳动奉献光荣”主题宣教活动，深化典型引领。三是持续加强班组建设。开展“创建先进班组，争当工人先锋号”主题活动，实施班组信息化建设，推进“五型”红旗班组创建，打造特色班组建设品牌。四是积极搭建服务职工工作体系。以“会家合一”为形式，纵深推进职工之家实体化建设，积极构建和谐劳动关系；不断强化工会自身建设，打造“四型”工会品牌。

加强对共青团组织的领导。一是开展党的群众路线教育团内学习实践活动。总结2013年公司团委“走、转、改”实践活动经验，按照公司党委教育实践活动统一部署，继续推进“走、转、改”活动。二是启动领军人才摇篮计划。组织“一战到底”冲关系列竞赛，完善基层团干部轮训机制，继续推动将团干部培养纳入推荐后备人才范畴。三是建立创先争优活动长效机制。开展“五四”表彰宣传，对先进典型进行总结评比表彰，深入开展“号手岗队”争创活动，加强过程管理，重点打造具有首都特色、代表北京电力品牌的“青年文明号”。四是推进青年志愿服务。深化“青春光明行”、“青春关爱行动”，办好志愿者训练营，培育青年志愿骨干队伍。

突出基础　狠抓落实
全面提升公司安全生产管理水平

——副总经理刘润生在公司2014年安全生产工作会议上的报告（摘要）

（2014年2月13日）

一、2013年安全生产工作回顾

2013年，公司生产系统深入贯彻国家电网公司有关安全生产工作各项部署，紧密围绕公司、电网发展战略，以“安全管理提升”活动为抓手，以“大运行”、“大检修”体系建设为主线，统筹开展安全管理、运维检修、调度运行、应急建设等各方面工作，圆满完成全年安全生产任务，安全生产形势总体保持平稳。

公司全年未发生人身安全事件，未发生五级及以上安全事件。35kV及以上电网发生六级及以下安全事件152次，其中六级事件3次，同比减少1次；七级事件7次，同比减少1次；八级事件142次，同比增加26.7%。10kV配网发生八级事件772次，同比下降

8.7%。圆满完成迎峰度夏（冬）和防汛任务，完成十八届三中全会等重大保电任务186项。城网用户平均停电时间1.393小时/户，同比下降11.67%；平均停电次数为0.57次/户，同比下降10.09%；主网停电工作计划同比降低1.2%。公司全面实现了政治供电"零闪动"、安全生产"零死亡"目标。

（一）"大运行""大检修"体系高效运转

按照国家电网公司"五大"体系建设要求，公司持续推进"回头看"和"完善提升"阶段各项工作，"大运行"、"大检修"体系运行效率稳步提升。"大运行"方面。一是SOP深化应用向地调延伸，深化两级调控人员培训考核，实现市地两级调控同质化管理。二是在开展5站49项设备状态操作工作的基础上，建立公司状态操作管理体系。三是建设地调配网抢修指挥中心，有效提升配网故障处置效率。四是智能调度技术支持系统10项核心功能完成开发，AVC、WARMS系统建设管理稳步推进。五是创新建立设备负荷分析与管理工作机制，为电网规划、设备运维、负荷接入及大修技改项目立项提供有效支撑。"大检修"方面。一是完成检修公司管理层级压缩优化，实现各供电公司运检部对一线生产班组生产业务的全面掌握和精细管理。二是完成检修公司28类生产业务外委工作，探索在供电公司层面开展业务外委。三是完成7座变电站无人化改造工作，同时从视频监控、消技防信号等方面不断丰富无人值守变电站远程监控信息。四是大力应用超声波、高频、超高频等10项检测技术，编制完善18项带电检测技术导则，制定现场标准化作业指导书，公司状态检修质量稳步提升。

（二）安全管理工作扎实有效

以"安全管理提升"活动为主线，统筹开展各项安全管理工作，质量监督管理、资产全寿命周期管理工作稳步推进，安全管理标准化、规范化水平不断提高。

创新管理手段，风险管控水平显著提升。公司创新开展安全生产风险指数管理。从安全、电网、设备和环境四个方面形成风险量化指标，明确工作流程，有效指导各单位有重点地开展风险防控，促进了风险管控与专业管理工作紧密结合。以管控措施落实为重点，建立风险管控评价指标体系，确保了风险管控措施和安全生产过程管控工作有效对接。

强化监督检查，作业现场安全管理持续规范。综合应用3G单兵、工业电视和现场检查等手段，以配网、外协施工人员工作现场为重点，累计检查工作现场9099个，巡检覆盖率达到70.26%。结合春秋检工作特点，完成4685名生产员工安全技能等级评价和3233名关键岗位人员安规普考；修订完善工作票填写执行规范和专业典型示范工作票，有效确保作业现场安全。

健全评价考核体系，集体企业、外协队伍安全管理不断加强。严格施工人员、队伍"双准入"，对1795名外协人员开展安规培训普考，强化承分包企业安全质量评估问题整改落实，建立闭环跟踪机制。加强各单位集体企业安全审计，进一步促进安全生产责任全面落实。积极适应业务外包、外委新形势，修订完善承发包、业务外包和业务委托安全管理规定，确保人身、电网、设备安全。

建立长效机制，隐患排查治理逐步深入。结合风险指数管理，建立隐患重点排查工作机制；修订公司隐患排查治理实施细则，规范过程评价，实现过程管理量化考核。结合"隐患大排查"活动要求和各项政治供电任务需要，开展专项隐患排查治理，强化差异化管控措施监督检查，确保各类隐患风险可控、能控、在控。

（三）生产管理规范高效

2013年公司全面加强生产业务管理，生产管理效能显著提升，圆满完成了各项生产任务。在生产基础管理方面，以PMS系统为切入点，开展设备台账、缺陷处理等模块的基础数据治理，不断完善电缆沟道断面信息。在设备管理方面，积极应用直升机巡线等新技术、新装备，大力推进500kV兴都等变电站标准化建设，制定完善输电线路差异化运维巡视标准，以十八项反措为依托开展全过程技术监督。建立设备监控信息分析管理机制，准确把握设备运行状态。在配网管理方面，以配网故障分析为抓手，充分利用红外、紫外灯带电检测手段，积极开展配网状态检修。修编完善带电作业技术标准，开展新技术、新装备研发，公司整体不停电作业率达到83%。从抢修布点、装备配备和流程标准等方面，推进配网标准化抢修建设；强化配电自动化系统运行维护，有效提升系统实用化水平。在电缆管道方面，推动《电力管道建设技术规范》北京地方标准出台，积极开展老旧隧道治理，完善孔洞封堵，认真梳理管线周围临近、占压环境隐患，全面做好井盖防护治理。在消防保卫方面，开展消技防设施第三方评估，全面掌握设施运行状态。严格落实环境隐患排查治理工作机制，建立保安稽查队，强化保安工作质量监督检查，2013年公司外力破坏事故下降7.6%。在应急管理方面，健全应急工作体系，构建三个层级的应急队伍，完善应急技术支撑体系，强化应急装备配备和使用培训，成功举办应急联合实战演练，有效应对大风、大雨等恶劣天气。

（四）电网运行平稳有序

2013 年，在持续推进调控一体化、调度一体化建设的基础上，公司两级调控中心强化电网运行管理，加强运行特性分析，确保了北京电网安全稳定运行。

电网安全分析不断深入。在做好年度、度夏（冬）方式分析基础上，针对重大检修方式开展专项校核 73 次。开展各电压等级互倒互带能力分析，对 1056 户重要客户外电源逐一进行风险评估，开展四大热电中心并网和轨道交通供电安全分析；针对上海“6·5”事件，梳理北京城市电网风险，提出明确的运行控制要求。

停电计划管理逐步完善。综合基改建、检修和业扩工程需要，将一、二次设备，同一间隔设备相结合，合理安排停电计划，有效减少重复停电。强化停电施工方案审核，有效缩短停电时间。开展 0.4kV 低压停电计划管理，加大临时计划管控力度，强化停电计划刚性执行。

调控运行管理更加规范。将事故情况下，两级调控远方操作范围扩展至关键隔离开关，完善各类电网突发事件应急处置预案，开展多形式演习演练，有效提升故障处置能力和处置效率。严格两级调控防误操作管理，规范生产值班各项业务流程，实现生产值班和调控运行工作的融合互补。

二次专业管理有效深化。积极开展二次设备状态评价和安全防护，强化二次设备运行评价分析，开展二代智能变电站二次专业全过程技术监督，重新明确智能变电站二次专业分工分界要求，制定运维检修工作标准，充分挖掘智能告警、在线监测新技术优势，多角度掌握二次设备运行状态，不断提升二次设备状态检修水平。

在过去一年的工作中，公司领导班子高度重视、科学决策、加强领导，为做好安全生产工作提供了重要保证；广大干部员工坚决贯彻公司决策部署，以高度负责的态度和严谨求实的作风，团结一心，扎实工作，圆满完成了安全生产各项任务。在国家电网公司新能源调度运行专业调考中取得团体第一的历史最好成绩，管理创新成果荣获北京市一等奖、全国二等奖。

二、深刻认识安全生产面临的形势和要求

当前，公司正处于“十二五”发展关键战略机遇期，公司内外部环境正在发生深刻变化，我们必须沉下心来，积极思考，超前谋划，进一步夯实安全生产基础，正确处理好各种问题和矛盾，确保公司和电网持续健康发展。

从外部来看：

近年来，政府及社会对造成重大财产损失和人员伤亡的事故高度关注，对国企由于管理问题造成事故的追责力度不断加大。公司身处首都北京，位置敏感、责任重大，无论是停电事故，还是由于公司所属产权设备事故造成社会人员伤亡都可能引起新闻媒体的高度关注，都可能引起政府机关的追责介入。尤其是类似青岛“11·22”爆炸等可能造成社会人员群死群伤的事故决不能发生。事实上公司设备设施形式多样、遍及城乡，相关风险无处不在，如社会人员坠入（误入）管井隧道、输电线路倒塔断线、配电架空三线搭挂、输变配电设备引发火灾、SF_6有害气体外泄等，由于公司产权设备设施造成社会人员伤害和财产损失的情况一旦发生，后果严重、影响巨大。去年，公司共应对维权诉讼 10 起，部分用户围绕公司配网线路故障引起火灾等问题向公司索赔，引发社会广泛关注。同时，北京市实施“清洁空气行动计划”，四大热电中心集中投产，造成北京电网单一能源结构问题凸显。新能源、分布式能源和电动汽车快速发展，给配电网适应性等诸多方面提出新的考验。因此，必须把安全工作作为一切工作的基础来抓，切实履行安全生产各项职责、义务，确保北京电网安全稳定运行。

从内部来看：

尽管我们在安全生产上取得了显著的成绩，高质量地完成了各项工作任务，但距离首都高可靠性的供电要求和“两个一流”的发展目标还存在着不小的差距：

一是电网安全运行压力依然较大。北京电网西北部地区电网结构较为薄弱，电网建设、年度检修造成一级风险较多，严重故障下仍存在大面积停电风险。同时，部分运行单位风险管控措施执行落实不到位，说得多，做得少；两级调控中心对电网风险认识和突发事件处置能力不足，预案可操作性不强；对智能变电站等新设备掌握不够，规程制度不完善，对其带来的运行风险分析不够透彻。配网抢修指挥中心运行管理还不够规范，运转效率需要提升。

二是作业现场规范化管理仍需加强。现场人员违章仍然是公司安全管理最大短板，是造成现场人员伤害的主要原因，尤其是以业务外包为主的配电作业现场，外协人员违章呈多发高发态势，反映出部分单位对集体企业、外协队伍安全管理不到位，忽视小型作业现场安全监督管理等问题，也反映出公司有关现场安全管理制度过于繁杂，逻辑性、关联性不强，难于掌握、监督和落实，已经无法满足一线人员流动相对较快的作业项目和现场的管理要求，急需制定适用于各类不同作业现场，易于掌握、执行的标准化规范化

制度。

三是设备设施运行风险逐步凸显。多年来，公司更多关注设备管理本身，眼睛向内多、向外少，对设备运行管理不到位可能引发社会人员伤害的风险认识不足。SF_6设备事故导致有毒气体泄漏和无限制排放对检修运行人员以及社会人员可能造成的人身伤害必须高度重视；建于人口稠密地区和铁路、道路上方的输电、配电架空线路一旦出现倒塔（杆）断线或安全距离不够等问题，极可能引发严重的交通事故和人员伤亡事故，后果不堪设想。建于居民区及住宅、写字楼等建筑地下的变电站、配电室一旦发生火灾，势必造成社会财产和人员的巨大损失。由于井盖、管道管理不到位，人员误入、擅入沟道造成人身伤害，公司也将承担严重后果。

四是业务外包、外委安全质量管控亟待加强。当前，部分集体企业和大量外协施工队伍承接公司配电检修及抢修业务，下一步部分输变配运维检修业务还要整体委托至公司及各单位所属集体企业，但是部分外协队伍管理水平低，人员业务技能、安全意识差，施工作业简单粗放，施工作业安全质量难以保证，外协人员现场违章占到公司整体违章的60%；部分单位集体企业资质不全，能力不足，安全质量管理体系不健全，生产管理水平还不能完全满足承担业务委托要求，通过集体企业安全质量评估发现17个企业，各类问题85项。

五是配电网建设及运行管理水平亟待提升。公司配电网故障率偏高，虽经综合整治，但全年故障总数达到5043次，较去年增长350次，永久故障2010次，与去年持平。所有故障中，设备、用户、外力原因各占近1/3，一方面，反映出公司配电网设备健康水平低，抵御大负荷、自然灾害、外力破坏能力差；另一方面，反映出配电网结构不合理，互倒互带能力不足，配电自动化覆盖率低，故障情况下无法快速恢复用户供电；再者，公司整体配电网运行管理粗放，以处缺、故障抢修代替日常运维检修管理，配网建设技术标准及运维管理标准缺位，基础数据维护不到位，运维检修质量不高，检修和施工技术及质量监督不到位，距离首都供电高可靠性需要有较大差距。

三、2014年安全生产工作主要思路和重点工作

2014年公司安全生产工作的总体思路是：贯彻国家电网公司安全生产工作会、调控工作会和公司二届四次职代会暨2014年工作会议部署，以抓规章制度落实为重点，以有效管控电网和人身风险为目标，扎实推进“大检修”和“大运行”体系建设，加强作业现场安全规范化管理，深化隐患排查治理，深化设备状态检修和精益化管理，加大配网建设改造力度，不断提高配网自动化水平和运维管理水平，加强电网应急处置能力建设，坚决杜绝大面积停电事故发生，实现政治供电“零闪动”、安全生产“零死亡”，为建设“一强三优”现代公司提供坚强保障。

2014年公司安全生产工作的主要目标是：不发生电力生产人身死亡事故；不发生性质严重或造成较大社会影响的停电及社会人员伤亡事故；不发生五级及以上安全事件；不发生本企业负主要及同等责任的重大及以上交通、消防等安全事故。

重点做好九个方面工作：

（一）深化“大运行”、“大检修”体系建设

持续推进“大检修”体系建设，按照国家电网公司批复方案，结合公司生产业务特点，努力实现“资源集约化、组织扁平化、业务专业化、管理标准化”的总体目标。一是依据国家电网公司通用制度标准，制定完善公司相关管理制度和业务流程，健全统一规范的制度标准体系，确保各项生产业务管理有序、运转高效。二是以业务委托基础，优化公司输变配运维检修专业布局，加强对集体企业运维检修业务管理，强化变电专业1小时运维圈建设；要强化各供电公司运维检修部生产计划统筹管理，实现对低压工作计划的全面掌控。三是研究试点全站停电、母线停电生产组织模式，积极开展隔离开关轮换式工厂化检修；在全公司（尤其是供电公司）内推广运维一体化工作，将运维一体化项目由27项拓展至54项，促进运维检修岗位的高度融合。四是加快状态评价中心业务支撑能力建设。充分发挥电科院人才、技术和设备优势，在状态评价、故障分析和技术监督工作中提供全过程高质量支撑服务。

继续深化“大运行”体系建设，以提升应急处置能力、扩展远方操作范围、理顺配网故障抢修指挥为重点，着力提高运行绩效。一是加快智能电网调度技术支持系统建设，力争2014年上半年正式投入运行。二是推进市地一体化调度管理系统（OMS）建设及标准操作程序（SOP）上线运行，促进两级调度的标准化、规范化管理。三是组织编制35～220kV变电站集中监控技术条件，上半年实现110kV及以上变电站全部接入调控中心监视。四是研究35kV及以下电压等级继电保护远方操作“双确认”技术方案，逐步扩大二次设备的远方操作范围。五是深化监控信息分析及会商，提升电科院专业人员在监控信息管理工作中的技术支撑作用，完善监控信息分析技术支撑手段，健全监控信息分析及管理工作评价指标。六是统一配网

调度管辖范围，完善配网抢修指挥体系，理顺配网抢修指挥工作流程和职责，推进配网抢修指挥系统建设，实现配网抢修工作跨专业有效协同。

（二）抓责任落实，确保安全责任有效落地

按照国家电网公司《安全工作规定》《安全职责规范》要求，进一步健全安全责任体系，全面落实各级安全责任。一是落实各级领导责任。坚持党政同责、一岗双责、齐抓共管。各级领导干部要带头履行责任，把安全工作与业务工作同安排、同推进、同落实、同检查，保证安全投入、安全培训和基础管理落实。二是落实专业管理责任。发展、运检、营销、基建、信通、物资、调控等部门要认真履行专业安全管理职责。安监部要发挥综合协调作用，认真履行安全监督管理职能。集体企业要与主业实行“同管理、同标准、同评价、同考核”一体化安全管理。三是落实日常工作责任。各供电公司、专业公司要建立安全生产月、周、日例会制度，加强安全生产“月计划、周安排、日管控”，把安全责任落实到日常工作。四是做好安全责任落实的监督检查。重新修订公司各级（含集体企业）安全生产责任制，充分利用安全审计、安全质量评估和安全大检查等手段，以抓公司安全管理各项规章制度和安全责任制落实为目标，实现对各单位履职尽责情况的常态化监督检查。

（三）抓制度执行，推进安全生产规范化管理

结合安全生产标准化达标评级工作，继续开展安全管理提升活动，依托安全审计、反违章、安全质量评估和全面质量监督等工作，确保公司安全管理各项制度在生产、基建、营销、产业等专业有效落实，实现安全管理水平新提升。

做好作业现场安全管理规范化。完善生产、基建、营销、带电等不同类型作业现场安全规范化管理指导意见，补充完善配网现场作业安全规范化管理内容，形成完整的安全管理标准化体系；修订工作票填写执行规范和专业典型示范工作票，提高专业工作票填写和执行的标准化和规范化水平。

做好反违章管理规范化。充分利用移动视频、工业电视等先进手段，以配网作业现场、外协施工人员作业现场为重点，规范不同人员、不同现场监督检查标准，实现主、配网作业现场安全巡检100%全覆盖。以规章制度落实检查为重点，以领导干部到岗到位和责任落实为关键，拓展巡检组检查范围，实现从查禁现场违章到查禁管理违章的延伸。

做好外协队伍和集体企业安全管理规范化。对集体企业和相关施工企业开展安全质量评估和安全定级，不满足定级要求的一律不得承揽相应工程。深化承发包系统应用，完善企业资质、项目、违章等基础数据，强化评价结果应用。依据安全事件和违章情况，制定差异化的集体企业安全审计方案，完善审计标准，强化相关问题整改落实，实现集体企业与主业安全管理同质化。继续开展春检、秋检前安全技能等级考试，以安全技能等级评价结果为依据，建立“三种人”资格的动态管理机制，实现作业现场人员持证上岗。

营造浓厚的安全氛围。以班组为核心，以培养和塑造员工安全意识、安全思维和安全行为为重点，提炼公司安全文化。分专业、分时段、分层次开展技能培训，综合运用调考、竞赛、比武等形式，检验教育培训的质量和效果。充分利用“一报、一刊、一网站”等宣传载体，传播安全理念，培育一线人员的安全意识。

（四）抓措施落实，确保安全风险管控取得实效

以安全风险指数为引领，推动各专业、各单位有针对性地开展风险防控工作，确保各项风险管控措施落实到位；强化隐患排查治理长效机制建设，抓好隐患重点排查治理，确保安全隐患可控、能控、在控。

发挥安全生产风险指数引领作用。要认真总结安全风险指数计算发布工作经验，细致查找问题不足，科学调整指数计算方法，准确反应各专业、各单位风险情况。加快推进风险指数管理系统推广应用，健全指数管理应用评价通报机制，将应用情况纳入同业对标考核。要强化风险指数应用，将指数分析结果用于指导各单位安全管理、电网运行、设备运维和项目立项等工作，推动风险管控与专业管理工作有效融合。

确保安全风险管控各项措施有效落实。进一步深化IOSS系统应用，推进风险管控措施标准化、规范化，提升风险控制措施针对性和有效性；重点开展35kV及以下配网风险管控措施的审核评价和通报；将风险管控措施落实情况纳入公司巡检范畴，不定期开展专项监督检查，并将检查结果纳入安全管理过程评价，切实提高风险管控措施执行质量。

深化隐患排查治理长效机制建设。重点推进风险防控与隐患排查联动机制建设，推动隐患排查制度标准与安全生产管理薄弱环节有效衔接，实现隐患排查常态化。建立隐患排查治理信息平台，促进排查治理工作机制落实，提高管控措施执行效率。固化“一单三表”工作流程，确保排查治理过程可追溯，责任可追究。建立专家队伍，开展差异化管控措施落实情况专项监督检查，确保各项防控措施有效落实。

（五）抓体系建设，深化资产全寿命周期管理

全面推进资产全寿命周期管理。一是按照国家电网公司“做好推广、夯实基础”的总体要求，进一步

明确发展、财务、运检、营销等相关管理部门职责，确保各项工作有效推进、协同开展。二是结合国家电网公司制度标准，完善公司资产全寿命周期管理规范，工作标准和业务流程，确保与“五大”体系专业要求有效衔接。三是加强资产全寿命周期各阶段活动的监督管理，强化资产全寿命综合绩效 SEC 的过程控制。尽快完成 110kV 及以上 13 类输变电设备 1424 条资产价值为 0 数据的清理整治工作。

全面推进电能质量在线监测系统建设应用。一是认真总结试点建设工作经验，研究系统运维管理模式，明确各部门管理职责，加强运行管理，保证数据接口稳定运行。二是提升电能质量在线监测系统实用化水平，进一步完善系统功能，优化系统性能，加强实时数据统计分析，积极推进数据展示工作，为可靠性管理提供支撑。三是提高信息采集质量，完善数据质量模型，深化生产管理系统、营销系统与可靠性系统数据对应工作，对新接入的数据进行核查，加快现有问题数据整改，提高数据接入准确性和及时性。

（六）抓标准建设，提升生产运维精益化管理水平

以深化精益化管理和标准化建设为主线，深入推进新一代智能化变电站运行管理，提升设备状态信息获取能力，提高状态检修质量，以十八项反措和设备入网检测为抓手，突出技术监督在各流程环节的落实，加大生产业务外包和委托安全质量管理，确保电网设备安全稳定运行。

提升运维管理精益化。一是以落实运行管理标准要求为重点，全面推进标准化建设，年内完成 151 座变电站标准化达标，35kV 及以上线路标准化率达到 40%。二是依据设备年限、运行环境和用户性质等因素，制定差异化的设备缺陷隐患定级标准，加大缺陷隐患治理力度，提升设备健康水平。三是积极推广直升机巡线，增加数量，扩展范围，研究探索直升机在应急突发事件处置中的作用。四是加大消技防等辅助设施升级改造力度，充分发挥巡检组监督检查作用，认真做好“第三方”评估工作，建立外协队伍评价考核和违约退出机制。五是推进输电通道运维属地化。加强门头沟试点工作过程管控，完善评价考核工作机制。明确运维单位和属地公司输电通道运维管理责任，制定工作联系和异常处理流程，督促属地公司与地方政府建立外力破坏联防联控机制，结合北京市拆违打非专项工作，及时发现消除线路周边隐患，切实提升公司电力设施保护能力。

提升设备管理精益化。一是深入推进设备状态检修，结合运维业务委托，发挥主业和集体企业各自优势，加大检测装备配备力度，年内红外热成像仪配备至一线班组。加强变压器油色谱等在线监测装置安装，明确异常标准和监视要求。二是认真分析智能变电站设备特点，制定完善智能变电站调试验收规范，细化运维管理要求，明确应急处置方案，加强业务技能培训，总结推广顺序操作等先进经验做法。三是大力推进 35kV 变电站无人化改造工作，对现有无人站，从视频监控、消技防信号等方面不断完善远程监控信息范围；加大二次回路改造力度，确保故障情况下远方操作顺利进行。四是开展雷害风险评估，切实降低雷害重点地区杆塔接地电阻，加强避雷线和避雷器的安装维护管理，雷击故障率下降 10%。对中、重污区，加强盐密灰密测试，积极采取调爬、清扫等反污措施，加大瓷、玻璃复合绝缘子的应用力度，切实提高线路防污水平。五是常态开展十八项反措贯彻落实情况专项技术监督检查，实现规划、设计、采购、建设、验收全流程闭环管控。加强电网设备家族性缺陷技术监督，扩大新入网设备抽检范围，积极应用免维护、少维护设备，提高设备健康水平。

提升专业管理精益化。一是进一步完善综合检修内容，真正做到“逢停必修、逢停必检、逢停必扫”、实现“一二次同修、输变同修和主配同修”。二是加强项目实施过程中的安全质量管控和项目竣工资料管理，对全公司大修维修项目开展施工评价和竣工评价，对专项技改实施监理制。强化乙供材的监督检查，明确乙供材技术要求和质量追溯机制。三是将项目立项与设备评价紧密结合，实行项目储备常态管理，做到月统计，季发布。加强设备退运报废计划管理，完善评估标准和流程，做好退运物资再利用工作。四是有序推进生产业务委托工作。加强顶层设计，依据公司生产管理人员现状和运维检修业务特点，合理确定业务委托范围，有计划、有步骤推进。明确业务委托管理模式、委托费用标准及双方权利义务，加强委托业务安全质量过程管理，实现有效监督管控，杜绝以包代管。五是建立健全集体企业专业管理体系，严格落实公司相关标准制度要求，强化主业对集体企业的监督指导，有效提升集体企业业务能力水平。

（七）抓配网管理，提高供电可靠性水平

终端用户能否安全可靠用电，最终体现在配网上。配网运行维护质量关系公司的形象和服务质量，要加大配网设备改造力度，强化配网运行管理，推进配电自动化建设，持续提升供电可靠水平。

加强配网建设改造。一是积极落实公司配网规划，按照电缆成环、架空多分段、适度联络目标，提升互倒互带能力，年内完成电缆环网改造 40 组、架空线联

络分段增加200处。二是逐步更换高损变压器、油断路器等老旧设备，年内完成更换1000km裸导线、2000台高损变压器和全部油断路器工作目标。三是按照国家电网公司“六化、六统一”标准，制定完善配网建设改造原则、技术标准和典型设计，严格规范入网设备种类型号，减轻运维检修工作压力。四是强化项目实施过程管理，严格方案审核、设备抽检，加强标准工艺、施工规范在现场落实情况的监督检查，规范验收把关，确保建设改造项目实施质量。

加强配网运维管理。一是制定和完善配网运维管理标准，结合配网运维业务委托，加强配网运维管理体系建设，明确配网自动化及通信运维界面。二是进一步深化配网故障分析，明确故障高发线路的综合整治和运维管理目标，切实降低故障率。三是综合应用红外、超声波等带电检测技术，加大装备配备力度，强化使用培训和数据分析，提升配网设备状态评价水平。四是深化台区智能电能表数据共享、数据远传和应用分析工作，准确把握负荷特性，超前解决配电变压器重过负荷和负荷不平衡问题。五是针对城近郊平房区和农村地区配电变压器不平衡导致低压断线、熔丝熔断和开关跳闸频繁等问题，开展配电变压器配置、负荷实时监视、低压线路联络、故障处置等问题专题研究。六是集中开展低压GIS普测及录入工作，争取利用两年时间实现全部台区到低压用户数据准确关联，同时完善制度，加强对业扩及分换装配电变压器等新增数据录入及关联管理。七是落实用户故障处置联动机制要求，明确负荷分界开关安装标准、运维职责，减少用户故障对电网运行影响。八是发挥配网抢修平台作用，开展关键指标分析，制定标准化抢修实施方案和作业指导书，完成各供电公司配网抢修业务委托。九是采取多种手段，提升公司带电作业装备水平，完善现场工作标准，强化人员培训，开展带电作业工具试验研发，2014年公司带电作业化率达到88%。

加强配电自动化推广应用。一是按照先重要再一般、先架空再电缆、先监测再自愈、先城近郊后远郊原则，开展配电自动化建设应用工作。2014年实现配电自动化主站全覆盖，2015年实现城市核心区（三环内）配电自动化全覆盖，2018年实现城市市区（五环内）、区县城区全覆盖。二是制定设备选型和检测技术标准，加强入网管理，优化主站功能，确保信息安全，做好自动化建设与配网发展的统筹协调。三是强化配电自动化在电网运行、设备运维和故障处置中的技术支撑作用，加强人员培训，提升系统使用效率。四是明确配电自动化运维责任主体，建立健全运维标准体系，提升相关人员业务素质水平，强化运行数据分析和缺陷处置考核，确保配电自动化系统可靠运行。

加强电缆沟道管理。一是加大电力管道隐患排查力度，认真核查相邻其他管线的走向、交叉跨越位置、间隔距离等情况，重点排查电力管道与输油、燃气、污水管线的相邻情况是否满足规程规定，并严格落实防火隔离、易燃易爆物清理、消防设施配置等防护措施。二是建设和完善电缆网运行管理系统，加强电力隧道隐患实时监控，推广隧道内气体监测仪、水位监测仪、测温光纤等先进监控设备应用。集中开展管道及断面数据普测、普查和录入工作，加强管道基础数据治理，提升专业信息共享能力。三是按计划认真开展老旧隧道整治和井盖隐患治理，2014年完成首批老旧隧道试点整治和重点区域离线智能二盖改造，强化施工工艺审核和施工过程管理，确保改造工程质量。

（八）抓能力建设，提升电网运行管理水平

加强调控工作的全过程管控和市地两级调控中心同质化管理，夯实调控安全基础，提升电网运行安全管控能力，提升调控运行应急处置能力，提升二次专业运行保障能力，确保北京电网安全稳定运行。

提升电网运行安全管控能力。一是建立“稳定、预警、协同”的电网运行管理机制，完善电网设备负荷分析与预警工作机制，促进电网运行与设备运行、规划建设、营销服务的衔接。二是加强与有关科研院所合作，针对典型受端电网和大型城市电网接线结构复杂、互倒互带能力不足等问题开展滚动分析。三是加强典型受端电网电压稳定问题研究，推进大型动态无功补偿装置应用。四是针对门昌、通安兴分区存在问题和基建、改造等造成的电网异常方式，强化基改建过渡方式和检修方式安全校核和风险防控。五是综合考虑电网安全形势和经济调度，科学制定发电计划，加强机组运行管理，加强热电中心燃气机组启动调试过程管控。六是加强主配网计划协调配合，统筹考虑基改建、检修和业扩工程需要，落实低压停电计划管理要求，减少重复停电和延时停送电，降低计划停电对电网运行影响。七是深入开展分布式电源对配电网安全影响分析，编制分布式电源并网调度实施细则，规范日常调控运行管理。

提升电网调控应急处置能力。一是强化在线安全稳定分析与在线安全校核，提高调控人员准确把握电网运行状态的能力。二是提高监控人员远方操作能力，常态化开展断路器状态操作，有条件地开展隔离开关远方操作，发现并及时解决制约设备远方操作的问题，为提高应急处置效率奠定基础。三是规范预案编制及演练工作，提升电网调控预案可操作性，提升电网严重故障演练实效性。四是强化综合智能告警分析结果的应用，实现上下级调度告警信息互通，推进电网故障的协同处置。五是提高设备集中监控水平，完善监控信息技术标准，加强输变电在线监测调控端功能应用。结合扩大远方操作范围，进一步明确电网故障集中发生处置规定，提高故障处理效率。六是规范两级生产值班信息报送，确保快速反应、准确判断、及时传递、有效处置。

提升二次专业运行保障能力。一是结合智能变电站新技术应用，规范智能变电站二次设备调试验收及运维管理，明确检验内容、工作标准和安全措施，强化发现问题的整改落实。二是修订完善公司二次设备状态检修相关技术标准和管理要求，扩展状态信息来源，提升状态检修管理水平。三是强化二次工作现场的安全管理，完善现场作业标准工序卡，建立二次专业现场巡回检查制度，通过自查互查促进现场工作标准化和规范化。四是持续开展自动化专业隐患排查治理，规范厂站端自动化设备运行管控，确保自动化系统安全可靠运行。五是加强各地调二次专业运维检修队伍建设，强化人员技能培训，推进城区六个供电公司独立开展二次专业运维检修工作。

（九）抓常态管理，提升政治供电和应急实战能力

突出政治供电常态化。一是以重要客户需求为导向，将保电工作融入各专业日常管理，研究制定差异化的规划建设、电网运行和客户服务标准，保障其在日常及重大活动期间的供电安全。二是强化相关管理制度和工作标准的培训宣贯，确保每一名保障人员深刻理解，准确把握。三是采用多种形式对保障过程中措施落实情况进行督导检查，建立政治供电任务完成情况的定期评价及考核体系，实现政治供电任务“布置、检查、总结、提高”的闭环管理。四是高度关注大型政治活动，主动对接主管部门，科学制定保障方案，加强建设、运行、营销等专业信息共享和协同联动，强化筹备阶段工作计划落实和工作质量管控，确保全国两会、APEC 会议等政治供电任务万无一失。

突出应急管理实战化。一是强化应急预案和现场处置方案的可行性和实用性，组织专家组开展预案评审和检查，逐步实现公司、二级单位和生产现场三个层面之间预案的有效衔接。二是深化公司应急指挥中心建设，推进二级单位应急指挥中心改造项目立项，完善技术支撑系统功能应用，强化应急管理人员和救援队伍应急理论和技能培训，有针对性地开展实战演练，提升应急队伍实战能力。三是制定应急能力评估标准，组织评估专家团队，对各单位应急能力开展评估工作，以评估促进各单位应急管理水平提升。四是加强内外部协调联动机制建设，与天津、冀北公司加强日常工作交流，开展联合演练，共享应急资源和预警信息。在深化与市消防局应急协作关系的基础上，建立与政府各部门的沟通联系机制，积极争取理解和支持，及时发布抢修处置、恢复时间等信息，做好舆论引导，有效利用政府资源提高应急处置的工作效率。

完善机制　规范管理　深入推进集约化管理建设

——副总经理李百顺在公司 2014 年人力资源工作会议上的讲话（摘要）
（2014 年 2 月 26 日）

一、2013 年人力资源工作回顾

2013 年，人力资源工作在公司党委的正确领导下，夯实基础，完善机制，规范管理，狠抓落实，顺利完成“三集五大”体系全面建设方案制定、准备阶段的牵头组织工作，有效实施机构、职责和人员的优化调整，深入推进集约化管理，组织体系不断完善，人才素质持续提高，劳动效率稳步提升。人力资源同业对标在国家电网公司排名第 3 位，获得人力资源专业管理标杆。全口径劳动生产率完成 90.91 万元/人（长期职工劳动生产率完成 168.51 万元/人），在国家电网系统省公司中排名第二；人才引进指数达到 1.2564，在国网系统省公司中排名第一；人才当量密度达到 1.034、人事费用率实现 4.54%，均在国家电网公司系统省公司中排名第三。

（一）“三集五大”体系全面建设工作取得阶段成果

一是扎实开展“回头看”工作。总结“三集五大”体系创新成果经验，遴选最佳实践案例 77 个。制定提升计划 83 项，全面落实整改。开展专项培训调考，有效促进制度标准与业务流程落地。多层级、多方式开展调研，分析体系运转情况，研究完善提升措施，向国家电网公司书面反馈问题建议 40 条。二是高质量完成方案修订工作。圆满组织完成 1 个总体方案和 19 个专业方案修订，并获国家电网公司批复。方案严格落实国家电网公司规范要求，拓展建设深度和广

度，将业务覆盖面延伸至科研、后勤、审计等领域，深化、优化了专业建设内容，更注重专业协同融合，更强调运营机制建设。三是大力开展全员宣贯培训。分层面、分专业扎实开展培训和宣贯。认真细化培训计划，对本部职能部门、基层单位分别开展差异化培训，员工认识显著提高。四是组织落实专业建设方案。全面完成公司机构、职责与人员优化调整，进一步优化业务界面与业务流程。围绕建设要求，组织制定公司及各单位专业操作方案。

（二）定编定岗定员工作取得新进展

一是机构职责进一步优化。规范各层级机构设置，理顺职责界面，调整本部21项管理职责。供电公司内设班组数量降低6.6%。开展客服中心、物资公司等业务支撑单位内设机构优化调整，搭建经研院分、子公司合署办公模式。完成各层级机构更名工作。二是岗位管理标准化水平显著提升。依据国家电网公司标准岗位名录，规范本部、基层单位岗位名称，设置供电公司典型岗位193个。研究修订劳务派遣用工岗位名录，新增仓储配送等服务类岗位序列。三是定员基础支撑作用明显加强。优化定员管理模式，开展定员复核测算与核定，加强定员分析应用，将定员逐级分解到班组、岗位，作为机构岗位设置、劳务派遣用工总量控制、人工成本核定的基础依据，为完善人力资源规划、建设内部人力资源市场等工作提供基础支撑。

（三）业务委托工作稳步推进

一是研究制定工作规范。印发《业务委托管理办法》，组织相关专业制定业务委托实施细则。明确运检、营销等专业委托业务范围及安全管理要求，积极开展费用测算标准、人员转签、薪酬管理等方面工作研究，取得阶段性成果。二是稳步推进试点实施。组织各单位对业务管理现状和劳动用工情况开展摸底调研，着手编制业务委托实施方案。目前，检修分公司已初步完成业务委托调整工作，门头沟公司方案已通过专业部门审核，顺义公司、大兴公司等7家单位完成了方案编制。

（四）用工管理机制持续完善

一是长期职工配置不断优化。积极构建公司内部人力资源市场，完成跨单位人员交流配置267人，完成重点岗位人员交流760人，完成各单位内部人员岗位调整2700余人次。严格执行集体企业借用长期职工审批制度，进一步规范员工借用管理。2013年新进高校毕业生电工类专业占比达到89.4%，硕士及以上学历占比达到60.5%，全部配置到郊区供电公司和缺员严重的业务支撑机构。二是市场化用工管理进一步规范。结合《劳动合同法》等相关要求，明确将主业劳务派遣人员，随业务委托逐步转签为集体企业直聘用工的思路。制定《市场化用工管理办法》、《生产岗位市场化用工技能评价实施细则》等制度，全面规范市场化用工管理，冻结农电用工入口。完善了劳务派遣用工招聘录用标准和审批机制，新进人员大专及以上学历占比66.3%，同比提升18.5个百分点。

（五）绩效管理与薪酬福利保障体系进一步健全

一是全员绩效管理全面加强。印发《全员绩效管理工作考核评价细则》，明确各层级绩效管理评价标准，推动职能部门目标任务制和一线员工工作积分制建设。建立企业负责人业绩考核季度看板，加强绩效评价的过程管控。制定员工奖惩实施细则，明确53类违规违纪行为处分标准。二是薪酬福利管理持续规范。代表国家电网公司迎接国家四部委工资内外收入情况专项审计，经过精心准备、周密实施、有效沟通，顺利通过检查，展示了国网系统收入分配管理的法治化、规范化成果，维护了国家电网公司良好品牌形象和广大职工切身利益。理顺收入分配关系，依据业绩情况、人才结构等因素合理拉开收入差距。初步实现长期职工、农电用工、劳务派遣用工工资发放集中审核。规范福利管理流程，细化分项考核标准，提升福利管理水平。三是保险管理成效显著。员工社会保险参保率、缴费覆盖率、待遇支付率均达到100%。按照国家政策要求，将年金企业缴费比例调整至5%，同时加强年金资产运营业绩评估，实行管理机构优胜劣汰，合理配置低风险高收益产品，稳步提升投资收益水平。

（六）培训教育工作取得实效

一是全员培训计划有效落实。组织各类培训865项，89 800人次参加。广泛开展岗位竞赛和“全员岗位练兵月”活动。认真组织筹备、狠抓成绩提升，在国家电网公司15项竞赛调考中，新能源、信息专业分别荣获团体第一和第三名，财务、调度专业均荣获团体第六名；财务专业荣获个人第一名，新能源、人资专业均荣获个人第二名。二是专家人才队伍建设扎实推进。编制公司人才队伍培养实施方案，着手制定人才培训培养三年规划，研究搭建专业化、系统化、结构化培训标准体系。完成各级各类专家选拔工作，评选省、地市级专家90人，入选国家电网公司级专家18人，形成三级专家人才梯队。三是人才评价工作深入开展。修订在职学历教育管理办法。新编、修编12个工种的技能鉴定题库。完成262人职称评定、456人后续学历认证，开展27个工种、4041人次职业技能鉴定考核。全面实施市场化用工八级工评价，突出岗位胜任能力与薪酬水平挂钩，共有33个岗位类别1379人参加。

二、深刻认识公司当前人力资源工作面临的形势和存在的问题

人力资源的整体实力和素质水平，决定了企业的竞争能力和发展潜力。目前，公司已进入新的发展时期，客观分析公司改革和发展面临的内外部形势，人力资源工作机遇与挑战并存。从外部环境要求看，国家用工法制化建设步伐明显加快。人力资源和社会保障部近期已发布《劳务派遣暂行规定》，并将于3月1日起施行。规定明确，企业使用的被派遣劳动者数量不得超过其用工总量的10%。同时，国家电网公司人力资源集约化管控力度显著加强，提出了“全员全额全口径”管理和深化“三定”、“三考”管理等更高要求。从内部发展需要看，在公司“两会”上，尹昌新总经理明确指出，公司要努力推动由生产经营型向管理经营型转变，这既符合国家电网公司的战略思路，又是解决公司当前缺员问题的现实需要；同时强调，公司人才队伍是企业的重要资源，也是企业发展的基础所在。公司将在全面建成“三集五大”体系的基础上，统筹兼顾效率、效益和质量，紧紧抓住主营业务和关键环节，做好人力资源总体规划，提升人才队伍建设水平，实现主业单位人员精干化、集体企业用工市场化。

站在新的历史起点上，人力资源工作如何适应新形势、应对新挑战，任务还十分艰巨。目前，公司人力资源现状和管理水平尚不能完全满足内外部环境变化的要求，具体表现为：

（一）人力资源结构性矛盾突出

从用工形式看，公司存在长期职工、集体职工、集体企业直签用工、劳务派遣用工等多种用工形式，混岗和同工不同酬现象严重，不符合用工法制化要求。从用工总量看，长期职工总量虽不能满足现有业务需要，但远超过国际先进电网运营企业用工规模；劳务派遣人数超过法定比例。从年龄结构看，长期职工年龄整体偏大，人才梯队存在断层，业务骨干后备力量明显不足。

（二）员工队伍素质不能满足公司发展要求

从业务素质看，管理经营型公司更注重电网技术水平的提升，受传统生产模式影响，公司缺乏“独当一面”、“一锤定音”的专业领军人才，创新型、专家型、复合型人才匮乏；市场化用工综合素质不高，具有技师及以上资格人员不足1.5%，远不能适应业务需求。从管理能力看，公司战略转型后，部分业务将从直接管理转变为通过受托企业间接管理，需要既懂具体业务又具备管理能力、熟悉流程监管的复合型人才，员工目前的综合能力仍有较大差距。从劳动效率看，部分单位不能有效挖掘利用人力资源存量，过多依赖新进人员和市场化用工，一些职工工作积极性不高，工作效率较低，全口径劳动生产率远低于国际同行业先进水平。

（三）人力资源管理机制相对传统落后

一是人力资源配置机制有待完善。公司内部人力资源市场建设仍处于初级阶段，人力资源优化配置机制不完善，人岗匹配、超缺员调剂不充分，不能有效缓解人力资源结构性矛盾。二是绩效管理水平亟待加强。全员绩效管理理念尚未深入人心，各单位认识水平、管理水平不均衡，融入业务管理不深入，对员工成长和企业发展的促进作用不能有效发挥。三是薪酬分配激励约束作用不强。员工薪酬仍以人员身份为基础进行分类管理，未能真正建立基于岗位价值、以绩效为导向的薪酬分配体系，奖勤罚懒的激励约束制度不能有效落实，“大锅饭”现象依然严重。四是人才成长通道不健全。员工成长通道单一，专业技术人才和技能人才发展空间有限，普遍存在的“天花板”效应影响了员工工作的积极性。五是集约管控能力有待增强。对照国家电网公司“三全”管理新要求，公司全口径用工计划、员工进出、激励约束、培训培养等关键环节尚未实现统一管理，人工成本倒逼用工总量计划机制尚未建立，管控水平亟须提高。

总体看来，公司当前人力资源管理对企业发展转型的支撑保障能力尚显不足，必须按照“四个突出，四个提升”的工作要求，及时调整人力资源管理思路；必须转变观念、创新机制，加快提升集约化、精益化、标准化管理水平；必须充分挖掘人力资源潜力和人力资本价值，努力提升员工技能水平和综合素质，保证人力资源高效利用。

三、2014年人力资源工作思路和发展目标

2014年公司人力资源工作总体思路是：全面贯彻落实公司“两会”和国家电网公司人力资源工作会议精神，适应“三集五大”体系建设和管理经营型公司建设要求，控制总量、调整结构、提升素质，坚持规划引领，聚焦核心业务，全面加强“三全”管理，持续深化“三定”、“三考”，不断提升效益效率，加快建设管理经营型员工队伍，为深入推进“两个转变”提供组织、机制和人才保障。

主要目标：2014年实现全口径劳动生产率117.84万元/人，人事费用率4.62%，人才当量密度1.036；力争保持国家电网公司人力资源同业对标专业管理标杆。

围绕以上工作思路和主要目标，2014 年重点抓好以下几方面工作：

（一）组织开展“五位一体”协同机制建设

一是研究制定整体工作方案。严格按照国家电网公司相关要求，明确责任部门和专业分工，强化项目协调、评价、培训、宣传、考核等管理机制，抽调各专业人员组建工作组，制定切实可行的实施方案，全面推进机制建设。二是全面梳理业务流程。组织各专业、各单位梳理核心业务，重点是对跨领域、跨专业核心业务流程进行优化，打破流程的部门壁垒，消除流程断点。建设横向融合、纵向贯通、标准化的业务流程体系，反复进行流程评估、优化，通过流程有效运转，带动管理要求融入日常业务，提高核心资源配置效率。三是实现多管理体系紧密融合。以流程梳理、优化为基础，将业务展现为流程，将流程环节的执行者定义为角色，角色适当组合形成岗位，将制度、标准拆分至条款匹配至流程，从流程中提取绩效指标，最终通过角色落实到岗位，形成岗位职责，以考核促进责任落实。四是启动“五位一体”协同机制信息化平台建设。通过系统固化多管理体系协同融合，成为各专业应用系统的信息共享平台，以及员工学习培训的知识平台，有效解决员工“做什么，谁来做，怎么做，做到什么程度，效果如何评价”等问题，保障“三集五大”新体系成熟定型。

（二）深入推进“三全”管理

一是加强“全员”管理。将主业及集体企业各类用工全部纳入人力资源计划，初步建成人工成本倒逼用工总量计划的管控机制。在严格管控长期职工的基础上，加强集体企业用工管理，3 月底前完善农电用工、劳务派遣用工、集体企业用工的招聘录用标准和审批制度，严把入口关。二是加强“全额”管理。加强各类用工人工成本总额管控，主业单位工资总额与标准人工成本挂钩，集体企业工资总额与利润、营业收入、资产总额、用工总量、劳动力市场价位等要素挂钩。严控支付项目及标准，全面规范工资、福利、保险、培训、劳保费用等人工成本支出。三是加强“全口径”管理。健全人力资源配置标准，实行各类用工“一体化”管理。推行人力资源制度标准、计划管理、信息系统全覆盖，优化劳动用工结构和人工成本结构，全面实现人力资源集约高效配置。3 月 10 日前，完成全口径劳动用工和人工成本摸底调查工作，做到“人头清、情况实、数据准”。

（三）持续加强“三定”管理

一是优化组织体系。加强顶层设计，优化职责界面划分，巩固集约化建设成果。结合业务委托工作，完善主业组织体系，理顺主业与集体企业间的管理流程。严格纪律执行，涉及机构设立、变更和撤销的，各单位须按要求履行报批和备案程序。二是规范岗位管理。深入基层单位调研，强化标准岗位应用，研究优化主业岗位设置，修订劳务派遣人员岗位目录，建立专业技术岗位序列，拓展岗位管理深度和广度。三是深化定员管理。严格落实国家电网公司定员管理办法，强化专业用工管控，严禁突破编制。建立业务委托后的定员管理模式，指导集体企业定员管理。加强定员设备台账管理，确保台账信息的准确性。按照国家电网公司要求，协同专业部门做好首次供电企业定员评价工作。

（四）统筹优化人力资源配置

一是调整用工策略。适应内外部环境变化，用工方式由“长期职工为主导、劳务派遣用工为补充”，转变为“长期职工从事电网运营管理、集体企业承接委托业务、劳务派遣人员仅从事‘三性’岗位工作”。用工规模逐步适应“两个一流”建设要求。二是有序推进业务委托。6 月底前，各单位完成业务委托方案编制及上报工作。按照“成熟一个、实施一个”的原则稳步推进，逐步解决劳务派遣用工不规范问题。正确处理好“包出去”与“管起来”的关系，尽快明确业务委托管理模式及委托费用标准，明确双方权利和义务，完善委托后的业务流程体系，实现对委托业务的有效监控，避免“以包代管”。三是盘活存量、用好增量。充分发挥内部人力资源市场作用，紧密结合岗位需求，积极开展转岗培训，实现人才有序流动。将新进人员优先配置到调度控制、继电保护、电费核算等一线岗位，严格执行新员工基层工作年限规定。全面落实员工奖惩相关规定，规范员工行为，提高劳动效率。

（五）有效开展全员培训和人才培养

一是完善全员培训体系。编制全员培训规划及计划，有针对性地加强通用制度、技术标准和规程培训，构建以岗位胜任能力为导向的培训体系。创新培训方式，通过与科研机构开展项目合作等方式大力培养专家型人才，通过现场参与工程项目建设等方式大力培养专业技术人才，通过驻厂监造等方式大力培养高技能人才。加强员工职业道德、职业修养培训，大力弘扬爱岗敬业精神和主人翁责任感。二是加强培训资源体系建设。统筹利用好公司层面和各单位的培训场地、设施和师资力量，切实增强培训能力；加强兼职教师队伍建设，加强教学质量评价，建立对单位及兼职教师个人的激励机制；加快网络课程、课件和题库的开发，充分发挥网络教学的优势，缓解工学矛盾。三是优化培训管理机制。推进培训全过程闭环管理，健全培训激励约束机制，将培训、竞赛调考成绩与单位业绩、员工绩效、专家人才选拔、岗位晋升等紧密结合，充分调动企业、员工参与培训考试的积极性。四是建立覆盖全员的职业通道体系。加强人才梯队建设，总结专业技术职级体系试点经验，进一步向各单位专业技术岗位推广应用；建立生产技能职级序列，拓展生产岗位人员的职业发展通道。

（六）不断健全激励约束机制

一是完善业绩考核和全员绩效管理体系。修订公司所属单位及其企业负责人业绩考核办法，强化业绩考核结果公示管理。完善管理机关目标任务制，强化内部重点任务岗位责任制，科学编排月度或季度任务责任书，把责任清晰到岗，任务落实到人。完善一线员工工作积分制，优化员工各种作业工时、工件计量登记、审核确认等办法，做到登记日清日结、积分期末累计。深入开展全员绩效管理工作评价，加强过程监控，查找管理短板，提出改进措施。深化全员绩效考核结果应用，将其作为人才选拔、评优评先等工作的重要依据。二是创新薪酬激励体系。按照国家电网公司要求，推广实施岗位绩效工资制度，突出岗位价值、能力素质、绩效贡献三个要素，统一岗位薪点工资、绩效工资、年功工资、辅助工资等四个工资单元，做好套改过渡、宣传保障等工作。继续向生产一线和专业技术人员倾斜，增强技术技能人员工作积极性和主动性，形成合理有序的内部收入分配格局。

（七）继续加强保险管理

一是完善补充保险管理体系。根据公司补充保险资金多年运行情况，充分借助国家电网公司金融平台专业力量，制定符合实际的员工保障方案，有效提高员工保障水平，增强风险抵御能力，提高资金运作效益。二是加强企业年金管理。秉持长期稳健的投资理念，强化投资绩效评估，实施以投资业绩为导向的资产分配机制。优化投资产品和资产配置策略，主动适应市场行情波动，确保实现基金安全与保值增值。三是提升专业服务水平。深化保险业务平台建设工作，实现公司各项保险、住房公积金业务数据共享，提高业务经办效率和数据安全水平。加强经办人员政策宣传与业务培训，强化服务意识，培养服务习惯，增强服务能力，切实维护职工合法权益。

（八）扎实推进人力资源基础建设

一是动态调整人力资源规划。紧密跟踪电力体制改革动向，结合北京电网发展规划和公司发展规划，围绕企业转型和“两个一流”目标对人力资源管理和人才队伍建设的新要求，滚动修编2014年至2020年人才发展规划和人力资源规划。通过深入调研，做好诊断分析，明确主业和集体企业的人才培养目标、重点任务和实施途径。二是梳理完善规章制度体系。全面贯彻落实国家电网公司通用制度建设要求，清理优化现行有效规章制度，力争年内基本建成以通用制度为主体、以差异化条款和公司制度为补充的人力资源规章制度体系。三是加强人力资源信息系统应用。继续开展人力资源基础数据规范治理，促进人员信息与人事档案的匹配。实现全口径人员信息的全覆盖，实现农电用工人工成本ERP在线支付。完善系统分析功能，提升系统对人力资源的技术支撑作用。四是强化人力资源自身队伍建设。加强业务知识培训，开展横向交流学习，促进专业人员熟练、准确掌握业务知识，提升履职能力和复杂问题处理能力。

统筹规划布局　提升发展水平
全面推进公司深化“两个转变”

——副总经理安建强在公司2014年发展工作会议上的报告（摘要）

（2014年2月28日）

一、2013年重点工作回顾

2013年，公司开展“配网规划年”活动，基于4.4万个规划单元完成“网格化”配电网规划；完成全口径固定资产投资84.39亿元，保障电网平稳应对1776万kW最大负荷冲击；取得110kV及以上输变电工程立项核准50项782万kVA；提前开展保护性圈地23处，落实变电站用地12万m^2，争取政府及客户的外部渠道资金17.11亿元。规划管理专业在国家电网公司的同业对标排名由第6名提升至第3名，荣获标杆单位称号，“网格化”配电网规划方法入选国家电网公司典型经验库。

（一）深化“大规划”体系建设，优化发展业务流程

以职责、流程、界面优化为重点，完善“大规划”体系操作方案并组织实施，梳理5类16项建设间

题并及时完成整改，顺利完成岗位配置和职责调整。110～220kV 项目可研评审和 110kV 项目可研批复权限由总部调整至公司发展部；完成电网规划和专题研究 94 项；电源接入系统设计 135 项、工程可研评审 1151 项；电网规划编制效率提高 30%，可研、电源及客户接入系统方案评审效率提高 50%。

（二）积极落实主网规划，探索电网发展新思路

推进落实特高压外受电通道规划。积极与市政府沟通北京东、北京西特高压外受电通道规划建设，促请市政府协调国家能源局，将特高压外受电通道建设纳入“大气污染防治能源保障方案”和“大气污染防治行动计划电网实施方案”。

完成电网空间布局规划和“十二五”规划修编。联合市发改委、规委完成《北京电网中长期发展规划》和《北京电网空间布局规划》，通过专家论证并启动审批程序，将 186 座变电站和 44 个输电走廊资源纳入城市控规；配合市政府制定并启动“2013～2017 年清洁空气电力行动计划”，滚动修编北京电网“十二五”发展规划，更新调整规划项目 328 项。

持续推进网架结构优化。促请市政府推进 CBD、丽泽 500kV 变电站前期工作，为中心城区提供电源支撑；结合城市发展规划，研究 220kV 变电站布点加密，将永定路、玉渊潭（理工大学、姜庄湖）等 4 座规划 110kV 变电站调整为 220kV 变电站，进一步优化网架结构并满足高负荷密度区域负荷接入需求。

（三）创新配电网规划方法，有序开展配电网建设

开展“网格化”配电网规划。完善规划方法和管理体系，编制配电网规划指导意见和工作手册。按照“自下而上”的方式，基于城市控规将北京地区细分为 4.4 万个基本规划单元，完成 14 类用地、44 类客户负荷指标测算，差异化开展配电网网架、配电自动化、通信网、电力管道规划，延伸优化 110kV 变电站空间布局。规划 10kV 站点 20 121 座、配电线路 19 136km；与区县政府对接发布规划成果，规划成果取得各级政府认可，初步建立项目联合审批机制。

提高增量配电网发展质量。落实“网格化”配电网规划成果，完成 166 项管线综合会签、213km 管道规划，完成重点地区 270 个开发项目接入系统方案。与门头沟区政府签订配电网统一规划建设合作协议，促进客户用电工程集中建设政策由项目试点向区域试点过渡；推进未来科技城、丽泽商务区及环渤海总部基地配电网建设；随路建设电力隧道 22km、电力管井 33km。

加快存量配电网升级改造。实施配电网互倒互带能力提升、电缆网增加联络、高损变压器及油断路器改造等 81 项工程，10kV 架空线路联络率达到 96.7%，同比提升 2.5 个百分点；更换高损变压器 921 台、油断路器 128 台，高损变压器和油断路器比率分别由 13.9%、1.6%下降到 12.5%、1.3%。

服务新能源和分布式电源发展。投资新能源和分布式电源并网工程 1.2 亿元，实现新能源常规项目并网 7 项，装机容量 26.4 万 kW；受理分布式电源发电项目申请 166 项，装机容量 10.13 万 kW，已并网运行 38 项，装机容量 2.01 万 kW。

（四）提升前期工作效率，加快落实重点项目

加快办理项目前期手续。新开工项目立项核准同比提前 6 个月完成；开展保护性圈地 23 处，落实用地 12 万 m^2；完成 110kV 及以上电网项目规划选址报告 24 项。取得 110kV 及以上输变电工程立项核准 50 项，核准容量同比提升 93%；取得环评批复 33 项，取得规划意见书 46 项，落实规划用地 12.9 万 m^2、电力隧道 47km、架空线路 59km。

全面推进重点工程建设。500kV 蔚县电厂至门头沟外受电通道选线路径获得市政府批复，500kV 昌平、安定变电站增容改造可研报告通过国网经研院审核，昌平增容、岳各庄变电站取得立项核准。借助“煤改电”契机，办理完成 4 座配套变电站全部前期手续；超导电缆试验段、东北及西北热电中心、雁栖湖生态示范区等重点配套工程均按期完成前期手续。

多渠道争取前期工作支持。深入推进“零前期”模式❶和“未来城”模式❷，无偿获得建设用地约 9 万 m^2，折合 2.7 亿元。促成 36 项输变电工程纳入市政府重大项目审批绿色通道，将串行审批改为并行审批；突破线路走廊环评拆迁范围 20m 的惯例，将利用现有走廊的改扩建工程环评拆迁范围降低到 5m。

（五）加强投资过程管控，保障电网稳步发展

持续完善投资管控机制。坚持项目统一编码、统一建项，全面分解里程碑计划及季度资金计划，定期调度、分析并通报项目进度，推进投资计划首次实现“时间过半、任务过半”，顺利完成全年目标。依托电

❶ “零前期”模式：是指征地、拆迁等前期工作以及前期赔偿费用全部由政府或用电主体承担的建设模式。该模式已在远郊区县全面实行，有效规避前期受阻问题，加快工程建设进度、降低工程建设成本。

❷ “未来城”模式：是指配套电力设施随主体项目同步落实变电站选址和线路路由，同步组织征地拆迁，同步办理建设手续的建设模式，由园区出资建设管沟工程，并负责变电站站址拆迁。

网联合共建机制，主动对接各级政府及客户，通过把控投资项目节奏，落实外部渠道资金 17.11 亿元。

提前谋划 2014 年投资计划。深入开展电网发展分析，确定投资方向和重点，严格履行储备管理流程，对接电网规划，完成涵盖各专业的全口径项目储备 7961 项，储备率达 306%。提前梳理 2014 年度夏、防汛重点项目，10 月、12 月两次预安排投资计划 248 项 23.96 亿元，同比提前一个月。

强化计划执行规范性。探索引入独立第三方评审稽查机制，对 34 项重大投资项目开展专项评审，全面审查项目的合规性、合理性和经济性，节约项目投资 8911 万元，进一步规范项目计划安排及过程管控。

（六）深化综合计划管理，统筹优化资源配置

健全综合计划管控体系。优化成本类项目纳入综合计划体系的管控流程，分解下达 4 类 23 项综合计划指标，同比增加 2 项。对售电量等主要指标按季度细化分解，确保顺利完成年度任务。

合理安排发电量计划。结合地区电厂投运时序，严格把控上网电价较高的燃气机组发电量计划，进一步压降购电成本 0.7 亿元。

持续深化经济活动分析。紧密结合公司“二十四节气表”，确定月度分析重点，安排 32 项专题分析，针对报装结存等 50 项问题，完善 53 项措施、26 项制度流程。安排部分单位参加公司层面的专题分析，全面提升公司整体经济活动分析水平。

（七）夯实基础工作，加强统计专业管理

组织开展跨部门重复统计指标梳理，完成生产、营销、调控等专业系统与统计系统数据整合 144 项，统一数据来源和口径。强化项目和指标两条主线，加强阶段分析和专项分析，开展投资、新能源等专项统计特点研究，增加统计报表 41 张，公司统计专业人员全部通过从业资格考试。推进规划计划管理系统和规划设计一体化平台的应用率达到 100%，梳理各业务模块的流程关系，实现规划、前期、综合计划等 9 个功能模块应用。

二、认清形势，把握机遇，加快推进“两个转变”

“十一五”以来，公司围绕“两个转变”，扎实推进各项工作，电网发展和经营水平显著提升。一是电网网架更加可靠。2013 年底，北京地区 35kV 及以上变电容量 9517 万 kVA，较“十一五”初期增长 107%，500kV 电网具备 10 个外受电通道，外围 6 座变电站形成环网，3 座深入到五环路附近；220kV 电网分 6 区运行，每个分区由两座及以上 500kV 变电站供电，相邻分区有专用联络线（目前北京电网 6 分区中，兴房门分区与通安兴分区及通安兴分区与朝顺通分区均无专用联络线，其中，前者通过兴都母联联络，后者通过华能电厂母联联络），主网网架结构日趋完善。二是供电半径更加合理。北京地区 220kV 电网供电半径 8.8km，较“十一五”初期减小 3.25km，其中二环、三环、四环、五环内供电半径分别为 2.57、2.25、2.31km 和 2.80km；110kV 供电半径 4.12km，较“十一五”初期减小 1.3km，其中二环、三环、四环、五环内供电半径分别为 0.95、1.03、1.05km 和 1.18km，供电服务能力大幅提升。三是负荷密度持续增加。2013 年北京地区负荷密度较“十一五”初期增长 83%，二环、三环、四环、五环内负荷密度分别达到 2.85、2.73、2.43 万 kW/km^2 和 1.46 万 kW/km^2，四环内负荷密度达到 A 类区域标准（$1.5\leqslant\delta<3$），其中金融街和 CBD 区块，负荷密度分别为 7.64 万 kW/km^2 和 4.89 万 kW/km^2，达到 A+类区域标准（$\delta\geqslant3$），电网发展基本与城市发展同步。四是经营效益稳步提升。“十一五”以来，公司累计投资 664.18 亿元，售电量年均增长 6.76%，2013 年达到 824.85 亿 kWh，实现利润总额 15.31 亿元，在国家电网公司排第 8 名，资产负债率 54.67%，在国家电网公司排第 4 名，公司呈现稳健的经营发展态势。

今后一个时期，随着社会经济发展和大气污染治理的深入，北京地区外受电通道与配电网“两头薄弱”问题日益凸显，公司向管理经营型转变的要求愈发迫切，内外部形势的变化给公司和电网发展带来了新的机遇与挑战。

（一）大气污染治理迫切要求加快外受电通道建设

按照大气污染防治行动计划的要求，北京地区在四大热电中心和三座区域能源中心投产后，将不再新建大型电厂，并逐步退运现有燃煤电厂。预计 2017 年底，本地电厂发电能力达到 800 万 kW，外受电通道供电能力通过挖潜可达到 1700 万 kW，电网仅能够支撑 2500 万 kW 最大负荷。随着社会经济的发展，预计 2017 年北京电网最大负荷将达到 2490 万 kW，外受电通道资源和本地电源支撑能力基本用足，电力供需“紧平衡”将逐步转化为不断扩大的“硬缺口”，对加快推进特高压外受电通道规划建设提出刚性需求。

（二）世界城市建设需要配电网健康有序发展

由于历史原因，北京地区 10kV 配电网发展相对落后，电缆环网比率仅为 7.4%；架空线无联络和单联络比例高达 21.1%，仍有 8887km 裸导线、950km 油纸电缆、8182 台高损变压器和 251 台油断路器在网运行，配电自动化和配电变压器光纤覆盖率分别仅为

9.62%和0.38%。互倒互带能力不足、设备健康水平较低、配电自动化和配电通信网建设滞后等问题直接影响供电可靠性，2013年北京城市户均停电84分钟，是巴黎的5倍、东京的9倍，与首都地位严重不符。随着北京世界城市建设的深化，对配电网健康有序发展提出了更高要求。同时，也为推进客户用电工程集中建设政策创造了有利条件。

（三）外部形势变化使电网规划资源落地日趋困难

国家取消和下放117项行政审批项目，提升地方政府的审批主动权，可能带来地方主导项目的大规模、跨越式发展，增加配套电网规划和前期工作的落地难度。政府审批部门加强了对输变电工程可研报告第三方评估、社会稳定风险评估、环评文件公开的要求，审批过程不可控、审批周期拉长的风险进一步加大。同时，随着城市发展建设，土地及电力走廊资源愈发稀缺，规划站址及路径落地难度越来越大，且公众和政府对电力设施开展地下建设的要求越来越高，电网工程规划建设愈发困难。

（四）公司发展对专业管理工作提出更高要求

对照“四突出、四提升”的要求审视发展专业工作，基础管理、人才队伍和经营管理工作仍然存在较大的提升空间。从内部管理看，项目论证储备不足，计划调整需求较大；执行均衡性存在差异，部分电网需求强烈但实施困难的项目进展缓慢，投资未能及时转化为效益；创新型、专家型、复合型人才缺乏，对专业管理工作的支撑不足。从外部看，新能源、分布式电源迅猛发展的趋势将使公司面临激烈的市场竞争；产业结构调整使售电量增速放缓，四大热电中心陆续并网将拉升购电均价；土地资源稀缺、拆迁费用持续走高，使公司建设运营成本大幅攀升，给公司经营带来巨大压力，客观上要求公司进一步加强专业管理，积极应对内外部环境和形势的变化，全面推动公司发展。

三、2014年重点工作

2014年发展工作思路：认真贯彻落实国家电网公司2014年发展工作会和公司“两会”部署，坚持“四个突出、四个提升”，贯彻“强—简—强”电网发展理念，着力解决外受电通道和配电网“两头薄弱”的问题，持续优化主网布局，突出配电网建设改造，积极争取政策支持，尽快促请出台客户用电工程集中建设政策；加快规划前期工作进度，科学统筹计划管控，全面推进发展工作再上新台阶。

2014年发展工作的主要目标是：

——《北京电网空间布局规划》通过市政府审批；

——外受电通道规划获批，完成第11个外受电通道规划前期工作；

——力争出台客户用电工程集中建设政策；

——完成固定资产投资（全口径）140.49亿元；

——综合计划项目投入完成率100%；

——完成保护性圈地30项10万m^2；

——完成售电量859亿kWh；

——完成线损率7.1%。

根据公司统一部署，2014年重点做好以下工作。

（一）持续深化“大规划”体系建设

落实公司“突出规章制度建设，提升基础管理水平”的要求，进一步推进职责、流程、制度、标准、考核“五位一体”的协同机制建设，系统梳理并持续优化职责界面和业务流程，不断提升管理效益和效率。全面推进规划计划管理系统和规划设计一体化平台的实用化；深入开展风险分析并落实保障措施，实现“大规划”体系由集中建设向常态运行的平稳过渡。

落实公司“突出专家人才培养，提升队伍建设水平”的要求，组织各公司和支撑单位专业人员开展业务培训和调考，组织参加国家电网公司配电网规划专业调考。加强队伍作风建设，提高专业人员的业务素质并加强技术骨干培养，为公司和电网发展打造坚实的人才队伍支撑。

（二）修编电网规划设计技术原则

深入贯彻“强—简—强”电网发展理念，修编《北京电网规划设计技术原则》，进一步做强220kV及以上电网和10kV配电网、简化110kV电网。2～3座500kV变电站形成供电分区，设专用联络线，分区内220kV枢纽站合环运行，每个分区均有本地电源支撑，适度加密220kV变电站布点；10kV配电网以电缆双环网、架空线多分段适度联络、光纤通信和配电自动化为发展方向。简化110kV电网接线形式，站内采用单元接线方式，每站配2～4台主变压器，适度增加10kV出线间隔（由现有单台变压器10～14个增加至20～24个，可分期建设）。

（三）稳步推进外受电通道规划建设

推进外受电通道规划方案获批。电网外受电通道工程手续复杂、环节较多，规划建设周期多在3～5年，可能存在部分手续受阻导致项目拖延的风险。要积极推动市政府协调国家能源局，促进5大受电通道（锡盟—北京东—枣庄、蒙西—北京西—天津南特高压工程、蔚县—门头沟、南蔡—房山、张昌第三回）和7项配套电力接纳工程（昌平、安定、顺义增容工程，CBD、新航城、丽泽输变电工程，顺通开关站工程）的外受电通道规划方案尽早获批，积极推进市政府联合津、冀政府和国家电网公司，成立外受电通道协调工作机构，共同推动外受电通道的规划建设。

加快外受电通道规划方案落地。2014年，积极推进锡盟—北京东—枣庄、蒙西—北京西—天津南特高压工程、蔚县—门头沟、南蔡—房山、张昌第三回、北京东特高压下送通州、安定增容等重点工程的前期手续；启动昌平增容工程。力争2017年度夏前投产3条外受电通道和4项配套接纳工程，2020年度夏前再投产2条外受电通道和3项配套接纳工程，促进北京电网外受电能力达到3300万kW，综合考虑本地800万kW的电源支撑，全面满足电网2950万kW负荷需要，电网安全裕度达到40%。

（四）持续加强主网规划建设

启动“十三五”电网发展规划。紧密围绕北京世界城市建设，结合“2013~2017年清洁空气电力行动计划”、空间布局规划和“网格化”配电网规划成果，提前启动北京地区“十三五”电网规划，确定发展目标、发展方向及建设规模。加快推进《北京电网空间布局规划》通过市政府审批，全面对接城市发展规划，力争率先建立国内首个完整覆盖全电压等级、涵盖所有站点和电力通道的城市电网空间布局规划。

进一步完善主网网架结构。在加快特高压外受电通道和配套接纳工程规划建设的基础上，进一步推进昌平—八家、朝阳—团结湖、兴都—岳各庄、陈留庄—丽泽4条下送通道规划建设，增加中心城区供电能力。结合海淀500kV变电站投产，优化门昌供电分区；推动大兴宝善庄、朝阳三营门220kV变电站前期进度，优化通安兴供电分区，为8个供电分区运行奠定基础；结合高碑店220kV变电站、陈留庄—南苑工程，完善东南部和西南部电网分区的联络通道。

加快110kV变电站站址落地和出线能力建设。推广“先期占地，分期建设”模式，利用政府及客户资金，在负荷需求暂不强烈的区域，启动建设寿宝庄、上岸（石莲、大高力、东陀、创新、观音寺）等7座“开闭站”模式❶的变电站；在暂时没有负荷需求、而未来需求大的区域，启动建设镇国寺、军营（天堂河、后大营、顺义新城）等5座“纯土建”模式❷的变电站，减少未来建设中的干扰问题，并适度控制容载比，依据地区负荷增长情况，适时启动110kV电气项目。进一步增加110kV变电站出线能力建设，结合2014年新开工的110kV变电站，10kV间隔资源由原有728个增加到1248个，提升变电站负荷接纳能力和联络能力。

（五）重点加强配电网规划建设

全力争取客户用电工程集中建设政策。争取客户用电工程集中建设政策是公司2014年工作的重中之重，也是转变电网发展方式、提升配电网发展水平的重要举措。一要“测得准”，在样本数量有限的条件下，保证样本数据的准确性和完整性，3月底前完成样本收集和分析工作，考虑一定时期内造价水平变化，按照不同区域、不同类型，准确测算造价标准。二要“算得细”，深入分析城市发展趋势变化，针对未来五环路周边和各区县重点园区的大规模一级开发，结合配电网规划确定的网架、装备、通信自动化和电力管道规模，校核造价标准，综合测算集中建设资金平衡情况。三要“考虑全”，居民住宅小区集中建设的范围是变电站出线至居民电能表，今后公司将直接管理小区内全部电力设备（包括楼内线），较上海市、天津市集中建设的范围更广，因此，要提前对每个环节考虑周全，在政策制定和推进实施过程中避免遗留隐患。四要“推得快”，与市发改委密切配合，力争年内出台客户用电工程集中建设政策；在过渡期内，门头沟公司要继续做好试点工作，其他供电公司要积极向各区县政府争取拓展集中建设实施范围。五要“标准统一”，瞄准世界一流水平，结合不同区域的差异化要求，形成涵盖网架结构、设备选型、设计施工、运行维护等内容的整套技术标准，保证客户用电工程高标准、有序实施。

全面推进《2014~2017年配电网提升行动计划》。积极向国家电网公司争取政策，加大配电网专项投入力度，争取用4年左右时间投资200亿元，全面做强10kV配电网，提升配电网网架、装备、通信和配电自动化水平，初步建成结构合理、技术先进、灵活可靠、经济高效的现代配电网。到2017年，CBD核心区、金融街等A+类地区供电可靠率达到99.999%（户均停电时间不超过5分钟），丽泽商务区等部分区域力争达到99.9999%（户均停电时间不超过30秒）；四环内和各区县城区等A类地区供电可靠率达到99.995%（户均停电时间不超过30分钟）；力争实现四环内停1条10kV母线（A段和B段）不损失负荷，四环外平原地区停半段10kV母线（A段或B段）不损失负荷。按

❶ “开闭站”模式：利用政府及客户资金，先期建设变电站、外电源土建及10kV部分电气设备（12面开关柜），建成后按照10kV开闭站模式运行。

❷ “纯土建”模式：利用政府及客户资金，先期建设变电站、外电源土建，提前储备站点和通道资源。

照行动计划及项目安排，2014年，新开工配电网项目280项，增加架空线分段联络300处，实现11个变电站互倒互带能力提升，更换高损变压器2000台、油断路器251台、裸导线1000km，推进光纤通信网覆盖台区2万个，完成各单位配电自动化主站建设，三环内配电自动化覆盖率提升至60%。

继续深化完善“网格化”配电网规划。一是全面推进规划成果落地，联合政府落实规划成果，各供电公司与区县规划部门建立项目联合审批机制；结合管线综合会签，研究建立穿越地铁、铁路、河道、高速公路的配电网通道预留机制；加强专业协同，强化规划成果对客户接入及配电网建设和改造的指导；二是建设公司层面的配电网规划信息支撑平台，与GIS、PMS、营销MIS等各类配电信息系统实现信息共享和数据融合，加强与中国电科院、国网经研院等国内先进科研院所和高校的合作交流，引进国内外先进配电网规划软件，将规划成果纳入系统统一管理；三是继续完善规划内容，结合地区控规变化，形成常态化修编机制，滚动修编配电网网架、配电自动化和电力通道规划，完成2015~2017年规划储备项目；四是完善负荷预测模型，扩充样本容量，加强负荷实测，完善14类用地和44类用户负荷模型，研究开发深度系数和同时率，形成实用性强、准确度高的“负荷字典”。

做好新能源和分布式电源发展服务工作。严格落实国家电网公司的管理标准和技术规定，优化并网流程，提高服务效率，限定并网手续办理周期，尽快适应并及时满足分布式电源快速发展的新要求；开展智能分布式系统研究，联合市政府有关部门做好雁栖湖示范区智能分布式系统试点建设工作；结合分布式电源项目进度，统筹安排公共电网改造的建设资金，为并网工程开辟绿色通道，加快并网工程建设进度，确保发电项目及时并网。

（六）积极开展规划前期工作

完善前期工作体系。加强项目前期计划编制和调度，依托电网空间布局规划，加快落实变电站站址及线路路径资源，积极应对社会稳定风险评估的要求，继续联合市发改委加强项目审批库建设，做到规划、储备、审批的有效联动，2014年上半年完成新开工项目的立项核准，2014年底前完成全部2015年储备项目的前期手续，全年力争完成立项核准500万kVA，落实保护性圈地30项10万m^2。

全面推动重点工程进展。制定外受电通道选址选线、可研编制等前期工作计划，实施属地联动机制，确保按期完成任务；结合压减燃煤工作，加快推动CBD、丽泽等热点区域变电站落址和征地拆迁；结合地区用电需求，加快落实永定路、玉渊潭、姜庄湖、东府等220kV输变电工程的前期工作；结合轨道交通和市政道路建设，提前预留和实施管道穿越及随路建设工程。

提高项目论证效率和质量。结合国家电网公司项目评审和批复权限的下放，强化项目可研编制和评审计划管理，切实提高可研编制、评审的效率和质量；各供电公司要及时取得项目沿线单位以及穿越设施主体的支持性意见，确保可研方案的可实施性、造价的合理性；设计单位要加强市政管线穿越、跨越设计方案的深度，及时完成可研编制，为项目储备奠定扎实的基础。

（七）持续完善投资管控机制

深化投资过程管控。全面分解140.49亿元投资项目里程碑计划和季度资金计划，加强与招标、采购计划的衔接，完善“年度考核、季度公示、月度通报”机制，严格控制项目及计划调整，加强工程项目的过程管控和决算管理，确保持续实现“时间过半、任务过半”，顺利完成年度目标。

完成全口径项目储备。积极落实电网规划和专业规划，推进项目可研编制、批复的进度，逐月安排项目储备审批计划，严格执行筛选机制，完成项目储备库。未纳入规划的项目不得开展可研，未完成可研的项目不得列入储备，未列入储备的项目不得纳入年度计划。3月份启动规划项目修编，4月份落实各专业的规划项目库调整，依据规划库落实项目储备库，确保各专业及各单位在5~9月份期间，各月储备规模均达到年度储备规模的20%，9月份要完成全口径项目储备库，为计划编制奠定基础。

推广第三方评审稽查机制。在2013年试点开展独立第三方评审稽查的基础上，进一步拓宽评审的广度和深度，在3~7月份，完成70项110kV及以上输变电工程和其他重点项目的专项评审，并逐步实现由项目抽查评审过渡到部分单位全部项目评审，强化项目立项和执行的规范性、合理性，动态掌握项目里程碑进度与资金支付的匹配情况，有效规避投资风险。

提升电网投资效益。紧密跟踪并总结2014年项目的实施效果和投资效益。充分调研2015年储备项目的周边开发情况及现状电网接入能力，深入开展负荷预测、站址及路由方案比选，在保障电网安全运行的基础上，合理把控项目建设规模、节奏、时序，有效提升项目投资效益。

（八）全面加强综合计划和统计分析管理

强化综合计划全过程管控。全口径分解国家电网公司26项计划指标，依托经济活动分析平台，紧密跟踪电量、线损、电价等影响公司经营效益的重要指标，对异动情况开展专题分析，进一步加强对基层单位的指导，不断提高基层经济活动分析工作水平。

加强电量和线损计划管理。梳理优化电量、线损管理职责及流程界面，综合考虑报装接电容量、投资等因素对电量增长的影响，完善售电量预测、分解模型，督促各单位进一步细化分解指标。配合国家电网公司开展一体化电量与线损管理系统试点工作，加快推进公司电量采集系统升级更新，为电量和线损管控创造良好条件。

合理编制年度发电量计划。统筹考虑压减燃煤要求、西北及东北热电中心并网发电、燃煤电厂退运时序等因素，明确燃气和燃煤电量替代关系，合理确定年度发电量计划方案，确保地区电网运行安全和公司经济效益。

加强统计分析管理。规范统计数据发布，加快公司内部统计模块与生产、营销、调控等信息系统集成，实现数据系统推送和报表自动生成，提升数据的联动性和准确性；规范统计指标定义、统计范围、计算公式、数据源头和报送渠道，53项主要指标由公司统计主管部门按月统一发布，确保数据唯一性和准确性；深度挖掘数据，全力推进统计分析结果应用，为企业发展和经营决策提供有利支撑。

（九）积极争取政策及资金支持

紧抓大气污染治理契机，及时向市政府汇报沟通电网工程进展，合理反映电网发展诉求，争取将一批重点输变电工程纳入重大项目审批绿色通道，推进热点地区变电站的站址落地和征地拆迁工作。推广输变电工程共建模式，积极争取用地无偿划拨，全面推广“零前期”和“未来城”模式。在郊区继续实施电气设备先行垫资的政策，全面降低投资风险。积极争取节能变压器更换的政府补贴，延续老旧小区改造、煤改电、电动汽车等现有投资补助政策，梳理工程进度，编制并落实外部渠道资金到位计划，力争全年取得外部渠道资金15亿元。

（十）加强重大课题研究

开展电力市场化研究，从客户资产接收、光纤到台区、电力消费新方式等方面，提前谋划电力市场竞争的对策；开展电动汽车快速充电对配电网影响的研究；深入研究国家电网公司“以电代煤、以电代油、电从远方来”战略的各项举措并加快落实；跟踪分析网架调整和大量分布式电源接入对配电网短路水平的影响。通过开展重大课题专项研究，进一步研究公司和电网发展水平提升的措施。

开拓创新　锐意进取
推动客户导向型营销工作再上新台阶

——副总经理唐屹峰在公司2014年营销工作会议上的报告（摘要）

（2014年1月24日）

一、2013年营销工作回顾

2013年是实现“十二五”目标承上启下的关键一年，是公司深化“三集五大”体系建设的重要一年。面对复杂的内外部环境和艰巨的改革发展任务，营销战线全体干部员工全面贯彻落实国家电网公司2013年营销工作各项部署和公司“两会”精神，以客户和市场为导向，强化基础管理、创新服务举措，圆满完成了全年各项任务，营销工作取得了长足进步，各项经营指标取得了新成绩。

全年新增用电客户34.69万户，新增接电容量879.08万kVA，同比增长8.57%；完成售电量824.85亿kWh，同比增长4.14%；销售收入608.90亿元，同比增长4.81%；到户均价784.10元/MWh，同比提高5.92元/MWh；当年电费回收率达到100%；500kV及以下线损率完成6.77%，较年度指标低0.02个百分点。营销同业对标管理指标在国家电网公司位居第7位，较2012年提升了3位。

（一）全面推进“大营销”体系建设完善提升

一是推进业扩报装集约管理。按照国家电网公司“大营销”体系建设业扩管理“两端属地、中间集约”的要求，2013年3月1日起，陆续将城近郊和3个远郊区县10kV 630kVA及以上的客户报装部分业务集约至公司层面办理，制定集约业务技术标准、工作标准、岗位标准，构建业扩集约标准化体系。建设业扩报装辅助支持系统，推动电网信息集约共享，有效支撑供电方案集约编制工作。全年完成集约业务531项供电方案制定、328项客户工程设计图纸审核。二是圆满完成95598五项业务集约。制定北京公司95598五项业务办理管理办法，实施日分析、周通报、月评价制度，发布95598热线日报365期。建立95598与公司各部门、各单位的联动处置机制，进一步明确客户诉求处置的职责分工、处置流程、业务时限、监督考核等事项。按照国家电网公司统一部署，11月23日，95598五项业务平稳集约上划至国家电网公司客服中心，全年受理客户投诉584起，全部按时限要求及时处置。三是深入开展电费一级账户管理。会同公司财务部，与工行、中行等5家银行合作开展电费一级账户业务，7月31日，实现公司全部自有网点收费资金的一级账户管理，实现进账单传递电子化，销账、对账自动化，实现收费全过程监控管理，电费资金归集时间大幅缩短，平均到账时间由6.1天缩短至2.6天，进一步发挥了资金的集约化效益。

（二）营销基础管理水平稳步提升

一是强化电费应实收管理。开展抄表自动化专项提升工作，全年自动化抄表核算比例实现95.47%，同比提升19.11个百分点。开展年度电价专项稽查，整改电价执行问题3241个，居民阶梯电价全年执行平稳，可再生能源电价调整可靠实施。加强电费回收管理，客服中心开展路灯、工行集团户电子托收试点，加快集团户回款速度；朝阳、海淀等公司积极向政府汇报沟通，充分利用各种资源加大电费催收力度，成效显著；房山、石景山等公司连续保持当年电费结零。二是进一步规范业扩报装管理。修订供电方案编制标准，全面推广客户外电源典型设计应用。开展业扩专业稽查，规范客户档案管理。落实“三专人、五优先”措施，确保政府关注的59项保障性住房、3条轨道交通民生工程项目如期送电，完成21项老旧小区改造。开展门头沟区客户配套配电设施建设试点，编制公司“固定总价模式”工程管理办法。加强分布式电源项目并网服务过程的跟踪管控，全年受理分布式能源并网申请166项10.13万kW，并网38项2.01万kW。三是提升计量专业管理水平。按照国家电网公司统一部署，在通州公司开展微功率无线互联互通及新型插接式计量箱研究试点，形成国家电网公司企业标准。加强计量设备运维管理，构建计量装置巡视检查体系，完成163万卡表用户巡视检查，发现计量故障隐患18.6万户，追补电费约0.65亿元；完善采集运维体系，统一采集运维工作流程和技术标准，引入专业运行维护单位，采集抄通、购电下发成功率分别达到99.58%、99.75%，较2013年提升了1.45、0.42个百分点。深化采集主站系统功能应用，实现智能防窃电、台区负荷及电压合格率监测等功能，同步实现监测数据与手机短信实时互动。四是实施营销业务质量全过程管控。开展营销95项业务质量实时在线监控，印发指导手册，发布18期业务指导意见，处理业务质量问题78.55万个，规范营销基础数据479.5万条，业务及数据异常率由年初的2.41%下降至0.27%。会同审计部开展10个单位营销项目联合审计，整改项目合同、招标及结算等环节37个问题，进一步规避营销管理风险。五是细化线损管理。开展开闭站、台区采集建设工作，实现1000座开闭站、2万个台区关口电量采集。深化线损分析管理系统应用，开展1.1万个台区线损分析，丰台、门头沟等公司深入开展台区电源关系梳理，大兴公司被列为国家电网公司电量与线损同期管理试点单位。开展打击窃电工作，全年追补电量1574.95万kWh，追补电费及违约使用电费4151.16万元。六是加强同业对标指标管控。按照“贯穿全年、分级负责、突出重点、严肃考核”的原则，加强指标管控，制定管理提升方案，定期调度、现场督导，各项指标提升明显，15项对标管理指标中，10项在A段，3项在B段，2项在C段，消除了D段、E段落后指标。

（三）优质服务水平不断提高

一是深入开展供电服务提升工程。重点解决电网规划、服务协同等方面的问题136项，着力消除服务短板，不断提升供电服务质量。采取视频监控、明察暗访、第三方测评等方式强化营业窗口规范化管理，全面提升窗口服务质量。二是强化重要客户差异化服务。严格落实服务、通知、报告、督导“四到位”工作要求，城区、海淀等公司圆满完成全国“两会”“十八届三中全会”“嫦娥三号发射”等170项重要政治保电任务。针对1085个重要客户全面开展供用电安全隐患排查治理，筑牢重要客户安全用电基础。三是加强共产党员服务队“三化”建设。完成18支共产党员服务分队“三化”建设和达标验收，制定服务队“菜单式”服务内容和工作指导书，持续开展“六进三送”活动780次。建立“社区客户经理”服务模式，在300个社区实现社区经理挂牌服务，构建居民用电社区服务新平台。四是创新服务举措。开通95598互动服务网站，实现客户用电查询、信息订阅、故障报修、投诉举报等业务的网上办理。推出智能电能表远程应急送电、电费短信提醒、电子交费地图等服务新举措，持续提升服务品质。推出网上银行、支付宝、充值卡等居民购电新模式，拓展农村便利店、北京邮政等社会化交费渠道，全市售电网点达到20 760个，城镇地区建成“十分钟缴费圈”，农村地区交费服务水平得到有效改善。

（四）智能电能表换装工作提质提速

一是加快推进智能电能表换装工作。全年换装智能电能表170万具，超额完成全年140万具的计划任务，收集客户信息开通短信服务80万户。二是建立智能电能表换装工作质量管控体系。制定换装标准化作业流程及质量监督考核管理办法，在大兴公司组织召开标准化流程现场演示会，开展6600名施工人员全员上岗培训取证，加强监督检查开展明察暗访，全年抽查施工现场435次，回访95598热线反馈问题185次，下发督查整改单32份，有效提升现场作业质量。三是全面提升智能电能表换装服务水平。推出免费短信告知、电卡免激活、约时换表“两免一约”换表服务举措，严格执行标准化作业流程，让客户切身体会到智能电能表换装的好处，取得较好的社会反响。四是广泛开展智能电能表换装宣传工作。先后组织智能电能表换装新闻发布会、计量开放日等宣传活动，邀请人民日报、新华社、北京市电视台等中央、市属及行业19家媒体，全面宣传智能电能表换装服务举措，营造了良好的社会舆论氛围。

（五）电动车运营管理取得阶段性成果

一是开展充换电站建设运营工作。新建充换电站17座，充电桩982个，累计建成充换电站76座，充电桩2975个，服务电动汽车4070辆，基本形成满足示范推广电动汽车需求的充换电服务网络，累计实现充换电服务41.63万次，充电电量1482万kWh，行驶里程2784万km，CO_2终端减排10 453t。二是推动政府政策出台工作。积极落实市发改委有关充换电设施建设投资30%的财政补贴政策，已收补贴资金3428万元。促请市财政部门出台了新型电动车电池租赁收费标准，为电池租赁收费提供依据。加强与政府沟通协调，落实电池采购价差、电池延迟租赁费用利息、备用电池一次性补助等各项财政补贴共计4041.2万元。三是推进私人乘用车试点工作。积极参与北京市示范应用新能源小客车的相关办法、配套管理细则以及指导意见的制定工作，建设北京市智能充换电网络管理服务平台，开展宝马纯电动车实路测试合作项目，推动电动汽车租赁，为10家中直机关单位试用新能源车辆建设配套充电设施，赢得了良好的社会示范效果，为私人乘用车示范推广奠定基础。四是深化关键技术研究工作。承担国家、北京市科技项目11项，其中，国家“863”计划课题顺利通过国家科技部的中期检查，电动汽车实验室被国家能源局认证为“国家能源主动配电网技术研发中心”并获得授牌。组织参与编写地方标准14项、国家电网企业标准1项，申请专利23项。

（六）市场开拓与节能业务取得实效

一是稳步推进电力需求侧管理城市综合试点工作。制定电力需求侧管理城市综合试点整体工作方案和主动需求响应工作方案，积极配合政府部门加快需求响应工作机制建设。开展能效服务平台和客户能效管理服务系统建设，为下一步向政府、客户提供电力监测、供需预警、需求调控等服务奠定基础。二是市场开拓和电能替代工作取得好成绩。主动向政府部门沟通汇报，积极争取电能替代支持政策，试点实施农村地区“煤改电”，完成城乡居民“煤改电”4.85万户；推广热泵242项，应用面积667.49万m^2；推广蓄能项目63项，增加用电容量14.51万kVA。三是加快推进节能服务工作。探索节能服务新模式，开展以差额投资方式更换农村地区调容变压器，推出节能变压器租赁业务，实施客户节能改造77项。实施大兴、房山等公司办公楼节能改造，开展北京大学节能监测、国际电子总部冷站等外部节能项目。实现节约电量5.16亿kWh，节约电力11.68万kW，超额完成国家电网任务。

（七）农电管理工作稳步推进

一是实现农电业务规范化管理。稳妥推进农电业务委托工作，调整农电员工薪酬福利，实施农电员工绩效考核，规范供电所工程管理，制定供电所建设标准，开展供电所房屋修缮和全员培训工作，进一步增强农电人员的责任心和对企业的忠诚度，维护了农电队伍的稳定。二是推进农电“两个提升”工程。通过在昌平公司召开现场会，建立供电所同业对标体系，实施帮扶活动、推进供电所培训基地建设等工作举措，建立上下联动、专业协调的管理体系，推动各专业工作标准在区县公司和农村供电所的延伸和落实，形成全员参与、共同提升的良好氛围。组织开展乡镇供电所管理问题排查治理专项活动，涉及对外承揽业务、临时用电、自用电、低压客户报装等74个管理问题基本整改到位，供电所管理水平得到进一步提升。通州、大兴等公司实施方案针对性强，收效显著。三是加快农网智能化建设工作。针对近几年迎峰度冬和春节期间负荷起伏明显的郊区农村，公司投入专项资金4000余万元，选取434个高损变压器台区，大范围推广应用智能配电变压器、智能配电终端等智能化设备。房山、怀柔等公司定期调度，工程实施较快。通过智能化改造，极大缓解了农村配网供电能力不足、供电服务压力大的问题。

二、准确把握面临的形势和任务

纵观全局，今后一个时期，深化改革力度不断加大。党的十八届三中全会对全面深化改革作出重要部署，提出自然垄断行业要根据不同行业特点放开竞争性业务，推进公共资源配置市场化。深化电力体制改革，深入推进“两个转变”、加快实施“四个突出、四个提升”等重大举措将会对公司未来发展产生深远影响。监管监督力度不断加强。中央下大决心开展以“为民、务实、清廉”为主要内容的群众路线教育实践活动，重在联系群众，旨在服务百姓。政府部门监管、社会媒体监督对公共服务行业的关注度日益增强。公司属于“过敏”体质，任何服务问题都极有可能引发公众和媒体的广泛议论和过度炒作，各种社会监管平台和信息化手段的使用对公司营销服务，特别是窗口服务工作提出了更加苛刻的要求。能源使用观念不断转变。首都产业结构优化升级和城乡一体化进程的步伐不断加快，经济快速发展同能源消耗的矛盾日趋凸显，大气环境治理迫在眉睫，清洁能源需求史无前例，节能降耗压力空前巨大，对终端能源市场的争夺将会更加激烈。电动汽车推广、分布式光伏发电等清洁能源的大规模应用给电网企业在接入方式、价格政策、服务手段等方面提出了新的课题。科技信息化创新不断加快。经济快速发展和社会不断进步对科技信息化的要求与日俱增，科技新成果向平民化转化和应用已经成为一种趋势，科技信息化已深入千家万户。互联网向物联网的时代变革给各行各业发展带来了新的考验，特别是传统服务行业，消费观念的改变对服务模式提出了新的思考。服务保障标准不断提高。公司作为国家电网公司服务首都的窗口单位，始终面临重要客户多，保障标准严，客户层面广，服务诉求高等多方面要求。随着首都社会对外交往和重大政治活动日益频繁，对城市基础运行和高品质服务保障提出了更高标准，不同层面的客户对电能的依赖程度将逐步提高。

面对新形势、新挑战，要实现营销服务工作与时俱进，适应并满足“首都标准”的新要求，关键要在转变思想观念、夯实管理基础、创新服务举措和强化考核监督四个方面下功夫。

（一）更加积极主动地转变思想观念

多年来，电网企业自然垄断的属性，造成部分干部员工思维模式仍然停留在被动接受、疲于应付的阶段。面对新形势，转变思想观念是做好各项工作的重要前提。要强化员工对“优质服务是国家电网生命线”的认识，牢固树立以客户为中心的服务理念，切实增强市场竞争意识，积极落实国家电网公司“蓝天行动”计划，千方百计拓展市场。主动对接政府部门，及早谋划市场空间，保存量、促增量、挖潜量，扩大售电边际效益，加快实施电能替代战略，大力培育电动汽车等新兴业务增长点，加强新兴业务对公司经营成本的影响性研究，提高盈利能力。

（二）更加扎实有效地推进精益化管理

营销工作点多面广，基础管理特性突出，管理水平直接影响着工作质量。精益化管理是建设“一强三优”现代化公司的必由之路。扎实有效地做好“电量、电价、电费”的营销基础管理是开展各项工作的基础和前提。要从全局着眼，细节入手，努力做到“两点两化”，即“抓住工作重点，突出经验亮点；细化具体措施，量化工作效果”，明确责任主体，规范制度标准，健全奖惩机制，科学合理地统筹安排工作任务，要形成“拿数据说话、拿指标说话”的理念导向。

（三）更加丰富多样地创新服务手段

优质服务工作只有起点，没有终点。要始终坚持客户需求为导向，紧紧抓住创新这个主题，以客户满意为目标，落实公司创新驱动发展战略，以改革创新的思路、方法和举措，解决制约供电服务中的突出问题，推进首都优质服务工作。充分利用电网同互联网、物联网的科学衔接，大力推广智能化、互动化服务产品。充分利用营业窗口、社会媒体等交流平台，积极宣传电能替代项目和节能环保理念，促进社会环境和谐发展。积极响应国家电网公司建设客户服务电子商务平台的创新举措，在节能服务、电动车、分布式能源并网等领域提供订制服务。

（四）更加严格有力地执行监督考核制度

依法依规是企业管理必须坚持的基本原则，更是公司健康发展的根本保证。营销管理的有效性取决于制度约束，规章制度的生命力在于执行到位。要始终把监督考核作为一项长期工作来开展，完善第三方评价机制，健全考核体系，形成科学、有效地监督监管系统，将营销工作各项规章制度、业务流程的执行和落实情况作为评价单位和个人工作业绩的重要标准。要增强制度管理的刚性，减少人为造成的随意性和偏差，坚决杜绝违背“供电服务十项承诺”，违反员工“三个十条”等有损公司形象的不良现象，从根本上提升公司营销服务水平。

三、2014 年重点工作

2014 年公司营销工作整体思路是：全面贯彻落实国家电网公司 2014 年营销会精神和公司决策部署，坚持以客户为中心，以“电量、电价、电费”管理为基础，创新服务举措，提升“首都标准”优质服务水平；积极开拓市场，加快推动新兴业务发展；加强农电标准化建设，确保农电队伍稳定；强化营销指标管控，提升同业对标排名，全面建成大营销体系，推动客户导向型营销服务工作再上新台阶。

2014 年公司营销工作主要目标是：

——当年电费回收率完成 99.95% 以上，应收电费余额占月均应收电费的比重控制在1.4%以内；

——远程自动抄表核算比率完成95%以上；

——推广智能电能表200万具，采集覆盖率实现80%；

——供电服务“十项承诺”兑现率100%；

——投诉处理质量100%；

——年节约电量5.73亿kWh以上；

——年节约电力12.30万kW以上；

——不发生人员管理责任造成的服务舆情事件；

——营销同业对标力争进入国家电网公司管理标杆行列。

重点做好以下八个方面的工作：

（一）全面建成“大营销”体系

一是深化报装业务集约。推进实施远郊区县部分10kV客户报装供电方案编制及图纸审核业务集约，提高报装效率。加强专业协同联动，推动业扩报装各环节并行开展，严格工作标准和节点时限。深化业扩报装辅助支持系统建设，加快报装接电速度。二是确保95598全业务平稳集约。按照国家电网公司统一部署，强化组织领导，严控任务时点，完成业务流程梳理、知识库建设、信息系统调整等多项准备工作，确保全业务平稳集约。三是深化用电信息采集系统建设与运维集约。依托公司统一的主站系统，落实电科院计量中心在采集系统的集中监控和管控支撑职责，确保人员、职责、流程到位，稳步提升采集建设和运维水平。四是深化营销业务质量过程管控。建立市、区两级营销业务管控体系，强化公司客服中心的营销技术、业务质量管控支撑，集中管控营销自动化系统权限、功能需求、数据维护、问题及故障处理，全过程、实时化集中管控营销关键业务、服务质量和客户用电异常信息。

（二）进一步夯实营销基础管理

一是强化同业对标管理。继续坚持“贯穿全年、分级负责、突出重点、严肃考核”的指标管控原则，做好指标体系设计、指标分解、数据统计、指标分析、措施改进、检查监督等工作，并辅以培训调考、督导调研、经验交流等管理方式，促进指标闭环互动管理，营销同业对标力争进入国家电网公司管理标杆行列。二是强化电费应实收管理。积极参与电价结构调整政策制定工作，确保电价结构调整政策准确平稳实施到位；推进分时电价表计更换，规范电价执行；开展2014年电价专项稽查，完善常态化电价稽查工作机制。加强与政府的汇报和沟通，争取有利的电费催收政策支持；开展电费风险防范研究，推广分次划拨、分次抄表结算、电费担保、银电联网托收等电费回收措施，积极应用诉讼、律师函等法律手段催收，降低电费回收风险；推广集团客户电子托收业务，加快电费资金回笼速率。三是强化业扩报装管理。充分尊重客户知情权、选择权，严禁业务体外循环，坚决杜绝“三指定”现象，完成好国家能源局客户受电工程监管迎检工作。协同联动压降结存，进一步加快报装接电速度。优化、简化业扩报装受理手续，对高压客户推出业扩报装工程进度告知服务。全方位做好分布式电源并网服务工作，重点加强海淀、顺义两个国家能源局确定的分布式能源示范区项目和怀柔雁栖湖智能分布式电源等重点项目的服务。四是强化计量专业管理。加快推进省级计量中心建设，提升表计检定和配送能力，做好国家电网公司新技术标准推广应用，稳步推进检测检定技术升级及新标准智能电能表的试点应用，有效提升计量专业技术水平。全面推广微功率无线互联互通技术，率先应用于新装、换装智能电能表业务，同步开展在运智能电能表采集互通技术升级。加强计量运行维护管理体系建设，开展在运计量设备巡视检查，全面提升计量设备运行管理水平；完善采集运行维护体系，确保采集运维水平稳步提升。五是强化管理降损工作。梳理和完善管理线损管理体系，明确管理降损重点和职责分工。推进线损分台区管理，治理高损台区。推广计量防窃电技术标准，加大防窃电技术投入，组织开展夏季高温、冬季供暖大负荷期间专项打窃行动。

（三）提升“首都标准”优质服务水平

一是深化差异化服务。常态开展安全评估、状态检测，及时协助重要客户开展隐患整改，实现服务保障“零差错”，确保全国两会、APEC等政治保电任务圆满完成。完善社区经理服务机制，明确工作标准和服务内容，依托街道、居委会等基层组织，实现为民服务“零距离”。二是创新服务模式。针对北京地区客户用电特点，分类细化服务标准，构建95598电话、95598智能互动网站、手机客户端、微信平台、数字电视、短信平台“六位一体”智能互动服务平台，充分利用智能电能表集中采集优势，全面推出信息互动、业务办理、增值服务等三大类21项服务举措，打造全方位互动服务新模式。三是夯实服务基础。开展窗口服务人员业务培训，严格落实窗口服务首问负责制、限时办结制，实施窗口服务视频实时监控，强化营业窗口规范化管理。规范客户服务基础信息，加快客户地址信息、联系方式、电源关系等梳理完善，依托配网GIS系统功能，实现客户信息与电网信息的准确对接，有效推动故障抢修、业扩报装、停电管理等协同服务。完善95598客户投诉处理和回访机制，深入开展供电服务明察暗访和第三方满意度测评，不断提升服务质量管控能力。

（四）加快推进用电信息采集系统建设

一是加快推进智能电能表换装工作。推广智能电能表新装标准化流程，严控换装速度、服务、质量和安全，加大现场监督检查力度，实施95598热线回访，确保工作质量可控在控，实施重要居民小区换表专项服务举措，有效提升现场服务质量。全年换装200万具智能电能表，整体采集覆盖率提升至80%，实现石景山等9个区县全覆盖及其他7个区县重点区域、重要客户全覆盖。加强智能电能表质量监督管理，开展监督抽检及故障表计回收鉴定，构建技术质量分析体系，提升智能电能表运行水平。二是全面推进台区采集建设和分时电价表计更换工作。全年计划补装台区采集装置3.4万套，台区采集覆盖80%。开展分时电价表计更换，6月底前完成5.9万具，确保电价执行到位。三是深化用电信息采集系统功能应用。推进计量装置故障智能诊断，开展用电信息采集系统与95598业务支撑系统的深度整合。研究采集设备与光纤通道的对接技术方案，深化VIP客户服务及智能防窃电相关功能应用。拓展专用、公用变压器及低压客户停电事件、电压监测的应用深度。

（五）努力开拓电力市场

一是加快电能替代项目建设。按照国家电网公司“以电代煤、以电代油、电从远方来”的战略部署，抓住政府空气清洁行动工作机遇，在集中供暖、工商业、城市交通等领域大力推广电采暖、热泵、电锅炉、电蓄冷（热）等各类电能替代技术。落实国家电网公司部署，配合国网节能公司加快集中式电采暖试点工程建设，明确技术路线和建设模式，总结经验、全面推广。二是全力争取电能替代支持政策。积极向政府汇报集中式电采暖试点进度，促请政府出台电能替代项目的补贴、电价等政策，提升电能替代项目的经济效益和环保效益。利用营业厅、网络、微信等各类宣传方式，全方位传播电能替代理念和工作成效，营造良好舆论氛围。三是做好电能替代项目服务。业扩报装服务要全面向客户推介电能替代技术和配套供电服务措施，将电能替代潜力客户纳入VIP客户跟踪服务，电能替代项目责任到人，开辟绿色通道，优先保证实施电能替代配套电网项目投入。四是多措并举开拓售电市场。全员行动推进业扩工程速度，保证项目尽早完工用电。积极推动联合检修、零点检修和带电作业，完善快速抢修服务机制，减少停电时间。加强负荷预测，优化有序用电管理，减少限电损失。积极开展“家庭电气化”专项活动，促进居民用电增长。

（六）推进营销新型业务发展

一是加强智能充换电服务网络建设。编制完善《电动汽车智能充换电服务网络发展规划》，按照“主导快充、兼顾慢充、引导换电、经济适用”的原则，开展公共区域快速补电的充电设施规划建设，“优先布局、适度超前、由疏到密、由少到多”，逐步打造不大于5km半径的公共快充服务示范网络。优先加快五环内布局建设，快充设施选址要结合变电站和开闭站统筹考虑。完善优化私人自用充电桩用电报装工作流程和管理办法，做好用电报装和供电服务工作。编制充换电设施典型设计，创新项目建设组织模式，加快小营、机场等重点充换电站建设。结合规委相关文件，新建小区楼宇在业扩报装环节满足配套充电设施建设条件。二是做好智能充换电服务网络运营。加强充换电设施运行维护，完善标准化检修作业流程，确保安全可靠运行。加大与主管部门和车辆使用单位的沟通，推进车辆和充换电站投运工作，提高设施利用率。提升信息化管理水平，完善数据采集系统、运营监控系统和互动服务平台的功能开发和深化应用，完成全部终端设备产品升级和系统接入。持续开展运营分析，广泛收集数据，实现统计分析工作常态化。三是提升智能充换电服务网络服务。进一步争取政府的政策支持，推进市财政局电池租赁费及换电服务费补贴政策完善工作，加快落实市发改委建设补贴资金，协调促进中央财政补贴向充换电设施建设倾斜。推动出台充电服务费价格机制和标准，研究探索与相关利益单位多方共赢的可持续化发展商业运营模式。积极参与地方标准制定，完善标准体系，加强产品研发，满足“标准化、智能化、互动化、多样化”的需求响应，提升智能充换电网络的服务水平。四是加强节能服务能力。建立以业绩为核心导向的节能服务公司综合评价机制，鼓励采用项目绑定、内部融资等方式，建立适应市场化运营的激励机制。全力以赴开拓外部合同能源管理项目，探索开展能源托管服务，发挥能效服务网络优势培育节能服务市场，创新活动方式，丰富活动内容，有针对性地组织小组活动。充分利用电能服务管理平台信息优势为客户提供节能、用能服务，积极寻找节能服务潜在项目。五是做好电力需求侧管理城市试点工作。做好国家电力需求侧管理平台上线运行工作。推进主动需求响应，以政府为主导、用户自愿参与、电力公司实施的总体原则，通过智能用电技术和人工调度等模式，实现政府部门做示范、电力公司和金融街示范区带头参加、大型商业场所等用电大户主动参与，营造良好的主动需求响应环境氛围，引导客户响应电网侧发出的负荷调节需求，达到区域电力供需动态平衡。

（七）进一步深化农电管理

一是深入实施县供电企业和乡镇供电所管理提升工程。发挥专业管理优势，制定并实施管理提升长效机制。以供电所同业对标为抓管理、促发展、上台阶的重要载体，建立健全对标工作常态机制，定期公示对标结果。完成农村供电所培训基地建设，全面落实全员培训计划，开展农电人员“技能大比武”活动，努力挖掘优秀专业技术人才。全面开展“抓两头、带中间”帮扶活动，实现对管理提升效果的准确评估。整体提升县供电企业和乡镇供电所管理水平。二是进一步规范农村供电所标准化建设。会同相关职能部门完善农村供电所设置标准、建设标准、人员配置标准，切实解决供电所办公用房、生产车辆、安全工器具的配置以及供电所结构性缺员等问题。进一步细化供电所人员、物资、财务、业务、工程等管理工作标准，实现供电所从组织建设到工作开展各个环节均有法可依，有章可循。进一步规范供电所用工管理，关注农电用工的思想动态和利益诉求，建立农电重大事件报告制度，做好信访和舆情处置工作，确保农电队伍稳定。三是大力推进农网智能化改造工程。结合农村电网发展规划，全面梳理农村电网“卡脖子”“低电压”“大马拉小车”等影响农村电网供电能力和供电质量问题，针对性地开展农网智能化改造，加大自动调容调压智能型变压器、精细无功补偿、智能配电终端等新设备、新技术的推广力度，提高农村电网的整体运行水平。

（八）加大人才队伍培养

一是加强业务技能培训。按照“大营销”体系全面建设工作要求，组织开展营销各专业员工岗位规范、制度标准、业务流程、操作技能等专项培训和调考，提高营销队伍业务素质。二是加强技术骨干培养。以国家电网公司供电服务技能大赛为契机，结合智能电能表推广、充换电服务网络运营、节能服务、分布式能源接入等新型业务发展，通过课题研究、讲座、选送培养、实践操作等方式，培养一批技术骨干和专业管理人才，满足公司发展的需要。三是注重选树先进典型。深化“创先争优”活动，增强员工做好优质服务的责任感、使命感。大力选树身边的先进典型，充分发挥示范引领作用，激励广大员工比学赶超，奋勇争先。四是加强营销队伍作风和廉政建设。围绕营销领域廉洁风险点，深入开展教育实践活动，增强营销员工服务意识，弘扬优良作风，大力营造“干事、干净”的廉政氛围，杜绝影响公司形象的行风事件，有效防范营销领域违法违纪现象的发生。五是加强营销业务委托人员的技能培养。结合2014年营销业务委托工作的开展，组织专项业务培训，指导业务委托人员掌握岗位规范、制度标准、业务流程、操作方法等专项技能，确保营销业务委托工作有序开展。

严格监督管控　保障改革发展
推动公司反腐倡廉建设工作迈上新台阶

——纪委书记张铁恒在公司2014年思想政治、品牌建设暨反腐倡廉建设工作会议上的反腐倡廉建设工作报告（摘要）

（2014年1月18日）

一、2013年工作回顾

2013年，公司纪检监察系统坚决贯彻上级反腐倡廉决策部署，着力在“五突出”上下功夫，转作风、重履责、强协同、控风险、提水平，反腐倡廉工作扎实有效推进，圆满完成了年度各项工作目标和考核指标任务，确保了企业安全健康和谐发展。

一是突出“八项规定”，决策落实更加有力。坚决贯彻上级决策部署，坚持将“八项规定”实施细则执行落实作为年度首要政治任务，部署发动不迟延，明察暗访不遗漏，治本管控不懈怠，全年没有发生因职务消费、工作作风等方面影响公司整体形象的舆情风险问题，有效维护了企业健康稳定局面。第一时间落实公司党委一号文件，印发公司《加强“八项规定”实施细则落实情况监督检查工作意见》，以受到广泛关注、容易引发舆情风险的职务消费、公车私用等内容为重点，制定明察暗访工作计划，定期开展联合检查，并督促问题整改落实，范围涉及公司主业、集体企业和供电所等各层面，内容涵盖公务接待、车辆管理、窗口服务等各方面，检查覆盖面达到100%。对公司系统近年来的业务招待费、会议费、差旅费、车辆使用费、出国（境）费、培训费、通讯费等7项费用进行了专项核查和压降，并推动主业、集体企业进一步健全完善了相关监管制度。上述费用总体与去年同比下降30.6%，其中业务招待费、出国（境）费、会议费、车辆使用费分别下降70%、69.2%、23.5%、18.9%，管控成效明显。严格落实上级要求，在规范处置主业超编车辆基础上，制定了集体企业、乡镇供电所车辆清理整顿工作方案，全面开展了670部车辆压减工作，目前已基本落实到位；以信息化手段强化车辆监管，公司主业2476辆公车加装GPS工作全面完成，集体企业也正在加紧安装，计划2014年全部完成，切实杜绝公车私用行为。

二是突出"一岗双责"，促廉方式更加丰富。修订公司责任制考核办法及实施细则，并层层签订责任书。深化实施领导干部"七廉"活动，各级领导班子均开展了不少于5次的廉政风险专题研究，领导干部带头讲廉课233场次；两级纪委对474名新提职干部进行了廉政谈话。率先在国家电网公司系统网省公司层面出台廉洁从业重点岗位监督办法，梳理界定主业、集体企业、供电所廉洁从业重点岗位1924人，并全面实施了学廉考廉、诺廉守廉、述廉评廉、交流轮岗等监督举措；首次对全部重点岗位人员分专业进行了集中轮训和廉政考试，全年完成重点岗位交流760人，其中在岗满6年的312人，促进了廉政安全。

三是突出协同监督，监督管控更加到位。围绕上级和公司年度重点监督事项，统筹制定季度、年度议题计划，明确了重要决策部署等3大类17项监督重点任务，保证了监督工作的针对性和持续性。细化界定业务部门监督主体责任、工作标准和管控要求，规范会议操作模式，并通过派员参加基层会议等方式，改进会议质量。公司两级共召开协同监督联席会议95次，研究监督议题635项，下发整改意见书168份，推进制度健全完善341项，有效促进了工程管理、主多分开等依法治企重点问题的整改落实，监督工作整体效能进一步提升。

四是突出风险防控，业务管理更加规范。按照全面梳理、重点防控原则，依照国家电网公司廉政风险防控模板，对公司系统经营决策、业务管理等5大类廉政风险防控信息库171项风险进行了梳理，确定了73项年度重要廉政风险防控任务，制定了预警处置计划及防控措施，全年开展监督检查121次，促进修订完善制度62项，并形成风险防控实践成果27项，业务廉政风险防控更加到位。

五是突出基础工作，监督检查更加有效。深化廉洁宣教。梳理分析了公司系统近年来的典型案例，创新开展了微电影倡廉和故事话廉等活动，做到以身边故事教育身边人；建成公司廉洁教育基地，进一步丰富了宣教载体。公司各级开展警示教育137场次，直接受教育达1.6万人次。完善监督机制。健全完善了纪委书记季度工作例会和单独报告机制，搭建了纪委书记交流经验的重要平台。健全完善了基层纪检监察组织机构，监督合力进一步增强。拓展监督渠道。开展供电服务、重点岗位监督等效能监察87项，提出监察建议647条，促进制度完善232项，实现经济效益5589万元。以物资招标监督为重点，增加监督补充报告，细化现场监督内容、方式和要求，全年参与各类监督活动211人次。强化案件查办力度和质量，鼓励自查自办，狠抓直查联查，加强案例分析和预警处置，全年收到信访举报26件，全部完成核查处置；自行立案1件，处理人员3名。提升行风形象。定期分析并发布行风建设评价指标，促进服务质量持续改善。以95598热线日报为抓手，完善行风投诉举报处理流程。扎实开展民主评议基层站所工作，深化供电服务明察暗访、行风监督员等活动。坚持参加政风行风"走进直播间"栏目，及时解答居民各类用电问题，公司责任央企形象得到充分彰显。

2013年，公司未发生处级及以上领导干部和本部员工腐败违法案件或严重违规违纪问题，未发生瞒案不报、压案不查或责任追究不到位的情况，未发生影响和损害公司形象的重大行风事件，反腐倡廉建设成效显著，得到了上级充分肯定。同时，公司惩防体系建设成果入选北京市国资委典型经验库，廉政风险防控的经验做法在《是与非》杂志刊载；公司在连续3年获得北京市行风民意测评公共服务行业桂冠基础上，又连续第3年被列为免测评单位，实现了内质外形双丰收。

二、把握方向，严格监管，全面深化反腐倡廉建设工作

党的十八大和中纪委历次全会针对党面临的"四种"考验和"四种"危险，强调必须始终坚持党要管党、从严治党，深入推进党风廉政建设和反腐败斗争。2013年以来，更是坚持推进"八项规定"不放松，坚决查纠"四风"问题，并通报了大量违规违纪典型事件，值得我们高度警醒、引以为戒。近期，中央又出台了党政机关厉行节约反对浪费条例、国内公务接待管理规定、惩防体系建设五年规划（2013~2017年）等系列规定举措，对严格要求、严格教育、严格管理、严格监督作出重要部署。刚刚闭幕的中纪委三次全会上，习近平总书记更是明确提出反腐败高压态势必须继续保持，坚持以零容忍态度惩治腐败。国家电网公司党组站在保障企业改革创新发展的高度，强调要始终践行“三严一常”根本要求，全面深化反腐倡廉建设，扎实推进依法从严治企工作，严格落实“八项规定”等重要决策部署，切实化解“习惯性违章”等依法治企难题，进一步转变作风，严抓严管，提升质量。上级重要指示精神为我们全面深化惩防体系建设、营造干事干净浓厚氛围指明了方向，也对我们严格实施监督内控工作、持续提升服务保障能力提出了明确要求。

近年来，在国家电网公司的坚强领导和北京市委、市政府的大力支持下，公司不断完善惩防体系建设，切实开展依法从严治企工作，确保了企业安全健康和谐发展。但我们也清醒地认识到，公司改革发展和依法治企任务依然十分繁重，管理基础并不牢靠，“习惯性违章”等潜在风险问题依然存在；公司是国家电网公司在首都的形象窗口，要充分发挥示范表率作用，彰显企业形象价值，工作标准更高，管控要求更严。特别是今年随着党的群众路线教育实践活动在公司的全面实施，“八项规定”的全面深化，以及“三集五大”体系建设等各项改革发展任务的深入推进，如何进一步转变作风、从严监管、化解风险、保障安全，还有很多工作要做，责任重大，任务艰巨。

根据国家电网公司总体部署，当前，公司已经全面进入改革创新发展的新时期、管理严格规范的新阶段，围绕公司2014年整体工作思路，充分发挥服务保障作用，需要我们切实提高认识、转变作风，着力在“四严”上下功夫，持续提升监督质量和管控效能，以反腐倡廉实际成效保障公司改革发展大局。

一要严密规章制度，强化源头预防。没有规矩不成方圆，制度建设在规范管理、化解风险上具有根本性、长期性作用。要将制度建设作为公司的基础工作，以实用、管用为目标，促进用制度管权、管事、管人、管企业机制的形成。针对制度不完善问题，相关部门要着眼于从制度、流程层面破解管理难题，以内外部行政监察、审计监督、信访案件等发现的屡查屡犯问题为突破口，从经营决策、业务管理、监督内控等全方位建立健全管控制度，疏堵结合，从源头上消除管理交叉和脱节问题，并形成闭环管理机制，解决制度与管理不适应、不一致、不协调等问题。针对操作性不强问题，要牢固树立“制度的生命力在于实用”的观念，以减少自由裁量权为目标，着力在精细化、规范化上下功夫，结合工作要求和专业特点，因地制宜、因时制宜，将原则性要求量化为阶段性目标，将实施措施细化为操作标准，统一模式，规范运作，力戒大而化之、随意而行；要注重制度执行跟踪和评估反馈，切实解决制度水土不服问题。

二要严抓执行落实，强化作风转变。能否严格执行落地，考量的是干部员工的能力素质和作风品格。公司上下要正确认识外部形势变化和公司改革深化对依法从严治企的更高要求，切实强化执行能力，坚持将贯彻落实公司“两会”重要决策部署作为首要任务，切实推动“八项规定”实施细则、“三集五大”体系建设等工作任务的严格执行，不搞变通、不打折扣，坚决防止执行力层层衰减。特别是在“八项规定”落实方面，要坚决摒弃老的、旧的惯性思维。过去认为人之常情、不以为然的“小动作”“小问题”，今天可能成为“导火索”“引爆器”，任何侥幸心理和行为，任何犹豫和观望，都将可能会付出沉重代价。要切实强化责任落实。各业务部门既是工作的组织管理者，也是执行实践者，必须切实落实“一岗双责”，不断固化、强化在风险易发重点领域的监督主体责任，坚决纠正重部署、轻监管的行为；各级领导干部，尤其是党政主要负责人，要落实尹总和杨书记指示精神，以更加硬朗务实的作风，以身作则，迎难而上，率先垂范；要勇于负责，不等不靠，主动作为；要敢于担当，对重大问题不消极回避，对歪风邪气坚决制止；要严抓严管，坚决杜绝有令不行、有禁不止。

三要严格监督检查，强化过程管控。监督检查是把控管理环节、实现防控目标的重要手段。要着眼于从任务部署向过程监管的转变，切实做到工作可控、执行在控、效果能控。要加大过程监管力度，各职能部门要牢固树立抓管理必须抓监督的理念，自觉做到将业务管理和监督防控工作同计划、同部署、同落实，并创新监督检查方式和手段，着力在事前防范、事中跟进、事后评估上下功夫，切实加强对依法治企和廉政风险关键环节的把控，保证方向不走偏、执行不出岔。要站在维护企业长治久安的角度开展监管，深层次考量执行过程是否符合相关制度规范，是否经得起内外部依法治企检查，决不能停留在检查工作进度表面，给日后留下“硬伤”和“尾巴”。要拓展协同监督深度，瞄准跨部门、跨专业的管理监督难题，整合资源，群策群力，最大限度发挥协同监督平台作用。要以流程规范化和操作标准化为抓手，健全完善监督任务分解、意见整改、事项督办、进展反馈等闭环管理机制，定期对“八项规定”执行、“三重一大”决策、重点岗位监督、工程转分包、违规关联交易等重要监督事项进行分析研究、通报反馈。要延伸拓展监督范围，将集体企业、供电所等全面纳入公司监管范畴，确保监督全覆盖、管控无遗漏。

四要严肃问责追究，强化激励约束。问责是保障制度落地、工作落实的重要手段。要抓早抓小，举一反三，惩前毖后、治病救人。在机制完善上，要正确处理好责权对等关系，结合党风廉政建设责任制的细化完善，抓好责任主体明确化、考量标准可量化、考核运用具体化，推动公司改革发展重要任务和依法治企重点整改事项的执行落地；同时健全执行、问责和经济责任审计等工作机制，保证责任落实到人、考核没有盲区。要完善纪委书记报告、约谈、考核等工作机制，最大限度发挥警示、教育和诫勉作用。在问责追究上，要解决责任追究中失之于宽、失之于软的问题，对执行不得力、防控不到位，甚至顶风作案的，要快查快办，并对典型问题通报曝光；对相关负责人，要按照"四不放过"原则（原因不清楚、事件责任者和应受教育者没有受到教育、没有采取防范措施、责任者没有受到处罚不放过），根据国家电网公司领导干部问责规定、员工奖惩办法等制度规定，严肃责任追究。各级领导干部要自觉讲规矩，带头守纪律，严禁突破法纪红线和道德底线。

三、2014 年重点工作

工作思路：认真贯彻国家电网公司反腐倡廉决策部署，紧紧围绕公司改革创新发展和依法治企工作大局，以构建科学的管控和惩防体系为目标，以党的群众路线教育实践活动为载体，严密规章制度、严抓执行落实、严格监督检查、严肃问责追究，服务保障公司全年各项重要决策部署落实到位，确保年度反腐倡廉各项指标任务圆满完成。

主要目标：不发生处级及以上领导干部和本部员工腐败违法案件或严重违规违纪问题，不发生瞒案不报、压案不查或责任追究不到位的情况，不发生影响和损害公司形象的重大行风事件。

（一）强化"八项规定"监督，确保决策部署落实

坚决贯彻党的群众路线教育实践活动为民务实清廉的总体要求，坚持以"八项规定"实施细则为重点，不断强化监督的广度、深度和力度，确保上级和公司重要决策部署执行落地。

一要强化监督组织领导。按照国家电网公司部署要求，结合群众路线教育实践活动，进一步完善公司"八项规定"实施细则监督组织体系，明晰各职能部门的监管责任，形成监管合力，有效促进公司在经费管理、会议活动、文件简报、调查研究、公务接待、办公用房、公务用车、因公出国（境）等方面的规范管理，杜绝发生影响公司形象的问题。

二要完善监管制度流程。及时收集中央和上级部门颁布的相关制度、禁令以及通报的典型案例，定期编发学习材料，部署学习研讨，以案说法，举一反三，促进公司各级准确把握政策标准要求。研究制定有关婚丧喜庆、外出学习调研、公务商务活动等行为规范和纪律要求，促进行为习惯转变。督促各职能部门执行落实国家电网公司相关制度规定，结合工作实际，进一步完善制度流程，细化操作标准，做到配套衔接、实用管用，实现职责、制度、流程、标准、宣贯、监督、考核闭环运转，从源头上防治"四风"问题。

三要加大监督检查力度。在强化主业监督的同时，将监督范围向集体企业和供电所延伸，采取专项核查、调研走访、明察暗访等方式，切实发现问题，做到范围全覆盖、监督无空白。在突出职务消费、用车用房等关键领域以及节假日敏感时段等监督重点的同时，切实强化对培训费、咨询费、项目法人管理费以及大宗办公用品采买、福利费支出等风险领域的监督检查，并坚决杜绝公款办卡、办券、送节礼、搞宴请等违规违纪行为，狠抓具体问题，力求工作实效。同时，建立通报制度，促进持续改进。

四要严肃考核问责追究。将"八项规定"实施细则执行、教育实践活动问题整改等纳入责任制考核内容，增强执行落实的严肃性，加大惩处力度，形成高压态势。从严从快处理相关信访举报，不定期曝光铺张浪费的典型案例。严格执行《国家电网公司领导干部问责规定》等制度，对负有领导责任的领导干部，严肃责任追究，确保执行刚性。

（二）强化廉洁宣传教育，筑牢思想道德防线

坚持强化廉洁宣教的引领作用，结合群众路线教育实践活动，不断拓展廉洁教育实践的内涵、方式和渠道，使"干事、干净"理念更加深入人心，并成为自觉行动。

一要丰富宣教内涵。在积极宣讲传达中纪委反腐倡廉最新精神的基础上，引导公司系统切实将理想信念、廉政法规、作风品格、职业道德、案例警示以及为民务实清廉的相关规定要求等纳入各项教育培训之中，督促各级领导干部做到主动讲、反复讲、时时讲、处处讲，大力营造警钟长鸣的氛围，提高全员廉洁意识；同时将廉洁宣教、廉政风险防控及其成果运用等作为考量廉政建设成效的基本内容，提高宣教的针对性和有效性。

二要注重宣教对象。在加强公司系统干部员工日常廉洁教育的基础上，针对所有廉洁从业重点岗位人员，继续开展分专业、分批次集中轮训工作，并通过组织监狱参观、庭审旁听等警示教育活动，使干部员工切实做到有所触动、有所警觉。

三要完善载体渠道。在充分发挥公司廉洁教育基地第一课堂作用的基础上，继续深化廉洁宣教“进班子、进部室、进班组、进家庭”活动，并通过开展“八项规定”知识竞答、“业务风险我来讲”等活动，大力营造廉洁从业氛围，不断提高干部员工的风险防控意识和拒腐防变能力，促进廉洁理念更好地传播落地。

（三）强化重点岗位监管，化解廉洁从业风险

坚持强化对重点岗位人员的监督管控，着力在理名录、抓监督、促交流、强检查上下功夫，切实规范人员从业行为，促进廉洁安全。

一要梳理界定岗位名录。比照上级制度标准，结合公司“三集五大”体制建设，对公司主业、集体企业、供电所廉洁从业重点岗位进行全面梳理，界定发布岗位名录；同时健全完善名录动态梳理更新机制，促进监督工作持续深入。

二要深化监督管控措施。以学廉考廉、交流轮岗为重点，深化落实重点岗位监督各项举措，不断完善监督内容、方式和手段，改进监督质量，规范从业行为，提升防控效能。进一步明确公司系统交流轮岗的范围标准和实施要求，同步推进集体企业完善相应交流轮岗实施规定，确保交流轮岗工作有效落实。

三要强化执行检查考核。加强对重点岗位各项监管举措落实情况的常态检查和过程管控，将交流轮岗完成情况纳入责任制考核；建立相应的约谈制度，对有苗头性、倾向性的岗位个人，对交流工作态度抵触、拖沓不力的单位，由两级相关领导和纪委进行约谈。

（四）强化协同监督质量，提升监督平台效能

坚持以强化协同监督建设提升监督质量，着力在监督的规范性、针对性和协同性上下功夫，不断提升协同监督平台的监督防控作用。

一要规范运作机制。着眼于日常工作和监督工作相结合，业务部门纵向监督和监督部门横向监督相结合，监督事和监督人相结合，出台公司规范协同监督工作指导意见，明确年度常态和季度专项议题计划，细化界定业务部门监督主体责任、工作标准和管控要求，配套印发规范化操作模板，并完善派员参会督导机制，促进各级规范开展监督反馈工作。

二要突出监督重点。针对屡查屡犯、屡禁不止的“习惯性违章”问题，进一步整合资源，加大跨部门、跨专业协同监督力度，重点强化对“三公”消费、公车使用、物资招投标、工程转分包、工程结算、套取资金及设立“小金库”等风险易发高发领域的日常监督和过程管控，共同破解难题。

三要注重监督实效。将监督情况作为责任制考核重要内容，进一步完善职能部门对基层单位执行情况监督检查的操作模板、问题清单、考核建议和整改背书机制，切实发挥督导作用。在强化令行禁止的同时，注重服务指导，促进职能部门积极为基层单位出谋划策，疏堵结合，推动工作。

（五）强化风险监督防控，促进依法从严治企

坚持以廉政风险防控作为融入业务工作、规范管理、化解风险的重要抓手，通过强化防控责任落实和重点领域监督，有效推进依法从严治企工作。

一要落实防控责任。在强化“三重一大”决策制度执行、突出主要领导廉政责任落实的基础上，以进一步推动业务分管领导讲廉、研廉、促廉为重点，继续深化领导干部“七廉”活动，细化防控责任，强化过程督导，量化考核要求，促进各级领导干部带头履行“一岗双责”，化解廉政风险。

二要把握防控重点。在全面梳理各业务领域廉政风险基础上，针对依法治企检查、各类专项治理以及信访案件等反映出的突出管理问题和高危风险，细化风险防控模板，提升监督制约功能，大力推进风险预警处置工作，促进各级把握主要矛盾，超前防控处置，强化过程管理，实现风险可控。

三要完善评价机制。比照上级要求，细化评价工作标准，量化操作规范要求，从组织领导、目标完成、措施落实、流程执行、文化环境等多维度，对年度重点风险防控事项的实际成效进行过程考量，推动具体风险化解和制度流程完善，确保防控工作出亮点、有成效、持续深入。

（六）强化行风纠建工作，改善服务质量形象

坚持纠建并举、以纠促建方针，深化落实国家电网公司新“三个十条”和行风纠建工作部署，不断提升服务质量形象，确保行风评议保持领先地位。

一要深化查纠工作。制定明察暗访工作计划，围绕窗口服务、抢修服务、有偿服务等客户用电的关注热点，细化察访方案，把握关键环节，深入开展明察暗访活动，切实查纠违规停电、乱收费、“三指定”等影响公司形象的行为。加大行风投诉举报查办力度，对客户反映强烈、投诉频繁的问题，健全直查快办和督导查办机制，切实维护客户合法权益。

二要加强分析通报。针对95598热线业务上划形成的新特点、新问题，结合明察暗访、行风指标评价等工作情况，加强常态分析和专题诊断，健全完善日梳理、周通报、月分析、季总结的工作模式，促进服务质量改进，消除管理短板。

三要拓展监督渠道。积极参与民主评议基层站所、政风行风热线“走进直播间”等活动，充分发挥第三

方机构及行风监督员作用，通过随机访谈、问卷调查、日常测评等方式，广泛听取意见，改进服务质量；深化行风建设信息化模块应用，强化过程管控，提升监督效率。

（七）强化监督查处工作，规范经营管理行为

坚持以效能监察工作提升管理效能，以信访案件查处强化源头防控，通过不断提升监督查处质量和水平，促进严细管理，规范人员行为。

一要深化效能监察。以规范经营管理、促进依法治企为核心，以纪检监察业务应用系统为抓手，按照国家电网公司要求统一立项开展效能监察工作，规范操作标准，强化在线管控，查漏补缺，完善管理；深化效能监察交叉互查工作，实现基层单位参与率100%、所立项目检查率100%；统一招标监督报告模板，细化供应商考察廉政报告要求，开展监督报告季度评估，切实加强对监督人员到场监督、过程监督情况的考量，促进规范运作。

二要提高查办质量。认真落实信访案件工作责任制及三级排查等要求，鼓励基层单位自查自办案件，注重抓早抓小、防微杜渐；健全完善信访案件查办签字背书制度，切实提高查办的及时性和结论的可靠性；继续强化企地联控建设，加强对外沟通协调，注重舆情风险防控和协同应急处置，努力实现超前防范；切实加大对违法违纪人员的惩处力度，并严肃追究相关领导责任。

（八）强化纪检队伍建设，提升服务保障水平

立足于监督的服务保障职能定位，着力在强履责、抓培训、提水平上下功夫，促进纪检监察干部切实转变作风，彰显工作价值。

一要锤炼能力素质。结合“三集五大”体系建设，进一步健全完善基层纪检监察组织体系和工作机构。制定年度培训计划，以基础、基本功为重点，有针对性地开展系列培训，提高纪检监察干部对业务政策标准、年度重点工作和监督方式方法的认知和把握；建立年度课题分组研究、重点工作交叉互查等工作机制，促进能力提高和共同进步；加强与兄弟单位的沟通交流，不断拓展视野、改进工作。

二要抓好宣传指导。引导广大纪检监察干部牢固树立“监督是服务”的理念，切实转变作风，既要围绕公司重要决策部署事项，主动宣讲政策标准，带头剖析典型案例，成为警示教育的排头兵，促进警钟长鸣；又要积极融入业务管理，深入基层开展调查研究和现场指导，为规范管理出主意，为化解难题想办法，促进更好地执行落地。

三要提升监督水平。继续巩固完善纪委书记季度例会、月度报告和单独报告制度，搭建纪委书记交流工作、推进落实的良好平台；着眼于保障基层纪委更好地开展监督工作，进一步调整优化基层纪委书记报告内容和考评方式，切实提升基层纪委履责能力和监督保障水平。

系统推进对标管理　深化创新管理引领
加快提升公司企业管理水平

——总工程师王少毅在公司2014年
同业对标暨企业管理工作会议上的讲话（摘要）
（2014年2月18日）

一、2013年对标及相关企业管理工作回顾

2013年，公司各相关职能部门和基层单位紧密围绕年初公司工作部署，创新开展基础管理提升工作，圆满完成公司对标目标任务，获得国家电网公司年度综合、业绩、管理标杆，安全、人力资源、规划专业标杆。财务、物资、规划、建设4项典型经验成果入选国家电网公司典型经验库，人资、财务、建设、运行、营销、信息、审计等8项典型经验成果获专业推荐。管理创新、QC等其他相关企业管理工作也取得新的成绩。

（一）以目标为导向，健全对标工作机制，推动对标工作深化应用

坚持对标目标导向，依据公司总体目标，形成公司目标、部门目标和指标目标有机整体，并制订指标提升措施计划，签订对标责任状，优化对标业绩考核，引导相关专业部门和单位以对标为载体，突出关键业务基础管理。细化对标过程管控，正视管理薄弱环节，系统梳理制约管理提升的关键因素，制定重点管理提升行动计划，进行指标月度发布率、分解率和目标完成率的发布，形成公司上下联动和对标与专业业务融合的工作机制。优化公司内部指标体系设计，突出关

键核心业务指标，强化指标管理上下呼应，开展两级指标体系宣贯和培训，发挥对标对专业管理导向作用，提升专业管理规范性和成效性。构建对标管理体系，广泛深入基层调研，统一对标工作认识，开展体系试点运行，持续优化完善，初步形成《公司对标管理指引》和《供电公司对标工作手册》，促进各单位系统化运用对标工具提升专业管理水平。推动专业机构对标，编制专业机构对标工作方案，制订对标工作流程，按照早动手、规范化、高标准原则，开展专业机构对标培训、数据收集、对标评价及诊断分析交流，圆满完成国家电网公司专业机构对标试运行工作，为正式运行奠定良好基础。

（二）突出重点项目示范和指导作用，提升管理创新工作的水平

实施重点管理创新工程，优选20项作为公司重点课题，借鉴项目管理成熟经验，组织项目实施单位编制项目任务书和实施方案，制订关键节点时间计划表。在《北京电力报》以《强化管理创新，提升企业竞争力》专版形式推介公司年度管理创新工作和20项重点创新项目情况，提升公司重点项目引领示范效应。建立项目全过程管控机制，开展项目月度调度和现场指导，将管理创新成效指数纳入公司内部各单位对标评价，健全实践、指导、总结、验收全过程管控机制，优化成果评审模式，引入国家、北京市管理创新评审专家和公司专家人才队伍，突出成果创新性、实践性、推广性、规范性，科学遴选优秀成果。开展创新成果深化应用，优选历年优秀创新成果48项，编制管理创新成果后评估标准和应用转化方案，规范相关流程、方法与应用途径，引导部门和单位持续将优秀成果更广泛应用于实践。展示公司管理成就，加强与中企联、中电联、北企联等国家、行业、地方等协会的沟通和协作，推荐公司优秀创新成果参加国家、北京市、行业等各级别评审，2013年22项管理创新成果获国家、国家电网公司、北京市、电力行业奖项，公司被评为2013年度北京市管理创新工作优秀组织单位。

（三）开展年度标准制修订工作，建立有效激励约束机制

建立标准化常态工作机制，按照《标准化工作导则》规定严格标准制修订工作，建立了标准化的常态机制，2013年公司共发布技术标准7项、管理标准8项。加强标准化对标指标管控，建立标准化考评机制，将全年4项标准化对标考核指标分解下达，顺利完成全年考核指标。探索标准化评价管理方法，通过调研学习，制定《标准化工作评价办法》，开展基层单位标准化评价，促进标准化工作落地。培育建设标准化专家队伍，通过组织召开现场会、标准化业务专题培训等活动，提升公司标准化工作队伍的业务水平，为标准化工作进行人才储备。

（四）加强QC小组活动机制建设，激发企业一线员工活力

健全QC小组活动管理机制，建立健全QC小组活动课题注册、活动指导、成果验收、评估应用、宣传推广等常态工作机制，发挥公司QC小组国家级诊断师专业支撑作用，引导QC小组活动规范开展，提升QC小组活动水平，提高员工素质。开展QC小组成果转化工作，优选历年优秀QC小组成果16项，征求基层单位成果应用需求意向，研究成果转化应用流程架构，初步建成转化应用机制。健全QC小组参赛模式，构建赛前指导、赛后分析点评、领队加教练的整套参赛模式，积极推荐公司年度优秀QC小组成果参加国家、北京市、行业等社会各级发表赛，提升员工的价值感，激发员工的积极性和创造性。2013年6个QC小组获“国家优秀质量管理小组”称号，2项QC成果获国家QC发表赛一等奖，4项成果获全国电力行业QC发表赛一等奖。

二、面临的形势与问题

尹昌新总经理在公司2014年“两会”上明确提出：要认真贯彻党的十八届三中全会和国家电网公司2014年“两会”精神，进一步统一全体干部职工的思想和行动，坚持“四个突出、四个提升”的前进方向，以深化“两个转变”为主线，以安全稳定和优质服务为前提，以规章制度和队伍素质建设为重点，转变观念，开拓创新，加快实现“两个一流”发展目标和“一强三优”现代公司。

2013年，公司上下付出巨大努力，对标取得明显成效，尤其是同2012年相比，管理对标得分率达到80%以上，提升4.92个百分点，管理成效进步显著；指标整体段位分布优化，A段指标占比小幅提升至60%，B段指标占比增加6.06个百分点，E段指标占比降幅明显，下降3.1个百分点。公司对标成绩的取得可喜可贺，但是，我们也清醒的认识到，要在2014年持续保持综合标杆地位，面临的形势环境不容乐观，任务依然艰巨。

（一）兄弟省公司发展迅猛带来竞争环境严峻

江苏、浙江、山东公司无论是所处区域经济发展水平，还是其自身的基础管理都处于国家电网公司系统排头兵，如不发生同业对标否决性事件，其他省（直辖市）短期内几乎无法撼动。北京、上海、天津、福建、辽宁等公司有其各自的优劣势，整体上基本位

于同一层面，位于国家电网公司的第二梯队，标杆的争夺主要聚焦在第4和第5名。由于公司所处特殊地域特点，政治供电保障任务繁重及高可靠性要求，导致公司资产效率效益相对较低，影响公司整体业绩对标水平，且很难提升，要实现公司确立的对标目标，须比其他单位付出更多的努力，突出抓好基础管理，在管理上有所突破。同时，河北、河南、四川等公司正在快速赶超，我们面临争夺标杆的竞争环境日益严峻。

（二）国家电网公司整体对标导向调整迎来新的挑战

2014版指标体系引入了地区发展基础评价，形成了“基础评价+业绩评价+管理评价”三维对标评价模型，综合分析各单位综合和业绩评价排名与其基础评价排名是否相匹配，达到客观评价各单位管理水平和努力程度的目的，同时增设进步单位评选。增加“现代公司”评价指标，精简并优化指标设置从167个到134个，业务管理水平考核点更加集中，考核力度和创新工作要求更加严格。而公司某些相对粗放管理习惯还未完全改变，业务管理规范性和成效性还有待加强，整体管理水平还有待提升，亟须找准薄弱点，对症下药，改善现状，加快发展。

（三）公司对标工作的有效性还需进一步加强

公司各部门、各单位对同业对标工作的理解水平参差不齐，自觉应用对标管理工具提升企业基础管理水平的效果存在较大差异，全员参与意识不强，需要进一步深化对标管理体系应用，促进公司对标指标业务事项纵向贯通至基层，提升公司整体对标管理水平；各单位自然条件和所处区域特点差异较大，单一的对标评价体系不足以反映各单位的努力程度和提升水平，需要进一步优化对标评价模型，建立基于基础条件的三维对标评价体系，增强对标评价的可比性和客观公正性，更加客观分析各单位管理成效与其自身发展基础的匹配性，充分调动各单位对标工作积极性，营造良好对标氛围。

（四）公司专业管理短板及对标专家人才队伍的缺乏制约了公司管理水平的进一步提升

虽然公司2013年度管理对标取得优异成绩，但管理短板仍然存在，尤其是一些综合性、协同性较强指标仍有较大提升空间，公司要想在管理对标上取得新突破，需要系统解决管理短板，构建横向协同、纵向贯通工作机制，对具体指标业务问题进行专题研究和重点攻关，切实消灭短板，提升管理水平。同时，随着国家电网公司对对标专业业务技术能力要求越来越高，公司对标人才队伍专业支撑能力明显不足，制约了公司整体对标工作水平的提升，亟须构建对标知识体系，强化对标学习培训，打造公司多层级对标人才队伍，为公司对标工作提供坚强支撑。

（五）企业基础管理工作的共性和整体衔接有待深入研究

企协分会归口管理的同业对标、管理创新、标准化与QC小组活动均属企业管理的基础性工作，虽然各有侧重，但其业务管理存在较强的联系和衔接。公司应深入研究其各自特点和发展规律，将各专业对标指标结果与管理创新、标准化、QC小组活动进行有效对接，组织各专业针对性开展管理创新和基层班组一线员工QC小组活动，在实现业务提升的同时促进对标指标提升，并将业务提升过程中成效明显、复制性强、推广性好的成熟经验和方法提炼典型经验进行固化，以管理制度或技术标准的形式实现专业管理标准化，从而以点带面，更大程度发挥企协基础管理的整体协同管理优势，为公司更快更好发展提供支撑。

面对公司加速创新发展工作要求和各省公司迅猛发展赶超态势，相关部门和单位要紧密围绕公司重点工作，认真总结经验，勇于直面困难，发扬拼搏精神，付出更加艰辛的努力，进一步加强企业基础管理。在新的发展机遇和工作挑战下，充分运用对标管理工具，系统推进对标管理工作，通过对标平台学习借鉴国内外、各专业、各单位最佳管理实践，重点解决公司面临的管理短板，逐步形成公司对标文化，促进各专业、各单位平衡发展，提升公司整体基础管理水平，更加有效地服务于“三集五大”体系建设。示范引领企业管理创新，弘扬创新驱动发展理念，健全创新激励机制，引导各专业、各单位以创新的思想、方法、手段和举措推进各方面工作，解决制约公司发展的突出问题。夯实标准化工作基础，配合公司“五位一体”机制建设，做好标准化基础管理和常态化管理，创新标准化工作方式，促进基层班组标准化作业，提升公司管理水平。发挥基层一线员工创造性，健全QC小组活动和激励机制，激发和调动广大员工的创造活力和工作热情，在日常工作中自觉运用全面质量管理知识，通过科学活动程序，寻找和解决问题根源，促进公司持续不断提升工作质量、工作效率和经济效益。

三、2014年重点工作

2014年企协分会工作思路为：贯彻落实公司2014年“两会”精神，以深化“两个转变”为主线，以管理提升为重点，全面深化对标管理，大力推进管理创新，创新标准化工作方式，夯实QC活动小组群众基础，为巩固“三集五大”体系建设成果，全面提升企业基础管理水平，为早日建成“一强三优”现代公司作出新的贡献。

重点做好以下四个方面工作：

（一）深化对标管理体系应用，形成横向协同、纵向贯通对标管理机制

全面深化对标管理，以目标为导向，以对标为抓手，不断夯实公司基础管理，促进公司各专业、各单位自觉运用对标管理工具提升专业管理水平。开展重点管理提升行动计划，提升公司基础管理。依据公司2014年度总体目标和重点工作，制定部门目标、指标目标和指标提升措施计划，针对重点管控指标持续开展重点管理提升行动计划，为公司提升基础管理、确保进入国网综合标杆奠定基础。深化对标管理体系成果应用，提升整体对标管理水平。按照“目标、运行、保障”三大对标管理模块，运用“目标制定、指标管理、诊断分析、改进提升、知识管理、综合评价、保障支持”七大对标步骤等研究成果，根据整体策划、试点先行、稳步推进原则，形成公司对标管理系统化、层级化、专业化、常态化工作格局，突出对标对基础管理的工具性和抓手作用，推动公司整体对标水平提升。建立专题协调机制，系统解决管理短板。全面梳理公司处于D、E段短板指标，深入研究该类指标业务背后管理问题，开展月度专题协调。建立公司重点对标课题研究团队，利用公司内外部资源，针对短板指标管理薄弱点，进行重点攻关，提出系统解决问题的决策建议参考。持续优化内部指标体系和评价模型，确保指标导向明确评价科学。优化精简内部指标数量，突出国家电网公司战略导向和公司重点工作，确保指标导向有效、可比可控。优化对标评价，引入基于发展基础评价模型，客观分析供电公司管理成效与其自身发展基础的匹配性；引入公司内部专业机构差异化对标评价模型，客观反映公司内部专业机构之间对标工作的相对水平和努力程度，促进公司整体管理水平提升。强化典型经验管理成效，充分发挥载体和平台作用。针对公司重点提升指标制订典型经验科目，通过典型经验载体促进对标工作与专业管理的有效融合。优化典型经验立项管理模式，引导各单位建立两级典型经验管理体系，强化相关专业过程指导，充分发挥典型经验促进公司上下协同的平台作用。构建对标知识管理体系，打造一流的对标人才队伍。构建适应公司各层级的对标知识体系，设计开发培训教材、考试题库，提炼对标方法、工具、最佳实践等显性知识，强化对标学习，充分利用内外部专家资源，建立公司不同层级的对标人才队伍。

（二）持续发挥重点项目示范作用，引领公司管理创新工作

加强管理创新项目与公司核心重点业务的融合度，突出管理创新对公司管理变革和业务提升的推动作用，提升企业可持续能力。加强项目立项管理，突出核心重点领域。要把握好选题和立项工作，突出公司在安全管理、配电网建设与改造、营销服务深化与拓展、制度标准落地实施、集体企业重组与转型等方面选题。积极申报国家电网公司2014年度重大、重要管理创新项目，强化公司重点创新项目引导，组织编制列入国网计划和公司计划项目实施方案，严格关键节点完成任务报送制度，扎实推进项目实践，促进公司管理水平提升。完善项目过程指导，持续提升管理创新成效。加强重点创新项目实践过程一对一指导，提升项目实践质量和实施效果。要学会思考问题，要善于对管理实践做法做好总结与提炼，重点示范公司管理创新工作。优化公司内部管理创新成效指数对标指标，完善评审推荐流程，积极申报国家、北京市、行业等各级管理创新成果评审，不断提升管理创新成效，展示公司发展成就。开展成果深化应用，提升创新成果价值。建立创新成果激励机制，深化创新成果推广工作，拓宽推介渠道和形式，开展优秀成果交流、宣讲等活动，将公司管理创新理念和先进做法深入到更多单位和领域，为企业发展提供源动力。汲取行业内外先进经验，为管理创新注入活力。开展与北京及其他省市管理先进企业的交流学习，汲收先进管理理念和创新实践经验，推动公司管理创新工作再上新台阶。

（三）创新标准化工作方式，促进公司基础管理水平提升

融合对标与标准化管理，优化公司标准体系的执行方式，充分发挥标准化专家作用，有效支撑公司“三集五大”体系全面建设。创新班组作业标准及评测方式，提升员工作业效率。以班组作业标准化为突破口创新标准化执行方式，基于班组业务事项设计融合技术标准、管理制度的班组作业标准化手册，通过责任岗位映射业务事项、对标指标映射业务事项、对标指标目标映射业务事项量化评测标准，明晰班组业务目标，推动标准有效落地，支撑公司实现整体目标。充分利用标准化专家队伍，深化企业基础管理研究。梳理完善标准化专家队伍，组织标准化专家人才参与国家、行业、企业的标准化工作，开展标准化与同业对标、管理创新、QC等基础管理对接研究，培育标准化专家人才，服务公司基础管理，促进公司基础管理水平提升。

（四）完善QC工作机制，营造QC小组活动氛围

发挥QC小组活动有效形式，促进质量管理知识普及，激发一线员工工作热情。开展对公司重点QC小组活动指导，全面提高QC小组活动水平。充分利用国家级专家的经验和专业知识，重点对QC小组活动方案制订、成果总结、赛前准备、深化应用等环节进行指导。通过差距分析、研讨、培训、现场指导等方式，辅助公司深入开展QC小组活动，有效提升QC小组成果水平。深化QC成果转化应用，发挥QC成果实用价值。建立QC成果激励机制，完善成果转化应用平台机制，逐步形成QC成果产业化模式，不断提高QC小组活动积极性，增强公司效率效益。提升QC小组成果发表赛成绩，树立公司良好品牌形象。将公司年度QC小组成果发布会与地区、行业、国家发布会接轨，制订公司参赛策略及计划，完善赛前指导、赛后分析点评、领队加教练的整套参赛模式，提升参赛成果水平，扩展公司社会影响力。持续开展质量管理知识培训，提高职工队伍素质。持续开展质量管理和QC小组活动的知识培训，壮大QC诊断师队伍，使公司员工普遍掌握质量管理的科学方法，提高自身素质和业务能力，促进职工队伍建设。

重 要 文 件

上级单位重要文件索引（摘要）

发文单位	文　号	文 件 标 题
国家电网公司	安质二〔2013〕19号	国家电网公司安质部关于执行国家电监会《电力安全隐患监督管理暂行规定》的通知
国家电网公司	安质一〔2013〕83号	国网安质部关于征求《国家电网公司安全工作规定》和《国家电网公司安全职责规范》（征求意见稿）意见的通知
国家电网公司	财综〔2013〕100号	国网财务部关于参加财政部企业内部控制知识竞赛活动的通知
国家电网公司	调调〔2013〕20号	国调中心关于印发《调控机构调控运行交接班管理规定（试行）》的通知
国家电网公司	调调〔2013〕24号	国调中心关于印发《智能电网调度技术支持系统在线安全稳定分析计算结果交互规范（试行）》的通知
国家电网公司	调调〔2013〕167号	国调中心关于印发《在线安全稳定分析考核细则（试行）》的通知
国家电网公司	调调〔2013〕334号	国调中心关于印发《智能电网调度控制系统日内滚动计划功能应用规范（试行）》的通知
国家电网公司	调继〔2013〕130号	国调中心关于印发《国家电网公司继电保护基础数据考评规定（暂行）》的通知
国家电网公司	调继〔2013〕207号	国调中心关于印发《220kV及以上继电保护正确动作率统计考评管理办法（暂行）》的通知
国家电网公司	调监〔2013〕216号	国调中心关于印发《调控机构设备监控安全风险辨识防范手册》的通知
国家电网公司	调监〔2013〕281号	国调中心关于印发《调控机构设备监控信息表管理规定（试行）》的通知
国家电网公司	调监〔2013〕300号	国调中心关于印发《调度集中监控告警信息相关缺陷分类标准（试行）》的通知

续表

发文单位	文　号	文件标题
国家电网公司	调综〔2013〕226号	国调中心关于印发《国家电网公司调度控制工作考评管理办法》的通知
国家电网公司	调综〔2013〕245号	国调中心关于印发《国家电网公司调度控制工作考评细则》的通知
国家电网公司	发展规二〔2013〕357号	国网发展部关于国网北京电力开展220、110kV电网项目可研审批的批复
国家电网公司	发展前期〔2013〕79号	国家电网公司发展部关于房山—南蔡等11项500kV输变电工程可行性研究报告评审计划的批复
国家电网公司	国家电网安质〔2013〕945号	国家电网公司关于印发《国家电网公司电力安全工作规程（变电部分）、（线路部分）》修订补充规定的通知
国家电网公司	国家电网办〔2013〕71号	国家电网公司关于印发《国家电网公司营销客户档案管理规范（试行）》的通知
国家电网公司	国家电网办〔2013〕555号	国家电网公司关于印发《国家电网公司保护商业秘密若干规定》的通知
国家电网公司	国家电网办〔2013〕675号	国家电网公司关于印发《国家电网公司调研工作管理办法》、《国家电网公司驻点调研管理办法（试行）》的通知
国家电网公司	国家电网办〔2013〕686号	国家电网公司关于印发《国家电网公司信访工作管理暂行办法》的通知
国家电网公司	国家电网办〔2013〕1200号	关于印发《国家电网公司关于加强会议（培训）管理的十项要求》的通知
国家电网公司	国家电网办〔2013〕1781号	国家电网公司关于印发分布式电源并网相关意见和规范（修订版）的通知
国家电网公司	国家电网财〔2013〕928号	国家电网公司关于进一步规范和加强会议、接待、因公出国（境）、福利保障等费用管理的通知
国家电网公司	国家电网财〔2013〕929号	国家电网公司关于下达2013年非生产技改、非生产大修项目预算的通知
国家电网公司	国家电网产业〔2013〕472号	国家电网公司关于印发《国家电网公司集体企业预算管理办法（试行）》等办法的通知
国家电网公司	国家电网发展〔2013〕58号	国家电网公司关于北京电网海青落110kV输变电工程可行性研究报告的批复
国家电网公司	国家电网发展〔2013〕597号	国家电网公司关于下达2013年第一批新开工固定资产投资大中型项目计划的通知
国家电网公司	国家电网发展〔2013〕949号	国家电网公司关于下达2013年第四批新开工固定资产投资大中型项目计划的通知
国家电网公司	国家电网发展〔2013〕974号	国家电网公司关于北京电网酒仙桥等220、110kV输变电工程可行性研究报告的批复
国家电网公司	国家电网发展〔2013〕1197号	国家电网公司关于北京电网未来城电厂送出等220、110kV输变电工程可行性研究报告的批复

续表

发文单位	文　　号	文　件　标　题
国家电网公司	国家电网发展〔2013〕1208号	国家电网公司关于北京电网温泉等220、110kV输变电工程可行性研究报告的批复
国家电网公司	国家电网发展〔2013〕1264号	国家电网公司关于下达2013年第七批固定资产投资大中型项目新开工计划的通知
国家电网公司	国家电网发展〔2013〕1754号	国家电网公司关于下达2013年第九批固定资产投资大中型项目新开工计划的通知
国家电网公司	国家电网工会〔2013〕106号	国家电网公司关于印发《国家电网公司厂务公开管理办法》的通知
国家电网公司	国家电网后勤〔2013〕306号	国家电网公司关于印发《国家电网公司小型基建项目管理办法》的通知
国家电网公司	国家电网后勤〔2013〕307号	国家电网公司关于印发《国家电网公司非生产性技改、大修项目管理暂行办法》的通知
国家电网公司	国家电网后勤〔2013〕1873号	国家电网公司关于国网北京市电力公司大雁楼物资评审用房改造项目的批复
国家电网公司	国家电网后勤〔2013〕1879号	国家电网公司关于国网北京市电力公司调增亦庄北工大软件园投资规模的批复
国家电网公司	国家电网基建〔2013〕66号	国家电网公司关于北京桃园220kV输变电工程初步设计的批复
国家电网公司	国家电网基建〔2013〕827号	国家电网公司关于北京未来城220kV输变电工程初步设计的批复
国家电网公司	国家电网监察〔2013〕258号	国家电网公司关于印发《国家电网公司在国际业务中预防商业贿赂风险管理暂行办法》的通知
国家电网公司	国家电网监察〔2013〕800号	国家电网公司关于印发《国家电网公司行风投诉举报管理办法》的通知
国家电网公司	国家电网监察〔2013〕801号	国家电网公司关于印发《国家电网公司招标活动监督管理办法》的通知
国家电网公司	国家电网交流〔2013〕105号	国家电网公司关于印发《国家电网公司特高压及跨区交流工程建设管理办法（试行）》等12项规章制度的通知
国家电网公司	国家电网交流〔2013〕105号	国家电网公司关于印发《国家电网公司特高压及跨区交流电网工程建设管理办法（试行）》等12项规章制度的通知
国家电网公司	国家电网交易〔2013〕809号	国家电网公司关于印发《国家电网公司电力市场交易信息发布管理规定》的通知
国家电网公司	国家电网科〔2013〕303号	国家电网公司关于印发《特高压直流技术标准体系（2012版）》的通知
国家电网公司	国家电网科〔2013〕799号	国家电网公司关于印发《国家电网公司科学技术期刊管理办法》的通知
国家电网公司	国家电网科〔2013〕1051号	国家电网公司关于印发《国家电网公司新技术推广应用管理办法（试行）》的通知
国家电网公司	国家电网科〔2012〕1944号	国家电网公司关于印发《智能变电站辅助控制系统设计技术规范》等两项标准的通知
国家电网公司	国家电网企管〔2013〕579号	国家电网公司关于印发《10kV三相非晶合金铁心配电变压器技术条件》等11项技术标准的通知

续表

发文单位	文号	文件标题
国家电网公司	国家电网企管〔2013〕580 号	国家电网公司关于印发《单相智能电能表技术规范》等 23 项电能表和用电信息采集系统系列标准的通知
国家电网公司	国家电网企管〔2013〕802 号	国家电网公司关于印发《铝合金芯高导电率铝绞线》等 2 项标准的通知
国家电网公司	国家电网企管〔2013〕866 号	国家电网公司关于印发《国家电网公司供电企业劳动定员标准》的通知
国家电网公司	国家电网企管〔2013〕965 号	国家电网公司关于印发《大型发电机组涉网保护技术管理规定》标准的通知
国家电网公司	国家电网企管〔2013〕999 号	国家电网公司关于印发《配电网规划设计技术导则》等 2 项标准的通知
国家电网公司	国家电网企管〔2013〕1449 号	国家电网公司关于印发《架空输电线路戈壁碎石土地基掏挖基础技术导则》等 30 项标准的通知
国家电网公司	国家电网企管〔2013〕1645 号	国家电网公司关于印发《数字化电能表特殊要求》等 3 项标准的通知
国家电网公司	国家电网企管〔2013〕1646 号	国家电网公司关于印发《风电场调度运行信息交换规范》等 6 项标准的通知
国家电网公司	国家电网企管〔2013〕1650 号	国家电网公司关于印发《电力安全工作规程　变电部分》、《电力安全工作规程　线路部分》2 项标准的通知
国家电网公司	国家电网企管〔2013〕1692 号	国家电网公司关于印发《国家电网公司直属单位劳动定员标准　第 1 部分：科研教培单位》等 4 项标准的通知
国家电网公司	国家电网企管〔2013〕1717 号	国家电网公司关于印发《直流故障录波装置入网检测标准》等 3 项标准的通知
国家电网公司	国家电网企管〔2013〕1718 号	国家电网公司关于印发《电能计量器具条码》等 3 项标准的通知
国家电网公司	国家电网企管〔2013〕1793 号	国家电网公司关于印发《智能变电站 110kV 合并单元智能终端集成装置技术规范》等 5 项标准的通知
国家电网公司	国家电网企管〔2013〕1827 号	国家电网公司关于印发《继电保护状态检修导则》等 6 项标准的通知
国家电网公司	国家电网企管〔2013〕1828 号	国家电网公司关于印发《电力市场交易运营系统基本语义定义标准》等 2 项标准的通知
国家电网公司	国家电网企管〔2013〕1836 号	国家电网公司关于印发《电池储能电站技术导则》等 2 项标准的通知
国家电网公司	国家电网企管〔2013〕1842 号	国家电网公司关于印发《计量用电子标签技术规范》等 2 项标准的通知
国家电网公司	国家电网企管〔2013〕1869 号	国家电网公司关于印发《通信站运行管理规定》等 5 项标准的通知
国家电网公司	国家电网企管〔2013〕1963 号	国家电网公司关于印发《风光储联合发电系统调试导则》等 6 项标准的通知
国家电网公司	国家电网企管〔2013〕1981 号	国家电网公司关于印发《人力资源基础信息分类与代码》标准的通知
国家电网公司	国家电网人事〔2013〕795 号	国家电网公司关于印发《国家电网公司引进海外高层次人才工作管理办法（试行）》的通知

续表

发文单位	文　　号	文　件　标　题
国家电网公司	国家电网人事〔2013〕805 号	国家电网公司关于印发《国家电网公司驻外人员职位职级管理办法（试行）》的通知
国家电网公司	国家电网人资〔2013〕560 号	国家电网公司关于印发《国家电网公司企业负责人年度业绩考核管理办法》的通知
国家电网公司	国家电网人资〔2013〕586 号	国家电网公司关于印发《国家电网公司供电企业岗位管理暂行办法》的通知
国家电网公司	国家电网人资〔2013〕587 号	国家电网公司关于印发《国家电网公司供电企业劳动定员管理办法》的通知
国家电网公司	国家电网人资〔2013〕588 号	国家电网公司关于印发《国家电网公司供电企业机构编制管理办法》的通知
国家电网公司	国家电网人资〔2013〕590 号	国家电网公司关于印发《国家电网公司企业年金管理暂行办法》的通知
国家电网公司	国家电网人资〔2013〕722 号	国家电网公司关于授予孙斌等 20 名同志第一届“国家电网公司青年五四奖章”的决定
国家电网公司	国家电网人资〔2013〕778 号	国家电网公司关于规范各层级单位机构名称的批复
国家电网公司	国家电网人资〔2013〕1069 号	国家电网公司关于印发《国家电网公司员工奖惩规定》的通知
国家电网公司	国家电网人资〔2013〕1734 号	国家电网公司关于印发《国家电网公司工资总额计划管理暂行办法》的通知
国家电网公司	国家电网人资〔2013〕1735 号	国家电网公司关于印发《国家电网公司招聘高等学校毕业生管理办法》的通知
国家电网公司	国家电网外联〔2013〕1186 号	国家电网公司关于发布《国家电网公司标识应用管理办法》和《国家电网公司标识应用手册》的通知
国家电网公司	国家电网信通〔2013〕443 号	国家电网公司关于科技管理系统与电网环境保护管理子系统优化提升项目通过可研的通知
国家电网公司	国家电网信通〔2013〕444 号	国家电网公司关于电网工业控制系统安全测评及试点实施项目通过可研的通知
国家电网公司	国家电网营销〔2013〕103 号	国家电网公司关于印发《国家电网公司 95598 业务管理暂行办法》的通知
国家电网公司	国家电网营销〔2013〕436 号	国家电网公司关于印发《国家电网公司分布式电源项目并网服务管理规范》的通知
国家电网公司	国家电网营销〔2013〕1089 号	国家电网公司关于印发《国家电网公司有序用电工作导则（试行）》的通知
国家电网公司	国家电网运监〔2013〕1713 号	国家电网公司关于印发《国家电网运营监测（控）地市业务指标手册》和《国家电网运营监测（控）业务阈值手册》的通知
国家电网公司	国家电网运检〔2013〕554 号	国家电网公司关于印发《国家电网公司运检绩效管理暂行规定》的通知
国家电网公司	国家电网运检〔2013〕859 号	国家电网公司关于印发《国家电网公司技术监督管理规定》的通知
国家电网公司	国家电网智能〔2013〕794 号	国家电网公司关于印发《国家电网公司风电并网检测工作管理办法（试行）》的通知

续表

发文单位	文　　号	文 件 标 题
国家电网公司	后勤小型基建〔2013〕29号	国网后勤部关于印发《国家电网公司非生产性技改、大修项目管理工作流程（试行）》的通知
国家电网公司	基建技经〔2013〕135号	国网基建部关于印发《国家电网公司电网工程设备材料信息价管理办法（试行）》的通知
国家电网公司	基建技术〔2013〕95号	国网基建部关于印发《变电站全寿命周期设计建设技术导则（试行）》等两项技术标准的通知
国家电网公司	交交一〔2013〕32号	国网交易中心关于印发跨区跨省交易多级合同系统编号规则（试行）的通知
国家电网公司	科研〔2013〕55号	国网科技部关于印发《国家电网公司总部管理科技项目实施及验收管理工作细则（试行）》的通知
国家电网公司	人资保障〔2013〕65号	国网人资部关于国网北京电力调整住房公积金缴存标准的批复
国家电网公司	人资绩〔2013〕94号	国网人资部关于贯彻落实《国家电网公司员工奖惩规定》的通知
国家电网公司	人资绩〔2013〕151号	国网人资部关于印发《国家电网公司全员绩效管理工作考核评价办法》的通知
国家电网公司	人资绩〔2013〕167号	国网人资部关于印发《国家电网公司供电企业典型岗位绩效指标体系》的通知
国家电网公司	人资计〔2013〕147号	国网人资部关于印发《国家电网公司人力资源信息系统管理规范》的通知
国家电网公司	审计〔2013〕43号	国网审计部关于印发《国家电网公司审计信息系统应用考核实施细则（试行）》的通知
国家电网公司	团〔2013〕9号	国家电网公司团委关于表彰2012年度公司五四红旗团委（团支部）、优秀共青团员、优秀共青团干部的决定
国家电网公司	物资供应〔2013〕75号	国网物资部关于印发国家电网公司物资调配中心运作手册及评价标准的通知
国家电网公司	物资技术〔2013〕150号	国网物资部关于印发《国家电网公司物资信息系统需求管理工作规范》的通知
国家电网公司	物资质监〔2013〕209号	国网物资部关于印发物资质量管理工作手册（试行版）的通知
国家电网公司	物资综〔2013〕169号	国网物资部关于印发《国家电网公司竞争性谈判采购工作规范（试行）》等七项制度的通知
国家电网公司	物资综〔2013〕169号	国网物资部关于印发《国家电网公司竞争性谈判采购工作规范（试行）》等相关工作规范的通知
国家电网公司	信通计划〔2013〕193号	国网信通部关于国网北京电力信息系统建设软硬件采购项目可行性研究报告的批复
国家电网公司	信通运行〔2013〕4号	国家电网公司信息通信部关于印发客户服务信息系统运行维护工作规范（试行）的通知
国家电网公司	信通运行〔2013〕114号	国网信通部关于印发电网地理信息服务平台运行维护管理规范（试行）的通知
国家电网公司	信通运行〔2013〕126号	国网信通部关于印发公司内部对标信息通信指标评价细则（2013版）的通知

续表

发文单位	文　号	文件标题
国家电网公司	信通运行〔2013〕133号	国网信通部关于印发电子商务平台运行维护工作规范（试行）的通知
国家电网公司	信通运行〔2013〕206号	国网信通部关于印发国家电网公司信息通信安全运行事件即时报告工作要求（试行）的通知
国家电网公司	营销计量〔2013〕63号	国家电网公司营销部关于国网计量生产调度平台建设项目可行性研究报告的批复
国家电网公司	营销计量〔2013〕70号	国网营销部关于统一国家电网公司系统电能表技术标准的通知
国家电网公司	营销智用〔2013〕120号	国网营销部关于北京市电力公司平谷电动出租车充电站三期等15个项目可行性研究报告的批复
国家电网公司	营销智用〔2013〕140号	国网营销部关于北京市电力公司石景山老山电动公交车充电站等56个项目可研的批复
国家电网公司	运监监测〔2013〕15号	国网运监中心关于印发《国家电网公司运营监测（控）业务运行暂行规定（试行）》的通知
国家电网公司	运监监测〔2013〕18号	运监中心关于印发《国家电网公司运营监测（控）数据质量管理办法（试行）》的通知
国家电网公司	运检部通知〔2013〕36号	国网运检部关于集中编写《配电自动化主站系统功能规范》等标准的通知
国家电网公司	运检计划〔2013〕519号	国网运检部关于印发设备（资产）运维精益管理系统标准数据运维管理规范（试行）的通知
国家电网公司	运检技术〔2013〕299号	国网运检部关于印发生产特种车辆技术规范（试行）的通知
国家电网公司	运检三〔2013〕283号	国网运检部关于印发重点城市配电网建设改造与管理提升验收细则（试行）的通知
国家电网公司	运检三〔2013〕292号	国网运检部关于召开《10kV配电变压器选型技术原则和检测技术规范》等五项技术标准审查会的通知
国家电网公司	运检三〔2013〕379号	国网运检部关于印发《配网月度运行分析报告模板（修订版）》的通知
国家电网公司华北分部	华北调〔2013〕9号	国家电网公司华北分部关于印发华北电网骨干通信网运行维护管理规定（试行）的通知
国家电网公司华北分部	华北交易〔2013〕101号	国家电网公司华北分部关于印发电能交易合同管理办法的通知
国家电力监管委员会华北监管局	华北电监安全〔2013〕21号	转发国家电监会《电力安全隐患监督管理暂行规定》的通知
国家电力监管委员会华北监管局	华北电监资质〔2013〕15号	转发国家电监会关于《电力建设工程备案管理规定》的通知
北京市财政局、北京市科学技术委员会、北京市市政市容管理委员会、北京市发展和改革委员会	京财经一〔2013〕1071号	关于印发《北京市纯电动汽车示范推广市级补助暂行办法》有关事项的补充通知
北京市发展和改革委员会	京发改〔2013〕76号	关于东北热电中心送出（东坝东）工程项目核准的批复
北京市发展和改革委员会	京发改〔2013〕77号	关于永定220kV输变电工程项目核准的批复
北京市发展和改革委员会	京发改〔2013〕78号	关于东北热电中心送出（酒仙桥）工程项目核准的批复

续表

发文单位	文　　号	文　件　标　题
北京市发展和改革委员会	京发改〔2013〕133号	关于大刘庄220kV牵引站外电源电缆工程项目核准的批复
北京市发展和改革委员会	京发改〔2013〕135号	关于望京220kV站扩建工程项目核准的批复
北京市发展和改革委员会	京发改〔2013〕287号	关于团结湖220kV输变电工程项目核准的批复
北京市发展和改革委员会	京发改〔2013〕288号	关于西北热电中心送出（永定）工程项目核准的批复
北京市发展和改革委员会	京发改〔2013〕290号	关于西北热电中心送出（远大）工程项目核准的批复
北京市发展和改革委员会	京发改〔2013〕435号	关于三星庄110kV输变电工程项目核准的批复
北京市发展和改革委员会	京发改〔2013〕436号	关于稻香湖110kV输变电工程项目核准的批复
北京市发展和改革委员会	京发改〔2013〕469号	关于金盏35kV变电站升压110kV输变电工程项目核准的批复
北京市发展和改革委员会	京发改〔2013〕812号	北京市发展和改革委员会关于会都110kV输变电工程项目核准的批复
北京市发展和改革委员会	京发改〔2013〕863号	北京市发展和改革委员会关于马池口35kV变电站升压110kV输变电工程项目核准的批复
北京市发展和改革委员会	京发改〔2013〕980号	关于昊天110kV输变电工程项目核准的批复
北京市发展和改革委员会	京发改〔2013〕1036号	关于庄子营110kV输变电工程核准的批复
北京市发展和改革委员会	京发改〔2013〕1096号	关于郭公庄110kV输变电工程项目核准的批复
北京市发展和改革委员会	京发改〔2013〕1097号	关于动漫城110kV输变电工程项目核准的批复
北京市发展和改革委员会	京发改〔2013〕1219号	关于北京市电力公司北京电网2013年拉路限电序位的批复
北京市发展和改革委员会	京发改〔2013〕1220号	关于北京市电力公司2013年北京电网有序用电方案的批复
北京市发展和改革委员会	京发改〔2013〕1398号	关于首都副中心电网应急抢修分中心工程项目核准的批复
北京市发展和改革委员会	京发改〔2013〕1421号	关于乔庄110kV输变电工程项目核准的批复
北京市发展和改革委员会	京发改〔2013〕1422号	关于后大营110kV输变电工程项目核准的批复
北京市发展和改革委员会	京发改〔2013〕1423号	关于米各庄110kV变电站增容工程项目核准的批复
北京市发展和改革委员会	京发改〔2013〕1444号	关于黄寺220kV变电站扩建工程项目核准的批复
北京市发展和改革委员会	京发改〔2013〕1574号	关于顺义新城110kV输变电工程项目核准的批复
北京市发展和改革委员会	京发改〔2013〕1576号	关于未来城电厂送出工程项目核准的批复
北京市发展和改革委员会	京发改〔2013〕1578号	关于回龙观西（北店）110kV变电站扩建工程项目核准的批复
北京市发展和改革委员会	京发改〔2013〕1632号	关于东长安街（法华寺）110kV输变电工程项目核准的批复
北京市发展和改革委员会	京发改〔2013〕1633号	关于广内大街（报国寺）110kV输变电工程项目核准的批复
北京市发展和改革委员会	京发改〔2013〕1745号	关于未来城220kV输变电国家电网公司超导电缆输电技术试验段未来城—土沟110kV项目核准的批复
北京市发展和改革委员会	京发改〔2013〕1746号	关于红螺寺35kV变电站升压工程项目核准的批复
北京市发展和改革委员会	京发改〔2013〕1747号	关于交道口110kV输变电工程项目核准的批复
北京市发展和改革委员会	京发改〔2013〕1748号	关于西交民巷110kV输变电工程项目核准的批复
北京市发展和改革委员会	京发改〔2013〕1981号	关于通州西北（商务园）220kV输变电工程项目核准的批复
北京市发展和改革委员会	京发改〔2013〕1992号	关于石莲110kV输变电工程项目核准的批复
北京市发展和改革委员会	京发改〔2013〕2016号	关于岳各庄220kV输变电工程项目核准的批复
北京市发展和改革委员会	京发改〔2013〕2039号	关于酒仙桥220kV输变电工程项目核准的批复
北京市发展和改革委员会	京发改〔2013〕2637号	关于永定220kV变电站110kV切改工程项目核准的批复

续表

发文单位	文　号	文 件 标 题
北京市发展和改革委员会	京发改〔2013〕2800 号	关于草桥—沙窝 110kV 电缆线路工程项目核准的批复
北京市发展和改革委员会	京发改〔2013〕2801 号	关于康宁—兴业、荣华—华康 110kV 电缆线路工程项目核准的批复
北京市发展和改革委员会	京发改〔2013〕2802 号	关于望京—三元 110kV 送电工程项目核准的批复
北京市规划委员会	市规函〔2013〕1520 号	关于通州土桥纯电动公交充电站规划设计方案的批复
北京市环境保护局	京环审〔2013〕343 号	关于红螺寺 35kV 变电站升压 110kV 输变电工程建设项目环境影响报告表的批复
北京市环境保护局	京环审〔2013〕344 号	关于西北热电中心送出（温泉）工程建设项目环境影响报告表的批复
北京市环境保护局	京环审〔2013〕345 号	关于西北热电中心送出（聂各庄）工程建设项目环境影响报告表的批复
北京市经济和信息化委员会	京经信委发〔2013〕118 号	关于印发《北京市城市安全运行和应急管理领域物联网应用示范工程信息共享管理办法》的通知
北京市人民政府防汛抗旱指挥部办公室	京政汛办〔2013〕98 号	关于印发《北京市汛情实时动态信息报送办法（暂行）》的通知
中共北京市人民政府国有资产监督管理委员会	京国资党文〔2013〕78 号	关于同意北京市电力公司党委、纪委更名的批复
北京市统计局、北京市发展和改革委员会	京统发〔2013〕46 号	关于印发《北京市新能源和可再生能源统计管理暂行办法》的通知
北京市突发事件应急委员会办公室、北京市发展和改革委员会、北京市经济和信息化委员会	京应急办发〔2013〕9 号	关于印发《北京市城市安全运行和应急管理领域物联网应用示范工程验收管理办法》的通知

公司重要文件索引（摘要）

文　号	文 件 标 题
京电安〔2013〕16 号	关于印发《北京市电力公司安全生产风险指数管理办法（试行）》的通知
京电安〔2013〕17 号	关于印发《北京市电力公司应急指挥中心运行管理办法》的通知
京电安〔2013〕19 号	关于印发《北京市电力公司应急救援队伍管理办法》的通知
京电安〔2013〕20 号	关于印发《社会人员攀爬铁塔突发事件处置方案》的通知
京电安〔2013〕23 号	关于印发《北京市电力公司全面质量监督指标管理细则》的通知
京电安〔2013〕27 号	关于印发《北京市电力公司安全隐患排查治理实施细则》的通知
京电安〔2013〕28 号	关于发布《北京市电力公司夏季气象灾害处置应急预案》的通知
京电安〔2013〕30 号	关于发布《北京市电力公司防汛应急处置预案》的通知
京电安〔2013〕40 号	关于印发《国网北京市电力公司反外力视频监控系统运行管理规定（试行）》的通知
京电安〔2013〕41 号	关于印发《国网北京市电力公司反恐怖防范管理办法》的通知

续表

文　　号	文件标题
京电安〔2013〕42号	关于印发《国网北京市电力公司安全巡检工作管理办法（试行）》的通知
京电安〔2013〕44号	关于印发《国网北京市电力公司业务外包安全管理规定（试行）》的通知
京电安〔2013〕45号	关于印发《国网北京市电力公司业务委托安全管理规定（试行）》的通知
京电安〔2013〕46号	关于修订印发《国网北京市电力公司工程承发包安全管理规定》的通知
京电安〔2013〕49号	关于印发《国网北京市电力公司安全专项奖励办法》的通知
京电安〔2013〕50号	关于印发《国网北京市电力公司保安工作管理办法（修订）》的通知
京电安〔2013〕52号	关于印发《国网北京市电力公司应急装备管理办法》的通知
京电安〔2013〕54号	关于转发国网安质部《信息系统安全监督检查工作规范（试行）》和《信息系统事件调查工作规范（试行）》的通知
京电安〔2013〕55号	关于印发《国网北京市电力公司安全生产风险指数管理办法》的通知
京电办〔2013〕13号	关于启用北京市电力公司人才交流服务中心印章的通知
京电办〔2013〕27号	关于印发《北京市电力公司本部会议管理办法》的通知
京电办〔2013〕28号	关于印发《北京市电力公司本部会议费管理办法》的通知
京电办〔2013〕30号	关于印发《北京市电力公司党政联席会议议事规则》的通知
京电办〔2013〕32号	关于启用公章的通知
京电办〔2013〕33号	关于启用印章的报告
京电办〔2013〕34号	关于启用所属部门和单位印章的通知
京电财〔2013〕9号	关于印发《北京市电力公司所属单位及其负责人业绩考核财务指标考核办法》的通知
京电财〔2013〕13号	关于印发《北京市电力公司财务专业评先办法》的通知
京电党〔2013〕6号	关于信息通信分公司党委增补党委委员的批复
京电党〔2013〕8号	关于顺义供电公司党委增补党委委员的批复
京电党〔2013〕9号	关于北京市城市照明中心党委增补党委委员的批复
京电党〔2013〕16号	关于大兴供电公司党委增补党委委员的批复
京电党〔2013〕17号	关于北京电力科学研究院党委增补党委委员的批复
京电党〔2013〕18号	关于信息通信分公司党委增补党委委员的批复
京电党〔2013〕19号	关于门头沟供电公司党委增补党委委员的批复
京电党〔2013〕23号	关于公司机关党委增补党委委员的批复
京电党〔2013〕26号	关于物资供应分公司党委增补党委委员的批复
京电党〔2013〕27号	关于检修分公司党委增补党委委员的批复
京电党〔2013〕28号	关于通州供电公司党委增补党委委员的批复
京电党〔2013〕29号	关于物资供应分公司党委增补党委委员的批复
京电党〔2013〕30号	关于密云供电公司党委增补党委委员的批复
京电党〔2013〕31号	关于北京电力科学研究院党委增补党委委员的批复
京电党〔2013〕37号	关于北京电力经济技术研究院党委增补党委委员的批复
京电党〔2013〕39号	关于印发《北京市电力公司党风廉政建设责任制暨惩治和预防腐败体系建设工作考核办法》的通知
京电党〔2013〕41号	关于物业管理公司党委增补党委委员的批复
京电党〔2013〕42号	关于机关党委增补党委委员的批复
京电党〔2013〕49号	关于启用国网北京市电力公司党组织印章的通知
京电党〔2013〕51号	关于国网北京市电力公司所属党组织机构更名的通知
京电党〔2013〕52号	关于启用国网北京市电力公司所属党组织印章的通知

续表

文　　号	文 件 标 题
京电党〔2013〕55 号	关于国网北京检修分公司党委增补党委委员的批复
京电党〔2013〕56 号	关于国网北京房山供电公司党委增补党委委员的批复
京电党〔2013〕57 号	关于机关党委增补党委委员的批复
京电党〔2013〕62 号	关于成立"国网北京市电力公司窦珍志愿服务队"的通知
京电党〔2013〕63 号	关于国网北京亦庄供电公司党委增补党委委员的批复
京电党〔2013〕64 号	关于北京电力经济技术研究院党委增补党委委员的批复
京电党任〔2013〕1 号	高迎君等同志职务任免
京电党任〔2013〕2 号	李军等同志职务任免
京电党任〔2013〕3 号	李捷等同志职务任免
京电党任〔2013〕4 号	赵先阳同志职务任免
京电党任〔2013〕5 号	秦帅同志职务任免
京电党任〔2013〕6 号	杨秋霞同志职务任免
京电党任〔2013〕7 号	陈长胜同志任职
京电党任〔2013〕8 号	陈守军等同志任职
京电党任〔2013〕9 号	周欣同志任职
京电党任〔2013〕15 号	岳国荣等同志职务任免
京电党任〔2013〕16 号	周彤等同志职务任免
京电党任〔2013〕17 号	牛磊等同志职务任免
京电党任〔2013〕18 号	张兴义等同志职务任免
京电党任〔2013〕19 号	马强同志任职
京电党任〔2013〕20 号	马强同志免职
京电党任〔2013〕21 号	祝秀山同志任职
京电党任〔2013〕22 号	陈士军同志免职
京电党任〔2013〕23 号	曲啟春同志免职
京电党任〔2013〕24 号	张伟等同志职务任免
京电党任〔2013〕25 号	刘春风同志免职
京电党任〔2013〕26 号	石凤岗等同志职务任免
京电党任〔2013〕27 号	杨一坚等同志职务任免
京电党任〔2013〕28 号	赵化明等同志职务任免
京电党任〔2013〕29 号	吕彬同志任职
京电党任〔2013〕30 号	李长海同志免职
京电党任〔2013〕31 号	陈守军等同志免职
京电党任〔2013〕32 号	杨青同志任职
京电党任〔2013〕33 号	沈春雷同志免职
京电党任〔2013〕34 号	张白茹同志任职
京电党任〔2013〕35 号	黄磊同志任职
京电党任〔2013〕36 号	夏泉等同志职务任免
京电党任〔2013〕37 号	张丽萍同志免职
京电党任〔2013〕38 号	张丽萍等同志职务任免
京电党任〔2013〕39 号	齐小伟同志任职

续表

文　　号	文 件 标 题
京电党任〔2013〕40号	杨青等同志职务任免
京电调〔2013〕14号	关于印发《北京市电力公司调控运行业务指标实施细则》的通知
京电调〔2013〕19号	关于印发《北京市电力公司生产值班工作管理规定（修订）》的通知
京电调〔2013〕20号	关于印发《北京市电力公司生产值班工作评价管理办法》的通知
京电调〔2013〕21号	关于印发《北京市电力公司变电站集中监控许可管理规定（试行）》的通知
京电调〔2013〕22号	关于印发《北京市电力公司电力调度与通信业务协调工作管理规定》的通知
京电调〔2013〕25号	关于印发《北京市电力公司配网停电计划管理规定（试行）》的通知
京电调〔2013〕26号	关于印发《北京市电力公司设备监控信息分析管理规定（试行）》的通知
京电调〔2013〕35号	关于印发《北京市电力公司变电站视频监控系统技术规范及布点配置原则（试行）》的通知
京电调〔2013〕40号	关于印发《北京市电力公司生产值班业务工作规范》的通知
京电调〔2013〕45号	关于印发《设备监控信息分析及处理规定（试行）》的通知
京电调〔2013〕46号	关于印发北京电网设备负荷分析与管理工作机制补充规定的通知
京电调〔2013〕50号	关于印发《智能变电站继电保护设备运行管理规程》的通知
京电调〔2013〕69号	关于下发《北京电网自动化信息参数配置管理规定（试行）》的通知
京电调〔2013〕70号	关于印发《国网北京市电力公司设备监控信息管理规定（试行）》的通知
京电调〔2013〕72号	关于印发《变电站设备状态操作管理规定》的通知
京电调〔2013〕73号	关于转发国家电网公司《变电站一体化监控系统测试及验收规范》的通知
京电调〔2013〕75号	关于印发《国网北京市电力公司配网抢修指挥平台管理办法（试行）》的通知
京电发展〔2013〕236号	关于印发《北京电网35~500kV输变电工程项目可行性研究报告内容深度规定》的通知
京电发展〔2013〕253号	关于印发《北京电网客户接入系统方案管理办法》的通知
京电发展〔2013〕256号	关于印发《北京市电力公司综合计划管理办法》的通知
京电发展〔2013〕291号	关于印发《国网北京市电力公司承发包公司运维电力管道断面审批管理办法（试行）》的通知
京电工〔2013〕9号	关于印发《北京市电力公司先进人物选树管理办法（试行）》的通知
京电工〔2013〕16号	关于印发《国网北京市电力公司总经理联络员工作制度（试行）》的通知
京电工〔2013〕21号	关于印发《国网北京市电力公司工会工作标准化建设实施意见》（修订版）的通知
京电工〔2013〕23号	关于印发《国网北京市电力公司先进单位、先进集体、先进班组（工人先锋号）、先进工作者、劳动模范评比办法》的通知
京电后勤〔2013〕2号	关于印发《北京市电力公司本部办公楼管理办法》的通知
京电后勤〔2013〕8号	关于印发《北京市电力公司非生产性项目管理办法》（修订）的通知
京电后勤〔2013〕9号	关于印发《北京市电力公司本部办公用房管理办法》的通知
京电机关〔2013〕1号	关于印发《北京市电力公司本部配置办公家具和办公设备管理办法》（试行）的通知
京电基〔2013〕5号	关于兴华110kV变电站10kV切改工程初步设计的批复
京电基〔2013〕7号	关于兴华110kV送电工程初步设计的批复
京电基〔2013〕12号	关于印发《220kV及以上输变电工程前期建场工作管理办法》的通知
京电基〔2013〕14号	关于印发《电力隧道浅埋暗挖施工安全质量监理指导手册》等5个安全质量管理文件的通知
京电基〔2013〕20号	关于印发《北京市电力公司基建工程结算管理实施细则》的通知
京电基〔2013〕25号	关于成立上昆隧道治理工作领导小组和各专业工作组的通知
京电基〔2013〕32号	关于黄杉木店110kV变电站扩建专项保护改造工程初步设计的批复
京电基〔2013〕33号	关于夏各庄110kV送电工程初步设计的批复
京电基〔2013〕34号	关于西府110kV变电站工程初步设计的批复

续表

文　　号	文 件 标 题
京电基〔2013〕35 号	关于梅花庄 110kV 变电工程初步设计的批复
京电基〔2013〕36 号	关于海青落 110kV 变电工程初步设计的批复
京电基〔2013〕37 号	关于小红门 110kV 变电站扩建工程初步设计的批复
京电基〔2013〕39 号	关于印发《北京市电力公司基建工程设计变更管理实施细则》的通知
京电基〔2013〕41 号	关于海青落 110kV 送电工程初步设计的批复
京电基〔2013〕46 号	关于 T 下村 110kV 线路改造（S1 线）初步设计的批复
京电基〔2013〕47 号	关于南水北调东干渠平北路 10kV 架空线路迁改工程初步设计的批复
京电基〔2013〕48 号	关于南水北调东干渠西直河路 10kV 架空线路迁改工程初步设计的批复
京电基〔2013〕49 号	关于南水北调东干渠王家村路 10kV 架空线路迁改工程初步设计的批复
京电基〔2013〕50 号	关于南水北调东干渠白家楼路 10kV 架空线路迁改工程初步设计的批复
京电基〔2013〕51 号	关于石吕一二 220kV 线路改造（S1 线）工程初步设计的批复
京电基〔2013〕52 号	关于 T 高村、T 下村 110kV 线路改造（S1 线）工程初步设计的批复
京电基〔2013〕54 号	关于宰相庄 110kV 送电工程初步设计的批复
京电基〔2013〕55 号	关于门宝 220kV、T 高村 110kV 线路改造（S1 线）工程初步设计的批复
京电基〔2013〕56 号	关于命名门城 220kV 变电站等 3 项工程为达标投产工程的通知
京电基〔2013〕57 号	关于印发《北京市电力公司所属单位及其负责人业绩考核基建专业管理考核细则》的通知
京电基〔2013〕59 号	关于庆羊 110kV 变电站 10kV 切改工程初步设计的批复
京电基〔2013〕60 号	关于下村、高村、高城 110kV 线路迁改（门头沟新城）工程初步设计的批复
京电基〔2013〕61 号	关于石宝一二 220kV 线路迁改（门头沟新城）工程初步设计的批复
京电基〔2013〕62 号	关于高六 110kV 线路迁改（门头沟新城）工程初步设计的批复
京电基〔2013〕63 号	关于石吕一二 220kV 线路迁改（门头沟新城）工程初步设计的批复
京电基〔2013〕64 号	关于门宝一二 220kV 线路迁改（门头沟新城）工程初步设计的批复
京电基〔2013〕65 号	关于古城变电站部分土建及配套设施改造工程初步设计的批复
京电基〔2013〕66 号	关于石门、石上 220kV 线路迁改（门头沟新城）工程初步设计的批复
京电基〔2013〕76 号	关于苏州街 110kV 变电站扩建及配套切改工程初步设计的批复
京电基〔2013〕78 号	关于密云电动出租车充电站工程初步设计的批复
京电基〔2013〕79 号	关于平谷迎宾环岛充电站工程初步设计的批复
京电基〔2013〕80 号	关于团河 220kV 变电站配套 110kV 切改工程初步设计的批复
京电基〔2013〕82 号	关于董各庄 110kV 输变电工程初步设计的批复
京电基〔2013〕85 号	关于西辛 110kV 变电站扩建工程初步设计的批复
京电基〔2013〕88 号	关于周易 110kV 变电站扩建工程初步设计的批复
京电基〔2013〕89 号	关于石门 110kV 变电站工程初步设计的批复
京电基〔2013〕92 号	关于延庆县城分布式电动汽车充电站工程初步设计的批复
京电基〔2013〕95 号	关于采育等 13 项 110kV 输变电工程初步设计的批复
京电基〔2013〕96 号	关于黄杉木店—国棉 110kV 送电工程初步设计的批复
京电基〔2013〕97 号	关于石景山环卫车充电桩（二期）工程初步设计的批复
京电基〔2013〕214 号	关于 2012 年东城区“煤改电”工程（配网部分）初步设计的批复
京电基〔2013〕230 号	关于房山城关垃圾转运站充电站工程初步设计的批复
京电基〔2013〕236 号	关于夏各庄 110kV 变电站 10kV 切改工程初步设计的批复
京电基〔2013〕237 号	关于梅花庄 110kV 送电工程初步设计的批复

续表

文　　号	文 件 标 题
京电基〔2013〕238号	关于堡头220kV变电站扩建工程初步设计的批复
京电基〔2013〕239号	关于鲁谷大街（南段）（鲁谷路—吴家村路）架空线入地等四项工程初步设计的批复
京电基〔2013〕240号	关于台基厂大街及其周边道路架空线入地工程初步设计的批复
京电基〔2013〕241号	关于昌平环卫电动环卫车充电站工程初步设计的批复
京电基〔2013〕242号	关于西北旺220kV变电站10kV切改工程初步设计的批复
京电基〔2013〕243号	关于怀柔电动出租车充电站工程初步设计的批复
京电基〔2013〕244号	关于董各庄110kV输变电工程10kV切改工程初步设计的批复
京电基〔2013〕248号	关于清河营路10kV线路迁移工程初步设计的批复
京电基〔2013〕249号	关于南华110kV变电站10kV切改工程初步设计的批复
京电基〔2013〕250号	关于南水北调东干渠（51#排气阀）10kV羊南路配迁等两项工程初步设计的批复
京电基〔2013〕255号	关于东北热电中心高安屯热电厂—酒仙桥220kV送出等两项工程初步设计的批复
京电基〔2013〕256号	关于北长街架空线入地等2项工程初步设计的批复
京电基〔2013〕257号	关于冯门35kV线路迁改（高家园安置房）工程初步设计的批复
京电基〔2013〕258号	关于西府110kV变电站10kV切改工程初步设计的批复
京电基〔2013〕259号	关于福田屯支田桥35kV线路迁改（二炮）工程初步设计的批复
京电基〔2013〕260号	关于T旺桥35kV线路迁改（军事科学院）工程初步设计的批复
京电基〔2013〕261号	关于西安门大街架空线入地（西四北大街—北海大桥）工程初步设计的批复
京电基〔2013〕263号	关于平谷电动出租车充电站工程初步设计的批复
京电基〔2013〕264号	关于郭公庄110kV输变电工程初步设计的批复
京电基〔2013〕266号	关于石门110kV输变电附属设施工程电力生产调度楼工程初步设计的批复
京电基〔2013〕268号	关于印发《国网北京市电力公司电力管道通用设计》的通知
京电基〔2013〕269号	关于神华国华（北京）燃气热电工程厂区内高安屯10kV线路迁改工程初步设计的批复
京电基〔2013〕270号	关于动漫城110kV输变电工程初步设计的批复
京电基〔2013〕273号	关于北沙滩站电力隧道迁移（地铁15号线）工程初步设计的批复
京电基〔2013〕274号	关于五路居110kV变电站10kV切改工程初步设计的批复
京电基〔2013〕275号	关于毛红35kV线路入地（大红门新农村改造）工程初步设计的批复
京电基〔2013〕276号	关于马连道110kV输变电工程初步设计的批复
京电纪〔2013〕6号	中共北京市电力公司纪委关于印发《北京市电力公司基层纪委书记工作考评办法》的通知
京电监〔2013〕2号	关于印发《北京市电力公司廉洁从业重点岗位人员监督管理若干规定（试行）》的通知
京电科信〔2013〕1号	关于印发《北京市电力公司800MB数字集群终端管理规定》的通知
京电科信〔2013〕2号	关于下发《北京市电力公司无线公网电力专线业务管理规定》的通知
京电科信〔2013〕4号	关于印发《北京市电力公司卫星电话运行管理规定》的通知
京电科信〔2013〕7号	关于下达项目预算全过程管控信息化实施建设任务的通知
京电科信〔2013〕17号	关于印发《北京市电力公司电视电话会议系统运行管理规定》的通知
京电科信〔2013〕18号	关于印发信息化标准督查工作管理办法（试行）的通知
京电科信〔2013〕21号	关于容灾中心及信息网络第二汇聚点建设等工程初步设计的批复
京电科信〔2013〕22号	关于印发《设备工程监理技术标准》等标准的通知
京电科信〔2013〕24号	关于下达电子文件管理系统推广实施建设任务的通知
京电科信〔2013〕27号	关于印发《北京市电力公司直埋电缆标识标牌技术标准》的通知
京电科信〔2013〕28号	关于印发《国网北京市电力公司科技项目实施和验收工作实施细则（试行）》的通知

续表

文　　号	文　件　标　题
京电科信〔2013〕30 号	关于运营监测（控）信息支撑系统建设配套实施项目可行性研究报告的批复
京电科信〔2013〕31 号	关于下达信息系统统一监控实施建设任务的通知
京电科信〔2013〕37 号	关于员工思想教育论坛等十二项信息化项目可行性研究报告的批复
京电科信〔2013〕38 号	关于绩效管理信息系统建设等十四项信息化项目可行性研究报告的批复
京电科信〔2013〕40 号	关于物资调配中心二期建设等二十九项信息化项目可行性研究报告的批复
京电科信〔2013〕41 号	关于下达管控业务审计系统一级部署实施建设任务的通知
京电科信〔2013〕43 号	关于印发《架空送电线路跨越架施工规程》的通知
京电科信〔2013〕44 号	关于下达信息系统硬件资源池推广建设任务的通知
京电科信〔2013〕45 号	关于电网 GIS 平台硬件采购等两项信息化项目可行性研究报告的批复
京电科信〔2013〕46 号	关于印发《国网北京市电力公司实验室建设与运行管理办法（试行）》的通知
京电科信〔2013〕47 号	关于自建信息系统设备搬迁等两项信息化项目可行性研究报告的批复
京电科信〔2013〕49 号	关于印发《架空输电线路反外力视频监控系统技术规范》等两项技术标准的通知
京电科信〔2013〕57 号	关于下达 IMS、TMS 系统设备管理模块与 ERP 接口部署建设任务的通知
京电科信〔2013〕58 号	关于下达电网资产保险管理系统、财务在线业务稽核模块（工程、物资）推广实施建设任务的通知
京电经法〔2013〕12 号	关于印发《北京市电力公司重要决策法律论证管理办法》的通知
京电企协〔2013〕6 号	关于印发《北京市电力公司同业对标专项考核实施细则》的通知
京电企协〔2013〕12 号	关于发布《国家电网首都电力共产党员服务队管理标准》等 2 项管理标准的通知
京电企协〔2013〕13 号	关于印发《北京市电力公司标准化工作评价办法》（试行）的通知
京电企协〔2013〕15 号	关于发布《客户投诉、举报、意见、建议管理标准》的通知
京电企协〔2013〕19 号	关于发布《班组建设管理标准》的通知
京电企协〔2013〕21 号	关于发布《固定资产投资管理标准》的通知
京电企协〔2013〕22 号	关于发布《业扩报装管理标准》等 3 项管理标准的通知
京电人事〔2013〕7 号	关于印发《国网北京市电力公司所属单位职员职级序列管理办法（试行）》的通知
京电人事〔2013〕10 号	关于印发《国网北京市电力公司本部岗位聘任管理办法》的通知
京电人资〔2013〕3 号	关于印发《北京市电力公司职工疗养管理办法（试行）》的通知
京电人资〔2013〕9 号	关于成立北京电网运行与管理领导小组的通知
京电人资〔2013〕11 号	关于表彰 2012 年度办公室工作先进单位及先进个人的通知
京电人资〔2013〕26 号	关于调整检修分公司内设机构及编制的通知
京电人资〔2013〕37 号	关于印发《北京市电力公司所属单位及其企业负责人业绩考核管理暂行办法》的通知
京电人资〔2013〕39 号	关于印发《北京市电力公司社会保险业务经办指引》的通知
京电人资〔2013〕40 号	关于调整公司本部部分机构和职责的通知
京电人资〔2013〕43 号	关于印发《北京市电力公司市场化用工管理办法（试行）》的通知
京电人资〔2013〕44 号	关于印发《北京市电力公司生产岗位市场化用工持证上岗管理办法（试行）》的通知
京电人资〔2013〕45 号	关于印发《北京市电力公司生产岗位市场化用工技能评价实施细则（试行）》的通知
京电人资〔2013〕46 号	关于印发《北京市电力公司员工在职学历教育管理办法》的通知
京电人资〔2013〕57 号	关于在北京电力经济技术研究院增设运营监测（控）研究中心的通知
京电人资〔2013〕60 号	关于主多分开工作办公室更名的通知
京电人资〔2013〕66 号	关于成立技术监督工作领导小组的通知
京电人资〔2013〕69 号	关于各层级单位机构更名的通知
京电人资〔2013〕70 号	关于印发《国网北京市电力公司表彰奖励管理办法》的通知

续表

文　号	文件标题
京电人资〔2013〕71 号	关于成立公司 2014 年 APEC 会议电力保障工作领导小组和相关专业工作组的通知
京电人资〔2013〕72 号	关于成立规章制度管理委员会的通知
京电人资〔2013〕77 号	关于成立配网抢修指挥业务领导小组的通知
京电人资〔2013〕78 号	关于印发《国网北京市电力公司企业年金方案》的通知
京电人资〔2013〕82 号	关于印发《国网北京市电力公司业务委托管理办法（试行）》的通知
京电人资〔2013〕86 号	关于印发《国网北京市电力公司员工奖惩实施细则》的通知
京电人资〔2013〕91 号	关于印发《国网北京市电力公司职工供养直系亲属医疗补助实施细则（试行）》的通知
京电人资〔2013〕98 号	关于门头沟供电公司机构设置及岗位编制方案的批复
京电人资〔2013〕99 号	关于平谷供电公司机构设置及岗位编制方案的批复
京电人资〔2013〕123 号	关于北京电力工程公司机构设置及岗位编制方案的批复
京电人资〔2013〕126 号	关于综合服务中心机构设置及岗位编制方案的批复
京电人资〔2013〕127 号	关于检修分公司机构设置及岗位编制方案的批复
京电任〔2013〕1 号	牛进苍免职
京电任〔2013〕2 号	黄仁乐等职务任免
京电任〔2013〕3 号	石风岗等职务任免
京电任〔2013〕4 号	杨志任职
京电任〔2013〕5 号	马良等任职
京电任〔2013〕6 号	李瑛等职务任免
京电任〔2013〕7 号	周松霖任职
京电任〔2013〕8 号	马建任职
京电任〔2013〕9 号	李飞等职务任免
京电任〔2013〕10 号	石工任职
京电任〔2013〕11 号	马延民任职
京电任〔2013〕12 号	李军任职
京电任〔2013〕13 号	简朝阳等职务任免
京电任〔2013〕14 号	李臻职务任免
京电任〔2013〕15 号	史景坚职务任免
京电任〔2013〕16 号	屈宪军职务任免
京电任〔2013〕17 号	李捷免职
京电任〔2013〕18 号	郑广君职务任免
京电任〔2013〕19 号	李捷等任职
京电任〔2013〕20 号	肖万芳等职务任免
京电任〔2013〕21 号	史永等职务任免
京电任〔2013〕22 号	薛强免职
京电任〔2013〕23 号	娄奇鹤职务任免
京电任〔2013〕24 号	王桂哲职务任免
京电任〔2013〕25 号	常立智等职务任免
京电任〔2013〕26 号	赵化明等职务任免
京电任〔2013〕27 号	杨卫职务任免
京电任〔2013〕28 号	汪海涛任职

续表

文　　号	文　件　标　题
京电任〔2013〕29 号	葛岩职务任免
京电任〔2013〕30 号	曹瑾职务任免
京电任〔2013〕31 号	焦建林任职
京电任〔2013〕32 号	马震任职
京电任〔2013〕33 号	乔宏克免职
京电任〔2013〕34 号	焦建林免职
京电任〔2013〕35 号	汪海涛免职
京电任〔2013〕36 号	郝印涛等职务任免
京电任〔2013〕37 号	魏妍萍等职务任免
京电任〔2013〕38 号	杨旭等职务任免
京电任〔2013〕39 号	王亚峰等任职
京电任〔2013〕40 号	苏喆免职
京电任〔2013〕41 号	孙树泉免职
京电任〔2013〕42 号	苏喆任职
京电任〔2013〕43 号	孙树泉免职
京电任〔2013〕44 号	陈守军等任职
京电任〔2013〕45 号	韦凌霄等职务任免
京电任〔2013〕46 号	王伟超免职
京电任〔2013〕47 号	周欣免职
京电任〔2013〕48 号	杨建伶等免职
京电任〔2013〕49 号	杨建伶等职务任免
京电任〔2013〕50 号	张铁恒任职
京电任〔2013〕51 号	白晶等职务任免
京电任〔2013〕52 号	俞学军任职
京电任〔2013〕53 号	刘琼任职
京电任〔2013〕54 号	尚颖等职务任免
京电任〔2013〕55 号	李继东等职务任免
京电任〔2013〕56 号	李蕴等职务任免
京电任〔2013〕57 号	李杰等职务任免
京电任〔2013〕58 号	齐小伟等职务任免
京电任〔2013〕59 号	尚颖免职
京电任〔2013〕60 号	徐驰等职务任免
京电任〔2013〕61 号	齐小伟免职
京电任〔2013〕62 号	陈士军等任职
京电任〔2013〕63 号	丁雪松等职务任免
京电任〔2013〕64 号	岳国荣等职务任免
京电任〔2013〕65 号	周彤等职务任免
京电任〔2013〕66 号	张学哲等职务任免
京电任〔2013〕67 号	陈士军免职
京电任〔2013〕68 号	牛磊等职务任免

续表

文　号	文件标题
京电任〔2013〕69号	杨志东等职务任免
京电任〔2013〕70号	秦帅等职务任免
京电任〔2013〕71号	王金双任职
京电任〔2013〕72号	谢迎任职
京电任〔2013〕73号	石宝印等职务任免
京电任〔2013〕74号	张靓等职务任免
京电任〔2013〕75号	韩晓鹏职务任免
京电任〔2013〕76号	张锦等职务任免
京电任〔2013〕77号	刘昱等任职
京电任〔2013〕78号	魏世岭任职
京电任〔2013〕79号	李新儒免职
京电任〔2013〕80号	崔晓丹免职
京电任〔2013〕81号	王计朝免职
京电任〔2013〕82号	周宏免职
京电任〔2013〕83号	刘春凤等职务任免
京电任〔2013〕84号	张晖任职
京电任〔2013〕85号	魏世岭免职
京电任〔2013〕86号	祝秀山任职
京电任〔2013〕87号	陈士军免职
京电任〔2013〕88号	张伟等职务任免
京电任〔2013〕89号	宁燃任职
京电任〔2013〕90号	周宏任职
京电任〔2013〕91号	曲啟春任职
京电任〔2013〕92号	官志勇任职
京电任〔2013〕93号	潘嵘等任职
京电任〔2013〕94号	石凤岗任职
京电任〔2013〕95号	石凤岗免职
京电任〔2013〕96号	刘音等职务任免
京电任〔2013〕97号	李长海任职
京电任〔2013〕98号	周游等职务任免
京电任〔2013〕99号	谷媛媛等职务任免
京电团〔2013〕3号	关于北京市供用电建设承发包公司团委委员、书记、副书记候选人预备人选的批复
京电团〔2013〕10号	关于组建北京市电力公司培训中心团组织机构的通知
京电团〔2013〕19号	关于启用国网北京市电力公司团组织印章的通知
京电团〔2013〕20号	关于国网北京市电力公司所属团组织机构更名的通知
京电团〔2013〕21号	关于启用国网北京市电力公司所属团组织印章的通知
京电外联〔2013〕5号	关于印发《北京市电力公司外联品牌工作考核评价办法》的通知
京电物资〔2013〕3号	关于印发《北京市电力公司物资结算管理办法》的通知
京电物资〔2013〕7号	关于印发《北京市电力公司供应商不良行为处理实施细则》的通知
京电物资〔2013〕9号	关于印发《北京市电力公司物资采购计划管理实施细则》补充规定的通知

续表

文　号	文件标题
京电物资〔2013〕16号	关于印发《北京市电力公司物资督察员管理办法》的通知
京电物资〔2013〕20号	关于印发《北京市电力公司集中采购物资付款管理办法》的通知
京电营〔2013〕1号	关于印发《北京市电力公司分布式光伏发电项目并网服务管理细则（暂行）》的通知
京电营〔2013〕18号	关于印发《北京市电力公司客户用电报装受理管理办法》的通知
京电营〔2013〕19号	关于印发《北京市电力公司客户工程设计图纸审核管理办法》的通知
京电营〔2013〕20号	关于印发《北京市电力公司客户供电方案管理办法》的通知
京电营〔2013〕21号	关于印发《北京市电力公司业扩报装集约业务管理办法（试行）》的通知
京电营〔2013〕30号	关于印发《北京市电力公司智能电能表换装工作标准化流程（试行）》的通知
京电营〔2013〕31号	关于印发《北京市电力公司用电信息采集系统建设项目管理实施细则》的通知
京电营〔2013〕32号	关于印发《北京市电力公司供电服务投诉、举报、意见、建议办理管理办法》的通知
京电营〔2013〕33号	关于下达城区供电公司用电信息采集建设工程等17项工程初步设计概算批复的通知
京电营〔2013〕36号	关于东北旺菊园小区、北分物业家属院老旧小区改造工程初步设计的批复
京电营〔2013〕38号	关于印发《北京市电力公司分布式电源项目并网服务管理细则（暂行）》的通知
京电营〔2013〕40号	关于印发《北京市电力公司智能电能表换装工作质量监督考核办法（试行）》的通知
京电营〔2013〕49号	关于下发《北京市电力公司电费充值卡管理办法（试行）》的通知
京电营〔2013〕51号	关于古城路西小区、老山西街小区、金鼎小区老旧小区改造工程初步设计批复
京电营〔2013〕52号	关于北蜂窝小区、法华寺小区老旧小区改造工程初步设计批复
京电营〔2013〕53号	关于平粮小区、金谷东园小区、太和园小区老旧小区改造工程初步设计批复
京电营〔2013〕55号	关于印发《北京市电力公司社区客户经理管理办法（试行）》的通知
京电营〔2013〕56号	关于密云太师屯、花园等9个老旧小区改造工程初步设计批复
京电营〔2013〕59号	关于印发《国网北京市电力公司95598互动服务网站运营管理办法（试行）》的通知
京电营〔2013〕67号	关于昌平龙脉温泉花园小区等7个老旧小区改造工程初步设计批复
京电营〔2013〕68号	关于郝庄家园等4个小区老旧小区改造工程初步设计批复
京电营〔2013〕70号	关于印发《国网北京市电力公司95598业务管理与业务支撑实施细则》的通知
京电营〔2013〕71号	关于中科院10kV线路配套工程初步设计的批复
京电营〔2013〕76号	关于印发《国网北京市电力公司有偿供电服务实施细则（试行）》的通知
京电营〔2013〕77号	关于印发《国网北京市电力公司95598知识报送管理办法》的通知
京电营〔2013〕79号	关于印发《国网北京市电力公司营销专业突发事件应急处置工作手册（试行）》的通知
京电营〔2013〕81号	关于石景山路5号院老旧小区改造工程初步设计批复
京电营〔2013〕83号	关于印发《国网北京市电力公司营销业务委托实施细则（试行）》的通知
京电营〔2013〕84号	关于印发《国网北京市电力公司停送电信息报送管理办法》的通知
京电营〔2013〕85号	关于贯彻执行《国家电网公司能效服务网络管理办法》的通知
京电营〔2013〕87号	关于印发《国网北京市电力公司客户供电方案编制标准》的通知
京电运监〔2013〕1号	关于印发《北京市电力公司运营监测（控）工作管理办法（试行）》的通知
京电运监〔2013〕3号	关于印发《北京市电力公司运营监测（控）全面监测工作管理办法（试行）》的通知
京电运检〔2013〕1号	关于怀柔供电公司雁栖湖110kV变电站主变增容工程初步设计的批复
京电运检〔2013〕2号	关于密云供电公司10kV砂厂路农网升级改造工程等十九项工程初步设计的批复
京电运检〔2013〕3号	关于顺义供电公司10kV白庙路改造工程等三十九项农网改造工程初步设计的批复
京电运检〔2013〕4号	关于印发《北京市电力公司电能质量管理办法（修订）》的通知
京电运检〔2013〕11号	关于印发《北京市电力公司电缆管孔封堵技术指导原则（试行）》等两项技术指导原则的通知

续表

文　号	文件标题
京电运检〔2013〕16号	关于印发《北京市电力公司防汛工作评估实施细则》的通知
京电运检〔2013〕17号	关于亦庄供电公司10kV电缆分倒路改造等两项大型技改工程初步设计的批复
京电运检〔2013〕18号	关于印发《北京市电力公司防汛重点线路差异化运维工作规定》的通知
京电运检〔2013〕22号	关于房山供电公司梅花庄变电站配套10kV切改等两项大型技改工程初步设计的批复
京电运检〔2013〕25号	关于房山供电公司周口店110kV变电站更换35kV、10kV开关柜等两项大型技改工程初步设计的批复
京电运检〔2013〕26号	关于平谷供电公司10kV线路加装联络、分段开关工程初步设计的批复
京电运检〔2013〕27号	关于顺义供电公司度夏解重载工程初步设计的批复
京电运检〔2013〕29号	关于密云供电公司2013年柱上变压器分换装工程初步设计的批复
京电运检〔2013〕30号	关于印发《北京市电力公司发电设备调用管理办法》的通知
京电运检〔2013〕31号	关于昌平供电公司分装重载柱上变压器工程初步设计的批复
京电运检〔2013〕32号	关于延庆供电公司10kV西政路电缆改造工程初步设计的批复
京电运检〔2013〕33号	关于通州供电公司10kV应寺路瓶颈导线更换工程等三项大型技改工程初步设计的批复
京电运检〔2013〕34号	关于印发输电专业精益化管理提升实施方案和考核评价通用管理办法的通知
京电运检〔2013〕35号	关于大兴供电公司10kV重载线路分倒路工程等三项大型技改工程初步设计的批复
京电运检〔2013〕36号	关于丰台供电公司分换装重载、漏油变压器、完善无功补偿装置工程初步设计的批复
京电运检〔2013〕43号	关于海淀供电公司解决知春里变电站重载切改工程初步设计的批复
京电运检〔2013〕44号	关于通州供电公司加装用户分界负荷开关等三项扩展性改造工程初步设计的批复
京电运检〔2013〕45号	关于丰台供电公司西客站外电源改造工程等四项扩展性改造工程初步设计的批复
京电运检〔2013〕47号	关于朝阳供电公司玉兰园开闭站切改工程等四项扩展性改造工程初步设计的批复
京电运检〔2013〕48号	关于印发《变电站实施无人值守管理规定》的通知
京电运检〔2013〕49号	关于丰台供电公司城市监控照明指挥中心外电源改造工程初步设计的批复
京电运检〔2013〕50号	关于石景山供电公司八角开闭站外电源切改工程等三项工程初步设计的批复
京电运检〔2013〕52号	关于顺义供电公司双兴开闭站异地改造工程初步设计的批复
京电运检〔2013〕53号	关于亦庄供电公司南热开闭站改造工程初步设计的批复
京电运检〔2013〕54号	关于朝阳供电公司京会花园一二路外电源改造等两项工程初步设计的批复
京电运检〔2013〕55号	关于城区供电公司北城变电站10kV切改等四项工程初步设计的批复
京电运检〔2013〕56号	关于朝阳供电公司2012年农网配电室改造工程初步设计的批复
京电运检〔2013〕57号	关于怀柔供电公司10kV张自口路切改工程等三项工程初步设计的批复
京电运检〔2013〕59号	关于城区供电公司西单变电站10kV切改工程等两项工程初步设计的批复
京电运检〔2013〕60号	关于丰台供电公司赵公口开闭站外电源电缆改造工程等三项工程初步设计的批复
京电运检〔2013〕61号	关于印发《北京电网运行设备过温过载技术原则规定》的通知
京电运检〔2013〕64号	关于印发《架空输电线路状态巡视规范》的通知
京电运检〔2013〕66号	关于城区供电公司广场开闭站改造工程初步设计的批复
京电运检〔2013〕67号	关于印发客户原因引起配网故障处置管理规定（试行）的通知
京电运检〔2013〕75号	关于印发《变电站标准化手册》的通知
京电运检〔2013〕76号	关于印发《国网北京市电力公司电网设备状态评价管理办法（修订）》的通知
京电运检〔2013〕77号	关于印发《变电站标准化管理评价规定》的通知
京电运检〔2013〕78号	关于门头沟供电公司10kV架空线路加装用户分界开关工程等三项工程初步设计的批复
京电运检〔2013〕79号	关于国网北京昌平供电公司二拨子变电站切改等十一项工程初步设计的批复
京电运检〔2013〕80号	关于国网北京海淀供电公司西二旗开闭站改造等三项工程初步设计的批复

续表

文　　号	文　件　标　题
京电运检〔2013〕81 号	关于国网北京平谷供电公司 10kV 西沥津路切改工程等两项工程初步设计的批复
京电运检〔2013〕85 号	关于国网北京城区供电公司新东安 110kV 站改造工程初步设计的批复
京电运检〔2013〕86 号	关于国网北京怀柔供电公司 10kV 完善线路联络功能改造工程等两项工程初步设计的批复
京电运检〔2013〕87 号	关于国网北京大兴供电公司 10kV 架空线路加装分段及联络开关工程等两项工程初步设计的批复
京电运检〔2013〕88 号	关于国网北京丰台供电公司 2013 年柱上高损变压器改造工程等四项工程初步设计的批复
京电运检〔2013〕89 号	关于国网北京朝阳供电公司柱上配电变压器分换装工程等两项工程初步设计的批复
京电运检〔2013〕93 号	关于国网北京门头沟供电公司 2013 年度夏配电变压器应急分装工程初步设计的批复
京电运检〔2013〕94 号	关于国网北京通州供电公司 2013 年配网无油化改造工程初步设计的批复
京电运检〔2013〕95 号	关于国网北京通州供电公司 110kV 徐辛庄变电站 10kV 范庄路重载线路切改工程等十二项工程初步设计的批复
京电运检〔2013〕97 号	关于国网北京通州供电公司 110kV 潞城变电站 10kV 八各庄路重载线路切改工程等十一项工程初步设计的批复
京电运检〔2013〕98 号	关于国网北京城区供电公司 CQP466 配电室复建工程等五项工程初步设计的批复
京电运检〔2013〕99 号	关于印发《变电站逆变电源运行管理规定》的通知
京电主多办〔2013〕7 号	关于印发《北京市电力公司集体企业绩效考核管理办法（试行）》的通知
京电主多办〔2013〕9 号	关于印发《北京市电力公司集体企业报销管理办法（试行）》的通知
京电主多办〔2013〕11 号	关于印发《北京市电力公司集体企业会议管理办法（试行）》的通知

统计资料

公司主要指标完成情况

主要指标	单位	2013 年	2012 年	同比增加/减少
全社会用电量	亿千瓦时	913.11	874.28	4.44%
供电量	亿千瓦时	884.71	846.99	4.45%
售电量	亿千瓦时	824.85	792.06	4.14%
购电量	亿千瓦时	878.88	847.00	3.76%
线损率	%	6.77	6.49	增加 0.28 个百分点
营业收入	万元	5 309 658	5 052 202	5.10%
经济增加值（EVA）	万元	-734	16 962	增加-17 696 万元
利润总额	万元	153 061	152 093	0.64%
可控费用	万元	371 715	322 647	15.21%
职工人数	人	8254	8335	减少 81 人
全员劳动生产率	元/(人·年)	1 685 068	1 571 823	7.20%
固定资产投资	万元	787 098	744 620	5.70%
其中：电网基建	万元	608 178	539 097	12.81%
资产总额	万元	7 612 240	7 208 200	增加 404 041 万元
资产负债率	%	54.67	56.80	减少 2.13 个百分点
流动资产周转率	次	13.37	9.27	增加 4.1 次
净资产收益率	%	3.07	3.76	减少 0.69 个百分点
上缴投资收益	万元	39 480	35 745	10.45%
当年电费回收率	%	100	100	减少 0 个百分点
城市综合供电电压合格率	%	99.959	99.888	增加 0.071 个百分点
城市供电可靠率	%	99.985	99.985	增加 0 个百分点
农网综合供电电压合格率	%	99.783	99.555	增加 0.228 个百分点
农网供电可靠率	%	99.928	99.925 0	增加 0.003 个百分点
地区最大整点负荷	万千瓦	1759.89	1572.73	11.90%

各行业用电情况

行　业	用户个数	用户装接容量（万 kVA）	用电量（万 kWh）
全社会用电总计	7 273 237	102 381 776	9 131 112
A. 全行业用电合计	581 003	69 164 779	7 560 747
第一产业	53 634	2 067 276	185 749
第二产业	91 343	2 0467 336	3 345 853
第三产业	436 026	46 630 167	4 029 145
B. 城乡居民生活用电合计	6 692 234	33 216 997	1 570 365
城镇居民	5 569 980	28 519 999	1 347 401
乡村居民	1 122 254	4 696 998	222 964
全行业用电分类	581 003	69 164 777	7 560 748

续表

行　业	用户个数	用户装接容量（万kVA）	用电量（万kWh）
一、农、林、牧、渔业	53 634	2 067 275	185 749
1. 农业	19 034	673 476	56 879
2. 林业	1491	62 602	4011
3. 畜牧业	11 696	288 639	26 602
4. 渔业	1486	44 855	6165
5. 农、林、牧、渔服务业	19 927	997 703	92 092
其中：排灌	16 847	869 255	80 134
二、工业	76 809	16 862 270	3 110 625
轻工业	39 059	3 670 090	555 144
重工业	37 750	13 192 180	255 5481
（一）采矿业	1378	273 827	69 826
1. 煤炭开采和洗选业	301	96 195	24 428
2. 石油和天然气开采业	16	16 451	9979
3. 黑色金属矿采选业	93	90 975	29 750
4. 有色金属矿采选业	33	1543	182
5. 非金属矿采选业	904	60 656	4868
6. 其他采矿业	31	8007	619
（二）制造业	63 520	11 362 459	1 885 507
1. 食品、饮料和烟草制造业	14 203	883 622	158 563
其中：农副食品加工业	12 006	392 183	61 144
2. 纺织业	1006	143 709	18 420
3. 服装鞋帽、皮革羽绒及其制品业	3032	238 476	29 168
4. 木材加工及制品和家具制品业	4142	365 082	52 611
其中：轻工业	2737	240 166	33 711
5. 造纸及纸制品业	1069	137 396	22 295
6. 印刷业和记录媒介的复制	2033	343 490	53 973
7. 文体用品制造业	376	37 192	4990
8. 石油加工、炼焦及核燃料加工业	285	913 566	238 027
9. 化学原料及化学制品制造业	1955	316 915	57 711
其中：轻工业	824	89 568	10 115
其中：氯碱			
电石			
黄磷			
其中：肥料制造	161	20 698	2550
10. 医药制造业	934	396 171	49 724
11. 化学纤维制造业	86	13 027	2469
12. 橡胶和塑料制品业	2270	361 287	63 581
其中：轻工业	999	148 541	28 479
13. 非金属矿物制品业	7348	1 258 050	209 093

续表

行　　业	用户个数	用户装接容量（万 kVA）	用电量（万 kWh）
其中：轻工业	203	20 140	2657
其中：水泥制造	231	250 057	71 677
14. 黑色金属冶炼及压延加工业	133	424 458	58 563
其中：铁合金冶炼			
15. 有色金属冶炼及压延加工业	586	119 097	16 365
其中：铝冶炼			
16. 金属制品业	7751	938 619	113 506
其中：轻工业	344	36 011	5055
17. 通用及专用设备制造业	7374	1 497 181	200 983
其中：轻工业	188	42 000	4570
18. 交通运输、电气、电子设备制造业	4641	2 617 060	495 594
其中：轻工业	585	126 099	20 123
其中：交通运输设备制造业	1801	1 015 749	188 876
19. 工艺品及其他制造业	4040	317 356	34 487
20. 废弃资源和废旧材料回收加工业	256	40 705	5384
（三）电力、燃气及水的生产和供应业	11 911	5 225 984	1 155 292
1. 电力、热力的生产和供应业	4304	4 490 355	1 024 343
其中：电厂生产全部耗用电量			282 174
线路损失电量			598 618
抽水蓄能抽水耗用电量	4	872 000	60 710
2. 燃气生产和供应业	518	49 588	5312
3. 水的生产和供应业	7089	686 041	125 637
其中：轻工业	6400	457 127	76 346
三、建筑业	14 534	3 605 066	235 229
四、交通运输、仓储和邮政业	6627	4 133 087	432 786
1. 交通运输业	3876	3 569 299	377 714
其中：城市公共交通	1264	1 599 435	139 720
管道运输业	36	13 762	1676
电气化铁路	53	1 107 020	117 103
2. 仓储业	2097	444 983	42 171
3. 邮政业	654	118 805	12 901
五、信息传输、计算机服务和软件业	18 497	1 913 635	244 145
1. 电信和其他信息传输服务业	17 837	1 501 076	195 885
2. 计算机服务和软件业	660	412 559	48 260
六、商业、住宿和餐饮业	83 728	7 877 016	823 555
1. 批发和零售业	65 309	5 080 744	529 721
2. 住宿和餐饮业	18 419	2 796 272	293 834
七、金融、房地产、商务及居民服务业	112 922	18 935 246	1 324 367
1. 金融业	2207	806 047	84 444

续表

行　　业	用户个数	用户装接容量（万 kVA）	用电量（万 kWh）
2. 房地产业	80 091	14 785 290	966 048
3. 租赁和商务服务业、居民服务和其他服务业	30 624	3 343 909	273 875
八、公共事业及管理组织	214 252	13 771 182	1 204 292
1. 科学研究、技术服务和地质勘查业	3446	2 211 885	200 031
其中：地质勘查业	80	12 904	1040
2. 水利、环境和公共设施管理业	168 916	2 002 065	100 940
其中：水利管理业	1720	196 996	16 185
其中：公共照明业	152 160	1 092 873	35 405
3. 教育、文化、体育和娱乐业	12 147	4 562 515	411 153
其中：教育	7317	3 066 278	287 658
4. 卫生、社会保障和社会福利业	4430	1 322 784	153 779
5. 公共管理和社会组织、国际组织	25 313	3 671 933	338 389

直属供电公司行业售电量情况

单位：万 kWh

单位	一	二	三	四	五	六	七	八	九	总计
	农、林、牧、渔业	工业	建筑业	交通运输、仓储、邮政业	信息传输、计算机服务和软件业	商业、住宿和餐饮业	金融、房地产、商务及居民服务业	公共事业及管理组织	城乡居民生活	
城区	0	33 343	11 814	50 920	32 920	156 982	292 557	193 975	211 857	984 369
朝阳	4685	186 626	51 368	61 035	56 351	194 248	479 141	181 703	318 043	1 533 200
丰台	5713	99 223	22 836	80 275	16 936	115 856	105 742	86 321	166 434	699 334
海淀	15 493	93 026	27 624	31 835	80 102	106 589	243 242	397 931	243 220	1 239 062
石景山	314	29 709	3435	9832	3766	17 980	21 617	31 506	36 770	154 929
亦庄	9	295 250	9202	3561	17 924	8837	29 520	11 487	13 699	389 488
通州	29 619	203 149	22 301	10 150	6868	29 879	31 826	34 896	103 502	472 190
昌平	19 217	149 847	22 034	24 556	8261	59 230	44 819	84 727	121 086	533 777
门头沟	1362	31 719	5131	9786	1243	6857	3445	11 142	22 989	93 673
房山	25 149	356 275	13 682	12 775	1824	18 273	10 327	37 153	58 364	533 821
大兴	27 093	194 806	15 861	31 802	7879	33 701	23 315	41 101	93 135	468 693
平谷	11 544	62 183	3080	405	1301	6583	3971	10 529	24 237	123 833
怀柔	6990	82 676	4418	3534	1961	14 992	3945	15 755	23 530	157 800
密云	6184	73 967	4134	1542	2704	13 505	3856	11 795	29 818	147 505
顺义	27 605	266 695	16 609	79 304	2755	33 166	24 324	42 005	89 480	581 944
延庆	4772	8807	1700	21 474	1349	6878	2722	12 266	14 201	74 167
十三陵		60 710								60 710
全公司	185 749	2 228 010	235 229	432 786	244 145	823 555	1 324 367	1 204 292	1 570 365	8 248 498

电力用户业扩报装情况

指标名称	报装申请				报装完成			
	户数（户）		容量（万 kVA）		户数（户）		容量（万 kVA）	
	2013 年	2012 年	2013 年	2012 年	2013 年	2012 年	2013 年	2012 年
合计	403 543	396 306	1477. 000 0	994. 000 0	364 629	361 091	880. 000 0	811. 000 0
一、按电价分类	403 543	396 306	1477. 000 0	994. 000 0	364 629	361 091	880. 000 0	811. 000 0
1. 大工业	640	537	156. 000 0	88. 000 0	439	455	93. 000 0	79. 000 0
2. 非、普工业	10 227	7432	345. 000 0	249. 000 0	9250	7152	204. 000 0	201. 000 0
3. 农业	2292	2097	21. 000 0	17. 000 0	1885	1884	16. 000 0	15. 000 0
4. 非居民	5702	5650	144. 000 0	105. 000 0	5185	5271	73. 000 0	67. 000 0
5. 居民	378 655	376 126	435. 000 0	363. 000 0	342 730	342 297	349. 000 0	315. 000 0
6. 商业	6027	4464	376. 000 0	172. 000 0	5140	4032	145. 000 0	134. 000 0
7. 趸售								
8. 其他								
二、按电压等级分类	403 543	396 306	1477. 000 0	994. 000 0	364 629	361 091	880. 000 0	811. 000 0
1. 220kV	3	3	13. 000 0	32. 910 0	2	3	10. 700 0	17. 900 0
2. 110kV	8	2	29. 140 0	24. 400 0	1	1	4. 000 0	4. 000 0
3. 35kV	8	3	2. 730 0	1. 480 0	3	6	2. 3000	2. 5100
4. 10kV	11 676	20 450	1121. 900 0	620. 860 0	12 945	20 467	668. 770 0	540. 190 0
5. 0. 4kV	391 848	375 848	310. 230 0	314. 350 0	351 678	340 614	194. 230 0	246. 400 0

指标名称	报装结存				期末在运			
	户数（户）		容量（万 kVA）		户数（户）		容量（万 kVA）	
	2013 年	2012 年	2013 年	2012 年	2013 年	2012 年	2013 年	2012 年
合计	61 375	76 782	999. 000 0	685. 000 0	7 177 539	7 089 939	11 257. 000 0	14 308. 390 0
一、按电价分类	61 375	76 782	999. 000 0	685. 000 0	7 177 539	7 089 939	11257. 000 0	14308. 390 0
1. 大工业	467	383	117. 000 0	85. 000 0	4150	6540	1349. 190 0	274. 350 0
2. 非、普工业	2694	2300	253. 000 0	181. 000 0	190 020	187 869	1843. 510 0	1732. 860 0
3. 农业	687	476	11. 000 0	8. 000 0	43 780	41 092	188. 500 0	173. 240 0
4. 非居民	1860	1966	144. 000 0	113. 000 0	87 034	163 750	1017. 120 0	1184. 370 0
5. 居民	53 130	69 685	111. 000 0	85. 000 0	6 736 152	6 459 854	4151. 140 0	4174. 930 0
6. 商业	2537	1972	363. 000 0	213. 000 0	116 371	230 804	2599. 320 0	6660. 440 0
7. 趸售								
8. 其他					32	30	108. 220 0	108. 200 0
二、按电压等级分类	61 375	76 782	999. 000 0	685. 000 0	7 177 539	7 089 939	11 257. 000 0	14 308. 390 0
1. 220kV	4	1	14. 800 0	7. 150 0	18	33	343. 940 0	627. 140 0
2. 110kV	6	14	71. 550 0	32. 250 0	1957	2252	367. 380 0	645. 760 0
3. 35kV	9	7	2. 860 0	2. 980 0	151	367	110. 310 0	281. 480 0
4. 10kV	10 050	6125	857. 530 0	554. 010 0	320 324	416 074	5726. 780 0	5172. 460 0
5. 0. 4kV	51 306	70 635	52. 260 0	88. 610 0	6 855 089	6 671 213	4708. 590 0	7581. 550 0

地区变电站分布情况

地区	变电站座数					主变容量（kVA）					配电变压器容量（kVA）
	合计	500kV	220kV	110kV	35kV	合计	500kV	220kV	110kV	35kV	
城　区	32	0	3	28	1	6 682 000	0	2 040 000	4 602 000	40 000	3 397 070
朝阳地区	62	2	15	42	3	18 615 800	4 800 000	7 580 000	6 109 500	1 26 300	5 176 380
海淀地区	46	0	10	35	1	11 533 000	0	5 700 000	5 793 000	40 000	2 049 930
丰台地区	35	0	8	26	1	7 143 000	0	3 990 000	3 113 000	40 000	2 011 070
石景山地区	6	0	0	6		680 000	0	0	680 000		576 005
亦庄地区	11	0	2	9		2 416 000	0	1 260 000	1 156 000		47 900
通州地区	36	0	6	21	9	4 624 300	0	2 520 000	1 896 500	207 800	1 938 695
昌平地区	41	0	6	27	8	5 190 100	0	2 360 000	2 557 500	272 600	1 077 005
门头沟地区	13	0	1	5	7	944 700	0	360 000	463 000	121 700	444 600
房山地区	36	0	3	22	11	3 579 200	0	1 260 000	2 143 000	176 200	1 072 780
大兴地区	34	1	5	25	3	6 794 300	2 400 000	1 980 000	2 358 000	56 300	740 750
平谷地区	16	0	1	9	6	1 158 000	0	360 000	658 000	140 000	899 255
怀柔地区	16	0	1	8	7	1 345 700	0	540 000	689 000	116 700	328 860
密云地区	25	0	1	10	14	1 361 500	0	360 000	743 500	258 000	1 728 130
顺义地区	36	0	4	21	11	4 009 700	0	1 800 000	1 986 500	223 200	696 314
延庆地区	16	0	1	6	9	1 084 850	0	540 000	452 000	92 850	48 750
合计	461	3	67	300	91	7 716 2150	7 200 000	32 650 000	35 400 500	1 911 650	22 233 494

10kV配电设备情况

名　称	配电室（座）	箱式变压器（台）	开关站（站）	环网柜（台）	配电变压器		线路长度（km）	
					台数	容量（kVA）	合计	其中：电缆
公司合计	5702	6321	1025	7802	69 056	23 775 730	45 274	23 694
城区供电公司	661	1729	140	1196	6291	3 397 070	3631. 210	3258. 910
朝阳供电公司	1601	732	226	706	10 128	5 176 380	6643. 000	4962. 000
海淀供电公司	963	412	116	513	2979	2 049 930	5395. 000	3750. 000
丰台供电公司	713	464	131	997	6440	2 993 856	3424. 566	2325. 566
石景山供电公司	189	193	41	137	996	597 170	872. 253	656. 530
亦庄供电公司	36	1	19	328	52	47 900	744. 264	677. 673
通州供电公司	198	1054	56	723	6407	1 938 695	4082. 570	1887. 877
昌平供电公司	485	10	80	393	3960	1 077 005	2201. 300	1223. 525
门头沟供电公司	85	349	14	470	3047	784 600	990. 121	314. 861
房山供电公司	173	219	20	361	4633	1 194 620	2660. 986	491. 728
大兴供电公司	321	206	63	457	5890	1 494 350	3582. 731	1807. 149
平谷供电公司	41	128	16	112	5302	899 255	2591. 230	215. 635
怀柔供电公司	78	300	10	485	2775	580 985	1655. 715	268. 055
密云供电公司	123	305	16	115	3660	620 945	2099. 145	439. 828
顺义供电公司	23	103	70	684	3866	696 314	3274. 557	1167. 737
延庆供电公司	12	116	7	125	2630	226 655	1424. 930	246. 895

输电设备按地区分布情况

地区	架空线路（km）					电缆线路（km）				
	合计	500kV	220kV	110kV	35kV	合计	220kV	110kV	35kV	配电线路
北京地区	13 265. 585	364. 466	5326. 652	5235. 383	2339. 084	1689. 277	368. 921	1123. 443	196. 913	5832. 51
城四区（东、西、崇、宣）	0. 182	0	0	0	0. 182	290. 889	78. 273	210. 701	1. 915	3631. 21
朝阳地区	1347. 042	15. 508	800. 32	429. 028	102. 186	360. 462	98. 984	246. 048	15. 430	6643
海淀地区	842. 78	0	378. 166	364. 31	100. 304	356. 649	95. 896	219. 154	41. 599	3639
丰台地区	792. 534	0	340. 06	373. 87	78. 604	229. 827	67. 695	143. 765	18. 367	3424. 566
石景山地区	200. 248	0	99. 592	87. 91	12. 746	9. 058	0. 000	4. 750	4. 308	803
亦庄地区	68. 786	0	32. 686	36. 1	0	99. 947	16. 536	83. 411	0. 000	744. 264
通州地区	877. 921	0	371. 325	356. 211	150. 385	39. 647	0. 000	26. 117	13. 530	4082. 57
昌平地区	981. 443	33. 961	328. 965	405. 222	213. 295	154. 623	10. 128	82. 424	62. 071	2201. 3
门头沟地区	482. 636	0	204. 356	109. 427	168. 853	16. 852	0. 000	5. 061	11. 791	1765. 86
房山地区	878. 106	16. 768	151. 785	313. 269	396. 284	23. 719	0. 000	17. 659	6. 060	2660. 986
大兴地区	815. 981	41. 251	272. 741	391. 876	110. 113	50. 001	1. 409	48. 377	0. 215	3582. 731
平谷地区	301. 489	0	24. 352	188. 01	89. 127	0. 000	0. 000	0. 000	0. 000	2591. 23
怀柔地区	268. 267	0. 507	19. 19	120. 962	127. 608	6. 226	0. 000	0. 000	6. 226	2222. 84
密云地区	707. 951	0	10. 872	365. 315	331. 764	9. 487	0. 000	6. 480	3. 007	6205. 145
顺义地区	1065. 656	41. 165	391. 564	431. 177	201. 75	37. 450	0. 000	29. 496	7. 954	3132. 929
延庆地区	568. 859	0	46. 776	308. 905	213. 178	4. 440	0. 000	0. 000	4. 440	1424. 93

新增生产能力情况

序号	名称	座/台/条	容量/长度
一	新投变电站	19 座	
	220kV 变电站	6 座	（新聂各庄、西马、桃园、霍南、商务园、未来城）
	110kV 变电站	12 座	（槐房、生物医药、梅花庄、园博园、庞各庄、京福、安宁庄、五路居、同心庄、清水河、海青落、董各庄）
	35kV 变电站	1 座	（司马台）
二	新增主变压器	48 台	4 123 000kVA
	220kV 变压器	14 台	2 520 000kVA
	110kV 变压器	32 台	1 563 000kVA
	35kV 变压器	2 台	40 000kVA
三	新增输电线路	37 条	486. 993km
	220kV 输电线路	18 条	208. 912km
	110kV 输电线路	15 条	202. 273km
	35kV 输电线路	4 条	75. 808km
四	新增电缆线路	66 条	139. 104km
	220kV 电缆线路	17 条	40. 35km
	110kV 电缆线路	48 条	98. 554km
	35kV 电缆线路	1 条	0. 2km

2013年公司党委管理的领导干部名单

序号	姓名	单位（部门）名称	职务
1	董春江	国网北京市电力公司	首席法律顾问
2	杨　超	国网北京市电力公司	公司副总工程师
3	董风宇	国网北京市电力公司	公司副总工程师
4	李　滨	国网北京市电力公司	公司副总经济师
5	邹伟平	国网北京市电力公司	公司副总会计师兼公司电力交易中心主任
6	贾海生	国网北京市电力公司	公司副总工程师
7	白　晶	办公室	主任
8	申　劼	办公室	副主任
9	魏世岭	办公室	副主任
10	赵　乐	办公室	秘书（研究）处处长
11	董洪洋	办公室	文档处处长
12	汪　剑	办公室	信访处处长
13	张振德	办公室	外事处处长
14	高　鹏	办公室	总值班室处长
15	马林峰	发展策划部	主任
16	孙　兵	发展策划部	副主任
17	陈斌发	发展策划部	副主任
18	纪　斌	发展策划部	副主任
19	刘　昱	发展策划部	规划一处处长
20	李　晖	发展策划部	规划二处处长
21	王亚峰	发展策划部	前期处处长
22	邱吉多	发展策划部	投资管理处处长
23	林立新	发展策划部	统计分析处处长
24	唐如海	人事董事部	主任
25	李一鸣	人事董事部	副主任
26	朱博智	人事董事部	干部一处处长（挂职门头沟供电公司经理助理）
27	毕春勇	人事董事部	干部二处处长
28	马晓艳	人事董事部	机关人事处处长
29	邵晓明	人力资源部（社保中心）	主任
30	冀　强	人力资源部（社保中心）	副主任
31	李　蓉	人力资源部（社保中心）	劳动组织处处长
32	段鹏飞	人力资源部（社保中心）	员工管理处处长
33	戴　泓	人力资源部（社保中心）	薪酬绩效考核处处长
34	仝瑞锋	人力资源部（社保中心）	培训教育处处长
35	冯爱玲	人力资源部（社保中心）	市场化用工处处长
36	李　宝	人力资源部（社保中心）	保险管理处处长
37	张　钺	财务资产部	主任

续表

序号	姓名	单位（部门）名称	职　务
38	俞学军	财务资产部	副主任
39	王　晖	财务资产部	副主任
40	郭　捷	财务资产部	副主任
41	杨　泳	财务资产部	预算管理处处长
42	李克强	财务资产部	会计核算处处长
43	张　晔	财务资产部	资金管理处处长
44	杨　莉	财务资产部	工程资产处处长
45	蒋　平	财务资产部	稽核财税处处长
46	杨艳玲	财务资产部	电价管理处处长
47	董立刚	财务资产部	机关财务处处长
48	盛宇军	安全监察质量部（保卫部）	主任
49	王继永	安全监察质量部（保卫部）	副主任
50	常立智	安全监察质量部（保卫部）	副主任
51	李洪斌	安全监察质量部（保卫部）	电网安全监察处处长
52	伍亚萍	安全监察质量部（保卫部）	质量安全监察处处长
53	仇　晋	安全监察质量部（保卫部）	应急管理处处长
54	郝振昆	安全监察质量部（保卫部）	保卫处处长
55	陈　平	运维检修部（政治供电办公室）	主任
56	孙　白	运维检修部（政治供电办公室）	副主任
57	刘　音	运维检修部（政治供电办公室）	副主任
58	尚　博	运维检修部（政治供电办公室）	副主任
59	赵进科	运维检修部（政治供电办公室）	计划处处长
60	王彦卿	运维检修部（政治供电办公室）	技术处处长
61	马　锋	运维检修部（政治供电办公室）	检修一处处长
62	赵永强	运维检修部（政治供电办公室）	检修二处处长
63	辛　锋	运维检修部（政治供电办公室）	检修三处处长
64	原宗辉	运维检修部（政治供电办公室）	政治供电处处长
65	李　臻	建设部	主任
66	蔡红军	建设部	副主任
67	魏宽民	建设部	副主任
68	董　毅	建设部	副主任
69	张　瑜	建设部	建设处处长
70	周云浩	建设部	项目管理处处长
71	杨宝杰	建设部	安全质量处处长
72	张　波	建设部	技术经济处处长
73	刘守亮	建设部	计划评价处处长
74	史景坚	营销部（农电工作部）	主任
75	宋　鹏	营销部（农电工作部）	副主任
76	张　丽	营销部（农电工作部）	副主任

续表

序号	姓名	单位（部门）名称	职务
77	李海涛	营销部（农电工作部）	副主任
78	唐天伟	营销部（农电工作部）	市场处处长
79	李立刚	营销部（农电工作部）	客户处处长
80	李　冀	营销部（农电工作部）	计量处处长
81	潘玲娇	营销部（农电工作部）	稽查信息处处长
82	王　诜	营销部（农电工作部）	农电处处长
83	王　鹏	科技信通部（智能电网办公室）	主任
84	黄仁乐	科技信通部（智能电网办公室）	副主任
85	刘　琼	科技信通部（智能电网办公室）	副主任
86	李长海	智能电网办公室	副主任（二级丙职员）
87	刘文亮	科技信通部（智能电网办公室）	科技处处长
88	赵　蔚	科技信通部（智能电网办公室）	信息处处长
89	刘庆时	科技信通部（智能电网办公室）	智能处处长
90	温明时	科技信通部（智能电网办公室）	通信处处长
91	朴天高	物资部（招投标管理中心）	主任
92	李　岩	物资部（招投标管理中心）	副主任
93	申　博	物资部（招投标管理中心）	计划合同处处长
94	沈　雷	物资部（招投标管理中心）	采购供应处处长
95	吴　江	物资部（招投标管理中心）	物资督察处处长
96	佟　欣	审计部	主任
97	尚　颖	审计部	副主任
98	李　昂	审计部	经营审计处处长
99	高　蕴	审计部	投资审计处处长
100	范广栋	审计部	综合审计处处长（挂职房山供电公司经理助理）
101	胡新参	监察部（纪委办公室）	主任
102	汪海涛	监察部（纪委办公室）	副主任
103	李汉成	监察部（纪委办公室）	党风行风处处长
104	吴世平	监察部（纪委办公室）	效能监察处处长
105	周　游	思想政治工作部（党委办公室、机关党委、团委）	主任
106	高迎君	思想政治工作部（党委办公室、机关党委、团委）	机关党委书记
107	高连杰	思想政治工作部（党委办公室、机关党委、团委）	副主任兼公司团委书记
108	曲　虹	思想政治工作部（党委办公室、机关党委、团委）	党建处处长
109	李　萍	思想政治工作部（党委办公室、机关党委、团委）	宣传文化处处长
110	左芳芳	思想政治工作部（党委办公室、机关党委、团委）	青年工作处处长兼团委副书记
111	张　洁	离退休工作部	主任
112	刘　磊	离退休工作部	副主任
113	徐艳岚	离退休工作部	管理一处处长
114	谷媛媛	离退休工作部	管理二处处长
115	杨小艳	离退休工作部	综合事务处处长

续表

序号	姓名	单位（部门）名称	职务
116	屈宪军	经济法律部（体改办）	主任
117	赵海峰	经济法律部（体改办）	副主任
118	刘　颖	经济法律部（体改办）	法律事务处处长
119	楚济祥	经济法律部（体改办）	企业管理处处长
120	赵　云	对外联络部（品牌建设中心）	主任兼报社社长
121	曹　瑾	对外联络部（品牌建设中心）	副主任
122	张　画	对外联络部（品牌建设中心）	品牌处处长
123	邢其敬	对外联络部（品牌建设中心）	联络处处长
124	李艳娜	对外联络部（品牌建设中心）	新闻处处长
125	李继东	后勤工作部	后勤工作部（机关工作部）主任兼机关党委副书记
126	马　强	后勤工作部	副主任
127	武永军	后勤工作部	副主任
128	王欣然	后勤工作部	保障一处处长
129	李建成	后勤工作部	保障二处处长
130	滕　龙	后勤工作部	机关事务处处长
131	郭长旺	后勤工作部	后勤服务处处长（挂职北京中电联汽车服务有限责任公司总经理助理）
132	李　蕴	运营监测（控）中心	主任
133	杜爱霞	运营监测（控）中心	副主任
134	王　雷	运营监测（控）中心	监测处处长
135	高　鑫	运营监测（控）中心	分析处处长
136	姚晓明	运营监测（控）中心	协调督办处处长
137	郑广君	电力调度控制中心	主任
138	唐涛南	电力调度控制中心	副主任
139	苑画舫	电力调度控制中心	副主任
140	焦建林	电力调度控制中心	副主任
141	李　杰	电力调度控制中心	总工程师
142	薛建杰	电力调度控制中心	调度计划处处长
143	赵　瑞	电力调度控制中心	系统运行处处长
144	金广厚	电力调度控制中心	设备监控管理处处长
145	孙伯龙	电力调度控制中心	继电保护处处长
146	董　宁	电力调度控制中心	自动化处处长
147	杨　静	电力调度控制中心	综合技术处处长
148	王　健	电力交易中心	副主任
149	刘　彬	电力交易中心	电力市场处处长（挂职北京电力工程公司经理助理）
150	王　沁	电力交易中心	交易结算处处长
151	史宝钢	工会	公司工会副主席
152	唐娅静	工会	公司工会副主席
153	陈　莹	工会	办公室（女工部）处长

续表

序号	姓名	单位（部门）名称	职　务
154	李建	工会	组织民主管理部处长
155	高春雷	工会	生产生活部主任
156	于　磊	工会	宣教文体部主任
157	杨云峰	企协分会	秘书长
158	方旭升	企协分会	副秘书长（副职待遇）、北京电力行业协会副秘书长
159	姚海燕	企协分会	调研处处长
160	魏士峰	企协分会	标准处处长
161	孙绍兴	集体企业管理办公室	二级职员（乙）、主多分开办公室主任
162	江庆济	集体企业管理办公室	经营考核处处长
163	刘春风	离退休人员服务中心	副主任
164	张泽慧	菜市口国网科技馆项目指挥部办公室（工程项目部）	副主任（部门副职待遇）
165	刘　恒	挂靠（借调北京市建设委员会进行重点工程建设，机关副主任待遇）	
166	王　罡	城区供电公司	经理、党委副书记
167	李　军	城区供电公司	党委书记、副经理
168	张　琪	城区供电公司	副经理
169	张　平	城区供电公司	副经理
170	邓佳翔	城区供电公司	副经理
171	张白茹	城区供电公司	工会主席
172	孙兴泉	朝阳供电公司	经理、党委副书记
173	邹跃中	朝阳供电公司	党委书记、副经理
174	杨一坚	朝阳供电公司	党委副书记、副经理
175	马　磊	朝阳供电公司	副经理、四惠桥地块一级开发项目部副主任（专职）
176	关瑞利	朝阳供电公司	副经理
177	陈　阳	朝阳供电公司	副经理
178	张　强	朝阳供电公司	纪委书记兼工会主席
179	徐　驰	海淀供电公司	经理、党委副书记
180	李　捷	海淀供电公司	党委书记、副经理
181	宋振秋	海淀供电公司	副经理
182	徐于海	海淀供电公司	副经理
183	陈　岩	海淀供电公司	副经理
184	马殿敏	海淀供电公司	纪委书记兼工会主席
185	周　斌	海淀供电公司	总会计师
186	邱建军	丰台供电公司	经理、党委副书记
187	关幼辉	丰台供电公司	党委书记
188	辛　放	丰台供电公司	副经理
189	孙镇华	丰台供电公司	副经理
190	简朝阳	丰台供电公司	副经理
191	佟岩冰	丰台供电公司	纪委书记

续表

序号	姓名	单位（部门）名称	职　务
192	安开泉	丰台供电公司	工会主席
193	邓　雪	丰台供电公司	总会计师
194	王春燕	石景山供电公司	经理
195	臧　勇	石景山供电公司	党委书记
196	于泽贤	石景山供电公司	副经理
197	黄　锦	石景山供电公司	副经理
198	张　津	石景山供电公司	副经理
199	史珊玫	石景山供电公司	纪委书记兼工会主席
200	马利山	石景山供电公司	总工程师
201	阎　澍	亦庄供电公司	经理
202	赵先阳	亦庄供电公司	党委书记、副经理兼第二办公区筹备组组长
203	李　钢	亦庄供电公司	副经理
204	戴富华	亦庄供电公司	副经理
205	程　宏	亦庄供电公司	副经理
206	杨秋霞	亦庄供电公司	纪委书记
207	赵俊颖	亦庄供电公司	工会主席
208	刘德坤	通州供电公司	经理、党委副书记
209	祝秀山	通州供电公司	党委书记、副经理
210	柳　军	通州供电公司	党委副书记兼纪委书记
211	张　松	通州供电公司	副经理
212	刘　磊	通州供电公司	副经理
213	周　欣	通州供电公司	工会主席
214	郝印涛	通州供电公司	总工程师
215	杨文生	昌平供电公司	经理
216	赵化明	昌平供电公司	党委副书记（主持党委工作）、副经理
217	林　泉	昌平供电公司	副经理
218	吴金玉	昌平供电公司	副经理
219	李国祥	昌平供电公司	纪委书记
220	宋永强	昌平供电公司	工会主席
221	肖万芳	昌平供电公司	总工程师
222	郭建府	门头沟供电公司	经理、党委副书记
223	应立军	门头沟供电公司	副经理
224	杨　志	门头沟供电公司	副经理
225	胡立平	门头沟供电公司	副经理
226	王立平	门头沟供电公司	纪委书记兼工会主席
227	张　靓	门头沟供电公司	总工程师
228	李　铮	房山供电公司	经理、党委副书记
229	吕　彬	房山供电公司	党委书记、副经理
230	岳　辉	房山供电公司	副经理

续表

序号	姓名	单位（部门）名称	职　务
231	曹增新	房山供电公司	副经理
232	张铁英	房山供电公司	纪委书记兼工会主席
233	郭大勇	房山供电公司	总工程师
234	李殿军	大兴供电公司	经理
235	王宝华	大兴供电公司	党委书记
236	程晓春	大兴供电公司	副经理
237	李　瑛	大兴供电公司	副经理
238	龙国标	大兴供电公司	副经理
239	张海生	大兴供电公司	工会主席
240	张传东	大兴供电公司	总工程师
241	李晓辉	平谷供电公司	经理
242	石凤岗	平谷供电公司	党委书记、副经理
243	王学军	平谷供电公司	副经理
244	史　永	平谷供电公司	副经理
245	陈长胜	平谷供电公司	纪委书记
246	薛　强	平谷供电公司	总工程师
247	黄　磊	怀柔供电公司	经理、党委副书记
248	曹　昆	怀柔供电公司	党委书记、副经理
249	张伟生	怀柔供电公司	党委副书记兼纪委书记
250	李　梁	怀柔供电公司	副经理
251	李自强	怀柔供电公司	副经理
252	魏建云	怀柔供电公司	工会主席
253	艾　亮	怀柔供电公司	总工程师
254	邓　华	密云供电公司	经理、党委副书记
255	张心阳	密云供电公司	党委书记、副经理
256	常晓旗	密云供电公司	副经理
257	丁雪松	密云供电公司	副经理
258	范在丛	密云供电公司	副经理
259	邱立志	密云供电公司	纪委书记兼工会主席
260	岳国荣	顺义供电公司	经理、党委副书记
261	赵　红	顺义供电公司	党委书记、副经理
262	蔡小京	顺义供电公司	副经理
263	黄德弟	顺义供电公司	副经理
264	冯立祥	顺义供电公司	纪委书记兼工会主席
265	韦凌霄	顺义供电公司	总工程师
266	谢连富	延庆供电公司	经理、党委副书记
267	吕永生	延庆供电公司	党委书记、副经理
268	赵红星	延庆供电公司	副经理
269	吕　鑫	延庆供电公司	副经理

续表

序号	姓名	单位（部门）名称	职　务
270	张　炜	延庆供电公司	纪委书记
271	沈　洋	延庆供电公司	总工程师
272	周　彤	北京电力经济技术研究院（国网北京市电力公司经济技术研究院）	院长、党委副书记
273	戴　宁	北京电力经济技术研究院（国网北京市电力公司经济技术研究院）	副院长
274	夏　泉	北京电力经济技术研究院（国网北京市电力公司经济技术研究院）	党委副书记（主持党委工作）、副院长
275	张　凯	北京电力经济技术研究院（国网北京市电力公司经济技术研究院）	副院长
276	赵海涛	北京电力经济技术研究院（国网北京市电力公司经济技术研究院）	纪委书记
277	韩晓鹏	北京电力经济技术研究院（国网北京市电力公司经济技术研究院）	副院长
278	娄奇鹤	北京电力经济技术研究院（国网北京市电力公司经济技术研究院）	副院长
279	孙永鑫	电力科学研究院	院长、党委副书记兼电力电能计量中心（北京市电能表计量检定中心）主任
280	李　伟	电力科学研究院	党委书记
281	韩　良	电力科学研究院	副院长
282	张学哲	电力科学研究院	副院长
283	周松霖	电力科学研究院	副院长
284	朱　洁	电力科学研究院	副院长
285	周　宇	电力科学研究院	总工程师
286	周　矗	电力电能计量中心（北京市电能表计量检定中心）	党委副书记兼纪委书记
287	张宏宾	电力电能计量中心（北京市电能表计量检定中心）	副主任
288	李之彧	电力电能计量中心（北京市电能表计量检定中心）	工会主席
289	靳福东	北京电力工程公司	经理兼党委书记
290	赵天旺	北京电力工程公司	党委副书记兼纪委书记
291	孙长清	北京电力工程公司	副经理
292	刘　健	北京电力工程公司	副经理
293	张海生	北京电力工程公司	副经理兼北京市电力公司应急抢修中心副主任
294	马　建	北京电力工程公司	副经理
295	张　锦	北京电力工程公司	总工程师
296	陈　颖	北京电力工程公司	总会计师
297	陈守军	检修分公司	经理、党委副书记兼检修分公司北京京电电网维护集团有限公司董事长
298	陈　爽	检修分公司	党委书记、副经理
299	孙树泉	检修分公司	副经理（本部二级丙职员）兼北京京电电网维护集团有限公司总经理

续表

序号	姓名	单位（部门）名称	职　务
300	张连山	检修分公司	副经理
301	周　洪	检修分公司	副经理
302	涂明涛	检修分公司	副经理
303	黄鹤鸣	检修分公司	副经理兼电缆检修中心主任
304	洪延风	检修分公司	纪委书记
305	纪士凯	检修分公司	工会主席
306	闫春江	检修分公司	总工程师
307	付军美	信息通信分公司	经理、党委副书记
308	牛　磊	信息通信分公司	党委书记、副经理
309	李　飞	信息通信分公司	副经理
310	郝永林	信息通信分公司	纪委书记兼工会主席
311	官　丽	信息通信分公司	总工程师
312	冯海全	培训中心（党校）	主任（常务副校长）、党委副书记
313	张　伟	培训中心（党校）	党委书记、副主任（副校长）
314	冀　明	培训中心	副主任
315	徐瑞华	培训中心	工会主席
316	梁红强	物资分公司［国网京电（北京）招标有限公司］	经理
317	王淑平	物资分公司［国网京电（北京）招标有限公司］	党委书记
318	马凤铁	物资分公司［国网京电（北京）招标有限公司］	副经理
319	杨志东	物资分公司［国网京电（北京）招标有限公司］	副经理
320	周　毅	物资分公司［国网京电（北京）招标有限公司］	纪委书记
321	王伟超	物资分公司［国网京电（北京）招标有限公司］	工会主席
322	金　学	综合服务中心	主任
323	孙怡璞	综合服务中心	副主任
324	冷　冰	报社	总编辑（部门副职待遇）
325	兰宝民	客户服务中心	主任、党委副书记
326	张丽萍	客户服务中心	党委书记、副主任
327	刘　鹏	客户服务中心	副主任
328	刘志欣	客户服务中心	副主任
329	魏妍萍	客户服务中心	总工程师
330	金江远	国网北京电动汽车服务有限公司	总经理
331	王蔚丽	国网北京电动汽车服务有限公司	党支部书记、副总经理
332	李佳铭	国网北京电动汽车服务有限公司	副总经理
333	赵　飞	国网北京电动汽车服务有限公司	副总经理
334	杭　洋	国网北京电动汽车服务有限公司	总工程师
335	秦　帅	北京市供用电建设承发包公司	经理、党委副书记
336	张兴义	北京市供用电建设承发包公司	党委书记、副经理
337	蔡有军	北京市供用电建设承发包公司	副经理
338	张立军	北京市供用电建设承发包公司	副经理
339	王　燕	北京市供用电建设承发包公司	纪委书记
340	杨建伶	华商电力管道有限公司	总经理

续表

序号	姓名	单位（部门）名称	职　　务
341	王卫东	华商电力管道有限公司	副总经理（部门副职待遇）
342	梁和平	物业管理公司	经理
343	杨　青	物业管理公司	党委书记、副经理
344	曲敞春	物业管理公司	副经理
345	张书欣	物业管理公司	副经理
346	齐小伟	北京市城市照明管理中心	主任、党委副书记
347	郦冬燕	北京市城市照明管理中心	党委书记、副主任
348	王　健	北京市城市照明管理中心	副主任
349	陈晓东	北京市城市照明管理中心	副主任兼左安门项目筹备处副主任
350	张凤坚	北京市城市照明管理中心	纪委书记兼工会主席
351	谢　迎	北京华商伟业资产管理有限公司	总经理
352	李云山	北京华商伟业资产管理有限公司	直属产业党委书记
353	董晓宇	北京华商伟业资产管理有限公司	副总经理
354	葛　岩	北京华商伟业资产管理有限公司	副总经理
355	胡蕴鑫	北京华商伟业资产管理有限公司	直属产业纪委书记
356	陈晓燕	北京华商伟业资产管理有限公司	总会计师
357	刘维刚	华商远大电力建设有限公司	董事长
358	彭　勇	华商远大电力建设有限公司	总经理（部门副职待遇）
359	郑国奎	华商远大电力建设有限公司	副总经理（部门副职待遇）
360	范永波	华商远大电力建设有限公司	副总经理
361	陈　京	华商远大电力建设有限公司	副总经理
362	刘玉珍	华商远大电力建设有限公司	总工程师
363	林　克	北京吉北电力工程咨询有限公司	董事长
364	石　工	北京吉北电力工程咨询有限公司	副董事长（部门正职待遇）
365	郭国平	北京吉北电力工程咨询有限公司	总经理（部门副职待遇）
366	郝长智	北京吉北电力工程咨询有限公司	副总经理（副职待遇）
367	樊功成	北京吉北电力工程咨询有限公司	副总经理
368	张洁民	北京吉北电力工程咨询有限公司	副总经理
369	韩文新	北京吉北电力工程咨询有限公司	副总经理（部门副职待遇）
370	刘　博	北京吉北电力工程咨询有限公司	工会主席（副职待遇）
371	赵　磊	北京华商三优新能源科技有限公司	董事长
372	刘晓民	北京华商三优新能源科技有限公司	总经理（部门副职待遇）
373	彭　涛	北京华商三优新能源科技有限公司	副总经理（副职待遇）
374	李国昌	北京华商三优新能源科技有限公司	副总经理（部门副职待遇）（2012 年 3 月挂职新疆公司）
375	王　宇	北京华商三优新能源科技有限公司	副总经理
376	陈　强	北京华商三优新能源科技有限公司	副总经理
377	王心宁	北京京电电力工程设计有限公司	董事长
378	孙守龙	北京京电电力工程设计有限公司	总经理（部门副职待遇）
379	冷志铎	北京京电电力工程设计有限公司	副总经理（部门副职待遇）
380	孙松合	北京京电电力工程设计有限公司	副总经理
381	石宝印	北京中电联汽车服务有限责任公司	董事长

续表

序号	姓名	单位（部门）名称	职　务
382	李华春	北京中电联汽车服务有限责任公司	总经理（本部二级丙职员）
383	荣剑峰	北京中电联汽车服务有限责任公司	副总经理
384	李　梅	北京中电联汽车服务有限责任公司	副总经理
385	张　暹	北京中电联汽车服务有限责任公司	副总经理
386	张海洋	国网北京节能服务有限公司	总经理兼华商能源管理有限公司总经理（本部二级丙职员）
387	马延民	国网北京节能服务有限公司	副总经理兼华商能源管理有限公司副总经理
388	关　涛	国网北京节能服务有限公司	副总经理兼华商能源管理有限公司副总经理
389	杨　旭	国网北京节能服务有限公司	总工程师兼华商能源管理有限公司总工程师
390	曾　翼	北京华商绘都建筑有限公司	董事长（本部二级丙职员）
391	黄　迅	北京华商绘都建筑有限公司	总经理（部门副职待遇）
392	杨　卫	北京华商绘都建筑有限公司	副董事长、副总经理
393	崔　蔚	北京华商绘都建筑有限公司	副总经理
394	高　英	北京华商绘都建筑有限公司	副总经理
395	穆怀山	北京华商电灯有限公司	董事长
396	邱明泉	北京华商电灯有限公司	总经理
397	刘　颖	北京华商电灯有限公司	副总经理
398	杨　涛	北京华商电灯有限公司	副总经理
399	顾联军	北京银杰供电民用电有限公司	董事长
400	王桂哲	北京银杰供电民用电有限公司	副总经理
401	王艳松	北京银杰供电民用电有限公司	副总经理

职　工　概　况

项　目		人　数	项　目		人　数
按性别分	全公司总人数	8466	按政治面貌分	全公司总人数	8466
	其中：男职工	6618		其中：共产党员	4330
	女职工	1848		民进会员	1
按职称分	全公司总人数	8466		九三学社	2
	其中：高级职称	952		民建会员	3
	中级职称	1621		民革会员	5
	初级职称	2704		民盟会员	5
	无职称	3189		共青团员	599
按文化程度分	全公司总人数	8466		致公党	1
	其中：研究生	955		群众	3520
	大学本科	3511	按年龄分	全公司总人数	8466
	大学专科	2059		其中：55 岁及以上	1277
	中等职业教育	1292		50～54 岁	1368
	高中	333		45～49 岁	1116
	初中及以下	316		40～44 岁	1593
				35～39 岁	1093
				30～34 岁	1008
				29 岁及以下	1011

公司各单位人员情况

单　位	人数（人）	单　位	人数（人）
公司领导	11	石景山供电公司	182
副总师	13	亦庄供电公司	99
办公室	17	通州供电公司	330
发展策划部	25	昌平供电公司	342
人事董事部	6	门头沟供电公司	155
人力资源部（社保中心）	22	房山供电公司	285
财务资产部	34	大兴供电公司	300
安全监察质量部（保卫部）	12	平谷供电公司	215
运维检修部（政治供电办公室）	23	怀柔供电公司	228
基建部	26	密云供电公司	228
营销部	27	顺义供电公司	306
科技信通部（智能电网办公室）	13	延庆供电公司	164
物资部（招投标管理中心）	14	电力经济技术研究院	160
审计部	11	电力科学研究院	216
监察部（纪委办公室）	7	北京电力工程公司	400
思想政治工作部（党委办公室）	10	检修分公司	1187
离退休工作部	6	供电服务中心	110
经济法律部（产业部）	9	北京华商电动车动力科技有限公司	23
对外联络部（新闻中心）	10	信通分公司	211
机关工作部（行政管理部、机关党委）	18	培训中心	118
运营监测（控）中心	10	物资供应分公司	160
调度控制中心	90	综合服务中心	246
电力交易中心	6	供用电承发包公司	93
工会	10	物业管理公司	61
企协分会	6	城市照明管理中心	151
城区供电公司	525	业务发展中心（公司层面集体企业）	160
朝阳供电公司	493	以上全民职工合计	8466
海淀供电公司	443	集体职工	964
丰台供电公司	439	全公司总人数	9430

县供电企业基本情况

单位	供电人口（万人）		耕地面积（千公顷）	县供电企业职工人数（人）						供电所人数（人）			供电所个数（个）
	合计	其中农业人口		年平均人数	年末人数	管理层人员 总数	管理层人员 其中领导班子人数	专业技术人员	大专以上学历人员	年末人数	农电工 总数	农电工 高中以上学历人员	
合计	861	280	221	2594	2560	699	66	1440	2257	2959	2825	2210	126
通州供电公司	133	48	35	337	330	85	7	202	267	340	383	69	10
昌平供电公司	189	35	12	348	342	64	7	21	281	298	269	261	14
门头沟供电公司	30	4	2	158	155	61	6	107	135	121	121	121	7
房山供电公司	101	31	28	285	285	86	6	213	266	408	403	394	14
大兴供电公司	151	49	38	307	300	85	7	171	232	390	367	350	14
平谷供电公司	42	19	12	215	215	68	6	120	168	219	219	179	10
怀柔供电公司	38	12	10	232	228	58	7	157	185	236	236	221	14
密云供电公司	48	21	23	231	230	54	6	170	188	430	279	172	17
顺义供电公司	98	45	31	310	306	74	8	148	248	327	330	278	19
延庆供电公司	32	16	30	171	169	64	6	131	287	190	218	165	7

县供电企业售电量情况

单位	总售电量（万 kWh）	分类售电量（万 kWh）						
		农业生产	农业排灌	大工业	非、普工业	居民生活	非居照明	商业
合计	3 187 405	167 753	68 377	1 203 722	542 941	649 711	271 399	351 879
通州供电公司	472 190	30 141	13 247	143 659	100 198	111 493	32 780	53 919
昌平供电公司	533 777	22 225	6277	127 420	98 508	146 776	50 065	88 783
门头沟供电公司	93 673	2387	48	31 135	16 127	25 146	10 001	8878
房山供电公司	533 821	25 638	14 549	330 661	59 302	66 450	25 980	25 790
大兴供电公司	468 693	26 992	11 106	133 102	102 632	103 734	47 043	55 190
平谷供电公司	123 833	12 464	2902	49 760	15 173	25 908	9776	10 752
怀柔供电公司	157 800	7935	1449	69 307	20 502	25 275	14 534	20 248
密云供电公司	147 505	7140	1527	60 595	18 728	31 575	12 142	17 326
顺义供电公司	581 944	28 246	15 044	233 410	98 926	97 185	62 931	61245
延庆供电公司	74 167	4586	2228	24 673	12 843	16 169	6147	9749

供电营业厅基础情况统计表

序号	单位	营业窗口名称	地址	联系电话	负责人	营业时间	是否为24小时售电网点
1	城区供电公司	城区客服中心营业厅	北京市西城区西直门南小街174号	63660085	邹炜	9:00~18:00	是
2		东城供电营业所营业厅	东城区朝内大街298号	65133025	蔡威	9:00~18:00	否
3		崇文供电营业所营业厅	珠市口东大街号4-19	67071804	王素文	9:00~18:00	是
4		西城供电营业所营业厅	民康胡同甲30号	66012677	许坚	9:00~18:00	否
5		宣武供电营业所营业厅	宣武区南横东街四平园一号楼一层	63514105	王庚立	9:00~18:00	是
6		黄寺供电营业所营业厅	西城区黄寺大街23号阳光丽景小区北门	62021728	李丽平	9:00~18:00	否
7	朝阳供电公司	安华营业所	朝阳区安贞西里三区七号楼	64435032	李楠	9:00~18:00	是
8		小庄营业所	朝阳区延静西里八号	65005068	武晶	9:00~18:00	是
9		华威营业所	朝阳区华威西里甲18号	87717289	高洁	9:00~18:00	是
10		望京营业所	朝阳区望京广顺南大街（眉州东坡酒楼旁）	64740901	关椿艳	9:00~18:00	是
11		奥运村营业所	朝阳区北辰东路凯迪克酒店北侧	63661307	钟丽霞	9:00~18:00	否
12		十里居营业所	朝阳区南十里居东风家园42号	84569273	李雪	9:00~18:00	否
13		翠城营业所	朝阳区翠城馨园405甲楼，有国家电网标志	67299380	李丽	9:00~18:00	否
14		客户服务中心	朝阳区团结湖路15号	85963167	佟利	9:00~18:00	否
15	海淀供电公司	双榆树供电营业所	双榆树南里二区8号	63129796	那建辉	9:00~18:00	是
16		东升供电营业所永泰营业网点	北京市海淀区永泰东里9号楼北侧国家电网	62992415	王鹏	9:00~18:00	否
17		海淀供电所上地营业网点	海淀区上地五街方正大厦西门对面国家电网	62963497	王然	9:00~18:00	否
18		航天桥供电营业所玉海园营业网点	海淀区玉泉路8号院玉海园小区一里14号楼旁	88266336	李军	9:00~18:00	否
19		东升供电营业所成府营业网点	北京市海淀区中关村东路21号旁国家电网	82863381	王鹏	9:00~18:00	是
20		四季青供电所常青园营业网点	海淀区常青园一区1号楼与2号楼之间	88473143	张飞	9:00~18:00	否
21		航天桥供电营业所	阜成路28号旁国家电网	68475408	李军	9:00~18:00	是
22		四季青供电所	海淀区闵庄路85号	62594883	张飞	9:00~18:00	是
23		西北旺供电所	北京市海淀区西北旺镇皇后店村西	62473639	梁勇	9:00~18:00	是
24		苏家坨西区供电所	北京市海淀区北安河路31号	62405634	王贵轩	9:00~18:00	是
25		温泉供电所	海淀区温泉镇杨家庄南山	62458830	付思明	9:00~18:00	否
26		海淀供电所	北京市海淀区树村万树园小区30#楼	82794971	王然	9:00~18:00	是
27		上庄供电所	海淀区上庄镇上庄路99号上庄供电所	62471344	程西昆	9:00~18:00	是
28		苏家坨东区供电所	海淀区苏家坨镇西小营村东500米	62451145	李东	9:00~18:00	否
29		客户中心营业厅	海淀区双榆树南里二区八号	62150385	屈杰	9:00~18:00	否

续表

序号	单　位	营业窗口名称	地　　址	联系电话	负责人	营业时间	是否为24小时售电网点
30	丰台供电公司	客服中心	丰台区丰北路117号	63813160	李娟娟	9:00~18:00	否
31		云岗供电营业所	丰台区云岗镇南里2号院	83319742	朱家宝	9:00~18:00	否
32		太子峪供电营业所	丰台区长辛店镇太子峪紫峪家园甲1号	83387229	王志刚	9:00~18:00	否
33		和义供电营业所	丰台区南苑北里三区6#楼西侧	63120009	葛天卫	9:00~18:00	否
34		右安门供电营业所	丰台区右安门外开阳里6区5号楼右安门供电所	63544731	翟英	9:00~18:00	否
35		方庄供电营业所	丰台区芳古园二区甲10号楼	63120004	刘宏斌	9:00~18:00	否
36		马家堡供电营业所	丰台区北甲地路2号院4号楼东侧	63120002	李颖颖	9:00~18:00	否
37		科技园供电营业所	丰台区富锦家园二区2号楼	83624425	潘晋梅	9:00~18:00	否
38		六里桥供电营业所	丰台区万丰路莲怡园二区小区内国家电网	63120007	马小亮	9:00~18:00	否
39	石景山供电公司	客户服务中心营业厅	石景山区鲁谷路59号	68653081	解颖	9:00~18:00	是
40		古城供电所营业厅	石景山区老古城前街140号	68877458	董振云	9:00~18:00	是
41	亦庄供电公司	客户服务中心营业厅	北京市亦庄经济技术开发区北环东路甲11号	63665014	林丽	8:30~17:30	否
42	通州供电公司	宋庄供电所营业厅	通州区宋庄镇	89579882	刘朋	8:00~17:00	否
43		梨园供电所营业厅	梨园曹园村西	81519058	王希旺	8:00~17:00	否
44		永顺供电所营业厅	通州区永顺镇焦王庄村南	89593825	张静婷	8:00~17:00	否
45		马驹桥供电所营业厅	通州区马驹桥镇政府东侧（马驹桥3号桥下北侧）	60592005	马淑芳	8:00~17:00	否
46		台湖供电所营业厅	通州区次渠大街	69501731	陈国清	9:00~18:00	否
47		潞城供电所营业厅	北京市通州区潞城镇运河东大街郝家府村东500米	89580891	程宝芹	8:00~17:00	否
48		西集供电所营业厅	北京市通州区西集镇西集环岛往南500米	61579000	冈金征	8:00~17:00	否
49		张家湾供电所营业厅	北京市通州区张家湾镇光华路西侧	69572302	王增祥	8:00~17:00	否
50		漷县供电所营业厅	通州区漷县镇漷兴二街东首	80586718	祁新明	8:00~17:00	否
51		永乐店供电所营业厅	通州区于家乡渠头大街51号	80521054	张淑英	8:00~17:00	否
52		供电营业所营业厅	通州区九棵树瑞都国际小区东侧	80885858	白志海	9:00~18:00	是
53		客户服务中心营业厅	通州区玉带河东街356号	63666139	曹英	9:00~18:00	否
54	昌平供电公司	昌平供电公司营业大厅	昌平区永安路33号	63667178	李向东	9:00~18:00	是
55		天通苑供电所	北京市昌平区东小口镇天通苑中苑35号楼对面	63667807	吕京平	8:00~17:00	否
56		昌平流村供电所	北京市昌平区流村镇人民政府西侧	89771015	齐文凯	8:00~17:00	否
57		东小口供电所	昌平区东小口镇中滩村北	84816897	杨小平	8:00~17:00	否
58		文化区供电所	昌平区回龙观风雅园三区9号楼东侧开闭站	81717124	张建华	8:00~17:00	否
59		百善供电所	北京市昌平区百善镇百善村西北	61739297	王小亮	8:00~17:00	否

续表

序号	单　位	营业窗口名称	地　　址	联系电话	负责人	营业时间	是否为24小时售电网点
60	昌平供电公司	马池口供电所	北京市昌平区马池口镇上念头村北	60700030	王兴	8:00~17:00	否
61		小汤山供电所	小汤山镇市场街西侧	61785374	赵文增	8:00~17:00	否
62		阳坊供电所	北京市昌平区阳坊镇阳坊村北	69760519	孙红铁	8:00~17:00	否
63		昌平回龙观供电所	北京市昌平区北店嘉园东	69791352	尹树民	8:00~17:00	否
64		沙河供电所	北京市昌平区沙河镇松兰堡村西	80703137	张晓红	8:00~17:00	否
65		南口供电所	北京市昌平区南口镇马坊村南	80191220	焦薇	8:00~17:00	否
66		昌平流村供电所	北京市昌平区流村镇人民政府西侧	89771015	齐文凯	8:00~17:00	否
67		南邵供电所	北京市昌平区南邵镇政府西200米路北	60732144	李景旺	8:00~17:00	否
68		北七家供电所	北七家镇燕丹村东	81752266	于绍文	8:00~17:00	否
69		崔村供电所	北京市昌平区崔村镇西崔村北	60721395	尹树民	8:00~17:00	否
70		十三陵供电所	北京市昌平区十三陵镇定陵路口西侧	60761874	李建明	8:00~17:00	否
71		兴寿供电所	昌平区兴寿镇兴寿村北	61726146	张建军	8:00~17:00	否
72	门头沟供电公司	客户服务中心	门头沟区滨河路66号	63668599	李新颜	9:00~18:00	是
73		龙泉供电所	门头沟区城子大街3号	69844656	王树德	9:00~18:00	是
74		永定供电所	门头沟区永定镇石门营环岛东路1号	69804934	韩柏树	9:00~18:00	否
75		潭柘寺供电所	门头沟区鲁家滩大街4号	60861465	李海龙	9:00~18:00	否
76		妙峰山供电所	门头沟区陇家庄村坟上妙峰山供电所	61881412	崔文华	9:00~18:00	否
77		清水供电所	门头沟区清水镇上清水村清水供电所	60855075	王良	9:00~18:00	否
78		斋堂供电所	门头沟区斋堂镇东斋堂村东斋堂供电所	69819754	索广水	9:00~18:00	否
79		雁翅供电所	门头沟区雁翅镇芹峪口下马岭村1号	61830371	李书信	9:00~18:00	否
80	房山供电公司	客户服务中心营业厅	房山区良乡松林路	63669628	刘洋	9:00~18:00	是
81		阎村供电所	房山区阎村镇紫园路108号	89313809	杨艳辉	8:30~17:30	否
82		琉璃河供电所	房山区琉璃河镇东街27号	89381006	马振国	8:30~17:30	否
83		琉璃河供电所南召营业网点	房山区琉璃镇东南召村南	80398604	马振国	10:00~16:00	否
84		琉璃河供电所窑上营业网点	房山区琉璃河镇窑上村	80321046	马振国	8:30~17:30	否
85		窦店供电所	房山区窦店镇窦店供电所（政府往北200米路西）	63932805	李环宇	8:30~17:30	否
86		城关供电所	房山区城关饶乐府村南	69314277	隗薇	9:00~18:00	否
87		城关供电所房山营业网点	房山区城关街道青年南路12号	69311919	隗薇	8:30~17:30	否
88		城关供电所顾册售电处	房山区城关顾册村南	89335717	隗薇	10:00~16:00	否
89		佛子庄供电所	房山区佛子庄乡西班各庄村	60360026	周建坤	8:00~17:00	否
90		佛子庄供电所河北营业网点	房山区河北镇邮局东50米	60377632	周建坤	8:30~17:30	否
91		佛子庄供电所大安山供电所营业网点	房山区大安山乡政府路口	60373284	周建坤	8:00~17:00	否

续表

序号	单　位	营业窗口名称	地　　址	联系电话	负责人	营业时间	是否为 24 小时售电网点
92	房山供电公司	佛子庄供电所南窖营业网点	房山区南窖乡政府院内	60375621	周建坤	8:00~17:00	否
93		青龙湖供电所	房山区青龙湖镇豆各庄	13651223349	于红书	8:00~17:00	否
94		青龙湖供电所坨里营业网点	房山区青龙湖镇坨里村东	13911934466	王刚	8:00~17:00	否
95		张坊供电所	房山区张坊镇张坊村东	61339774	李雪峰	9:00~18:00	否
96		张坊供电所十渡营业网点	房山区十渡镇政府东	61340037	李雪峰	8:00~17:00	否
97		石楼供电所	房山区石楼镇石楼大街 39 号	89300083	马树田	8:00~17:00	否
98		长阳供电所	房山区长阳镇广阳大街中路天骄骏园小区对面	80356551	王丹丹	8:30~17:30	否
99		长阳供电所葫芦堡营业网点	房山区长阳镇葫芦堡路口往西 1000 米	60351072	王丹丹	9:00~18:00	否
100		良乡供电所	房山区良乡西路月华小区东侧	60381056	周园	8:30~17:30	否
101		良乡供电所官道营业网点	房山区良乡镇官道大街镇政府西侧	60381056	周园	8:00~17:00	否
102		长沟供电所	房山区长沟镇西厢苑小区	61363384	尤兵	9:00~18:00	否
103		长沟供电所石窝营业网点	房山区大石窝镇石窝村	61323101	尤兵	8:00~17:00	否
104		周口店供电所	房山区周口店镇周口店大街 1 号	69303918	王靖平	9:00~18:00	否
105		周口店供电所黄山店营业网点	房山区周口店镇黄山店村中	60364594	王靖平	10:00~16:00	否
106		韩村河供电所	房山区韩村河镇五侯路口	61312088	韩艳芝	8:00~17:00	否
107		霞云岭供电所	房山区霞云岭乡凉水泉	60367011	陈广娥	9:00~18:00	否
108		霞云岭供电所史家营营业网点	房山区史家营乡北涧	60397751	陈广娥	10:00~16:00	否
109		霞云岭供电所蒲洼营业网点	房山区霞云岭乡蒲洼村黄土岭	61371654	陈广娥	10:00~16:00	否
110	大兴供电公司	安定供电所营业厅	大兴区安定镇兴安大街 17 号	80234188	鲁鹏鹏	8:00~17:00	否
111		北臧村供电所营业厅	北京市大兴区北臧村供电所（京开高速兆丰桥出口向西 2.5 公里）	60276146-806	孙雪飞	8:00~17:00	否
112		采育供电所营业厅	大兴区采育镇消防队东 200 米	80276542	王连奎	8:00~17:00	否
113		黄村供电所营业厅	北京市大兴区黄村镇孙村卫生院南侧	61268100	王学琴	8:00~17:00	否
114		旧宫供电所营业厅	旧宫镇旧宫北马路车站东侧胡同口内 20 米路北侧	87972218-8101	董媛	8:00~17:00	否
115		客户服务中心营业厅	大兴区黄村镇兴政街一号	63670270	徐双利	9:00~18:00	是
116		新城北区营业厅	大兴区黄村镇康庄路 53 号院康泰园小区底商 8-1 号	63670568	申超	9:00~18:00	否
117		礼贤供电所营业厅	北京市大兴区礼贤镇青礼路 3 号	89275865	李彦慧	8:00~17:00	否

续表

序号	单位	营业窗口名称	地址	联系电话	负责人	营业时间	是否为24小时售电网点
118	大兴供电公司	庞各庄供电所营业厅	庞各庄镇瓜乡桥向西2000米路南	89289989	李子拥	8:00~17:00	否
119		青云店供电所营业厅	青云店镇垡上村村东	80211200	李建彬	8:00~17:00	否
120		魏善庄供电所营业厅	大兴区魏善庄镇半壁店工业街路北	89232919	刘佳	8:00~17:00	否
121		西红门供电所营业厅	北京市大兴区西红门镇宏康路17号东院	63670526	谢晨莹	8:00~17:00	否
122		瀛海供电所营业厅	瀛海镇派出所对面	69272318	王喜颖	8:00~17:00	否
123		榆垡供电所营业厅	北京市大兴区榆垡镇榆平路4号	63670772/89229029	王向军	8:00~17:00	否
124		芦城供电所营业厅	大兴区黄村镇西芦城村西500米	61239569	孙磊	8:00~17:00	否
125		长子营供电所营业厅	长子营大街政府东100米	80265747	马秀静	8:00~17:00	否
126	平谷供电公司	客户服务中心营业厅	平谷区新平南路239号	63671050	王希忠	8:30~17:30	否
127		城区供电所	平谷区府前街国泰路口东北角（国美电器东）	63671780	张龙宝	8:30~17:30	是
128		大华山供电所	大华山镇大华山村西	63671630	贾怀存	8:00~17:00	否
129		峪口供电所	峪口镇政府西	63671363	孙长勇	8:00~17:00	否
130		马昌营供电所	马昌营镇海子村东	61981024	杜兵	8:00~17:00	否
131		马坊供电所	马坊镇二条街村南	60996380	李宏宇	8:00~17:00	否
132		东高村供电所	东高村镇大旺务村西	63671654	张建生	8:00~17:00	否
133		夏各庄供电所	夏各庄镇政府路口北260米路东	63671498	贾柏庆	8:00~17:00	否
134		金海湖供电所	金海湖镇胡庄东环路8号	69992199	贾希阁	8:00~17:00	否
135		山东庄供电所	山东庄镇小北关东环路4号	60937604	于立明	8:00~17:00	否
136		王辛庄供电所	平谷镇谷丰东路2号	61921427	杨凤海	8:00~17:00	否
137	怀柔供电公司	客户服务中心营业厅	北京市怀柔区湖光小区36号	69652449	赵敏	9:00~18:00	是
138		城区供电所营业厅	北京市怀柔区开放路111号	61630210	李显贵	8:00~17:00	否
139		庙城供电所营业厅	北京市怀柔区庙城镇庙城政府南庙城供电所	60695329	崔海霞	8:00~17:00	否
140		杨宋供电所营业厅	怀柔区杨宋镇凤翔开发区杨宋镇政府西1000米	61675343	彭秀丽	8:00~17:00	否
141		北房供电所营业厅	北京市怀柔区北房镇幸福东街68号	61684543	赵倩	8:00~17:00	否
142		雁栖供电所营业厅	北京市怀柔区雁栖镇雁栖大街38号	61668871	孙海燕	8:00~17:00	否
143		怀北供电所营业厅	北京市怀柔区怀北镇怀北庄村南	69661838	齐兵	8:00~17:00	否
144		梓梓供电所营业厅	怀柔区桥梓镇前辛庄村南	60673067	王艳秋	8:00~17:00	否
145		渤海供电所营业厅	北京市怀柔区渤海镇沙峪村536号	61631300	白艳君	8:00~17:00	否
146		九渡河供电所营业厅	北京市怀柔区九渡河镇东宫村西1000米	61651223	李帅	8:00~17:00	否
147		琉璃庙供电所营业厅	北京市怀柔区琉璃庙镇琉璃庙村南	61616121	高计兵	8:00~17:00	否
148		汤河口供电所营业厅	北京市怀柔区汤河口镇汤河口村45号	89671988	赫喆	8:00~17:00	否
149		长哨营供电所营业厅	北京市怀柔区长哨营村大桥北500米	60621066	张辛	8:00~17:00	否
150		喇叭沟门供电所营业厅	北京市怀柔区喇叭沟门满族乡政府西200米	60623177	钟诚	8:00~17:00	否

续表

序号	单位	营业窗口名称	地址	联系电话	负责人	营业时间	是否为24小时售电网点
151	怀柔供电公司	宝山寺供电所营业厅	北京市怀柔区宝山寺镇宝山寺69号	60625856	张春磊	8:00~17:00	否
152	密云供电公司	客服中心营业厅	密云县新中街3号	69056571	周立新	8:30~17:30	否
153		城区供电所营业厅	密云县长安小区西区1号楼5号门脸	69059223	丁晓华	8:30~17:30	否
154		城关供电所营业厅	密云县久润东区门面房（檀西路35-5）	63673338	周萍	8:30~17:30	否
155		河南寨供电所营业厅	密云县河南寨镇套里村北	61086123	顾学玲	8:30~17:30	否
156		溪翁庄供电所营业厅	密云县溪翁庄镇溪翁庄村（镇政府西侧100米）	69011315	张晓晗	8:30~17:30	否
157		石城供电所营业厅	密云县石城镇石城村南	61025078	冯小强	8:30~17:30	否
158		冯家峪供电所营业厅	密云县冯家峪镇冯家峪村	81060094	王家志	8:30~17:30	否
159		十里堡供电所营业厅	密云县十里堡镇王各庄村对面	89021551	郭金梅	8:30~17:30	否
160		穆家峪供电所营业厅	密云县穆家峪镇荆梢坟村南	61053989	李天明	8:30~17:30	否
161		巨各庄供电所营业厅	密云县巨各庄镇政府东侧	63673569	赵静	8:30~17:30	否
162		东邵渠供电所营业厅	密云县东邵渠镇太保庄村北东侧	61061995	郭云苍	8:30~17:30	否
163		大城子供电所营业厅	密云县大城子镇高庄子村	61071180	齐春虎	8:30~17:30	否
164		西田各庄供电所营业厅	密云县西田各庄镇西田各庄村北	61015689	张洁	8:30~17:30	否
165		太师屯供电所营业厅	密云县太师屯镇葡萄园村	69032674	石红霞	8:30~17:30	否
166		新城子供电所营业厅	密云县新城子镇小口村	81021003	高辉	8:30~17:30	否
167		北庄供电所营业厅	密云县北庄镇北庄村	81001026	苏小军	8:30~17:30	否
168		高岭供电所营业厅	密云县高岭镇高岭村西（镇政府西边）	81081384	陈鑫	8:30~17:30	否
169		古北口供电所营业厅	密云县不老屯镇不老屯村北（镇政府北150米）	57188680	陈国利	8:30~17:30	否
170		不老屯供电所营业厅	密云县古北口镇河西村桥头西侧	81090891	冯连俊	8:30~17:30	否
171	顺义供电公司	客户服务中心营业厅	顺义区站前北街四号	63674876	杨　华	9:00~18:00	是
172		李桥供电所营业厅	顺义区李桥镇沿河村西	63674946	黎　园	8:00~17:00	是
173		仁和供电所营业厅	顺义区仁和镇米各庄村北	89406398	李化峰	8:00~17:00	是
174		高丽营供电所营业厅	顺义区高丽营中学对面	69491422	焦素明	8:00~17:00	是
175		杨镇供电所营业厅	顺义区杨镇工业区内	61456116	张继军	8:00~17:00	否
176		北石槽供电所营业厅	顺义区北石槽镇府前西街13号	63674983	胡海东	8:00~17:00	否
177		北小营供电所营业厅	顺义区北小营镇西乌鸡村南	63674963	董艳京	8:00~17:00	否
178		大孙各庄供电所营业厅	顺义区大孙各庄镇府前东街17号	63674962	魏振成	8:00~17:00	否
179		后沙峪供电所营业厅	顺义区后沙峪镇裕安路4号	80496397	徐　芳	8:00~17:00	否
180		龙湾屯供电所营业厅	顺义区龙湾屯镇焦庄户村南2000米	63674947	何桂英	8:00~17:00	否
181		南法信供电所营业厅	顺义区南法信镇府前街刘家河段1号	63674903	梁海霞	8:00~17:00	否
182		天竺供电所营业厅	顺义区天竺镇小王辛庄南路6号	63674871	范冰洁	8:00~17:00	否
183		赵全营供电所营业厅	顺义区赵全营镇政府西侧100米路北	63674979	杜齐元	8:00~17:00	否
184		南彩供电所营业厅	顺义区南彩镇河北村南	63674881	蒙学卫	8:00~17:00	否
185		牛栏山供电所营业厅	顺义区牛栏山镇先进村北	69411072	焦　阳	8:00~17:00	否
186		木林供电所营业厅	顺义区木林镇木林教师楼北	63674984	张忠保	8:00~17:00	否

续表

序号	单位	营业窗口名称	地址	联系电话	负责人	营业时间	是否为24小时售电网点
187	顺义供电公司	张镇供电所营业厅	顺义区张镇派出所南侧200米	63674862	张学茹	8:00~17:00	否
188		马坡供电所营业厅	顺义区马坡镇马坡幼儿园东侧	63674861	周立颖	8:00~17:00	否
189		北务供电所营业厅	顺义区北务镇北务村北	63674969	王雪梅	8:00~17:00	否
190		李遂供电所营业厅	顺义区李遂镇工业区内	63674902	岳　娜	8:00~17:00	否
191	延庆供电公司	客户服务中心营业厅	北京市延庆县庆园街53号	69187024	张自娥	9:00~18:00	否
192		供电营业所营业厅	北京市延庆县新城街1号	69141339	张影影	9:00~18:00	是
193		旧县供电所营业厅	北京市延庆县旧县商业街西南（旧县镇政府对面）	61151874	尚学礼	9:00~18:00	否
194		沈家营营业所营业厅	延庆县沈家营镇八里店东岔口路北	69103142	白玉飞	8:00~17:00	否
195		香营营业所营业厅	北京市延庆县香营乡政府西	60162177	陈双华	8:00~17:00	否
196		永宁供电所营业厅	北京市延庆县永宁西关村北	60171219	孙金柱	9:00~18:00	否
197		刘斌堡营业所营业厅	北京市延庆县刘斌堡乡政府东侧	60181794	王雁彬	8:00~17:00	否
198		大庄科营业所营业厅	北京市延庆县大庄科乡政府东侧	60189915	张国立	8:00~17:00	否
199		千家店供电所营业厅	北京市延庆县千家店镇政府斜对面	60188112	赵淑龙	9:00~18:00	否
200		张山营供电所营业厅	北京市延庆县温泉馨苑小区北侧	69147931	王永杰	9:00~18:00	否
201		张山营营业所营业厅	北京市延庆县张山营镇政府东	69112532	程春梅	8:00~17:00	否
202		大榆树供电所营业厅	北京市延庆县大榆树镇刘家堡村南	61182473	王岩平	9:00~18:00	否
203		八达岭供电所营业厅	北京市延庆县八达岭镇营城子村东	69129439	李如荣	9:00~18:00	否
204		康庄营业所营业厅	北京市延庆县康庄镇政府院西	69131327	陈文玲	9:00~18:00	否
205		四海供电所营业厅	北京市延庆县四海镇四海村	60187110	尚慧娟	8:00~17:00	否